Herausgeber:
Hans Peter Tews, Thomas Klie, Rudolf M. Schütz

Altern und Politik

2. Kongreß der Deutschen Gesellschaft für Gerontologie und Geriatrie

Mit einem Einführungsvortrag
von Peter Sloterdijk

Schriftenreihe der Hamburger
Arbeitsgemeinschaft für
Fortbildung in der Altenhilfe*
Band 11

* Eine Organisation der Internationalen Homecare Stiftung

Bibliomed
Medizinische Verlagsgesellschaft mbH

Die Deutsche Bibliothek — CIP-Einheitsaufnahme

Altern und Politik / hrsg von Hans Peter Tews ... - Melsungen
: Bibliomed, 1996
(Schriftenreihe der Hamburger Arbeitsgemeinschaft für Fortbildung
in der Altenhilfe ; Bd. 11)
ISBN 3-89556-006-5
NE: Tews, Hans Peter [Hrsg.]; Hamburger Arbeitsgemeinschaft für
Fortbildung in der Altenhilfe : Schriftenreihe der Hamburger ...

Printed in Germany by Werbedruck GmbH H. Schreckhase, Spangenberg

ISBN 3-89556-006-5

Inhaltsverzeichnis

Vorwort

Der 2. Kongreß der Deutschen Gesellschaft für Gerontologie und Geriatrie war mit seinen über 550 Teilnehmern, 140 Rednerbeiträgen, einem Festvortrag und einer Reihe von Symposien ein großer Erfolg. Auch die Vorgängerin unserer Gesellschaft – die Deutsche Gesellschaft für Gerontologie – hatte bisher noch nicht im Südwesten Deutschlands getagt. Nicht zuletzt deshalb fiel dem Vorstand die Entscheidung für Freiburg leicht – und Freiburg bot dann, wie erwartet, das städtische Ambiente, das zum Gelingen des Kongresses seinen Teil beitrug.

Auf ehrenamtliche Arbeit bauende wissenschaftliche Gesellschaften wie die unsere sind auf die nicht unbeträchtliche Hilfe von Mitgliedern bei der lokalen Organisation von Kongressen angewiesen. Professor Thomas Klie und seinen Mitarbeitern sei für diese Arbeit vor Ort auch an dieser Stelle noch einmal herzlich gedankt. Zu danken ist auch ganz nachdrücklich unseren Sponsoren, ohne deren Unterstützung dieser Kongreß nicht möglich gewesen wäre. Sie sind am Schluß dieses Kongreßbandes namentlich aufgeführt.

Leider konnten wir den mit 20 000,– DM dotierten Max-Bürger-Preis, den unsere Gesellschaft verleiht, in diesem Jahr nicht vergeben. Es waren nur wenige Arbeiten eingegangen, und die Jury konnte sich für keine der eingereichten Arbeiten positiv entscheiden.

Die DGGG verzeichnete im Jahr 1994 einen erfreulichen Zuwachs an Mitgliedern. So konnten wir auf der Mitgliederversammlung in Freiburg unser tausendstes Mitglied offiziell begrüßen.

Seit 1988 veröffentlichten wir bisher regelmäßig Kongreßbände:

- Die „neuen Alten“ (Kassel 1988)
- Altern zwischen Hoffnung und Verzicht – Prävention, Rehabilitation, Irreversibilität (Lübeck 1990)
- Altern in Deutschland (Berlin 1992)

In Berlin fand der 1. Kongreß unserer Gesellschaft nach der Vereinigung der westdeutschen Deutschen Gesellschaft für Gerontologie und der ostdeutschen Gesellschaft für Gerontologie und Geriatrie unter unserem jetzigen Namen statt.

Bisher enthielten unsere Kongreßbände im wesentlichen die Grußworte, die Referate der Plenarveranstaltungen und die Abstracts der Referate aus den Sitzungen der vier Fachbereiche. Seit Beginn 1995 erhalten alle unsere Mitglieder die Zeitschrift für Gerontologie und Geriatrie zu einem Vorzugspreis. Die Zeitschrift ist Organ unserer Gesellschaft, in der unsere „Mitteilungen“ erscheinen. Hier besteht auch die Möglichkeit, die Abstracts zu veröffentlichen. Die Abstracts der Vorträge des Fachbereiches 1 „Biologie des Alterns“ des Freiburger Kongresses wurden im Heft 2 (1995), die der Fachbereiche 2 „Geriatrische Medizin“ und 3 „Sozial- und verhaltenswissenschaftliche Gerontologie“ in Heft 3 (1995) publiziert.

Diese positiven Entwicklungen ermöglichen es uns, das Konzept des Kongreßbandes zu verändern. Es ist unser Ziel, neben den Referaten der Plenarveranstaltungen innovative und herausragende Beiträge im Kongreßband vorzustellen. Dies macht Auswahlkriterien erforderlich und zusätzliche Arbeit nötig. Wir hoffen, mit diesem Kongreßband in dieser Hinsicht einen Schritt weitergekommen zu sein, selbst wenn wir das neue Konzept noch nicht so deutlich realisieren konnten.

Dieser Kongreßband enthält die Referate der Plenarveranstaltungen zum Rahmenthema „Altern und Politik“ und zu den thematischen Schwerpunkten „Pflege und Qualitätsmanagement der Pflege“. Der aktuelle politische Bezugspunkt ist das Pflegeversicherungs-Gesetz. Drei Beiträge befassen sich mit der Berufsaufgabe-Problematik, auch im West-Ost-Bezug. Zwei weitere Beiträge sind zusammenfassende Berichte der Symposien: „Das SIMA-Projekt: Bedingungen der Erhaltung und Förderung von Selbständigkeit im höheren Lebensalter“ und „Umgang mit sensorischen Einschränkungen im Alter“.

Die Herstellung dieses Kongreßbandes wäre ohne die großzügige Unterstützung der Firma B. Braun Melsungen AG nicht möglich gewesen. Ihr sei an dieser Stelle herzlich gedankt.

Den Festvortrag von Peter Sloterdijk mit dem Titel „Alte Leute und letzte Menschen – Notiz zur Kritik der Generationenvernunft“ haben wir an den Anfang des Bandes gestellt. Die Zahl der Zuhörer und die Publikumsresonanz berechtigen zur Aussage, daß Peter Sloterdijk die mit seiner Einladung verbundenen Erwartungen voll und ganz erfüllt hat.

Es war ein erfolgreicher Kongreß in Freiburg. Unser nächster Kongreß findet im September 1996 mit dem Titel „Altern in Gesundheit und Krankheit“ in Leipzig statt. Im Namen von Präsidium und Vorstand der DGGG darf ich hierzu recht herzlich einladen.

Im Juli 1995 Hans Peter Tews

Alte Leute und letzte Menschen Notiz zur Kritik der Generationenvernunft*

Peter Sloterdijk

1 Milchfluß und Samenstrom
– über genealogische und generative Rationalität
2 Die Mobilmachung der Senioren und die Heraufkunft der letzten Menschen
3 Weltentfernung – zur Metaphysik der Altersschwäche

1 Es gibt für dieses Zeitalter der Umkehrungen, als welches unser Jahrhundertende sich darstellt, kein deutlicheres Symbol als die stille Revolution der Alten. Kein gerontologisches Manifest hat die Umwälzung aller gesellschaftlichen Verhältnisse durch die neuen Alten besungen; keine Partei hat die Aneignung der Welt durch ein neues revolutionäres Subjekt verkündet. Nur gelegentlich werden in den Medien die Stimmen von besorgten Statistikern laut, die auf die Unterwanderung des Bestehenden durch die Senioren hinweisen; selten genug wagt es ein Politiker, den unheimlichen Gast im Inneren der modernen Gesellschaften offen anzusprechen und ihn nach seinen Forderungen und Projekten zu befragen. Und doch ist die neue Klasse der Alten aus dem Schoß der Gesellschaftsverhältnisse folgerichtig und beharrlich hervorgewachsen – kaum anders, als das Proletariat des 19. Jahrhunderts mit der Industrie ins Leben trat und die Angestellten des 20. Jahrhunderts mit der Dienstleistungsgesellschaft. In einem langsamen Vormarsch, bei dem sich jeder Gedanke an seine Aufhaltbarkeit von selbst verbietet, haben sich die stillen Revolutionäre ihren Gesellschaften aufgezwungen. Ohne nennenswerte Propaganda, ohne Agitation, ohne Massenversammlungen hat sich die Klasse der Alten von Jahrzehnt zu Jahrzehnt vermehrt und organisiert, sich ausgestattet und eingerichtet, bis sie zahlreicher und machtvoller als je in der Geschichte der Gattung ihren Rang behaupteten. Der Archipel der Senioren hat sich mit leiser Radikalität in der gesamten Ersten Welt wie eine neue Weltmacht etabliert. Er wird bevölkert von Menschen, deren Status auf unmißverständliche Weise ihrem Lebens-Vorsatz entspricht, denn unbeirrbar scheinen die Alten einem mächtigen Ruf zum Älterwerden gefolgt zu sein.

Beim Leben, dies wird hieran deutlich, ist Quantität selbst Qualität; gut leben heißt lang leben, und lang meint eo ipso auch länger; lebe so, daß die Maxime deines Verhaltens jederzeit auch zur Kunstregel des Längerlebens dienen könnte – so lautet der neue kategorische Imperativ der Altenwelt. Wie von einem epochalen Kommandowort geleitet, marschieren die neuen Senioren immer tiefer in die bis vor kurzem nur dünn besiedelten Regionen der Langlebigkeit voran. Sie kolonisieren die späte Lebenszeit und erobern die Küsten der hohen Jahre. Zahlreich wie ein Volk im Volk lassen sie sich in den Siebzigern, den Achtzigern, den Neunzigern nieder.

Wären sie Einwanderer, würde man sie als Invasoren bezeichnen, wären sie Flüchtlinge, so würden gewisse Parteien Überfremdung schreien. Aber sie kommen aus dem Kernland der modernen Welt; sie sind die rechtmäßigen Inhaber ihrer Häuser, mit etwas Glück sichern unkündbare Mietverträge ihren Aufenthalt; zumindest ihre Heimplätze scheinen meistens sicher; ihre Wohn- und Stimmrechte stehen nirgendwo zu Diskussion. Ihr Dasein selbst drückt etwas von den innersten Intentionen und Erfolgen der modernen Gesellschaften aus. So wäre es absurd, die Alten wie Fremde in einer Gesellschaft von Jüngeren anzusehen. Indem ihnen ihr Altwerden gelang, beweisen sie nichts anderes, als daß sie ihren Anteil an der Erfolgsgeschichte der modernen Welt in Anspruch genommen haben. Als Teilnehmer an dem großen Feldzug der Moderne zur unbedingten Macht- und Lebenssteigerung sind die Alten evidente Gewinner in dem Gefecht gegen vorzeitige Sterblichkeit und verfrühte Gebrechen. Mit keiner anderen Waffe als ihrer zunehmenden Langlebigkeit ausgerüstet, haben die unaufhaltsamen Senioren die vollendete Tatsache geschaffen, daß es sie gibt; im unierten Europa sind es weit über hundert Millionen; das Sprachgefühl verbietet es, sie mit dem Sand am Meer zu vergleichen, geschweige denn mit den ägyptischen Heuschrecken oder den finnischen Mücken. Genug, sie sind da, und sie haben weiterhin gewaltigen Zulauf: Dieses subversive Faktum haben sie ihren sozialen Umwelten auferlegt und sie zu einer Stellungnahme zu der stillsten aller Revolutionen herausgefordert. Aber noch zögert der Rest der Gesellschaft, einen klaren Blick auf die neuen Verhältnisse zu wagen. Ein Gespenst geht um in der Ersten Welt, das Gespenst einer Mehrheit von Alten.

Ich möchte im folgenden einige Überlegungen vortragen, die der Beunruhigung der zeitgenössischen Gesellschaften über die enorme Expansion ihres Altenfaktors gelten. Ich skizziere eine Art von indirekter Theorie des Gemeinwesens, indem ich von dem Band sprechen werde, das die Generationen als ein Ensemble von Ungleichen aneinanderknüpft. Es ist dies ein soziales Band in der Zeit, das sich seiner Natur nach nur als ein Band der Solidarität verstehen läßt – anders gesagt als ein Band der in der Zeit fällig werdenden Schuld zwischen Generationen.

Um diese These zu erläutern, möchte ich mit einer etwas beunruhigenden Anekdote beginnen, die der Exempla-Sammlung des Valerius Maximus entstammte. Es handelt sich bei den valerianischen *Facta et dicta memorabilia* um das Hauptdokument der in der römischen Antike beliebten Gattung der Beispiel-Geschichte, einer Art von moralisierender Unterhaltungsliteratur, in der ein Kompromiß zwischen dem utile und dem skandalon, man könnte auch sagen zwischen dem Lehrreichen und dem Pikanten angestrebt wird. Von eben dieser Art ist der Vorfall, von dem Valerius im fünften Buch seiner Kollektion berichtet:

> Ein Prätor übergab eine freie geborene Frau, die von seinem Richterstuhl zum Tode verurteilt worden war, dem Triumvirn, um sie im Gefängnis hinrichten zu lassen. Als sie dorthin gebracht worden war, empfand der Gefängnisaufseher Mitleid mit ihr und erdrosselte sie nicht sofort. Er gestattete auch ihrer Tochter, sie zu besuchen, nachdem er sie genau untersucht hatte, damit sie keine Speisen mit hineinnehme; er glaubte nämlich, die Frau werde Hungers sterben. Als aber schon mehrere Tage vergangen waren, fragte er sich, womit sich die Frau so lange am Leben erhalte, und nachdem er die Tochter aufmerksamer beobachtet hatte, stellte er fest, daß sie ihre Brust entblößte und den Hunger der Mutter mit ihrer Milch stillte. Er meldete diesen unerhörten, bewundernswerten Vorfall dem Triumvirn, der Triumvir dem Prätor, der Prätor dem Richterkollegium; daraufhin wurde der Frau ihre Strafe erlassen. (Val. Maximus, Facta et dicta memorabilia, U. Blank-Sangmeister (Hrsg.), Stuttgart 1991, S. 148-149)

Ich schlage vor, dieses Exemplum als Symptom zu lesen; in ihm hebt sich für einen kurzen erleuchtenden Augenblick der Konventionenschleier, der in allen Gesellschaften die Generationenbeziehungen verhüllt, und gibt den Blick frei in die psychodynamische Fabrik der gesellschaftsbildenden Energien. Es ist pure Konvention, wenn Valerius seine Geschichte als Exempel für die Liebe zwischen Kindern und Eltern vorführt und die unerhörte Tatsache, daß eine Mutter an den Brüsten der Tochter saugt, unter der einfachen Regel der Liebe zu den Eltern abzuhandeln versucht. Jedem gegenwärtigen Leser der Geschichte wird intuitiv deutlich sein, daß der Vorfall seinen Regel-Rahmen sprengt und weniger exemplarische als urszenische Bedeutungen freisetzt. Valerius hatte das Ereignis mit den Worten kommentiert: „Nun könnte jemand meinen, es sei dies ein Verstoß gegen die Natur – *hoc contra rerum natura factum* – wenn nicht das erste Gesetz der Natur vorschriebe, seine Eltern zu lieben.“ (ibid) Es fehlt hieran nicht viel zu einer gewagten These über die paradoxe Qualität von generativer Solidarität: Trotz seiner anekdotischen Beschränktheit kommt Valerius dem Satz nahe, daß zwischen den Generationen ein widernatürliches Naturgesetz in Kraft ist. Die *lex naturae* deckt, wie man sieht, auch Handlungen *contra naturam* ab. Die römische Kerkerepisode besitzt urszenische Ladungen, weil sie zeigt, wie in der hochkulturellen menschlichen Gemeinschaft die Muttermilch sozusagen bergauf fließen kann – zurück zur Quelle, vom Nachkommen auf den Vorfahren, vom Entsprungenen zum Ursprung. Für diese scheinbar skandalöse Umkehrung der Milchflußrichtung muß es Gründe geben, die an die tiefsten Vorverständnisse von Welt und Leben bei den römischen Männern rühren – ansonsten hätte Valerius nicht von der Begnadigung der Frau berichten können und auch nicht von dem lauffeuerartigen Rückfluß der Nachricht aus den Niederungen des Gefängnisses bis hinauf zu den Herren des hohen Gerichts. Wie wir hörten, wandert die Nachricht ihrerseits durch einen Kanal von erschütterbaren Beamtenmännerseelen aufwärts und löst noch bei der letzten Instanz eine Regung aus, die das Gesetz erweicht und ein Hinrichtungsurteil annulliert. Es kann keinen Zweifel daran geben, daß diese seltsame Wirkungsgeschichte in der römischen Hermeneutik des Daseins, um nicht zu sagen in der römischen Religion oder Pietät, ihre Motive haben muß. Wenn die Geschichte von der durch die Tochter gestillten Mutter der Reihe nach alle Instanzen der römischen Strafgewalt zum Schmelzen bringt, so deswegen, weil diese Männer allesamt mit in der Szene sind und sich mit einem Mal an gleichsam orphische Geheimnisse ihrer Männlichkeit erinnert fühlen. Ich will das verdeckte Motiv in eine explizite These fassen: In römischen und klassischen Zeiten heißt ein Mann sein in einer unbeschränkten Milch-Schuld gegenüber den Müttern leben und sein Dasein den eigenen Ursprüngen zur Tilgung darbieten. Schuld ist die einzige Gewalt, die es vermag, den Lauf der Dinge umzukehren und die Milch des Lebens rückwärts fließen zu machen. Im Andenken an die Urszene ihrer Schuld, angerührt in der archaischen Ernährungs-Dankbarkeit des Kindes – infiziert durch die symbolträchtige Tat der Tochter –, spüren auch die römischen Söhne im Gewand der Beamten ihre eigene Daseins-Schuld gegenüber ihren Müttern und heben unter dem Einfluß der frommen Erschütterung das geschriebene Gesetz auf. Man könnte sagen, sie beteiligen sich auf ihre Weise an der Still-Aktion und mobilisieren eine Art immaterieller Milch, die sich ihrerseits zum Rückfluß an die Quelle eignet – eine Milch der Pietät oder wie die Formel sagt: der frommen Denkungsart. Die von der Tochter gestillte Frau ist mit einem Mal keine verurteilte Verbrecherin mehr, sondern eine große Mutter, keine bloße vereinzelte Römerin, sondern die mythische Roma aeterna, die göttliche Wölfin, die die Zwillinge säugte, eine Gläubigerin all derer, die auf römischem Boden ein Leben empfingen, und Inhaberin eines unbedingten Anspruchs auf Pietät und Rente. Ja man könnte sagen, daß ihre Begnadigung nur ein Teil eines latenten Rentenanspruchs war. Rente ist nämlich, vorökonomisch verstanden, nicht so sehr Kapitalertrag als zurückfließende Lebens-Abgabe an die geschwächte Lebensquelle. Daß es neben der Milch der Rührung auch andere Formen des männlichen Milch-Dienstes gegenüber weiblichen Quellen gibt, insbesondere in erotischen Travestien, möchte ich hier nur nebenbei erwähnen, um nicht vollends von Gerontologie in die allgemeine Strömungslehre überzuwechseln.

Diese Überlegungen haben einen internen Zusammenhang zwischen Generation und Religion aufgedeckt, der sich zunächst über Urszenen der Ernährungs-Schuld vermittelt. Es liegt mir daran, die These herauszuarbeiten, daß bis zum Beginn der modernen Weltverhältnisse in allen hochkulturellen Generationenbeziehungen ein Fundus von radikalen Verschuldungen der Jüngeren bei den Älteren verwaltet wurde – zusammengesetzt aus Erziehungsschuld, Ernährungsschuld, Still-Schuld, Austragungsschuld und schließlich Zeugungsschuld oder Schöpfungsschuld. Schuld meint hier jedesmal das Band, durch das die Nachkommen in einer offenbar irreversibel asymetrischen Bindung an die Vorleistungen der älteren Generationen zurückgebunden werden. Dem valerianischen Natur-Gesetz entsprechend ist der Mensch in der Alten Welt a priori ein Schulden-Tier, dessen Daseinsgrund in einer Rückzahlungspflicht verankert ist. In seiner Eigenschaft als Nachkomme ist der Mensch immer schon in einem ontologischen und moralischen Minus – eine übermächtig verpflichtende, verschuldende, dankbarmachende Strömung von Leistungen und Wohltaten ist ihm seitens seiner Erzeuger vorgegeben oder vorgeschossen worden, so wie schließlich die Tatsache seiner Erzeugung schlechthin als Urfaktum oder besser Urdatum jedem bewußten Leben vorausgestellt zu sein scheint; wer immer auch existiert – so wie Menschen der religiösen und metaphysischen Epochen zu existieren gelernt hatten, – kann sich immer nur von dem Urdatum der Seins-Schenkung her, christlich gesprochen aus der Schöpfung, verstehen; Jeder Lebende muß sich daher im tiefsten Selbstverhältnis einen Reim darauf zu machen wissen, daß dem eigenen Dasein eine daseinsermöglichende Gewalt, gemischt aus Gesetz und Liebe, in einer uneinholbaren Vorgängigkeit zuvorgekommen ist. Daher steht jede so verstandene Existenz unter dem Schatten einer verschuldenden Großzügigkeit. Dieses Schuldverhältnis gegenüber der dasein-setzenden großzügigen Vor-Gewalt artikuliert sich religiös als Pietät, moralisch als Dankbarkeit und logisch-philosophisch als Frage nach dem Ursprung und der Ursache; nicht umsonst hat noch in diesem Jahrhundert ein Denker vom Rang Heideggers gelehrt, das Fragen sei die Frömmigkeit des Denkens – in klassischer Weise voraussetzend, daß bei allem rechten Fragen eine dankbare Bereitschaft zur Unterordnung unter Herkunftsmächte sich anzeige. Philosophie dieses Typs ist der letzte logische Horizont des vitalen Vorurteils, daß wir Sein als Abstammen verstehen sollen. Das Abstammen zeichnet eine untilgbare Spur von Naturrecht und Naturpflicht ins Herz der Dinge ein – nämlich das Band zum Ursprung hin, das gewoben ist der Überzeugung, Dasein bedeute, nicht von schlichten Eltern zu stammen. Im Kern aller traditionellen Vernunft finden wir daher ein Wesens-Denken, das seinem Modus nach ein Generationendenken ist, ein Denken in Kategorien der Abstammung, der Zeugung, der Geburt, und der genetisch-eidetischen Konstanten, sprich der Familienähnlichkeiten und der Wesensklassen. Es gibt in der antiken und klassischen Welt bis an die Schwelle der Moderne heran keine Vorstellung von einem Sein-zum-Tode und somit keine in der Einsamkeit des Endes gegründete absolute Individualität, sondern nur ein Sein-vom

Stamm her, ein Sein *ex utero,* ein Sein *a semine.* In dieser Ursprungs-Bindung liegt auch der Schlüssel zu jeder Schuld und Rückbindung an den Ausgangspunkt, gleich ob dieser als Schoß, als Milchquelle oder als Samen vorgestellt wird. In allen Fällen ist ein Seinsgefälle wirksam, das vom Schoß zur Ausgeburt, von der Quelle zum Fluß, vom Samen zur Frucht absteigt. In diesem Gefälle hat die alte Generationenvernunft ihren unvordenklichen Grund. Die ungeheure Bindungsmacht des Älteren gegenüber dem Jüngeren bildet sich aus der Fallhöhe der Abstammungen – denn alles, was nachkommt, wird von seinem Grund gestiftet, beherrscht, überragt und in die Pflicht genommen. Wo dieses Abstammungsethos, dieser generative Logos in Kraft ist, dort ist es die Ehre des Nachkommens, sich für den Vorfahren zu verbrauchen – so wie es als Erfüllung des einzelnen gilt, sich in der Gattung aufzulösen. Es wäre absurd, diese überwältigende Bindung der Nachkommen an das Herkommen als einen Vertrag zu verstehen, da sie politisch eher einer Vasallität, psychologisch einer Besessenheit, religiös einem Glauben entspricht – auf keinem Fall einem Vertrag zwischen gegeneinanderspielenden freien Partnern. Dasein in der Kennzeichnung des Nachkommens meint immer Dienstbarkeit in einem System des genealogischen Holismus; dieser prägt die alte Ordnung der Dinge, in der Eltern eo ipso mehr ontologische Würde tragen als Kinder und das Genus mehr Achtung verdient als das einzelne Exemplar. Was wir in heutiger Zeit das Patriarchat nennen, ist nur eine spezifische Anwendung der metaphysischen Regel vom Vorrang des Gattungsmäßigen – eine Regel, die auch dort in Kraft ist, wo die Namen von Söhnen zelebriert werden, wie etwa in dem beim Evangelisten Matthäus aufgezeichneten Geschlechtsregister, in dem jeder Sohn in seiner Eigenschaft als Weiter-Zeuger Anteil an der Stammvater- und Patriarchenwürde gewinnt.

> Abraham zeugte Isaak. Isaak aber zeugte Jakob. Jakob aber zeugte Judas und seine Brüder. Judas aber zeugte Phares, Zaram und Thamar. Phares aber zeugte Esron. Esron aber zeugte Aram. Aram aber zeugte Aminadab. Aminadab aber zeugte Naasson. Naasson aber zeugte Salmon. Salmon aber zeugte Booz de Rahab. Booz aber zeugte Obed aus der Ruth. Obed aber zeugte Iesse. Iesse aber zeugte König David. (Evangelium nach Matthäus 1, 1–5)

Eigennamen, verbunden durch das Verbum zeugen – es gibt in der Weltliteratur wohl keinen anderen mit der Genealogie Christi vergleichbaren Text, in dem das generative Band in einer so elementaren Reduktion erscheint. Vatersvater-Vater-Sohn-Sohnessohn – das jüdische Geschlechtsregister beschreibt die Zeit Israels zwischen Abraham und Jesus als ein riesiges genealogisches Molekül; Geschichte ist hier die generationenumspannende Kopula, die alles umfaßt, was eigentlich der Fall ist. Das Gefälle der Abstammungen ist eben der eigentliche Fall – vor allem, wenn er wie hier auf eine privilegierte Geburt zusteuert. Die Weltzeit ist ein Samenstrom, Weltgeschichte ist Zeit der Zeugungen. Man meint aus dieser fröhlichen Litanei einen gewissen Jubel herauszuhören, der vom Stolz des jüdischen Mannes herrührt, inmitten eines mächtig blühenden Mutterrechts doch auch das Seine zum Fortgang der Lebenskette beizutragen. Man vergesse nicht, daß noch heute als Jude im vollständigen – also völkischen und genealogischen Sinn des Wortes – nur gelten kann, wer von einer jüdischen Mutter abstammt. Nicht der Samen macht den Patriarchen, sondern der Mit-Eintritt des Mannes in die Ursprungsfunktion. Der Patriarchenjubel feiert die Befreiung des Mannes vom Universum der allesumgreifenden Lebens-Schuld, der Milch-Schuld, der Uterus-Schuld, der Mutterschmerzen-Schuld. Er zeigte eine große psychohistorische Umschuldungsaktion an, in der ein Teil der Herkunftsgewalt dem männlichen Prinzip zugeschrieben wird. Die moderne Psychoanalyse ist das bislang letzte Kapitel in dem prekären, weithin vergeblichen Kampf um die Aufwertung der Vaterstelle. Immerhin macht seit dem sogenannten Patriarchat ein Samenstrom den Milchflüssen Konkurrenz, und indem der Mann als Vater in die Position der Abstammungsquelle miteintritt, entsteht jene erste Gewaltenteilung im Herkunftsbewußtsein, mit der alle Emanzipationsgeschichten beginnen; was sind denn Emanzipationen anderes als Dramen von der Entlassung aus der Gewalt der Vorfahrenmacht? Noch die heutige Revolution der Alten ist eine ferne Folge dieses genealogischen Umschwungs, denn am Ende aller Emanzipationen der Nachkommen vom Herkommen muß folgerichtig auch die Entlassung der Senioren aus der Vorfahrenrolle stehen.

Ich möchte nach diesem Vorgriff kurz daran erinnern, daß die patriarchalische Samenfröhlichkeit des alten Judentums im Christentum keine Zukunft hatte. Die Parole *ex patre natus* spezialisiert sich zu einer christologischen Formel, von der für gewöhnliche Sterbliche nur wenig abfiel; wer nicht gerade der Gottessohn war, der mußte sich sagen lassen, daß er doch vom Weibe geboren ist, und der Vater glänzt, wenn nicht durch Abwesenheit, so doch durch Ferne. Nur eine Weltminute lang hatte die jüdische Befreiung von der Schuld bei den Müttern den Söhnen Entlastung gebracht, dann setzte sich unter männlichem Vorzeichen ein neues, kaum weniger belastendes Regime der Herkunftsschuld durch. Sein klassisches Dokument ist die augustinische Erbsündenlehre; sie verbindet sich mit der Zeugungslehre aus dem 15. Buch des *Gottesstaates,* worin die Weltzeit unmittelbar mit der Zeit der Zeugungen des Menschen durch Menschen gleichgesetzt wird; denn Geschichte beginnt nach Augustinus

> „von dem Zeitpunkt an, wo jene beiden“, Kain und Abel nämlich, „Nachkommen zu erzeugen anfingen“, und dauert „bis dahin, wo keiner mehr Nachkommen erzeugt. Denn den Inhalt dieser ganzen Zeit oder Weltperiode, in der die Kette von Geborenwerden und Sterben nicht abreißt, bildet die Entfaltung der beiden Staaten“ –

das heißt der abelischen *civitas Dei* und der kainischen *civitas terrena,* jener beiden Ordnungen, die sich durch den in ihnen herrschenden Liebes-

Modus unterscheiden; in der ersten bestimmt Augustin zufolge die wahre, die Gottesliebe den Gang der Dinge, während in der zweiten die falsche, die Selbstliebe der Menschen die weltlichen Verhältnisse, wie wir sie kennen, hervorbringt, (vgl. De Civitate Dei, 15,1).

Im Kopf des Kirchenvaters entstand die folgenschwere Überzeugung, daß auch der Samenstrom, der die Weltgeschichte als Generationenprozeß vorantreibt, von der Quelle an vergiftet ist, und zwar vergiftet, weil jeder nachparadiesischen Emission des Samens ein satanischer Faktor mitgegeben ist, manifestiert in dem mutwilligen Selbstgenuß der männlichen Erregung, die im Innersten nichts anderes sein kann als eine revoltische Geste; in dieser streift der phallische Mann seine brave Kindesschuld ab und verweigert seine Subordination unter den obersten alleinigen Zeuger. Mit jeder Ejakulation – Augustinus bringt dies mit fataler Luzidität auf den Begriff – widerruft auch der getaufte Mann seine dankbare Kastration. Es überkommt ihn wilde Lust, und indem er, was ihn überkommt, bejaht, bäumt er sich auf, um selber ein erstursächliches Tier, ein mit Vollmacht zeugender Nebengott und Selbstgenießer zu werden. Die Wendung zum Selbstgenuß der Kreatur ist im Monotheismus unzweifelhaft die Initialzündung des teuflischen Elements; Teufelei meint, deutlich genug, libidinöse Insubordination, Entkastration, Ende der Schüchternheit vor dem Ursprung, Absage an das Regime der Dankesschuld a priori. Vom Diabolus kommt das Sichaufwerfen zur phallischen Vollmacht her. In der Wendung zum Selbstgenuß liegt der gemeinsame Ursprung von Sünde und Modernität. Aus dieser Sicht besteht die weltgeschichtliche Rolle des Christentums vor allem darin, diese Wendung so lange wie möglich als Sünde, das heißt als Verstoß gegen das Gesetz der Herkunftsschuld zu interpretieren. Daher ist Christentum – als monotheistische Ordnung der geschöpflichen Schuld – eine weltgeschichtliche Instanz zur Verzögerung der Modernität. Denn Modernität bedeutet in generationenlogischer Sicht nichts anderes als die Heraufkunft des entschuldeten, entpflichteten und sich selbst genießenden Individuums, des männlichen in erster Linie, des weiblichen in zwingender Folge. Wenn Augustinus noch heute eine gewisse Modernität für sich beanspruchen kann, so deswegen, weil er, anderthalb Jahrtausende im voraus, die Identität von Modernität und Perversität behauptet zu haben scheint. Es kommt jetzt darauf an, die Ansprüche dieser gewaltigen und gewaltsamen These über die moderne Welt als Reich der Undankbarkeit kritisch zu prüfen. Immerhin hat noch vor kurzem Dostojewski seinen Mann aus dem Kellerloch im allgemeinsten Tonfall sagen lassen können, der Mensch sei ein zweibeiniges undankbares Tier.

2 Man erkennt fürs erste ohne Mühe, wie die neuzeitliche Auffassung vom Alter mit einer antichristlichen, individualistischen Zivilisationstendenz zusammenhängt. Die Ausdrücke antichristlich und individualistisch sind hier so weit synonym zu nehmen, wie sie beide dieselbe antigenealogische Stoßrichtung aufweisen, die für das Regime der Modernität charakteristisch ist. Zur Moderne gehört unweigerlich der Abschied vom Denken in genealogischen und ursprungslogischen Kategorien. Ohne Entkräftung der Vätersitten keine Neuzeit, die ihren Namen rechtfertigt – und das wird auch für einen absoluten Vater Folgen zeitigen; „Gott ist tot“ bedeutet, daß die Rente der Dankbarkeit gegenüber dem Ursprung gestrichen wird; ohne Abkehr vom Vorrang des Ursprünglichen keine technologische Revision aller Dinge; ohne Absage an den genealogischen Holismus keine Freisetzung des Einzelnen und keine individualistisch wirkungsvollen Menschenrechte. Man mag der Meinung sein, daß die moderne Massenkultur zu einem weltgeschichtlich beispiellosen Ausmaß von öffentlichem Infantilismus geführt hat, aber die Prämisse dieser Entwicklung liegt am entgegengesetzten Pol – nämlich einer tiefenstrukturell wirksamen Entkindlichung des Subjekts im Zusammenspiel mit einer weitreichenden Entbindung von den alten Rechten und von Auflagen der Herkunftsmächte. Man könnte sagen, daß es in quasi juristischer Hinsicht die Pointe der neuzeitlichen Emanzipationen war, alle Grundschuldeintragungen der Vergangenheit in den Lebensbüchern der nachkommenden Individuen zu löschen, sodaß jede neue Generation ihre Chance erspürt und wahrnimmt, jenseits von Fluch und Segen der Väter mit sich selber neu zu beginnen. Der Ausruf von Molières Harpagon: *il n'y a plus d'enfants,* es gibt keine Kinder mehr, ist seit dem 17. Jahrhundert ein latentes Grundwort aller Modernisierungen. Da mag die Romantik ein Jahrhundert des Kindes oder die Unesco ein Jahr des Kindes proklamieren, – gemeint ist mit alledem nicht mehr das Kind, das jemandes Kind, oder gar Kind eines Herkommens, Zweig eines Wesensstammes wäre, sondern das absolute Kind, das relationenfreie Kind, das Kind an sich, ganz so, wie es Nietzsches Doktrin vom Kind als einer ersten Bewegung und einem aus sich rollenden Rad gelehrt hatte.

Dieses „Kind an sich“ ist das eigentliche individualistische Radikal – es ist der Träger von Geburtsrechten, die es zu Eigenleben, Eigensinn und Eigenverbrauch disponieren. Wenn man von der noch immer archaischen Ideologie der modernen Nationalstaaten absieht, wonach das Vaterland von seinen Söhnen im Ernstfall das geschenkte Leben zurückfordern kann, arbeiten alle übrigen Instanzen der modernen Welt an der Zerstörung holistischer Zugehörigkeits- und Herkunftsordnungen; sie setzen fest, daß das Individuum allein als möglicher und wirklicher Inhaber und Geschäftsführer seiner selbst infragekommt. Im individualistischen Regime versteht sich der Einzelne wie selbstverständlich als Privateigentümer seiner Lebenschancen und Lebensmittel, und dies vor jeder Rücksicht auf Vormundschaften, Familienstolz,

Erbzwänge und Ahnentafeln. Insofern läßt sich behaupten, daß das alterslose „Kind an sich", das entkindlichte Kind das geheime Subjekt der Moderne sei – ein Subjekt, dessen Anspruch auf Eigenleben wesentlich im Recht auf Herkunftslosigkeit, genauer im Recht auf Revision und gegebenenfalls auf Ablehnung der zufälligen Herkunftsverhältnisse gründet. Natürlich werden auch in modernen Zeiten die Einzelnen in höchst konkrete Umstände hineingeboren und wachsen am Spalier lokal farbiger Sonderverhältnisse heran; aber als Kinder an sich sind sie, zumindest prinzipiell, von vorneherein ihrem ersten Milieu überlegen und gedeihen in ihm nur wie in einer Nährlösung, aus der sie sich abheben werden, sobald die Tage der Volljährigkeit und Selbstbeweglichkeit gekommen sind. Das Milieu hat immer weniger Chancen, sich als Ursprungsgewalt aufzuspielen und im Gewand alternativeloser Autorität vor seinen Sprößlingen aufzutreten. Vom alten Herkommen her gedacht, sind nunmehr alle Kinder schreckliche Kinder, und dies nicht erst seit heute, weil die moderne Welt, ihrer individualistischen Grundströmung gemäß, von Anfang an mit der „natürlichen Dissidenz des Kindes"[1] kooperiert.

Das Subjekt der Moderne, als unkindliches Kind an sich, ist also der geborene Dissident seiner Herkunft; auch wo seine Entwicklung ohne sichtbare Revolte in Anlehnung ans Gegebene geschieht, liegt der dissidente Faktor sozusagen immer auf dem Sprung. Revisionismus ist der Äther der Modernität, und auch wer in eher konservativen und unauffälligen Bahnen dahinlebt, kann seine innere Zusammengehörigkeit mit dem experimentellen Geist der modernen Weltverhältnisse nicht abstreifen. Aber weil das Subjekt der Moderne absolutes oder emanzipiertes Kind ist, kann auch der alte Mensch in der modernen Welt ein Alter an sich sein – ein absoluter oder emanzipierter Alter, der nicht alt ist relativ zu Nachkommen, die er ermöglicht und geprägt hat, sondern alt ohne Außenbezug, alt in ganz eigensinniger Hinsicht, alt nur in Beziehung auf die Kurve der eigenen Biographie. Es ist kein Zufall, daß die aktuelle Gesellschaft ihr Vokabular im Hinblick auf diese neuen Alten revidiert hat und jetzt für die absoluten Alten, für jene Menschen, die Ältere sind, ohne Herkunftsquelle zu sein, den Ausdruck Senioren durchgesetzt hat. Tatsächlich sind Senioren die absoluten Älteren, die nicht älter sind als jüngere Menschen, sondern nur älter als sie selbst zuvor. Der Senior ist der abstrakte Träger von Langlebigkeit – die ihrerseits nun selbstbezügliche Längerlebigkeit meint. Im Französischen spricht man von Leuten des „dritten Alters", wenn man unsere Senioren meint[2]; man nimmt damit Bezug auf ein leistungsbiographisches Dreiphasen-Schema, nach dem jedes Leben sich gliedert in Vor-Arbeitsleben, Arbeitsleben und Nach-Arbeitsleben, allenfalls auch Vor-Sexualität, Sexualität, Nach-Sexualität. Der Senior ist demnach der „freie Alte", auch er ein individualistisches Radikal, auch er, wie das „Kind

[1] Vgl. Hans Saner, Geburt und Phantasie, Von der natürlichen Dissidenz des Kindes, …
[2] Ein Ausdruck, den übrigens schon Cicero kennt, vgl. *Cato maior de senectute*, 31.

an sich", ein Subjekt jenseits der genealogischen Ursprungsgewalten, – ebensowenig Herkunftsgeber wie das freie Kind Herkunftsnehmer.

Es versteht sich von selbst, daß in einer Welt absoluter Senioren und absoluter Kinder das Band zwischen den Generationen nicht mehr wie in traditionellen Gesellschaften – aus Herkunfts-Solidarität gewoben werden kann. Weil die Moderne eben ein System zur Aufhebung der Abstammungsschuld und zur Entpflichtung der Einzelnen gegenüber der überwältigenden Vormacht der substanziellen Geschlechter bedeutet, müssen in ihr die Solidaritäten zwischen Älteren und Jüngeren grundsätzlich neu geknüpft werden, – und neu meint hier strukturell indirekt, unter Abschwächung aller unmittelbaren sozusagen vasallischen und obsessiven Machtverhältnisse. Die moderne Welt macht gerontologische Systeme in Theorie und Praxis sowohl möglich als auch nötig, weil sie einen Ersatz für die Ordnung der Herkunftsschuld leisten muß. Gerontologie ist, praktisch wie theoretisch, die Institutionalisierung der indirekten Solidarität auf dem Feld der Generationenbeziehungen; sie muß von dem Axiom ausgehen, daß nur, wo die Gerontokratie als Herkunftsdiktatur aufgehört hat, eine Gerontologie als wissenschaftliche Bewirtschaftung des Altersfeldes ins Dasein treten kann, vielleicht sogar eine Gerontosophie als weise Betreuung einer neuen Seinsweise für neue alte Leute. Nur wo die unvordenkliche Liaison zwischen Alter und Herkunftsmacht aufgelöst ist, entsteht die Problemfigur des freien Alten, mithin des Seniors, der sein Dasein nicht durch seine Rolle als Gläubiger der Jungen definiert. Dieser absolute Senior wird nun auf zweifache Weise indirekt in Netze sozialer Transaktionen und Solidaritäten einbezogen – zum einen als Teilnehmer an Sozialversicherungen, die ja im wesentlichen Systeme sozialer Solidarität jenseits der genealogischen Verschuldung darstellen, – die Milch, die heute bergauf fließt, ist künstlich und stammt nicht von einer Tochter, sondern aus anonymen Kassen; zum anderen als Marktteilnehmer und Inhaber von Kaufkraft, durch die sie sich Zugang zu Lebensmitteln und Lebenshilfen verschaffen. Im übrigen ist der Ausdruck Generationenvertrag für das System der indirekten Solidarität mit den Alten so irreführend, wie er im Blick auf die klassische Pietät verfehlt ist – denn wo die Abstammungsgewalt herrscht, ist jeder Gedanke an Vertrag eine blasphemische Platitüde, wo die indirekte Solidarität organisiert wird, ist er eine pseudojuristische Übertreibung. Vielleicht dürfen wir einen Hinweis auf die prekäre Natur des Sujets in dem Umstand sehen, daß wir für die Qualität des Bandes zwischen den Generationen heute keinen gültigen Ausdruck kennen.

Weil das Zeitalter traditioneller Altersdefinitionen zusammen mit der klassischen Gerontokratie untergegangen ist, steht auch das Bild des Alten selbst neu zur Disposition und ist für alle möglichen Revisionen offen. Man könnte im Blick auf die Turbulenzen der Altenkultur in den letzten beiden Jahrzehnten geradewegs von einer Mobilmachung der Senioren sprechen; die neuen Alten nehmen nun endlich auch für sich die Rechte des absoluten, des herkunftslosen, des entbundenen Kindes wahr, sie realisieren folgerichtig die natürliche Dissidenz des Seniors und reklamieren ihren Anteil an den Glücksgütern der Welt mit einer geschichtlich beispiellosen Nachdrücklichkeit. Als freie Senioren ziehen sie ihre Konsequenzen aus der Tatsache, daß die wesentlichen Lebensmittel der Modernität immer auch schon Lebenssteigerungsmittel sind und setzen, wo immer sie von ihren revisionistischen Chancen Gebrauch machen, auf diese bunte Karte; auch für die Alten gilt heute, daß Intensivierung der Nerv des Krieges ist. Deswegen sind die Senioren auf den meisten Feldern, wo Lebenssteigerungsmittel im Angebot sind, neuerdings auf höchst sichtbare Weise präsent: Sexualität, Sport, Fitness, Kosmetik, Mode, Tourismus, Bildung, Diät, Küche und Kunst – überall haben die freien Senioren heute ihre Ansprüche neu markiert. Daß die Seniorenwelt von der Gesellschaft als ganzer nach wie vor eher als Notstandsgebiet wahrgenommen wird, liegt vor allem daran, daß das freie Seniorat noch keine lange Geschichte hat und von der Öffentlichkeit eher als eine unheimliche Tendenz empfunden wird. Dazu kommt, daß sich in einer Gesellschaft aus mehrheitlich Langlebigen natürlich auch eine Senioren-Lobby ausbilden muß; Lobbies sind bekanntlich dazu da, in der Öffentlichkeit Sorgenagitation zu treiben; dies entspricht den Spielregeln eines jeden professionell geführten Geschäfts mit Mängeln und Notständen, und was den Ärzten, Lehrern, Therapeuten, Drogenberatern und Kriminologen bei ihrer korporativen Politik recht ist, das ist auch den Gerontologen billig.

Ich habe nicht die Ambition, in die Domäne der Gerontologen einzudringen, um für die Philosophie einen Anteil von ihrem Problemkuchen zu fordern. Ich will statt dessen darauf hinweisen, daß die Philosophie eine eigene Angst-Domäne verwaltet und daß sie sich die Probleme, durch die sie wichtig zu sein behauptet, nicht bei externen Disziplinen leihen muß. Bei der Philosophie liegt heute die Geschäftsführung für das Urfaktum der Endlichkeit in allen seinen Verzweigungen, und somit behauptet sie ohne Mühe einen Primat bei der Verwaltung der Ängste, die sich auf Endendes beziehen – vom Einzelleben angefangen über Systeme, Künste und Kulturen bis hin zu dem Inbegriff von Verhältnissen, den wir als Welt ansprechen. In dieser Hinsicht wäre es naheliegend, die Welt selbst als Seniorin zu charakterisieren, und der heutige Philosoph wäre ihr zuständiger Gerontologe. Tatsächlich macht die aktuelle Welt einen angegriffenen, vielleicht auch spätzeitlichen Eindruck; sicher verdient sie all die Prädikate, mit denen man die Seinsweise von Alten zu kennzeichnen pflegt, unberechenbar, sprunghaft, unverbesserlich, zäh, larmoyant, vergeßlich, egoistisch, moribund, unverwüstlich, verrückt. Da die Philosophie das Privileg hat, die Altersdemenz der Welt nach dreitausend Jahren Hochkultur und dreihundert Jahren Modernität zu interpretieren, ist es nun auch an ihr, ein Wort über den Menschen zu sagen, sofern er nicht nur ein Ende hat, sondern ein Ende ist. Wie oben flüchtig angedeutet, ist die moderne Welt über die genealogische Ordnung der Dinge hinausgeschritten und hat die Gesellschaft in dem Sinne emanzipiert, daß sie Individualismus als allgemeinen Daseins-Stil durchgesetzt hat. Aber die Individuen des Individualismus sind ihrem Grundzuge nach immer schon letzte Menschen – auch wenn weitere Menschen in späteren Zeiten zufällig auf sie folgen werden. Individuum sein heißt, das Ausleben oder Zu-Ende-Leben zu seiner Sache machen und Leben insgesamt als Endverbrauch von Lebenschancen inszenieren. Insofern sind die neuen Senioren die Prototypen des letzten Menschen. Nietzsche hatte im Prolog des ersten Teils „Also sprach Zarathustra" die Heraufkunft eines Zeitalters letzter Menschen prophezeit, und das Jahrhundert, das seither vergangen ist, hat seiner Vision im wesentlichen recht gegeben. Die Industriegesellschaft, der Sozialstaat, die Medienzivilisation – sie sind allesamt Stadien in der Entfaltung einer Verendungsgeschichte, in der jedes menschliche Einzelleben anfängt, mit seiner Bestimmung als Ende in sich selbst ernst zu machen. Deswegen ist der freie Senior heute geeignet, ein gültiges Epochen-Wahrzeichen abzugeben – mehr als die milchschnittenverzehrende, mit Computern spielende Jugend. Epochenvertreter ist nach der individualistischen Revolution, wer verstanden hat, daß am Leben sein heute Selbstendverbraucher sein bedeutet. Die Endverbraucherposition gibt sich vor allem darin zu erkennen, daß die Individuen immer weniger darum Sorge tragen, sich als Mittlere zwischen Vorfahren und Nachkommen zu behaupten. Wie nie zuvor scheinen sie zufrieden sein zu können bei der Vorstellung, daß sie selber Endzweck und Schlußfigur langer Geschichten sind. Insofern ist der Individualismus eine Art von permanenter diskreter Apokalypse. Millionenfach, milliardenfach zeigt die Welt ihre letzten Anblicke und Wahrheiten unter den Augen von Millionen, Milliarden letzter Menschen. Bei diesem Stand der Dinge liegt auf der Hand, daß die Philosophie sich nützlich machen kann als Beraterin für diejenigen, die aus dieser endlichen, allzu endlichen Geschichte wenn schon nicht eine unendliche, so doch eine fürs erste weitergehende machen wollen. Ginge es darum, Reklame zu treiben, so dürfte man eine solche Philosophie als die bessere Gerontologie, vielleicht sogar als Weltgeriatrie anpreisen.

3 Erlauben Sie mir zum Schluß ein kurzes Wort über das Alter unter dem Aspekt seiner Schwäche. Ich habe bisher durchwegs über Altersstärken gesprochen, insofern mit den Hinweisen auf das Denken im traditionellen Schema der Abstammungsgewalten und auf das moderne freie Seniorat zwei verschiedene Profile des Vorteils, ein Alter zu sein, hervorgehoben wurden. Aber zum überlieferten wie zum aktuellen Bild des Alters gehört wohl auch ein melancholischer oder resignativer Anteil – das Alter als Zeitspanne des körperlichen Verfalls und der psychischen Entkräftung, das Alter als Rückzug von den Geschäften und als Orientierung auf das Sterben. Ich möchte hier ohne Ansprüche auf Ausführlichkeit zu bedenken geben, wie sich all diese Mängel und Beschwerden vielleicht in einer positiven Theorie der Altersschwäche zusammenfassen lassen. Dabei muß ich vorausschicken, daß ich nie sehr beeindruckt war von den klassischen Überlieferungen, die Weisheit als Prämie des Alters loben; mir kam dies immer schon so vor, als hätten auch im römischen Altertum die Positivisten und Kraftmeier den Ton angegeben; denn was ist Weisheit, so verstanden, anderes als Kraftmeierei in einem anderen Register? Prahlerei mit Seelenruhe und Jenseitsgewißheit?

Interessant ist das Alter, scheint mir, immer nur durch all das, wodurch es sich von der Welt der Stärke abwendet. Es gibt zu denken durch seine Schwächen, sofern sie nicht in Vorzüge umbenannt, und seine Gebrechen, sofern sie nicht als andere Stärken ausposaunt werden. Was das Alter zu einem wahrhaft philosophischen Thema macht, ist sein Zug zur Weltferne, die ebenso in den Gliedern wie in den Gedanken der Alten Platz zu greifen vermag. Das Alter ist, wenn ich es recht verstehe, die sichtbare Eroberung der Weltfremdheit – eine Eroberung freilich, die das Gegenteil von Angriff und Expansion bedeutet, sondern eine Zuwendung zur Kehrseite des Welttages und des Weltbetriebs. Nicht Weisheit, sondern Weltferne macht die Würde des Alters aus, denn nur die Alten, auch wenn sie sich noch für eine Weile ins Weltrennen mischen, vertreten durch ihr bloßes Dasein ein Gegenprinzip zu dem Tausendjährigen Reich der Kraft, als welches sich die verfaßte Wirklichkeit in uns als ihren Leistungsträgern darstellt. Der alte Mensch verkörpert, gerade mit seinen zunehmenden Insuffizienzen, das Negativ zu allem Positivismus. Indem er beginnt, die Welt nicht mehr zu verstehen, deutet er auf die Welt als etwas hin, dem man auch und vor allem im Modus des Nicht-Verstehens entspricht. Indem er aufhört, in alles eingemischt zu sein, beweist er, daß es ein mildes und mittelbares Leben gibt, das wie das Leben der Mönche von einst und wie der allnächtliche Schlaf den Weltzwang lockert und uns umsiedelt von der Licht-, Lärm- und Kampfseite auf die Rückseite der Welt. Insofern ist der alte Mensch nicht nur eine Spielart des zeitgenössischen letzten Menschen, sondern zugleich in einem bestimmten Sinn der Lehrer der Zukunft. Denn die Positivisten, die Leistungsträger, die Leute im Angriff, sie mögen sich aufführen wie sie wollen, ihnen ist heute doch vom Weltlauf ein Rennen durch eine Epoche vorgezeichnet, in der auch sie, allem intellektuellen und physischen Aktivismus zum Trotz, das Ganze immer weniger verstehen werden. Die Alten aller Zeiten haben es ihnen vorgemacht, nur aus einem anderen Winkel. Der Mensch ist von Anfang an ein weltfremdes und doch weltoffen zur Welt kommendes Tier, und nur indem er sich hierüber tief genug Rechenschaft ablegt, kann er die positivistische Pest heilen, durch die er zum Herrn und Besitzer der Natur werden will, ja überhaupt zur feststehenden Größe und zum Subjekt des Seins.

Auf dem Titelbild eines neuen Buches von Rüdiger Safranski sieht man die Fotografie eines Mannes, der Gedanken von der Art der eben angedeuteten bis in große Tiefen verfolgt hat; Martin Heidegger sitzt, – es mag in der Nähe Freiburgs irgendwo im Schwarzwald sein, – auf einer Bank im Freien, ohne Zweifel auch er ein alter Mann; er trägt einen runden Hut, sein rechter Arm stützt sich auf die Lehne der Bank, in der Linken hält er einen Wanderstock, mit dem er ins Weite vor sich deutet, hügelabwärts in die vor ihm ausgebreitete, wie im Dunst verschwommene Landschaft. Die Kamera schaut ihm gleichsam über die Schulter und folgt seinem Blick und mehr noch seinem Hinweis. Was dieser Alte sieht und sagt, ist nicht konkret in Erfahrung zu bringen. Wer aber hinter ihm steht und sich seine Blickrichtung zu eigen macht, nimmt Teil an einer Sicht, die einem wissenden Sterblichen für einen bewußten Augenblick offenstand. Es ist eine Sicht auf etwas, wovon der Seher wußte, daß es sich ihm eines Tages entzieht. Gäbe es einen Satz, in dem die Weltferne des Alters sich doch als Weisheit darstellt, er müßte lauten: Die Welt ist alles, was in uns auf- und untergeht. Und sofern die Alten als natürliche und diskrete Träger dieser Weisheit gelten können, sind sie spontane Verbündete des philosophischen Denkens in seinem immer wieder zu erneuernden Widerstand gegen die immer wieder neuen Moden der Seinsvergessenheit und die voranschreitende positivistische Entstellung der Welt.

Altenhilfe – Armenhilfe: Zur historischen Entwicklung der Altenhilfe und der Altenhilfepolitik

Peter Borscheid

„Altenhilfepolitik" – ein relativ neuer Begriff, der auch dem 19. Jahrhundert noch weitgehend fremd war. Geläufig waren dagegen in Mittelalter und früher Neuzeit seine Inhalte, wenn diese auch einem steten Wandel unterworfen waren. Ganz generell intensivierten sich im Verlaufe der Geschichte die Eingriffe der „öffentlichen Hand" – um einen modernen Ausdruck zu benutzen – zugunsten der Älteren.

Dreierlei sei vorausgeschickt:

1. Eine staatliche oder kommunale Politik zugunsten der älteren Generation zielte in vorindustrieller Zeit in der Regel nur auf die städtische Bevölkerung und damit auf einen sehr kleinen Teil der Menschen ab. Die überwiegende Mehrzahl der Älteren war in der vorindustriellen Agrargesellschaft auf Eigeninitiative angewiesen. Wenn sie Hilfe benötigten, mußte diese durch frühzeitig getroffene Maßnahmen sichergestellt sein, etwa durch entsprechend gestaltete Übergabeverträge oder testamentarische Verfügungen, in der Regel durch die Gründung einer eigenen Familie. Vertragspartner waren dabei nicht größere Gemeinschaften oder staatliche Institutionen, sondern die eigenen Kinder oder Verwandte.
2. Maßnahmen, wie wir sie heute unter dem Begriff der Altehilfepolitik zusammenfassen, waren bis weit ins 19. Jahrhundert hinein nicht allein auf die ältere Generation ausgerichtet, schon gar nicht auf bestimmte Altersgruppen, sie waren vielmehr für Invalide bestimmt. Sie griffen erst dann, wenn die körperliche Konstitution und die Gefahrengemeinschaft der Familie eine Selbsthilfe nicht mehr zuließen. Daneben erstreckte sich ein Teil dieser Maßnahmen auf Witwen, auch hier ohne Rücksicht auf deren Alter.
3. Das Alter existierte bis ins 19. Jahrhundert hinein nicht als eigenständige Lebensphase. Zwar besaß das menschliche Leben in der vorindustriellen Gesellschaft eine dreistöckige Konstruktion mit der „disziplinierten Kindheit", dem „langen Reich der Notwendigkeit" und dem Greisenalter – so Ralf Dahrendorf[1] – doch blieben Anfangs- und Endphase angesichts der allgemein üblichen lebenslangen Arbeit „bis ins Grab" eher marginal, wobei das Greisenalter als Phase der Invalidität zu begreifen ist. Da zudem der Tod vergleichsweise rasch zuschlug und keine High-tech-Medizin das

Sterben über Jahre oder Jahrzehnte hinweg hinauszögerte, blieb die dritte Lebensstufe in der Realität ohne größere Bedeutung. Folglich besaß auch eine Politik zugunsten älterer Menschen keine größere Dringlichkeit.

Städtische Altenhilfe in Mittelalter und früher Neuzeit

Es war zuerst die Kirche, die älteren Menschen in Notlagen unter die Arme griff. Sie tat dies in Form von Almosen und auch über die Institution des Spitals. Sie bekam die Mittel dazu von den Spendern von sog. „Seelengeräten“, die dabei in erster Linie an ihr eigenes Heil dachten und versuchten, über Almosen und fromme Stiftungen einen „Freifahrtsschein“ für das ewige Leben zu erstehen und himmlischen Lohn zu erkaufen. Stiftungen fanden sich in jeder Stadt je nach der Wohlhabenheit ihrer Bürger. Zwar garantierte dieses System keine optimale Versorgung der hilfsbedürtigen Alten und folgte auch keiner modernen Logik rationaler Mittelverwendung, aber es enthielt doch letztlich eine gewisse Strategie zur Überwindung sozialer Notlagen. Wichtig ist auch in diesem Zusammenhang, daß von diesen Almosen und Armenstuben der Spitäler auch ärmere, ältere Menschen profitierten und eine gewisse soziale Absicherung im Alter erhielten. Bemerkenswert ist auch, daß die Entgegennahme dieser Unterstützungen für die Empfänger noch keine entwürdigenden Konsequenzen zur Folge hatte. Aufgrund des christlichen Gebots der Nächstenliebe waren die Armen akzeptierter und voll integrierter Teil der mittelalterlichen Gesellschaft.

Seit dem Spätmittelalter erfuhr dieses von der Kirche getragene System der Armenhilfe einen tiefgreifenden Wandlungsprozeß, der mit Kommunalisierung, Rationalisierung, Bürokratisierung und Pädagogisierung, womit Erziehung zur Arbeit gemeint ist, umschrieben worden ist.[2] Stiftungen gingen seit dem 15. Jahrhundert vermehrt nicht mehr an die Kirche, sondern an die städtischen Räte, die ihrerseits die Vergabe von Almosen immer strengeren Regeln unterwarfen, aber auf der anderen Seite auch eine kommunale Unterstützungspflicht einführten, wenn die Bedürftigen bestimmten, genau definierten Voraussetzungen genügten. Wer arbeitsfähig war, sollte arbeiten; wer trotz eigener Arbeit aufgrund von Invalidität oder widrigen Umständen kein Auskommen fand, sollte Unterstützung erhalten. Dazu wurden die privaten Stiftungen und mit der Reformation auch die kirchlichen Almosen in kommunale Verwaltung überführt.

Die Almosen verloren immer mehr den Charakter der religiös motivierten Mildtätigkeit; sie wurden ganz allmählich Teil einer sozialpolitischen Strategie, die durch Ächtung der Armut – erstmals in der Nürnberger Bettelordnung von 1478 ausgesprochen – das überbordende Bettlerunwesen in den

Griff zu bekommen und die Normen und Werte der städtisch-handwerklichen Mittelschicht – Fleiß, Ordnung, Disziplin, Mäßigung – zu verallgemeinern suchte. Dieser Wertekanon beeinhaltete auch die Pflicht, sein Leben zu ordnen, vorausschauend zu planen und kurzfristige Bedürfnisse zugunsten längerfristiger Ziele zurückzustellen. Er verlangte von den Menschen, den Wechselfällen des Lebens vorzubeugen und für das Alter Vorsorge zu treffen.[3] Im 15. und frühen 16 Jahrhundert setzte überall im deutschsprachigen Raum ein Prozeß der Sozialdisziplinierung ein, dessen Umsetzung jedoch vor allem zwischen protestantischen und katholischen Gebieten erhebliche Unterschiede aufwies.

Mit der Kommunalisierung der Armenfürsorge wechselte auch ein Großteil der Spitäler in städtische Hände. Die Rationalisierungsmaßnahmen führten anschließend vielerorts zu einer Spezialisierung der einzelnen Häuser. Aus Anstalten mit einem bunt gemischten und breit gefächerten Angebot an Sozialleistungen wurden Häuser, die entweder nur der Unterbringung von Geisteskranken dienten, nur Aussätzige oder Syphilitiker aufnahmen, Waisen versorgten oder Alte bis an ihr Lebensende pflegten. Vor allem in den größeren Anstalten verdrängten die Gesunden die Kranken, und das Spital entwickelte sich immer mehr zu einem Pfründnerhaus, in dem auch eine Armenstube vorhanden war. Es waren dies Altersheime für arme, einheimische Bürger und zugleich für reiche Pfründner. Bereits die unter kirchlicher Leitung stehenden Häuser hatten mit der Aufnahme vermögender Bürger begonnen, die jedoch, wie beim Eintritt in ein Kloster, ihren gesamten Besitz an das Spital abzuführen hatten. Mit der Verbürgerlichung der Spitäler dagegen übertrug der Eintretende nur noch einen Teil seines Vermögens der Anstalt je nach Gegenleistung. Aus einer Schenkung „pro remedio animae" wurde ein reines Geschäft, für das man einen Kaufpreis zu entrichten hatte.

Die Anstöße dazu kamen aus zwei Richtungen. Zum einen konnten diese städtischen Anstalten durch die Aufnahme vermögender Pfründner ihre Einnahmen und ihren Besitz mehren und die Lage der bedürftigen Insassen verbessern. Zum anderen waren viele begüterte Bürger für sich und ihre Ehefrau auf der Suche nach einer familienunabhängigen Altersversorgung, die eine weitere berufliche Tätigkeit überflüssig machte und gleichzeitig vor den Gefahren eines überlangen Lebens Schutz bot. Auch suchte die Obrigkeit nach einer Versorgungsmöglichkeit für ihre alt gewordenen und nicht mehr arbeitsfähigen Bediensteten. Als diese Spitäler in die Hände der Ratskollegien übergegangen waren, z.T. ein ganz beträchtliches Vermögen angesammelt hatten und eine weitreichende Versorgung anboten, gewannen sie an Attraktivität und stimulierten neue Formen der Selbstvorsorge. Die meisten Spitäler boten im Zeitalter der Reformation ein getreues Abbild der städtischen Bevölkerung. Sie beherbergten auf engstem Raum Angehörige nahezu aller Berufs- und Standesgruppen unter einem Dach.[4]

Unter kommunaler Regie entwickelten sich viele dieser Spitäler zu mehr als reinen Altersheimen. Wenn die Stadtoberen darauf bedacht waren, den Reichtum ihres Spitals zu mehren, dann geschah dies in erster Linie nicht in Eigeninteresse, sondern sie verfolgten das Ziel, mit Hilfe eines krisenfesten, wirtschaftlich abgesicherten Spitals das materielle Wohl der Einwohner auch in Notzeiten zu gewährleisten. In Nürtingen am Neckar erfüllte das dortige Bürgerspital, mit dessen Bau im Jahre 1528 begonnen worden war, im Dienste der Bevölkerung die unterschiedlichsten Aufgaben. Es war eine Anstalt zur Versorgung der Armen, Kranken, Witwen und Waisen, war zudem Pfründneranstalt, Renten-, Besoldungs- und Darlehenskasse, besaß eine kulturelle und eine kirchliche Bestimmung, trat als Helfer in allerlei Notfällen in Erscheinung, bezahlte Speisungen und verwaltete letztlich das städtische Stiftungsvermögen. Es bot nicht nur Herrenpfründe, sondern ganz nach den Bedürfnissen und der Vorliebe einzelner Bürger auch Leibgedinge und Leibrenten an.[5]

Auf die Kommunalisierung der Spitäler haben die sich immer stärker konsolidierenden Landesherrschaften im 15. und 16. Jahrhundert mit der Gründung eigener herrschaftlicher Spitäler geantwortet, in denen fast ausschließlich Landeskinder Aufnahme fanden. Diese „herrschaftlichen“ Spitäler führten oft aus der Stadt hinaus, zumal in den Gebieten kleinerer Herren, wo ein städtischer Mittelpunkt fehlte. Mit der Gründung dieser Spitäler trugen die Fürsten dem Problem der Altersversorgung ihrer Hofbediensteten und Beamten Rechnung. Auf Reichsebene löste man diese Schwierigkeiten auf andere Art. Mindestens seit dem 13. Jahrhundert stand den deutschen Herrschern das Recht zu, einmal in ihrer Regierungszeit von allen geistlichen Anstalten im Reich die Übertragung einer Pfründe auf eine vom König oder Kaiser bestimmte Person zu verlangen, die an Altersschwäche oder einem körperlichen Gebrechen litt.

Altenhilfe im Zeitalter des Absolutismus

Im Zeitalter des Absolutismus nahm die Politik zugunsten der Älteren schärfere Konturen an. Im Zuge der allgemeinen Höherbewertung des Alters kam sie den speziellen Wünschen der alten Menschen durch z.T. völlig neue Maßnahmen, die auf spezielle Bevölkerungsgruppen ausgerichtet waren, mehr entgegen. Auf der anderen Seite aber unterwarf sie aufgrund der verschärften Sozialdisziplinierung andere Gruppen der Älteren vermehrten Zwängen.

Die merkantilistische Wirtschaftspolitik hatte mit ihren Manufakturgründungen ein frühes Proletariat entstehen lassen, das neben seiner bloßen Arbeitskraft keine weiteren Subsistenzmöglichkeiten besaß und bei Verlust des Arbeitsplatzes und schwindenden Körperkräften auf Armenunterstützung angewiesen war. Hinzu kam mit dem Aufkommen der stehenden Heere die schnell wachsende Gruppe der Soldaten, die meist aus dem traditionellen familienbezogenen Sicherungssystem herausfielen. Die Bevölkerungsvermehrung des 18. Jahrhunderts, mit der die Entwicklung der Erwerbsstellen nicht Schritt hielt, bewirkte ein generelles Anwachsen der Armut. Dieser Armen nahm sich im Absolutismus vermehrt der Staat an, wenn auch formal Städte und Gemeinden zuständig blieben.

Die „gemeine Versorgung" kam fortan fast ausnahmslos nur Einheimischen zugute. Konkret umfaßte sie „Alte und Verlebte, Kranke, Gebrechliche Preßhaffte, welche dieses ihres Alters, Schwachheit und Leibes-Gebrechen halber nichts verdienen können; ferner Waysen-Kinder, Witwen, Hauß-Arme" u.a., heißt es in der Leipziger Armenordnung von 1704.[6] „Mutwillige" Arme und Bettler blieben von der Unterstützung ausgeschlossen, was bedeutete, daß die Städte Kontrollsysteme installierten und sich der einzelne einer steten Überwachung durch die Obrigkeit unterwerfen mußte. Die finanziellen Mittel gingen wie bisher über freiwillige Spenden und Stiftungen ein, doch erweiterten Staat, Städte und Gemeinden dieses schlecht kalkulierbare Finanzierungsinstrument durch die Einführung regelmäßiger Haussammlungen und vor allem durch genau festgelegte Zwangsabgaben, die Strafgelder und Gebühren umfaßten und eine Zwischenstufe hin zur steuerfinanzierten Armenhilfe bedeuteten.

Bei ihrem Bemühen um Sozialdisziplinierung setzte die Obrigkeit vor allem auf Arbeit. Sie zwang die Menschen ohne Rücksicht auf Alter und Geschlecht zur Arbeit und schreckte auch gegenüber Menschen, die am Ende ihres Lebens standen, vor repressiven Maßnahmen nicht zurück. Äußeres Zeichen dieser Bestrebungen war der Bau der vielen neuen Werk-, Zucht- und Arbeitshäuser, denen der Gedanke der Arbeitserziehung zugrunde lag. In ihnen trafen sich alle Randgruppen der absolutistischen Gesellschaft: Bettler und Dirnen, Verbrecher und „unerzogene" Kinder, Wahnsinnige und Geschlechtskranke sowie eben auch gebrechliche Alte und verarmte Witwen. Das Zuchthaus wurde zu einer Art Allheilmittel für eine Vielzahl ungelöster sozialer Probleme, ohne jedoch aufgrund seiner mangelnden Differenzierung und funktionalen Überlastung den speziellen Nöten und Bedürfnissen der armen, alleinstehenden Alten gerecht zu werden. Die Zuchthäuser versuchten im wahrsten Sinne des Wortes den unteren Bevölkerungsschichten die bürgerlichen Tugenden einzubläuen und konnten dabei auf die Zustimmung der Intelligenz rechnen. Die Mitglieder der Hamburgerischen Patriotischen Gesellschaft meinten, daß bei einer „so tief versunkenen Menschen-Klasse" nur „unangenehmere und beschwerlichere Arbeit" helfe.[7]

Dennoch begann der Staat im Zeitalter des Absolutismus die zentral gesteuerte Altenhilfe vermehrt den Bedürfnissen einzelner Sozialgruppen anzupassen. Hier sind zunächst die Soldaten zu nennen, die Herrscher wie Friedrich der Große nicht mehr nur einfach ihrem Schicksal überließen. Nach dem Vorbild des Hôtel des Invalides, einem Pariser Militärhospital aus dem Jahre 1670, eröffnete Friedrich der Große 1748 in Berlin ein erstes Invalidenhaus für 600 verstümmelte und alte Soldaten. Ende des 18. Jahrhunderts kamen aufgrund des gewachsenen Bedarfs weitere Häuser für „ausgediente" Soldaten hinzu. Noch arbeitsfähige alte, unbemittelte Soldaten erhielten dagegen kleine Anstellungen bei der Accise, bei der Steuer- oder Tabakverwaltung. Offiziere rückten in Postmeisterstellen, fanden als Domänenräte Verwendung oder erhielten eine Pension zugebilligt, auf die jedoch kein Rechtsanspruch bestand, sondern „gnadenhalber" je nach Leistung und Führung gewährt wurde.[8] Diese Gnadenpensionen führten hin zur Institutionalisierung des Pensionssystems im 19. Jahrhundert.

Insgesamt hatten alle diese Eingriffe der absolutistischen Herrscher in das Armenwesen längerfristig zur Folge, daß die Armenfürsorge und damit die Fürsorge für alte, hilfsbedürftige Menschen zu einer dauernden Verwaltungsaufgabe des Staates wurde, wobei die privaten Initiativen unangetastet blieben. Das Aufkommen einer kritischen Öffentlichkeit, getragen von einem selbstbewußten Bürgertum, hat sogar zur Entwicklung neuer Formen der Altersversorgung geführt, die z.T. von den absolutistischen Herrschern zur Verbesserung ihrer eigenen Politik der Altenhilfe genutzt wurden.

Zu erwähnen ist insbesondere das Kassenwesen, das die Altersversorgung und -vorsorge um eine völlig neue Variante bereicherte. Dabei ging es zunächst einzig und allein um die Hinterbliebenenversorgung einer einzigen Bevölkerungsgruppe. Die Gesellschaft des 17. und 18. Jahrhundert reagierte mit der massenhaften Gründung von Witwen- und Waisenkassen auf den Problemdruck, der sich aus der Versorgung der Hinterbliebenen von Pfarrern, Lehrern, Offizieren und Staatsbeamten ergab. Diese Frauen waren materiell besonders stark gefährdet, weil sie nach dem Tod ihres Mannes keine Erwerbsstelle, d.h. keinen Bauernhof und keinen Meisterbetrieb, in der Hand hielten und darum auf dem Heiratsmarkt keine guten Karten besaßen.

Die absolutistischen Landesherren sahen seit dem 17., vor allem aber seit Mitte des 18. Jahrhunderts in der Gründung derartiger Kassen ein geeignetes Instrument, der Not dieser Witwen und Waisen vorzubeugen und ganz im Sinne der Aufklärung den Vorsorgegedanken und die Eigeninitiative zu stärken. Kameralisten wie Johann Heinricon Gottlob v. Justie predigten unaufhörlich den Nutzen der Kassen zum „allgemeinen Besten" und unterstützten den Staat, der immer mehr Gruppen in diese Kassen zwang und gleichzeitig die patriarchalischen Fürsorgeleistungen abbaute, um zu verhindern, daß die neue Institution nicht durch kostenlose Hilfen unterlaufen wurde.[9] Das Kassenwesen erlebte in der zweiten Hälfte des 18., besonders aber im 19. Jahrhundert seine Blüte. Es ermöglichte den Witwen einen zwar kargen, aber doch arbeitsentlasteten Lebensabend. Es war sichtbarer Ausdruck der vielgestaltigen Bemühungen, neben dem Staatswesen auch den Lebenslauf planbarer und kalkulierbarer zu gestalten, gezielt Vorsorge zu treffen und sich nicht auf das Wohlwollen der Obrigkeit zu verlassen, sondern sich einen Rechtsanspruch auf Hilfe zu erwerben, der auf eigener Leistung aufgebaut und von der Höhe dieser Leistung abhängt.

Im Gegensatz zum Kassenwesen hat der Staat die Lebensversicherung, diese große „intelligente“ Neuerung des späten 18. Jahrhunderts, lange Zeit nicht in seine Politik der Altenhilfe integriert. Diese Art der Vorsorge für das Alter blieb fast das gesamte 19. Jahrhundert über in ihrer Verbreitung auf das mittlere und gehobene Bürgertum beschränkt.[10] Dagegen hat der Staat eine andere Neuerung, die Sparkasse, als Instrument der Daseinsvorsorge materiell und propagandistisch unterstützt, um die Selbsthilfe gerade der unteren Bevölkerungsschichten zu stärken und deren materielle Lage zu heben.

Altenhilfe im Zeitalter der Industrialisierung

Um in relativer Sicherheit zu altern, hatte man in vorindustrieller Zeit Mitglied einer Gemeinschaft sein müssen: eines Haushalts, einer Gutswirtschaft, eines Klosters oder einer Zunft. Diese Sicherheit bröckelte in der ersten Hälfte des 19. Jahrhunderts aufgrund von Bevölkerungswachstum und napoleonischen Kriegen, Bauernbefreiung und Gewerbefreiheit weiter ab. Bis über die Jahrhundertmitte hinaus stieg die Massenverarmung weiter an und damit auch die Notlage alter Menschen. Auf dem Land hatten die Agrarreformen das Elend der Besitzlosen und der Kleinststellenbesitzer, besonders im Alter, weiter vergrößert. Bei Invalidität griff hier die sog. Reihenpflege mit Reihenumspeisung und -beherbergung. Bisweilen wurden die Alten auch in einer Hirtenkate untergebracht, wobei die Dorfbewohner „reihum“ für die Verpflegung aufkamen.

In den Städten gewann gleichzeitig das kommunale Armenwesen an Bedeutung, weil Genossenschaften und Zunftkorporationen sich auflösten und die Arbeiterfamilien in Notzeiten überfordert waren. Gleichwohl war die soziale Frage fortan nicht mehr nur an einzelne Städte oder Gemeinden gebunden, sondern stellte ein gesamtwirtschaftliches Problem dar.[11] Während der absolutistische Staat sich seine Kompetenzen noch erstritten hatte, forderten die Kommunen jetzt die Hilfe des Staates an. Dieser beauftragte die Gemeinden wiederum in den Gesetzen zum Unterstützungswohnsitz mit der Fürsorge, er verpflichtete sie geradezu, wobei die lokale Organisierung „zu einer bloßen Technik“ wurde.[12]

Die alte Unterscheidung zwischen arbeitsfähigen und arbeitsunfähigen Armen hatte weiterhin Bestand. „Der Zwang des arbeitsscheuen Armen zur Arbeit gehört zum Beruf der Polizeibehörden“, heißt es in der sächsischen Armenordnung von 1840.[13] Erst im Reich galt nur noch ein eingeschränkter Arbeitszwang. Die Unterstützungssätze für die Arbeitsunfähigen waren grundsätzlich niedriger als „normale“ Arbeitseinkommen von Lohnarbeitern und in Art und Höhe nicht festgelegt. Alle Empfänger von Armenhilfe verloren für die Zeit ihrer öffentlichen Unterstützung das aktive und passive Wahlrecht, unterstanden einer verschärften Kontrolle und konnten ins Armenhaus überführt werden. Es war eine Politik der Aus- und Abgrenzung, des Mißtrauens, vor allem aber der Abschreckung.[14] Wenn das Elberfelder Armeninstitut auf der einen Seite als „Zufluchtsstätte ... für Kränkliche, Gebrechliche und Alte“ betitelt wurde, so steuerte die Stadtverwaltung auf der anderen Seite sofort dieser positiven Umschreibung entgegen und verordnete, die Aufgenommenen müßten „viel arbeiten“ und nur „wenig verdienen“.[15]

Die Massenverarmung zur Zeit des Pauperismus sowie der gesellschaftliche Wandel im Anschluß an die Reformjahre wirkte auch als Stimulanz für die private Wohltätigkeit, die sich zunächst ohne Bindung zur staatlichen Armenpolitik fortentwickelte. Einige dieser Organisationen hatten auch die Altenhilfe in ihrem Programm, wenngleich diese nur selten ihr Hauptbetätigungsfeld darstellte. Im Jahre 1875 hatten in Württemberg von den bestehenden 4 311 wohltätigen Anstalten, Vereinen und Stiftungen ganze 110 die Linderung der Not von Alten und Gebrechlichen zum Programm, wogegen sich 3 187 den Armen widmeten, sich dabei aber auch vor allem um ältere arme Männer und vor allem Frauen kümmerten.[16] Viele dieser kleinen und kleinsten Vereine und Stiftungen konkurrierten bis gegen Ende des 19. Jahrhunderts auf oft unökonomische Weise mit der Öffentlichen Armenpflege, anstatt sie zu ergänzen. Der Zentralverein für das Wohl der arbeitenden Klasse, 1844 gegründet, suchte die Lage der Arbeiter u.a. durch Gründung von Sparkassen und Rentenversicherungen zu heben. Die katholische Caritas und die evangelische Innere Mission aktivierten die Hausarmenpflege und die spezialisierte Krankenpflege. 1897 unterhielt allein der Diakonissenverein neben Arbeitsstätten und Krankenhäusern 239 Siechen- und Pflegehäuser.[17]

Diese Tätigkeiten der von religiösen Idealen getragenen Organisationen wurden in der zweiten Jahrhunderthälfte für die staatliche Altenhilfe von Bedeutung, weil viele Vertreter der Privatwohltätigkeit – so etwa Johann Heinrich Wichern – lautstark vom Staat eine aktive Sozial- und Wirtschaftspolitik forderten, neue Ideen ins Spiel brachten und Verwaltungsbeamte, die z.B. der Inneren Mission nahestanden, die Arbeiterversicherungspolitik des Staates wesentlich mitbestimmten. Zu nennen ist vor allem Theodor Lohmann, der „aus der zweiten Reihe heraus“ ganz entscheidend daran beteiligt war, das Deutsche Reich auf den Weg zum Sozialstaat zu bringen.[18]

Diese neue Art der Sozialpolitik, angefangen beim Reichshaftpflichtgesetz von 1871, zielte nicht mehr darauf ab, in Notlagen nachträglich Hilfe zu leisten, sondern diese Notlage mit dem Mittel der Zwangsversicherung vorbeugend zu vermeiden. Diese Sozialpolitik war anfangs allein auf die Arbeiter ausgerichtet. Die Armenpolitik wurde durch eine Arbeiterpolitik ergänzt, wobei die Verantwortlichen hofften, die Sozialversicherung werde mittelfristig die Armenhilfe weitgehend überflüssig machen.

Die Übernahme des Kassen- und Versicherungsprinzips engte aber von vornherein den Kreis der berechtigten Personen ein. Die Sozialversicherung kam nur denen zugute, die über einen festen Arbeitsplatz verfügten. Die Invaliden- und Altersversicherung blieb für alle die ohne Nutzen, die die Mindestzahl an Beitragsjahren nicht erreichten, d.h. vor allem Frauen, und sie ging bis zum 1. Weltkrieg an den Problemen der Hinterbliebenen vorbei. Die positive Integration der Arbeiterschaft in die wilhelminische Gesellschaft grenzte auf der anderen Seite die Empfänger von Armenhilfe weiter aus; diese wurde zu noch extremeren Randgruppen.

Die Einführung der Invaliden- und Altersversicherung im Jahre 1890 darf nicht gleichgesetzt werden mit den anderen staatlichen Initiativen auf dem Feld der Altenpolitik, die zur Etablierung des Ruhestandes führten. Die Einführung von Pensionssystemen, angefangen mit der „Pension-Normale" von Joseph II. im Jahre 1781 und den Pensions-Regulativen in Bayern (1803/05) und Baden (1809), hatten in Verbindung mit der Festlegung eines bestimmten Berechtigungsalters die Herausbildung des Ruhestandes entscheidend gefördert. Das Anspruchsalter wurde in der Folge immer mehr zu einer Orientierungsmarke und schließlich zu einer echten Wendemarke im Lebenslauf. Die mittleren und höheren Schichten folgten seit der ersten Hälfte des 19. Jahrhunderts dem Beispiel der Staatsbeamten. Die Privatbeamten waren die ersten. Auf dem Land wurde das Altenteil zu einer immer öfter praktizierten Alternative zur lebenslangen Arbeit.[19] Ein arbeitsfreier Lebensabend galt als Privileg, vor allem aber als sichtbarer Beweis für wirtschaftlichen Erfolg in der Leistungsgesellschaft. Der Rentier des späten 19. Jahrhunderts demonstrierte, ohne Arbeit von seinem Vermögen leben zu können.

Dieses Lebensmodell auf die Arbeiter zu übertragen, war nicht Absicht der Bismarckschen Sozialpolitik gewesen. Für die Arbeiter galt weiterhin das Gebot lebenslanger Arbeit. So sollte die Invaliden- und Altersversicherung von 1890 auch lediglich die verminderten Verdienstmöglichkeiten, die durch das Nachlassen der Arbeitskraft entstanden, ausgleichen. Sie war darüber hinaus nicht als Alters-, sondern als Invalidenversicherung konzipiert. Die Einführung einer Altersgrenze von 70 Jahren geschah zunächst nur zur Verwaltungsvereinfachung, weil man sich für einen 70jährigen Arbeiter die ansonsten obligatorische medizinische Untersuchung ersparen wollte; man ging von seiner Arbeitsunfähigkeit aus. Staatliche Altenhilfe war noch immer Invalidenhilfe.

Altenhilfe in der Zwischenkriegszeit

Der Erste Weltkrieg markierte den entscheidenden Einschnitt in der Entwicklung der staatlichen Fürsorge. Der Staat übernahm seit der Revolution von 1918/19 die Verantwortung für das soziale Wohlergehen seiner Bürger.

Er weitete das Feld seiner Unterstützungen aus und ging dabei auch weit über die Gruppe der traditionellen Empfänger von Armenhilfe hinaus. Gleichzeitig kam es zu einer radikalen Umgestaltung des gesamten Fürsorgebereichs. Im Bereich der konfessionellen und privaten Wohlfahrtspflege bildeten sich Spitzenverbände. Zwar hatte die Privatwohltätigkeit bereits seit den 1890er Jahren neue Formen der Zentralisation und Koordination erprobt, aber die Aktivitäten der Spitzenverbände berührten ganz andere Felder. Der Weltkrieg brachte einen kräftigen Zentralisierungs- und Rationalisierungsschub. Die gewaltigen finanziellen Probleme der öffentlichen Hand über die gesamten Weimarer Jahre hinweg, neue soziale Notlagen wie die der Kriegsversehrten und Rentner sowie die großen Vermögensverluste der lokalen Vereine der Privatwohltätigkeit forderten von allen Beteiligten neue Lösungen und machten eine tiefgreifende Umgestaltung des gesamten Wohlfahrtssektors unumgänglich. Man einigte sich auf eine duale Struktur, wodurch die öffentliche und die private Wohlfahrtspflege zu einem einheitlichen Gesamtkomplex verschweißt wurden. Das friedlich-chaotische Mit- und Nebeneinander fand damit sein Ende.

Mit der gesetzlichen Festschreibung des Subsidiaritätsprinzips garantierte der Staat auf Betreiben der Zentrums-Partei den freien Wohlfahrtsverbänden den Schutz des Reiches. Parallel dazu dehnte dieses das Aufgabenfeld der öffentlichen Fürsorge in der „Reichsverordnung über die Fürsorgepflicht“ vom 13. Februar 1924 weiter aus, u.a. auf die Sozial- und Kleinrentner. Da viele der Opfer von Krieg und Inflation ganz anderen Bevölkerungsschichten entstammten als die traditionellen Empfänger von Armenhilfe, griff die Fürsorge fortan auf der Stufenleiter der Sozialpyramide weiter nach oben. Gleichzeitig grenzte sie die Empfänger der neuen „Minderfürsorge“ als „Arbeitsscheue und unwirtschaftliche Hilfsbedürftige“, also als Asoziale weiter aus. Gegen sie ging der Staat rigoros vor, während die Sozial- und Kleinrentner unter Berücksichtigung ihrer früheren Lebensverhältnisse vergleichsweise privilegierte Fürsorgeleistungen erhielten.[20]

Bereits seit Ende des 19. Jahrhunderts hatte sich die ehedem undifferenzierte Armenfürsorge in einigen Großstädten in spezielle Fürsorgebereiche, der sog. „socialen Fürsorge“ ausdifferenziert. Erste Wohnungs-, Gesundheits- und Jugendämter waren als nicht-diskriminierende Fürsorgeeinrichtungen entstanden. In Krieg und Inflation war dieser Ausdifferenzierungsprozeß weiter fortgeschritten, weil sich neue Problemgruppen bildeten, die Hilfe benötigten. Die Städte und jetzt auch die Landkreise bauten die Gremien aus. Hinzu kam eine rasche Vergrößerung der Apparate, zumal die verbandlichen Interessenvertreter in diese Ämter hineindrängten. Während das Frankfurter Armen- und Waisenamt 1913 insgesamt 105 Bedienstete gezählt hatte, waren es 1926 im Wohlfahrts- und Jugendamt bereits 701.[21] Wenngleich dieses Amt bereits 1918 einen Unterausschuß für Altersfürsorge eingerichtet hatte, entwickelten sich diese Referate für Altersfürsorge in den meisten Städten erst einige Jahre später und zwar mit der Verarmung der Sozial- und Kleinrentner.[22] Inflation und später die Weltwirtschaftskrise wurden zu wichtigen Impulsgebern für die staatliche Altenhilfe.

Weitere Faktoren beschleunigten diesen Prozeß. Als seit der Jahrhundertwende der medizinische Diskurs über „Altersschwäche“ und die Gleichsetzung der letzten Lebensphase mit Invalidität die alten Menschen im industriellen System abwerteten, als die medizinischen Theorien eingingen in die Debatten über Taylorismus und Rationalisierung und als die Arbeitswissenschaftler schließlich dem Alter eine stark abnehmende Effizient zuschrieben, sah die Wirtschaft in der älteren Generation immer mehr einen Bremsklotz am Bein des industriellen Fortschritts. In der Endphase der Weimarer Republik fiel die Erwerbstätigkeit der über 65jährigen auch im Vergleich zu den anderen Altersgruppen schlagartig ab. Sie wurden schon vor der Weltwirtschaftskrise als erste aus der Wirtschaft gedrängt, mußten zwangsweise in Rente gehen, obwohl das Rentenniveau noch immer auf eine lebenslange, wenn auch reduzierte Arbeit zugeschnitten war.[23] Hier war der Staat gefordert.

Schließlich ist eine dritte Schiene zu nennen: Obwohl bereits seit der frühen Neuzeit immer wieder einzelne Hospitäler von multifunktionellen in spezialisierte Anstalten überführt worden waren, existierte der alte Typ des Hospitals bis zu Beginn des 20. Jahrhunderts weiter fort. Erst dann hatte er ausgedient und wurde je nach Bedarf in ein Krankenhaus oder Pflegeheim, Altenheim oder eine Spezialklinik überführt. Ein entscheidender Impuls ging von den Medizinern aus, die als neue Experten in diese Häuser hineindrängten und aufgrund ihres gestiegenen Ansehens ihre Vorstellungen durchzusetzen wußten. Der einflußreiche Mediziner Adolf Gottstein forderte kurz nach der Jahrhundertwende die Städte auf, das „allgemeine Krankenhaus nur für akute Infektionskrankheiten und akut fieberhafte Zustände, für schwere Verletzungen und Operationen“ offenzuhalten und spezielle Anstalten zu errichten für diejenigen, „deren Krankheit nicht zum Tode, aber zu jahrelangem Siechtum geführt hat und einer Heilbehandlung nicht mehr zugänglich ist, die aber der Wartung und Linderung ihrer Leiden bedürfen und durch die lange Krankheit verarmt sind“.[24] Angesichts der von den Medizinern festgelegten Standards – fließendes Wasser, moderne sanitäre Einrichtungen, Entlüftungsanlagen, Zentralheizung, Kühlräume, Aufzüge u.a.m. – erschienen fortab viele der alten Häuser als menschenunwürdig und nicht mehr tragbar. Aufgrund des vermehrten sozialen Engagements der Bevölkerung, das sich in einer gewachsenen Spendenbereitschaft niederschlug, und aufgrund des Einflusses der Medizin begannen um das Jahr 1900 Städte sowie freie und konfessionelle Wohltätigkeitsorganisationen mit dem Bau neuer Heime. Dabei ging es den Kirchen auch darum, ihre Berechtigung in einer säkularisierten Welt durch den Nachweis ihrer sozialen Kompetenz unter Beweis zu stellen. Sie haben sich mit viel Erfolg darum bemüht, gerade die pflegebedürftigen alten Menschen in ihrer Obhut zu behalten.

Die privaten Modernisierungsbemühungen, wie sie etwa von der Frankfurter „Centrale für private Fürsorge“ unter Wilhelm Merton ausgingen, haben die Staatliche Wohltätigkeit wesentlich beeinflußt. Sie haben Reformimpulse vermittelt und viele neue Ideen in die Diskussion eingebracht, die unter dem Problemdruck der 20er Jahre auch auf dem Feld der Altenhilfe Wirkung zeigten. Sie betrafen einmal die ambulanten Dienste, die es bereits in anderer Form im alten Spital gegeben hatte, die jetzt aber den neuen technischen Möglichkeiten angepaßt wurden. Sie betrafen aber vor allem die stationäre Altenhilfe, für die z.B. Architekten neue Formen von Alters- und Pflegeheimen entwarfen. Die Finanzkrise des Staates verhinderte eine Realisierung vieler dieser Projekte.

Das 3. Reich hat einen Großteil dieser Gedanken und Initiativen verworfen und fallengelassen. Sie paßten nicht in die Sozialpolitik des Regimes. Sozialpolitik wurde jetzt als „Volkspflege“ und als „Volksgemeinschaftspolitik“ definiert. „Im Vordergrund der Sozialpolitik steht nicht die Pflege der Kranken und Schwachen, sondern die Erhaltung und weitere Förderung der Volkskraft und Volksgesundheit“, hieß es in einer Dissertation von 1937.[25] Oder in einer anderen Schrift: „Der alte und kranke Volksgenosse wird gewiß vor der Not geschützt werden und sein Leben gesichert erhalten. Er wird aber zurückstehen müssen gegenüber jenen anderen, die erbbiologisch wichtiger und daher für die Zukunft des Volkes wertvoller sind.“[26] Die treibenden Kräfte der Weimarer Wohlfahrtspflege, vor allem die freien Träger, wurden von den neuen Zentralinstanzen, vor allem von der NS-Volkswohlfahrt, an den Rand gedrückt.[27] Die konfessionellen Verbände mußten sich fast ganz auf die Anstalts- und Gemeindepflege zurückziehen.

Die ganze Bandbreite an sozialen Diensten sowie die neuen Qualitäten der stationären Versorgung der Älteren, die im ersten Drittel dieses Jahrhunderts entscheidend verbessert worden waren, sind erst seit den 1970er Jahren, als die Probleme einer alternden Gesellschaft akut wurden, ausgebaut bzw. weiter angehoben worden. Zwei Zahlen: 1979 waren in der Bundesrepublik Deutschland 762 Sozialstationen vorhanden, Ende 1981 waren es bereits 1 397.[28]

Die Geschichte der sozialen Dienste für alte Menschen ist noch sehr kurz; ganz anders die der Heime. Stationärer wie ambulanter Hilfe kommt heute eine in der Geschichte noch nie dagewesene Bedeutung zu. Hauptursachen sind die stark verlängerte Altersphase mit Ruhestand, die relativ langandauernde Pflegebedürftigkeit vieler sowie die kleineren Familien, die starke Zunahme der Ein-Personen-Haushalte und schließlich die hohen Mobilitätsraten.

Anmerkungen:

[1] R. Dahrendorf: Lebenschancen, Frankfurt/M. 1979, S. 129

[2] Ch. Sachße, F. Tennstedt: Geschichte der Armenfürsorge in Deutschland. Vom Spätmittelalter bis zum Ersten Weltkrieg, Stuttgart/Berlin/Köln/Mainz 1980, S. 30–40

[3] P. Münch (Hg.): Ordnung, Fleiß und Sparsamkeit, München 1984

[4] P. Borscheid: Geschichte des Alters. 16.–18. Jahrhundert, Münster 1987, S. 84ff.

[5] U. Berroth: Der Spital Nürtingen und seine Vorläufer von den Anfängen bis zur Mitte des 17. Jahrhunderts, Diss. Tübingen 1957 (Mschr.) S. 132ff., 160

[6] Zit. nach Sachße, Tennstedt: Armenfürsorge, Bd. 1, S. 107; zur Armenfürsorge und Absolutismus, ebd. S. 99–132

[7] H. Urlaub: Die Förderung der Armenpflege durch die Hamburgerische Patriotische Gesellschaft bis zu Beginn des neunzehnten Jahrhunderts, Berlin 1932, S. 72

[8] E. Schnackenburg: Das Invaliden- und Versorgungswesen des brandenburg-preußischen Heeres bis zum Jahre 1806, Berlin 1889, S. 53, 75, 82f., 92

[9] B. Wunder: Pfarrwitwenkassen und Beamtenwitwen-Anstalten vom 16.–19. Jahrhundert, in: Zeitschrift für historische Forschung 12 (1985), S. 429–498; P. Borscheid: Geschichte des Alters, S. 268–277

[10] P. Borscheid: Mit Sicherheit leben. Geschichte der deutschen Lebensversicherungswirtschaft, Bd. 1, Greven 1989

[11] R. Koselleck: Preußen zwischen Reform und Revolution, Stuttgart 1967, S. 630f.

[12] Vgl. G. Simmel: Der Arme, In: Soziologie, 4. Aufl., Berlin 1958, S. 345–374

[13] Zit. nach Sachße, Tennstedt: Armenfürsorge, Bd. 1, S. 246

[14] Ebd. S. 195–222

[15] Ebd. S. 215

[16] W. Camerer: Statistik für Arme und Notleidende im Königreich Württemberg, Stuttgart 1876, S. 28

[17] E. Dietrich: Geschichtliche Entwicklung der Krankenpflege, in: G. Liebe, P. Jakobsohn, G. Meyer (Hg.): Handbuch der Krankenversorgung und Krankenpflege, Bd. 1, Berlin 1899, S. 82

[18] Vgl. F. Tennstedt, H. Winter (Hg.): Von der Reichsgründerzeit bis zur Kaiserlichen Sozialbotschaft (1867–1881), Bd. 2, Stuttgart/Jena/New York 1993, S. XXIII ff.

[19] J. Ehmer: Sozialgeschichte des Alters, Frankfurt/M. 1990, S. 78–86; P. Borscheid: Der alte Mensch in der Vergangenheit, in: P. B. Baltes, J. Mittelstraß (Hrsg.): Zukunft des Alters und gesellschaftliche Entwicklung, Berlin/New York 1992, S. 55–60

[20] Ch. Sachße, F. Tennstedt: Geschichte der Armenfürsorge in Deutschland, Bd. 2: Fürsorge und Wohlfahrtspflege 1871 bis 1929, Stuttgart/Berlin/Köln/Mainz 1988, S. 142–172

[21] Ebd. S. 195

[22] Ebd. S. 184–202

[23] Ebd. S. 174; Borscheid: Der alte Mensch, S. 58f.

[24] A. Gottstein: Aufgaben der Gemeinde- und der privaten Fürsorge, in: M. Mosse, G. Tugendreich (Hg.): Krankheit und Soziale Lage, München 1913, S. 741, 744

[25] A. Aeckerle: Wandlungen in der Sozialpolitik, Diss. München 1937, S. 62

[26] H. Damrau: Zur Reform des Fürsorgewesens, In: Deutsche Zeitschrift für Wohlfahrtspflege II (1935/36), S. 611

[27] Ch. Sachße, F. Tennstedt: Der Wohlfahrtsstaat im Nationalsozialismus, Stuttgart/Berlin/Köln 1992, S. 110–132

[28] Deutsches Zentrum für Altersfragen (Hg.): Fachbericht zur Situation älterer Menschen in der Bundesrepublik Deutschland, Berlin 1982, S. 4–7

Altenpolitik und Altenhilfepolitik im Wandel in Bund, Ländern und Gemeinden

Peter Gitschmann

1 Altern und Politik – Altenpolitik?

Unmittelbar begrifflich abgeleitet kann „Altenpolitik“ als die die gesellschaftlichen Bedingungen des Alterns und des Alters sowie die Zielgruppe der alten Menschen betreffende politische Regulierung bestimmt werden, mit der interessenvermittelte, über konsensuelle oder konfligierende Prozesse herbeigeführte Entscheidungen über Steuerungselemente und Ressourcenzuweisungen – Recht, Geld, Dienstleistungen – verbunden sind. Eine etwas andere Perspektive könnte jedoch auch die Auffassung vertreten, daß es sich bei „Altenpolitik“ um das politische Handeln der Alternden und Alten selbst handelt, wobei die Gegenstände dieser Politik dann durchaus noch weitergehende sein könnten.

Beide Zugänge haben ihre Berechtigung; Zusammenführen lassen sich die unterschiedlichen Akzentuierungen insofern, als Altenpolitik in einer demokratisch verfaßten Gesellschaft immer beides ist bzw. sein sollte: Politik für die Alten und Politik der Alten. Dies verweist auf einen Grundsatz, der nicht nur in der Altenpolitik mitunter vernachlässigt zu werden droht: die notwendige und mögliche Partizipation der Betroffenen an der ihre Lebensbedingungen (mit)-gestaltenden Politik.

Dieser Grundsatz ist auch für „Altenhilfepolitik“ bzw. „Altenhilfe“ zu unterstreichen, wobei diese als sozialpolitisches Teilfeld mit der Zielgruppe der *hilfsbedürftigen* Alten verstanden werden kann. Hier gelten somit – oder sollten gelten – die untrennbar verbundenen sozialethischen Grundsätze der Individualität, Subsidiarität und Solidarität sowie – strukturbezogen – die Prinzipien des größtmöglichen Selbständigkeits- und Selbstbestimmungserhalts, operationalisiert beispielsweise zu „ambulante vor teilstationärer vor stationärer Hilfe“ und– leistungsbezogen – „Prävention vor Rehabilitation vor Kuration vor Pflege“.

Sowohl Altenpolitik wie Altenhilfe haben also eine klare, normative Grundlage, die als Bewertungsmaßstab bei Detailbetrachtungen herangezogen werden kann. Dies ist auch der Hintergrund der nachfolgenden Überlegungen: Wie kann Altenpolitik und Altenhilfe – verankert auf verschiedenen staatsstrukturellen Ebenen – gegenstands-, bereichs- und problembezogen beschrieben werden? Welche Entwicklungsdynamik liegt retrospektiv betrachtet zugrunde, welche ist aktuell und prospektiv erkennbar? Schließlich: Was sollte an Leistungen erkennbar sein, was ist faktisch vorfindbar, welche Defizite können beschrieben werden?

2 Rahmenbedingungen, Themen und Zuständigkeiten

2.1 Gesellschaftspolitische Diskussion sozialstatistischer Aspekte

Zu den demographischen und sozialstatistischen Grundlagen der Altenhilfe will ich hier keine weiteren Aussagen treffen. Die Thematik ist mittlerweile sowohl hinsichtlich der bevölkerungsstatistischen Entwicklungen[1], der räumlichen Aspekte[2], der soziologischen Befunde[3] als auch der zu beachtenden Besonderheiten in den neuen Ländern[4] hinreichend aufgearbeitet, und soll im folgenden als bekannt vorausgesetzt werden.

Die absolute und relative Zunahme der älteren Bevölkerung führt immer häufiger dazu, daß diese natürliche demographische Entwicklung mit Begriffen wie „Alterslast" versehen wird und mit Prognosen eines zwangsläufigen Zusammenbruchs der Alterssicherungs- und Versorgungssysteme verbunden wird. Ebenfalls soll ein neuartiger Verteilungskampf bzw. „Krieg der Generationen" [5] bevorstehen, da die überbordenden Ansprüche der immer zahlreicher werdenden Älteren von den bereits überlasteten Jüngeren nicht mehr freiwillig getragen werden. Befremdlich sind solche Thesen insbesondere auf dem Hintergrund der Tatsache, daß hier eine der immer noch reichsten – und Jahr für Jahr weiterhin reicher werdenden – Gesellschaften dieser Erde vorgibt, große Teile ihrer Bevölkerung nicht mehr adäquat ernähren zu können. Hier kommt die klassische Frage der gerechten Verteilung des gesamten Volkswohlstandes in neuem Gewande daher; und wieder einmal wird versucht, mit scheinbar objektiven Berechnungen gesellschaftliche Verantwortung zu negieren. Im Frühkapitalismus führte dies dazu, daß die politische Ökonomie sich unter anderem mit der Frage der zu kontrollierenden Vermehrung des Proletariats befaßte; in der heutigen Zeit mögen die aufgeflammten Diskussionen über Sterbehilfen sowie über die unangemessen hohen Gesundheitskosten der älteren Bevölkerung Vorboten einer ähnlichen gesellschaftspolitischen Orientierung – diesmal zu Lasten der Alten – sein.

2.2 Sozialrecht und Staatsstruktur

Altenpolitik und Altenhilfe sind in der Bundesrepublik – im Unterschied etwa zur Jugendhilfe – nur bruchstückhaft, unsystematisch und zum Teil widersprüchlich sozialrechtlich normiert.

Zwar gilt der allgemeine Teil des Sozialgesetzbuches auch für die Altenhilfe als Bestandteil kommunaler Sozialpolitik, eine gesetzgeberische Aussage über Ziele, wesentliche Inhalte und Träger von Altenhilfe sucht man jedoch vergebens. Die einzige ausdrückliche Erwähnung und Präzisierung von „Altenhilfe“ findet sich im § 75 des Bundessozialhilfegesetzes (BSHG), der jedoch im wesentlichen nur die sogenannte „offene Altenhilfe“ als Aufgabe der örtlichen Sozialhilfeträger, d.h. der Städte, Gemeinden und Landkreise definiert. Da die Altenhilfe sozialrechtlich Teil des Sozial- und nicht Gesundheitswesens ist, ist sie zwar unmittelbar von allen Regelungen des Sozialversicherungsrechtes betroffen, hat jedoch keinerlei direkte Rückkopplungs- und Interventionsmöglichkeit, sondern muß eher im Sinne eines Ausfallbürgen und einer Restkategorie Defizite der übergeordneten Sozial- und Gesundheitssysteme auffangen. Sozialpolitik für ältere Menschen umfaßt somit das Krankenversicherungs-, Rehabilitations-, Pflegeversicherungs-, Rentenversicherungs- und Sozialhilferecht als definierende und steuernde Instanzen, kennt auf der zuständigen kommunalen Ebene in der hier umfassend stattfindenden Altenhilfe jedoch nur ein auf Bedürftigkeit, Subsidiarität und Individualisierung abstellendes, restriktives Teil-Rechtssystem wie die Sozialhilfe.

Eine Bundes-Altenpolitik ist auf diesem Hintergrund kaum existent. Erst seit wenigen Jahren existiert ein Bundesministerium, welches als Zuständigkeitsbereich auch die „Senioren“ aufweist. Bei den Ländern liegen in der Regel mehr oder weniger aktuelle „Landes-Altenpläne“ vor, welche die Ziele und Formen der Altenhilfe und Altenpolitik des Landes dem Grunde nach definieren und mitunter mit gezielten Forderungen, Modellprogrammen usw. ausstatten. Die eigentliche und allumfassende Zuständigkeit liegt jedoch allenthalben bei den Gebietskörperschaften, in denen die gesamte Lebenssituation der älteren Menschen letztlich stattfindet und ihre konkreten Rahmenbedingungen hat – in den Städten, Gemeinden und Landkreisen. In eher seltenen Fällen (vgl. auch Abschnitt 2.3) drückt sich dies dann auch in der Vorlage kommunaler Altenpläne oder Altenhilfepläne aus.

Während für die unter 18jährigen Menschen ein geschlossenes Rechtssystem existiert, welches im allgemeingültigen Kinder- und Jugendhilfegesetz Ziele, Formen, Träger, Finanzierung, Sozialplanung und Sozialberichterstattung verbindlich regelt, ist die Altenhilfe und Altenpolitik weitgehend und in beliebiger, unterschiedlichster Ausprägung der kommunalen Selbstverwaltung überantwortet.

Es bleibt abzuwarten, ob die auf Bundesebene seit 1993 geführte Expertendiskussion über Notwendigkeit und Inhalte eines Bundes-„Altenhilfe-“ bzw. „Seniorenförderungsgesetzes“ diesen Zustand ändern wird.

2.3 Altenhilfe als kommunales System der Daseinsvor- und -fürsorge

Hinsichtlich der Beschreibung kommunaler Altenhilfe als System stationärer, teilstationärer, ambulanter und offener Hilfen und Angebote sowie sozialplanerischer und partizipativer Strukturen kann hier auf die entsprechenden, aktuellen Aufarbeitungen verwiesen werden[6].

Grundsätzlich sind alle Einrichtungen und Maßnahmen der Altenhilfe dem Sozialwesen, nicht dem – mit Sozialversicherungsleistungen ausgestatteten – Gesundheitswesen zugehörig. Die aus dieser unterschiedlichen Kostenträgerschaft und Leistungsfähigkeit zweier Systeme für die Altenhilfe resultierenden Probleme sind unmittelbar einsichtig, wenn man bedenkt, daß in der ambulanten, häuslichen Altenpflege beispielsweise Leistungen häuslicher Krankenpflege (krankenkassenfinanziert) mit Leistungen der häuslichen Altenpflege, Familienpflege, hauswirtschaftlichen Versorgung und Haushilfe (von der Pflegeversicherung, vom Betroffenen selbst bzw. im Bedarfsfalle von der Sozialhilfe zu finanzieren) zusammentreffen. Hoffnungen, die Pflegekassen würden (und sollten gemäß gesetzlichem Auftrag) als integrierendes Bindeglied der Teilsysteme fungieren, sind verfehlt. Auch hier wieder wird auf Ab- und Ausgrenzung hoher Wert gelegt, während Kooperations- und Vernetzungsaspekte weitgehend vernachlässigt sind.

Die Hauptanbieter ambulanter Pflegeleistungen, die Sozialstationen, müssen also mit mindestens drei bis vier potentiellen Kostenträgern (Selbstzahler, Krankenkassen, Pflegekassen, Sozialhilfe) und mit anzubietenden Leistungen unterschiedlichster Rechtsnatur (Leistungen nach SGB V, SGB XI, BSHG-Leistungen, privatrechtlich definierte Leistungen) zurechtkommen – und all das gegebenenfalls im Haushalt eines einzigen, bedürftigen älteren Menschen. Für die Betroffenen selbst wird die Aufspaltung ihrer Bedarfssituation in gesundheitliche und soziale Aspekte besonders dramatisch bei der Pflegebedürftigkeit. Obwohl diese in der Regel nichts anderes als ein Syndrom chronischer, nicht mehr völlig heilbarer Krankheiten darstellt, differenziert das bundesdeutsche Sozialrecht einerseits in mit dem Ziel der völligen Wiederherstellung behandelbare Krankheiten, andererseits in dauerhaft zu versorgende Pflegebedürftigkeit. Im ersten Falle kann durchaus komfortable Rehabilitation stattfinden, im zweiten Falle in der Regel nicht. So belegt beispielsweise die Rehabilitationsstatistik des Jahres 1990, daß lediglich 12,3 Prozent aller Rehabilitationsmaßnahmen auf über 65jährige entfielen, während der Anteil dieser Altersgruppe an der Gesamtbevölkerung in diesem Jahr bei etwa 16 Prozent lag[7]. Auf der anderen Seite belegen zahlreiche Untersuchungen, daß Rehabilitation im Sinne des Linderns oder Verzögerns eines chronischen krankhaften Zustandes völlig altersunabhängig Sinn machen würde.

Zwar hat das 1988 novellierte Krankenversicherungsrecht (SGB V) hier entsprechende Klarstellungen bereits vorgenommen (und auch das Pflegeversicherungsgesetz bekräftigt in einem allerdings nur schwach operationalisierten Postulat den Vorrang der Rehabilitation), in der Praxis der Altenpflege hat jedoch bis heute Rehabilitation nicht im hinreichenden Maße Einzug gefunden und wird auch künftig unterrepräsentiert sein.

Aufgabe planvoller Altenpolitik in den Kommunen ist es demzufolge offensichtlich, die eher separierenden sozial- und leistungsrechtlichen Elemente und Akteure der Altenhilfe und -pflege zusammenzuführen und abzustimmen. Basis hierfür müßte angesichts der Komplexität des Gestaltungsfeldes eine aktuelle Sozialstatistik und eine darauf aufbauende Altenhilfeplanung sein.

Ein Blick auf aktuell vorhandene Altenpläne der Kommunen und Landkreise veranschaulicht jedoch, wie unterschiedlich einerseits die quantitative Verbreitung kommunaler Altenhilfeplanung in den verschiedenen Bundesländern ist, gibt aber auch Hinweise auf die bisher in der Regel eher fragwürdige Qualität solcher Planungen als Steuerungs- und Gestaltungsinstrument kommunaler Sozialpolitik. So schwankt die Verbreitung von entsprechenden „Plänen“ bei den Städten und Gemeinden der Länder zwischen 0,5 Prozent (Schleswig-Holstein) und 25,5 Prozent (Nordrhein-Westfalen), bei den Landkreisen zwischen 24 Prozent (Bayern) und 97 Prozent (Baden-Württemberg)[8]. Von den bei solchen Zählungen mitgerechneten „Plänen“ ist jedoch nur ein Teil aktuell und vollständig. Geradezu paradox mutet die Tatsache an, daß einerseits die Anforderungen an kommunale Altenhilfe und Altenpolitik ständig in Ausweitung begriffen sind (und mit der Pflegeversicherung eine weitere Komplikation erfahren werden), andererseits aber dieser durchaus umfängliche und differenzierte kommunale sozialpolitische Leistungsbereich in weit über 90 Prozent aller Kommunen und Landkreise **ungeplant** expandiert. Gerade für die neuen Länder ist dringend anzuraten, daß die hier noch in der Konstituierungsphase befindliche kommunale Altenpolitik und Altenhilfe möglichst planvoll, d.h. auch unter optimaler Ausschöpfung vorhandener Ressourcen und ebenfalls weitgehender Betroffenenorientierung erfolgt.

Auch die Basis jeder soliden Altenhilfeplanung – die **Altenberichterstattung** (als Darstellung der Lebens- und Versorgungssituation der älteren Gemeindebürgerinnen und -bürger) – ist nur hochgradig defizitär ausgeprägt. Bezogen auf die alte Bundesrepublik heißt dies nichts anderes, als daß weit über 90 Prozent aller kommunalen Gebietskörperschaften ihre Altenhilfe in

Unkenntnis der tatsächlichen, kleinräumigen Lebens- und Versorgungssituation ihrer älteren Bürgerinnen und Bürger gestalten.

2.4 Leistungsfelder und Problembereiche

2.4.1 Einkommenssicherung und Altersarmut

Immer noch ist nahezu jeder fünfte Empfänger von laufenden Sozialhilfe-Einkommensleistungen oder pflegerischen Hilfen über 60 Jahre alt. Damit hat sich der relative Anteil der älteren Bevölkerung an allen Sozialhilfeempfängern in den letzten Jahrzehnten zwar deutlich verringert, die absolute Zahl der betroffenen Älteren ist jedoch nahezu gleichgeblieben. Auch hier wiederum haben die Gemeinden im Rahmen ihrer Altenpolitik und Altenhilfe die entsprechenden Lasten zu tragen, die erforderliche Aufklärung und Beratung zu leisten, schließlich die zugehörigen Angebote und Institutionen zu schaffen bzw. zu finanzieren. Die **Dunkelziffer der verdeckten Altersarmut,** d.h. die Nichtinanspruchnahme zustehender Sozialhilfeleistungen gerade seitens Älterer, ist gerade auch in den neuen Ländern weiterhin hoch[9]. Offensive Aufklärung und zugehende Beratung können hier weiterhelfen. Auch dieses wieder sind Maßnahmen, die der offenen Altenhilfe als dem entscheidenden Feld kommunaler Altenpolitik und Altenhilfe zuzurechnen sind.

Schließlich ist darauf hinzuweisen, daß sich das Problem der einkommensbedingten Altersarmut in der Bundesrepublik keineswegs „auf natürlichem Wege" im Zuge der allgemeinen Wohlstandsvermehrung erledigen wird; vielmehr verweisen alle Prognosen darauf, daß dieses Problem ohne eine radikale Änderung des geltenden Rentenversicherungsrechts weiterhin – insbesondere im höchsten Maße für ältere und alte Frauen – zu einer latenten oder manifesten Gefährdung führen wird. Und das Problem pflegebedingter Altersarmut[10] wird sich durch die Zuschüsse der kommenden Pflegeversicherung zwar für einige Betroffene reduzieren, jedoch wird keineswegs Sozialhilfeabhängigkeit bei Pflegebedürftigkeit im von der Bundesregierung behaupteten Ausmaß beseitigt werden.

2.4.2 Vernetzung

Das von unterschiedlichen sozialrechtlichen Grundlagen, Kostenträgern und Leistungsdefinitionen geprägte System der gesundheitlichen Betreuung, Versorgung und Pflege älterer Menschen in der Bundesrepublik benötigt in erheblich erweitertem Maße Kooperation, Koordination und Vernetzung der einzelnen Systemelemente. Solange in den Städten und Gemeinden Beratungsstellen, Sozialstationen, Tagespflegestätten, Kurzzeitpflege, stationäre Einrichtungen, Rehabilitationseinrichtungen und Krankenhäuser nicht in einem konstruktiven Miteinander zum Besten des einzelnen betroffenen älteren Menschen zusammenwirken, sondern in der Regel eher nebeneinander, häufig ohne hinreichende Kenntnis der Potentiale und Leistungen anderer Systemelemente, mitunter deshalb sogar gegeneinander arbeiten, ist hier nicht nur erhebliche Ressourcenvergeudung zu vermuten, sondern auch festzustellen, daß die angemessene gesundheitliche Betreuung, Versorgung und Pflege, gemessen an einer ganzheitlichen Sicht individueller Problemlagen älterer Menschen, in der Regel eher unterbleibt.

Vielmehr wird hier punktuell behandelt, gepflegt, beraten, finanziert, ohne daß sich diese empfangenen Leistungen und Maßnahmen zu einer **konsistenten Gesamtversorgung** zusammenfügen. Helfen kann angesichts dieses diffusen Zustandes einerseits wiederum ambitionierte kommunale Altenhilfeplanung, andererseits aber auch ein vermehrtes Aufeinanderzugehen der verschiedenen Kosten- und Leistungsträger, indem verbands- oder institutionenbezogene Sichtweisen und Egoismen überwunden bzw. zurückgestellt werden. Zwar kann dieses generelle Systemdefizit unserer Gesundheits- und Sozialversorgung nicht allein und auch nicht vorrangig auf kommunaler Ebene überwunden werden. Das Erproben entsprechend veränderter Praxis vor Ort wäre jedoch ein großer Schritt in die richtige Richtung, um dann mittelfristig auch das Beharrungsvermögen der überwölbenden Strukturen und Institutionen zum Wanken zu bringen. Einzelne Kommunen beweisen denn auch in entsprechend geplanten Maßnahmen und Modellprogrammen, daß hier vieles möglich ist, was anderenorts heute noch kaum denkbar erscheint.

2.4.3 Wohnen im Alter

Gerade die Versorgung älterer Bürgerinnen und Bürger mit angemessenem Wohnraum stellt im Rahmen der offenen Altenhilfe ein hochrangiges Potential für Prävention, Rehabilitation und Erhaltung der Selbständigkeit im Alter dar. Andererseits resultieren gerade aus beeinträchtigten Wohnungsverhältnissen besondere Risiken wiederum für die betroffenen älteren Menschen: Mangelhafte Ausstattung oder Lage einer von Älteren bewohnten Einheit bergen sowohl gesundheitliche Risiken, behindern mitunter Kommunikation und soziale Einbindung, erschweren oder verunmöglichen häusliche Pflege, beeinträchtigen schließlich das Selbstwertgefühl der älteren Bewohnerinnen und Bewohner erheblich. Gerade in den neuen Ländern stellt dies eine herausragende Anforderung an kommunale Altenpolitik im Sinne umfassend verstandener Gesellschaftspolitik dar. Nur auf dem Hintergrund der Bereitstellung ausreichenden, altengerechten Wohnraums kann die stationäre Altenhilfe als ultima ratio vor einer Nachfrageentwicklung bewahrt werden, die letztlich in ihr vorrangig die Behebung von Wohnungsnotständen sucht.

Aber auch in den alten Ländern ist die Wohnungsversorgung der älteren Menschen keineswegs zufriedenstellend bzw. bedarfsgerecht.

Auch die Frage der rechtzeitigen Ausstattungsberatung sowie der Bereitstellung von Umzugshilfen für Ältere gehört in den Kontext der so recht verstandenen offenen Altenhilfe. Schließlich stellt sich bei dieser Thematik die Frage nach den angemessenen Formen des **Zusammenlebens der verschiedenen Generationen.** Zwar ist es im Zusammenhang der heute gegebenen Rahmenbedingungen schon kaum noch möglich, in einem entsprechend ausgestatteten Drei-Generationen-Haushalt zu leben, die „Durchmischung" und das Zusammenleben verschiedener Generationen in den gleichen Wohnungszusammenhängen kann jedoch gefördert werden. So sind zwar einerseits Altenwohnanlagen und Altenwohnheime für bestimmte Bedarfskonstellationen der richtige Weg; für die überwiegende Mehrzahl der älteren Menschen in den Städten und Gemeinden bietet sich jedoch eher an, in „eingestreuter" Form in größeren Wohngebäuden, Eigenheimsiedlungen usw. zusammen mit jüngeren Generationen zu leben. Nur so kann das allgemein als hochrangig angesehene kleine soziale Netz von Familie und Nachbarschaft auch entsprechende Wirkungen für die älteren Menschen entfalten. Und nur so haben sie die Möglichkeit, ihre eigenen ja durchaus noch vorhandenen Fähigkeiten und Potentiale auch anderen in ihrem sozialen Umfeld zur Verfügung zu stellen.

2.4.4 Gesellschaftliche Teilhabe und politische Partizipation

Auf nahezu allen Gebieten des öffentlichen Lebens ist festzustellen, daß die ältere Bevölkerungsgruppe nicht ihrem relativen Anteil entsprechend auch in Positionen der Teilhabe, Mitwirkung, Mitbestimmung vertreten ist. In der kommunalen Altenpolitik bedeutet dies, daß jüngere Kommunalpolitikerinnen und Kommunalpolitiker – mitunter über die Köpfe der eigentlich Betroffenen bzw. der Adressaten hinweg – Entscheidungen fällen, Strukturen schaffen, verändern und entwickeln, ohne dies mit den Betroffenen selbst rückzukoppeln. Ein solches Defizit wiegt umso schwerer, da auch keineswegs davon auszugehen ist, daß bei den Entscheidungsträgerinnen und Entscheidungsträgern eine hinreichende Kenntnis über die Lebenssituation und die Versorgungsbedarfe der älteren Gemeindebürgerinnen und Gemeindebürger vorhanden ist. Einen Ausweg aus dieser problematischen Situation können die immer zahlreicher werdenden **kommunalen Seniorenbeiräte** darstellen[11]. Diese Interessenvertretungsgremien der Älteren werden zum Teil direkt gewählt, zum Teil existiert ein abgestuftes Wahlsystem mit jeweiliger Mandatsweitergabe, zum Teil sind die vorhandenen Seniorenbeiräte aber auch lediglich „berufen" worden, ohne daß sie tatsächlich ein Mandat der älteren Bevölkerung der jeweiligen Gebietskörperschaft hätten.

In manchen Bundesländern sind mittlerweile – aufbauend auf der „Basis“ der kommunalen Beiräte und von dort legitimiert oder auch direkt auf Landesebene gebildet – Landes-Seniorenbeiräte entstanden, die mit den Behörden und der Landesregierung kooperieren und Interessenvertretungsfunktionen wahrnehmen. Auf Bundesebene ist es bisher nicht gelungen, eine legitimierte Seniorenvertretung als Ansprechpartnerin zu etablieren.

Zumindest für die durch eine Wahl ins Amt gekommenen Seniorenbeiräte ist zu betonen, daß diese Gremien häufig die einzigen Rückkopplungschancen der Altenpolitik hinsichtlich ihrer tatsächlichen Betroffenen- und Bedürfnisorientierung beinhalten. Umso wichtiger ist, daß auf eine angemessene Repräsentanz der gesamten älteren Bevölkerung geachtet wird. Honoratiorengremien und selbsternannte oder berufene „Interessenvertretungen“ sollten sich von daher eigentlich von selbst verbieten, zumal in ihnen häufig lediglich wiederum die gleichen Interessenträger Sitz und Stimme haben, die auch bereits die Zusammenarbeit von öffentlicher Sozialverwaltung und freier Wohlfahrtspflege dominieren. Direkt gewählte Seniorenbeiräte und von dieser Basis legitimierte Landes- und Bundes-Seniorenvertretungen können hingegen einen erheblichen und nützlichen Einfluß auf die Altenpolitik ausüben; sie stellen überdies einen unverzichtbaren Faktor einer angemessenen Alten(hilfe)planung dar. Dies insbesondere deswegen, weil Betroffenenorientierung und der Anspruch bedürfnisgerechter Altenhilfe über vermittelte Formen wie Repräsentativbefragungen und Expertenstudien nicht ersetzbar ist. Schließlich sollte Altenhilfeplanung eher die Tendenz zur Altenplanung in sich tragen, wobei dies insbesondere ausdrückt, daß nicht nur für die Älteren und über die Älteren geplant wird, sondern daß die Älteren selbst maßgeblich mitplanen und somit auch die zukünftige Altenhilfe und Altenpolitik gestalten können.

3 Altenhilfe und Altenpolitik in der Krise

Die sozialpolitische „Großwetterlage“ in Deutschland ist derzeit gekennzeichnet von einer Gemengelage sich teilweise wiedersprechender Tendenzen und Strömungen. Generell ist Deregulierung, Entstaatlichung und Privatisierung angesagt; soziale Leistungen sollen aus finanzpolitischer Sicht sämtlich auf den Prüfstand, um ihre grundsätzliche Notwendigkeit sowie gegebene Einsparmöglichkeiten auszuweisen. Diesem im Kontext der allgemeinen Finanz- und Staatskrise vorherrschenden neoliberalen Denken steht auf Seiten der Sozialpolitik selbst ein in vielen Bereichen gegebener Aufgaben-, Finanzierungs- und Regelungsbedarf gegenüber. Das grundsätzliche Dilemma läßt sich für die gesamte Sozialpolitik wie auch für den Bereich der Altenhilfe und Altenpolitik als Schere zwischen – unbestrittenermaßen – wachsenden Aufgaben einerseits, knapper werdenden bzw. knapper gestalteten Ressourcen andererseits beschreiben. Allgemeine Zustimmung ist dabei der Feststellung „wachsender Aufgaben" in der Altenhilfe sicher. Schwieriger wird es schon mit den „knapper werdenden Ressourcen": Hier sind politische Entscheidungen und Machtpositionen in einer grundlegenden gesellschaftlichen Verteilungsfrage vorweggenommen, als wohne ihnen ein Sachzwang inne, der zu immer gleichem Ergebnis führen müsse. Die Unterschiedlichkeit sektoraler, regionaler und nationaler Ausprägungen von Altenhilfe und Altenpolitik belegt aber gerade, daß hier durchaus Offenheit in künftiger Prioritätensetzung und Konkurrenz zu anderen gesellschaftspolitischen Feldern gegeben ist. Eine weitere, angesichts des genannten Dilemmas naheliegende Gegenthese beinhaltet die Hoffnung, daß aus Steuerung, Planung und Qualitätssicherung als Innovations- und Reformressourcen – als Alternative zu Deregulierung, Privatisierung und pauschaler Einsparung – die Chance für Altenhilfe erwachsen kann, die angedeutete Krise zu bewältigen.

3.1 Hintergründe und Konturen der Krise

Die derzeitige sozialpolitische Krise bewirkt für Altenhilfe und Altenpolitik dreifachen Anpassungsdruck:

1. Aus der demographischen Entwicklung resultieren gravierende quantitative Verschiebungen (absolute und relative Zunahme der Älteren, innerhalb der Altenbevölkerung Zunahme Alleinstehender und Hochbetagter), die die relevanten Handlungsfelder der (kommunalen) Sozialpolitik und Altenhilfe neu bestimmen (Bedeutungszuwachs von Alten- und insbesondere Pflegepolitik).
2. Die Krise der öffentlichen Finanzen stellt die Notwendigkeit, Effektivität (Zielerreichung, Wirksamkeit) und Effizienz (Ressourcenausnutzung, Verhältnis Aufwand/Ertrag) der Sozial- und Altenpolitik auf den Prüfstand.
3. Der gesellschaftliche und soziale Wandel verschiebt qualitative Betroffenheiten und Prioritäten in der Altenhilfe, und kreiert neue Themen, Probleme und Zielgruppen (Dementenbetreuung/Gerontopsychiatrie, alleinlebende alte Männer, ältere ethnische und religiöse Minderheiten/Migranten).

Durch diese Setzung neuer bzw. neu akzentuierter Themen und die Frage nach der Finanzierbarkeit insbesondere der traditionellen Formen und Strukturen der Altenhilfe gerät die Altenpolitik einerseits in eine notwendige Aufbruchssituation, unterliegt aber andererseits auch der Gefahr von „Besitzstandswahrungsstrategien" der eingeführten Träger. Gerade die „Besitzstände" gehören hinsichtlich Struktur-, Prozeß- und Ergebnisqualität sowie

Wirtschaftlichkeit jedoch vorrangig auf den fachpolitischen Prüfstand. Dabei sind die entsprechenden Erfahrungen anderer europäischer Industrienationen sowohl im positiven wie im negativen Sinne hilfreich. Die einzige Alternative hierzu läge in defensivem Abwarten und „Mauern“, was dann allerdings die notwendige Aufgabenkritik und Entscheidung beispielsweise über vertretbare Einsparbereiche genauso wie über Schon- und Zuwachsbereiche anderen, nicht in konkreter fachlicher Verantwortung und Kompetenz stehenden Akteuren überließe.

Die fachlichen Akteure der Altenhilfe müssen sich m. E. insbesondere folgenden Fragen stellen:

1. Was bedeutet die aktuelle betriebswirtschaftliche Grundsatzdiskussion über „lean management“, „lean production“, „total quality management“ usw. eigentlich für einen Heimbetrieb oder einen ambulanten Dienst? Liegen hier nicht auch zukunftsweisende Ideen, z. B. hinsichtlich des Abbaus schwerfälliger Hierarchien, der Mitarbeiterorientierung, der Kundenorientierung, der Arbeitsorganisation und der Qualitätssicherung, die bei unveränderten Ressourcen verbesserte Leistungsergebnisse ermöglichen würden?
2. Ist es noch opportun, mit pauschalen, quantitativen Forderungsstrategien (mehr geförderte Plätze, verbesserte Personalschlüssel, höhere Investitionszuschüsse usw.) über Pflegesätze, Kostensätze und Budgets zu verhandeln? Könnten nicht aus durchgängiger Aufgabenkritik hergeleitete strukturelle Änderungen und Neuakzentuierungen zum Leistungsprofil, den Möglichkeiten und Grenzen des Betriebes selbst und im Zusammenwirken mit dem sozialen Umfeld zu Kostenstrukturen führen, die von den beitragenden Kostenträgern weniger abweisbar sind, zumal sie nicht generell und überhaupt mit steigenden Finanzforderungen verbunden sein müssen?

3.2 Wege in der Krise – Wege aus der Krise?

Die aus meiner Sicht aussichtsreichste Strategie von Altenhilfe und Altenpolitik zum Bestehen der aktuellen Krisensituation ist in den vorhergehenden Fragen schon angedeutet worden: Es ist die Bereitschaft und die Fähigkeit zur Aufgaben- und Selbstkritik und damit zur **inneren Reform** der Altenhilfe. Dieser Basisansatz sollte zusammentreffen mit einigen weiterführenden Strategien, die ich im folgenden kurz skizzieren möchte.

3.2.1 Sozialberichterstattung, Planung und Management

Auf die im Bereich der Altenhilfe wenig fundierte Datenlage zur Lebens- und Versorgungssituation der älteren Menschen und die selten darauf basierende Altenhilfeplanung und -gestaltung wurde bereits hingewiesen (vgl. Abschnitt 2.3). Dies ist umso besorgniserregender, als gerade in den „harten" Leistungsbereichen (Sozialhilfe zwecks Einkommensarmutsbewältigung sowie als Hilfe zur Pflege) die Datenlage besonders unbefriedigend ist. Für pflegepolitische Überlegungen diente bis vor kurzem eine umstrittene Untersuchung aus dem Jahre 1978 (Socialdata) als Grundlage; seit 1992 existiert eine zumindest aktuellere Repräsentativstudie (infratest); für die **kleinräumige** Pflegebedarfsplanung ist sie jedoch nur sehr begrenzt tauglich. Nötig wäre für eine fundierte regionale Pflegepolitik ein originärer Datenbestand als Teil einer umfassend angelegten Sozialberichterstattung zur Lebens- und Versorgungssituation der Älteren, auf dem die Altenhilfeplanung und -gestaltung aufbauen könnte[12]. Gerade die derzeitige Krise kann altenpolitisch nur auf der Basis gesicherter Daten und Planungen bewältigt werden. Solche Sozialberichterstattung und Planung zur Altenhilfe könnte Wege aus der Krise weisen; in der Bundesrepublik ist sie vielerorts erst noch aufzubauen.

Ein Interesse an einer solchen Sozialberichterstattung, Planung und daraus resultierendem Management müssen neben den staatlichen Akteuren gerade auch die Trägerverbände und die einzelnen Anbieter von Hilfen haben. Ihre Beteiligung macht öffentliche Planung und Steuerung zu einem breites Einvernehmen und Akzeptanz benötigenden, öffentlichen und demokratischen Politik- und Gestaltungsprozeß, der die Gewähr für die Durchsetzungsfähigkeit der Altenhilfe auch in Konkurrenz zu anderen Leistungsfeldern bietet.

3.2.2 Qualitätsentwicklung und -sicherung

Die bundesrepublikanische Altenhilfe ist bisher nur punktuell und unsystematisch mit Qualitätssicherungsstrukturen versehen. Die Fachdiskussion über altenpolitisch gewünschte Struktur-, Prozeß- und Ergebnisqualitäten beginnt erst; die notwendigen Akteure, ihre Kompetenzen und Verantwortlichkeiten sind nur in Ausnahmefällen gesetzlich normiert (Heimgesetz) und in angemessene Strukturen umgesetzt. Eine große Gefahr für die Altenhilfe geht m. E. von der die gegenwärtige Diskussion häufig dominierenden neoliberalen Hoffnung auf die Marktkräfte und die Kompetenzen der Nachfrager von Dienstleistungen aus. Hiermit ist nicht nur eine Überforderung vereinzelter Akteure verbunden, sondern auch die zumindest als Pendant zur gestärkten Verbrauchermacht unbedingt erforderliche staatliche Regulierung (Qualitätssicherungsstrukturen, Standards, Rolle und Kompetenzen der Verbraucher, als ultima ratio staatliche Aufsicht, Kontrolle und ordnungsrechtliche Maßnahmen) droht unterlassen zu werden. Nur in Form einer solchen **Doppelstrategie** aus Stärkung der Position des Verbrauchers/Nachfragers von Leistungen der Altenhilfe einerseits, gesetzlich normierten Strukturen und staatlichem Schutz andererseits kann eine Chance der Krisenbewältigung und zukunftstauglichen Reform in der Altenhilfe erwachsen.

3.2.3 Fachpolitische Steuerung, Trägerkonkurrenz und Partizipation

Eine klar gegliederte, mit hinreichenden Zuständigkeiten ausgestattete, bürgernahe Altenhilfe-Verwaltung mit Planungs- und Steuerungskompetenz sowie Ressourcen- und Budgetverantwortung ist in der Bundesrepublik – mit Ausnahme einiger der großen Städte und Landkreise – kaum vorhanden. Vielmehr stehen dem aktuellen Krisengeschehen in der Altenhilfe häufig zersplitterte Zuständigkeiten mit eher schwacher Position in der Gesamt-Sozialverwaltung sowie ohne hinreichende Steuerungskompetenz gegenüber. Die korporatistischen Strukturen der Leistungsanbieter und Kostenträger tun ein weiteres, um klar konturierte, planvolle altenpolitische Steuerung eher zu behindern. Auch hierin läge eine Chance, ein aussichtsreicher Weg aus der Krise: Eine Verwaltungs-, Planungs- und Steuerungsstruktur und Kompetenz mit ähnlicher Gliederung und Reichweite wie beispielsweise im Kinder- und Jugendhilfebereich gesetzlich normiert, würde die Altenhilfe in die Lage versetzen, tatsächlich Altenpolitik im Sinne von Macht- und Interessenausgleich sowie verantwortlicher und transparenter Neugestaltung anzugehen. Voraussetzung wäre allerdings – wie oben bereits erwähnt – das durchaus gleichberechtigte Mittun der Träger und ihrer Organisationen, somit das Hintanstellen des Konkurrenzverhaltens im Interesse des gesamten Gestaltungsfeldes.

Auch den älteren Menschen selbst kommt sowohl in der Altenberichterstattung, Alten(hilfe)planung, Qualitätssicherung und Steuerung eine durchaus wesentliche Rolle zu, nämlich als wichtige Informationslieferanten, Planungsakteure, „Verbraucher“ sowie Interessen- und Marktmacht-Träger. Lediglich für die stationäre Altenhilfe gibt bisher das Heimgesetz Mitwirkungsrechte der Betroffenen vor; diese sind jedoch sehr begrenzt und ohne entsprechende Durchsetzungsmacht. Im Bereich der ambulanten, teilstationären und offenen Altenhilfe fehlen solche Regelungen völlig.

Mit der absehbaren weiteren Kompetenzverlagerung von den „allzuständigen“ Kommunen hin zu Kranken- und künftig Pflegekassen geht zudem eine Verengung der weiterhin planbaren und gemeinsam mit den Trägern und Betroffenen gestaltbaren Perspektive auf die in gemeindlicher Zuständigkeit und Regelungshoheit verbleibende „offene Altenhilfe“ einher, die gleichzeitig Querschnitts- und Grundsatzfunktionen auch im Hinblick auf gesundheitliche und pflegerische Versorgung (Prävention, Öffentlichkeitsarbeit, Beratung und Begleitung) zu verlieren droht. Andererseits wird eine gewisse Infrastruktur- und Gesamtverantwortung auch für das Pflegesystem bei den Kommunen und ihren Trägern verbleiben, dies jedoch ohne noch hinreichende Beeinflussungsmöglichkeit der Finanzierungsströme und Qualitätssicherungsmechanismen.

Die absehbare Entwicklung der öffentlichen – namentlich der kommunalen – Haushalte in den nächsten Jahren wird „unkalkulierbare“, „riskante“ Sozialplanung und Qualitätssicherung in Teilautonomie Betroffener kaum befördern, obwohl hierin – unter den Stichworten Aufgaben- und Ausgabenkritik, Ressourcenumschichtung und -neuverteilung – durchaus auch Chancen für knappe öffentliche Kassen lägen.

Es wird zum Zwecke der Verbreiterung partizipativer Altenhilfe und Altenpolitik darauf ankommen, die ihr innewohnenden Chancen der Überprüfung des status quo, der Neugestaltung und Ressourcenumverteilung herauszuarbeiten, welche jenseits der normativen Anforderung die Attraktivität und besondere Zukunftstauglichkeit dieses Ansatzes ausmachen. Auf dieser Basis wird sich dann auch die Chance ergeben, durch das Beharren auf Betroffenenbeteiligung und -mitwirkung eine „Kultur" offener, prozeßhafter, als gemeinschaftliches Lernen und Fortentwickeln gerierter Entwicklungsplanung und Qualitätssicherung zu entfalten, welche gegen den mainstream sozialpolitischer Deregulierung und Vermarktlichung bestehen kann, indem sie angemessene Formen der Selbstverantwortung und solidarischen gesellschaftlichen Hilfe miteinander verknüpft.

3.2.4 Die europäische Dimension

Die Verantwortungsträger nationaler Altenhilfe und Altenpolitik genauso wie die einzelnen Träger und ihre Organisationen können aus dem europäischen Erfahrungsaustausch viel lernen und gewinnen. Die Hoffnung auf übertragbare, nachvollziehbare Modelle und Konzepte des Weges aus der Krise ist jedoch trügerisch. Vielmehr wäre aus der Bewußtbarmachung von Andersartigkeit, von historischen, kulturellen und gesellschaftlich-politischen Besonderheiten in dem Sinne zu lernen, daß der analytische Blick für das jeweils eigene System und Angebot geschärft und in ihm „Querdenken" provoziert wird. Aus Sicht der Bundesrepublik sind das Phänomene, die in anderen Nationen eher Irritation oder Unverständnis hervorrufen, beispielsweise die besondere Rolle der freigemeinnützigen Träger, die Position von Selbsthilfe, Ehrenamt und Subsidiarität, die in Auflösung befindliche gesellschaftliche Solidarität sowie die abnehmende Akzeptanz des sozialstaatlichen Systems. Zu lernen wäre aus dem europäischen Vergleich, daß es keine „besonderen Träger" sondern nur anhand ihrer Leistungen vergleichbare Anbieter gibt, daß fachliche Erwägungen über Optionen der Selbsthilfe und Ehrenamtlichkeit entscheiden sollten, daß gerade bei den Älteren eine gewisse Erwartung an den „fürsorglichen" Staat durchaus weiterhin gegeben ist, und daß eine wachsende, zunehmende gesellschaftliche Ressourcen in Anspruch nehmende Altenpolitik ein positives Merkmal eines Sozialsystems ausmachen kann, nicht nur eine „Last".

Was solche Ideen für die Reform und Zukunftstauglichkeit der bundesrepublikanischen Altenhilfe bewirken können, was nicht zuletzt die Betroffenen, die heute und in naher Zukunft älteren Menschen in der Bundesrepublik und den anderen europäischen Ländern dazu denken, sollte im grenzüberschreitenden Erfahrungsaustausch weiter diskutiert werden. Hierin liegt nach meiner Überzeugung die eigentliche europäische Dimension, die weit über deregulierte Marktzugänge und freien Warenaustausch hinausweist.

4 Alternde Gesellschaft und altenpolitische Innovation

Die derzeitigen Rahmenbedingungen der Sozial- und Altenpolitik geben zu wenig Hoffnung auf Weiterentwicklung Anlaß. Die allgemein mehrheitsfähige gesellschaftspolitische Grundorientierung auf Markt, Deregulierung und Abbau sozialer Leistungen im Verbund mit den hegemonialen Mehrheiten der großen „Volksparteien“ und der Krise der Staats- und Kommunalfinanzen drohen alternative Ansätze weiter zurückzudrängen.

Die spezifischen **kommunalen** Ressourcen zur Gestaltung und qualifizierten Weiterentwicklung der Altenhilfe und -politik sind jedoch bisher keineswegs ausgeschöpft. Über eine offene Aufgaben- und Ausgabenkritik bisheriger kommunaler – und meist „klassische“ Klientel versorgender – Altenhilfe könnten durchaus vielversprechende Freiräume für zukunftsorientierte Ansätze gewonnen werden. Die Voraussetzungen dazu lassen sich über eine offene, partizipative Alten(hilfe)planung auf der Basis einer qualifizierten Altenberichterstattung schaffen, welche allerdings wiederum eines kommunal-gesellschaftlichen Konsens zwischen politischen Mandatsträgern, Sozialverwaltung, Trägern, Initiativen und Betroffenen über Ziele, Zielerreichungsprozesse und Prioritäten der Altenhilfe bedarf. Die jeweilige kommunalpolitische **Öffentlichkeit** ist dabei von besonderer Bedeutung: nur wenn es gelingt, einen breiten Diskussionsprozeß über Ziele und Inhalte der Altenhilfe auf Dauer zu installieren, kann der Gefahr begegnet werden, über die allgemeine gesellschaftspolitische Diskussion um den europäischen Wirtschafts- und Sozialraum (in dem die Älteren nur als **ehemalige Erwerbstätige** auftreten) und die Pflegeversicherung (die die Betroffenen zu Objekten einer paternalistischen, restriktiven Wohlfahrtsmaßnahme degradiert) weiter ins Hintertreffen zu geraten.

Auch die Länder- und Bundes-Altenpolitik bedarf solcher von unten wachsender, innovativer Impulse, um nachfolgende Regelungs- und Finanzierungsreformen in den jeweiligen Kompetenzbereichen vorbereiten zu können.

Die entscheidende Rolle bei der Innovation der Altenhilfe und -politik werden schließlich die Älteren selbst spielen müssen; sie sind die – auch im demokratisch-politischen Sinne – entscheidenden Akteure. Sie verfügen künftig über nie dagewesene Ressourcen an (Wähler-)Macht, Geld, Selbsthilfe-

und Selbstorganisationsfähigkeit. Für staatliche Altenpolitik und Altenhilfe wird es darauf ankommen, hiermit eine fruchtbare Symbiose einzugehen.

Anmerkungen:

[1] vgl. z. B. Statistisches Bundesamt (Hrsg.), Im Blickpunkt: Ältere Menschen, Stuttgart 1992

[2] vgl. ebd. (FN 1) sowie P. Gitschmann, Altenhilfe und Altenpolitik, in: H. Klemisch u. a. (Hrsg.), Handbuch für alternative Kommunalpolitik, Bielefeld 1994; U. Bullmann/P. Gitschmann, Kommunale Altenpolitik, in: R. Roth/H. Wollmann (Hrsg.), Kommunalpolitik, Opladen 1994

[3] vgl. z. B. G. Naegele/H. P. Tews (Hrsg.), Lebenslagen im Strukturwandel des Alters, Opladen 1993

[4] vgl. K.-P. Schwitzer/G. Winkler (Hrsg.), Altenreport 1992, Berlin 1993; und J. Roloff, Zur Lebenssituation Älterer in Ostdeutschland, in: forum demographie und politik, 3 (1993)

[5] vgl. R. Gronemeyer, Die Entfernung vom Wolfsrudel. Über den drohenden Krieg der Jungen gegen die Alten, Düsseldorf 1989, sowie die Rezension von P. Gitschmann, in: Das Argument, 181 (1990)

[6] Bullmann/Gitschmann 1994; Gitschmann 1994 (FN 2)

[7] vgl. Statistisches Bundesamt (Hrsg.), Rehabilitationsmaßnahmen 1990, Wiesbaden 1992, sowie P. Gitschmann, Rehabilitation und Pflege alter Menschen als Gegenstand kommunaler Altenplanung, in: Blätter der Wohlfahrtspflege, 7+8 (1990)

[8] Stand 1991; vgl. Bullmann/Gitschmann 1994 (FN 2), S. 562

[9] vgl. H. Hartmann, Sozialhilfebedürftigkeit und „Dunkelziffer der Armut“, Stuttgart et al. 1981; W. Adamy, Wieviele Sozialhilfeempfänger gibt es in den neuen Bundesländern?, in: Arbeit und Sozialpolitik, 9–10 (1991)

[10] vgl. P. Gitschmann, Armut und Unterversorgung bei Krankheit und Pflegebedürftigkeit im Alter, in: D. Döring u. a. (Hrsg.), Armut im Wohlstand, Frankfurt/M. 1990

[11] vgl. H. Reggentin/J. Dettbarn-Reggentin, „Wir wollen Unruhe in die Ratsparteien bringen“. Seniorenbeiräte und -Vertretungen in der Bundesrepublik, Bonn 1990

[12] vgl. als ein aktuelles Beispiel die „Hamburger Sozialberichte zur Altenhilfeplanung“, die in 5 Teilen (1 - Ältere Menschen in Hamburg. Soziodemographische Merkmale; 2 - Gesundheit, Hilfs- und Pflegebedürftigkeit; 3 - Ambulante, teilstationäre und stationäre Versorgung im Alter; 4 - Wohnen und Betreutes Wohnen im Alter; 5 - Arbeit, Freizeit, Kommunikation im Alter; alle Hamburg, Behörde für Arbeit, Gesundheit und Soziales, Abteilung Altenhilfe, 1994) auf der Grundlage originärer Erhebungen umfassend und kleinräumig zur Lebens- und Versorgungssituation der älteren Menschen in Hamburg berichten.

Altenpolitik im Ländervergleich: Altenpolitik in Nordrhein-Westfalen

Roland Borosch

Ausgangspunkte für die grundlegenden altenpolitischen Planungsüberlegungen in Nordrhein-Westfalen waren folgende Gesichtspunkte:

- eine Trägerstruktur der Altenhilfe, die zu 80 Prozent über die Verbände der Freien Wohlfahrtspflege geprägt war,
- eine für die Planungsrelevanz nicht zu unterschätzende Zuständigkeit für die örtliche und überörtliche Sozialhilfe außerhalb der Landesregierung,
- eine demographische Struktur bei den über Sechzigjährigen, welche die typischen Merkmale entwickelter Industrienationen aufweist.

Sie ist geprägt:

- durch Haushalts- und Familienstrukturen, bei denen der Ein-Person-Haushalt die dominierende Haushaltsform darstellt (Singularisierung),
- durch einen weit überwiegenden Anteil von Frauen im Bereich der über Sechzigjährigen; mit steigendem Alter verstärkt sich der Anteil der Frauen deutlich (Feminisierung),
- durch eine Bedeutungszunahme des Phänomens Hochaltrigkeit,
- durch eine Verteilung des Anteils der Älteren und Alten im Lande Nordrhein-Westfalen mit Schwerpunkt auf den Städten der Rhein-Ruhr-Schiene,
- durch einen bisher vergleichsweise geringen Anteil älterer und alter Migranten, bei denen die Population aus den klassischen Anwerbeländern gegenüber den Niederländern von eher nachgeordneter Bedeutung ist; dies wird sich zukünftig ändern. Ausgangspunkt der Landesaltenplanung war darüber hinaus ein hoher Anteil von vorzeitig aus dem Erwerbsprozeß ausgegrenzten älteren Arbeitnehmern, insbesondere aus dem in der Vergangenheit für die Wirtschafts- und Beschäftigungsstruktur NRW prägenden Montanbereich. Inwieweit dieses Phänomen auch zukünftig – auf andere Branchen bezogen – Gültigkeit hat, ist Gegenstand von gegenwärtig laufenden Untersuchungen.

Fazit:

Bei aller Unterschiedlichkeit der demographischen, topographischen und strukturellen Voraussetzungen und der damit einhergehenden veränderten

Anforderungen an die politisch Verantwortlichen bedurfte es in Nordrhein-Westfalen in Vorbereitung des Zweiten Landesaltenplanes eines Wechsels bzw. der Ergänzung der Leitbilder für die Altenpolitik.

Die Planungsgrundlagen hierfür wurden im Rahmen wissenschaftlicher Politikberatung durch ein Gutachten zur Lebenssituation der älteren Menschen in Nordrhein-Westfalen geschaffen, an dem Frau Dr. Dieck, Prof. Dr. Gerhard Naegele, Dr. Gerhard Bäcker und Dr. Hans Peter Tews beteiligt waren.

Von der strategischen Vorgehensweise sind folgende Schritte zu unterscheiden:

- Der erste Schritt war das umfassende Gutachten zur Lebenssituation älterer Menschen in Nordrhein-Westfalen.
- Im zweiten Schritt sind – abgeleitet aus diesem Gutachten – unter dem Titel „Altenpolitik 2000“ Leitlinien für die Altenpolitik in Nordrhein-Westfalen als Basis für einen breit angelegten gesellschaftlichen Dialog im Jahr 1989 vorbereitet worden.
- Der im dritten Schritt in den Jahren 1989 und 1990 durchgeführte, breit angelegte altenpolitische Dialog war wiederum Grundlage für den
- im vierten Schritt im Dezember 1990 von der Landesregierung verabschiedeten Zweiten Landesaltenplan für NRW.

Die Grundsätze zukünftiger Altenpolitik sind im Zweiten Landesaltenplan für Nordrhein-Westfalen wie folgt festgelegt worden:

- Altenpolitik bleibt nicht wie bisher auf die Bereiche der klassischen Altenhilfepolitik reduziert!
- Altenpolitik ist auf der Grundlage eines breitestmöglichen Konsens zu gestalten! Die Erfahrungen verdeutlichen in diesem Zusammenhang, daß die politischen Auseinandersetzungen weniger um die Inhalte der über den Zweiten Landesaltenplan festgelegten Zielvorstellungen geführt werden, als vielmehr um das Tempo seiner finanzpolitischen Umsetzung.
- Altenpolitik ist sowohl horizontal, d.h. auf den unterschiedlichen Ebenen staatlichen und außerstaatlichen Handelns, wie auch vertikal, d.h. zwischen diesen Ebenen, eine Querschnittsaufgabe, die ein hohes Maß an Kooperation und Koordination verlangt.
- Forderungen an eine so angelegte Politik für alte Menschen in Nordrhein-Westfalen beziehen deshalb gleichzeitig auch immer Forderungen an die auf anderen Ebenen politisch verantwortlich handelnden Akteure ein! Die Forderungen an die Bundesebene, an die Kommunen, die Träger von Einrichtungen und Diensten aber auch an Unternehmen und Gewerkschaften im zweiten Landesaltenplan für Nordrhein-Westfalen belegen dies eindrucksvoll.

Eine so orientierte Politik bedurfte der Ordnung auf zweierlei Weise:

Einerseits galt es, Ziele in Form von Grundsatzpositionen bzw. Eckpunkten (quasi als längerfristige Philosophie altenpolitischen Handelns) festzulegen. Diese sind als Eckpunkte in den zweiten Landesaltenplan eingegangen.

Hierzu gehört die Orientierung an folgenden Leitbildern:

Stärkung der Selbständigkeit alter Menschen, Gerechtigkeit und Solidarität zwischen den Generationen als ethische Basis für eine zukunftsorientierte Altenpolitik

Menschliche Übergänge in den Ruhestand und gleichzeitig eine ausreichende finanzielle Absicherung im Alter

Gesellschaftliche Integration alter Menschen und damit in Verbindung stehend, die Vermeidung von Isolation und Ausgrenzung

Stärkung des selbständigen Wohnens durch den Aufbau und die Vorhaltung entsprechender Hilfen

Verbesserung der personellen Ausstattung von Einrichtungen und Diensten der Altenhilfe

Verbesserung der Begleitung Sterbender und damit Stärkung der im Aufbau befindlichen Hospizbewegung

Verbesserung der Planung und Organisation von Dienstleistungen auf der kommunalen Ebene

Auf- bzw. Ausbau der gerontologischen Forschung und Lehre in NRW als einer notwendigen Voraussetzung für den praktischen Fortschritt in der Altenpolitik

Reform der sozialen Sicherung bei Pflegebedürftigkeit (Nordrhein-Westfalen hat federführend für die alten Bundesländer den sozialdemokratischen Gesetzentwurf vorbereitet)

Neben der Festlegung der Grundphilosophie altenpolitischen Handelns galt es darüber hinaus ein konkretes politisches Handlungs- bzw. Aktionsprogramm für die Altenpolitik der laufenden Legislaturperiode festzulegen. Dies ist im Rahmen des Zweiten Landesaltenplanes in Form von Programmschwerpunkten erfolgt.

Die praktischen altenpolitischen Programmschwerpunkte sind in folgenden Kapiteln des Landesaltenplanes zusammengefaßt:

1. Gesellschaftliche Integration alter Menschen
2. Hilfen für zu Hause lebende alte Menschen und deren Angehörige
3. Stationäre Hilfen
4. Gewinnung und Qualifizierung von Mitarbeiterinnen und Mitarbeitern für die Arbeit für und mit alten Menschen
5. Modellprojekt Sozialgemeinde
6. Förderung der Alternswissenschaften

Das in diesen Programmschwerpunkten enthaltene Förderpaket im Detail zu beschreiben, würde den Rahmen dieses Vortrags sicherlich sprengen. Die Palette möglicher Hilfeangebote kann deshalb nur exemplarisch angesprochen werden.

Sie reicht von der Unterstützung sehr unterschiedlicher Formen der Selbsthilfe und Selbstorganisation alter Menschen über die Förderung von Projekten zur Wohnraumanpassung und Wohnraumanpassungsberatung, die Erprobung neuer Wohnformen, die Bereitstellung von Finanzmitteln zur Weiterentwicklung der ambulanten Pflegedienste, den Ausbau von Tages- und Kurzzeitpflegeeinrichtungen, die bedarfsgerechte Ergänzung des Angebots an Pflegeheimplätzen, über die Verbesserung der Aus-, Fort- und Weiterbildungsmöglichkeiten für die haupt- und ehrenamtlichen Mitarbeiter der unterschiedlichen Felder der sozialen Arbeit für und mit alten Menschen bis hin zur Erprobung neuer Organisationsmodelle für die kommunale Altenplanung (Projekt Sozialgemeinde) sowie des Aufbaus von Planungsgrundlagen durch die Förderung der gerontologischen Forschung in Nordrhein-Westfalen.

Ein so breit angelegter Zielkatalog erfordert bei der Umsetzung der Vorgaben ein hohes Maß an Kooperation mit denjenigen, die außerhalb der Landesregierung altenpolitische Verantwortung tragen. Das federführend für die Altenpolitik zuständige Ministerium für Arbeit, Gesundheit und Soziales hat deshalb zur Beratung und Begleitung der Politik der Landesregierung für die ältere Generation in Nordrhein-Westfalen einen „Landesfachbeirat für Altenpolitik" eingerichtet. Er soll die Landesregierung in allen grundsätzlichen altenpolitischen Fragen beraten. Die Vorbereitung der landesgesetzlichen Regelung der Altenpflegeausbildung ist u.a. ein unzweifelhafter Beleg dafür, daß dies auch in konkrete Politik umgesetzt werden kann.

Die aktuelle und absehbare Zukunft in der altenpolitischen Planung wird in starkem Maße von der Umsetzung des Pflegeversicherungsgesetzes bestimmt werden. Die sich gegenwärtig abzeichnenden Verteilungskonflikte müssen – sollen nicht unnötige Umsetzungsprobleme aufgebaut werden – auf eine rationale Basis zurückgeführt werden. Auch hier bleibt Nordrhein-Westfalen seinem eingeschlagenen Weg treu. Der außerordentlich hohe Koordinations- und Kooperationsbedarf bei der landespolitischen Umsetzung des Pflegeversicherungsgesetzes ist durch die Einrichtung einer Projektgruppe, an der nicht nur die Mitarbeiter des federführenden Ressorts, sondern auch externe Experten beteiligt sind, aufgefangen worden.

Abschließend bleibt festzuhalten, daß sich die Instrumente zur Planung und Umsetzung altenpolitischer Ziele in Nordrhein-Westfalen bewährt haben. Mit dem zweiten Landesaltenplan verfügen wir über ein anpassungsfähiges Konzept, mit dem auch die Bewältigung der vor uns liegenden Aufgaben gelingen wird.

Altenpolitik im Ländervergleich: Baden-Württemberg

Rolf Hoberg

Grundsatzziele der Politik für die ältere Generation

Die Landesregierung hat sich nach der Koalitionsvereinbarung von 1992 die Politik für die ältere Generation zur Schwerpunktaufgabe gemacht. Es sind drei Grundorientierungen, die die Politik des Landes hierbei bestimmen:

1. Selbstbestimmung im Alter
2. Teilhabe an der Gesellschaft
3. Gesicherte Versorgung

Alle Maßnahmen in diesem Zusammenhang haben sich an diesen Zielen zu orientieren und müssen sich konzeptionell und in ihren Ergebnissen an diesen Zielen messen lassen.

Gesamtkonzept Altenpolitik

Die Sozialpolitik Baden-Württembergs besitzt ein Gesamtkonzept für die Altenpolitik. Es ist ein Ergebnis der vielfältigen Bemühungen von Landesregierungen und politischen Parteien, und ist zudem Folge des vom Landtag eingesetzten Untersuchungsausschusses „Selbstbestimmung und Menschenwürde im Alter". Er führte zu einer umfassenden Bestandsaufnahme notwendiger Weiterentwicklungen in der Altenpolitik. Diese wurde mit den Stimmen aller Fraktionen in der letzten Legislaturperiode als politischer Forderungskatalog verabschiedet.

Wie ausgeprägt diese parteienübergreifende Einsicht in notwendige Maßnahmen war, zeigte schon im Januar 1992 der einstimmige Beschluß im Finanzausschuß des Landtages, einem Vorschlag der Regierung zuzustimmen, daß im Vorgriff auf einen Nachtrag sofort zusätzliche Mittel für den Bau dringend benötigter Pflegeplätze bereitgestellt wurden.

Wenn man die Koalitionsvereinbarung und die Haushaltspläne für die Jahre 1993 und 1994 nimmt, zeigt sich, daß das Schwerpunktprogramm durch erhebliche Steigerungen der Mittel für die Altenpolitik trotz Sparhaushaltes umgesetzt wird. Allerdings werden ausgefallene Steuereinnahmen und der Länderfinanzausgleich zu strenger Haushaltskonsolidierung zwingen.

Die Altenpolitik des Landes umfaßt die folgenden Schwerpunkte:
1. Gestaltung des dritten Lebensalters durch Selbsthilfe, Selbstorganisation und Interessenvertretung
2. Wohnen im Alter
3. Ambulante Dienste
4. Pflegeheime
5. Gesundheit im Alter

Was die Voraussetzungen für die Bewältigung dieser Aufgaben angeht, so sind Probleme in bezug auf die Träger von Einrichtungen und Diensten, des benötigten Personals, der Finanzierung und nicht zuletzt aus Einflüssen der europäischen Entwicklung zu lösen. An die Teilkonzepte sind drei Anforderungen zu stellen:
a) Sie müssen sich an den Bedürfnissen der Älteren orientieren.
b) Sie müssen ganzheitlich angelegt sein.
c) Sie benötigen einen hohen Gemeinwesensbezug.

Gestaltung des dritten Lebensalters – Selbsthilfe, Selbstorganisation und Interessenvertretung

Älter werden und alt sein wird in dieser Gesellschaft zur Normalität. Sich auf diese Normalität einzustellen und sie als Herausforderung, aber auch als Chance anzunehmen, ist Aufgabe für die Gesellschaft und die Politik.

Der Tatsache, daß eine rasch wachsende Zahl von Menschen für viele Jahre nach den Pflichten von Beruf und Familie ein Leben nach neuen, eigenen Maßstäben führen kann und will, muß Rechnung getragen werden. Hierauf stellt sich das Land mit einem Programm „Gestaltung des dritten Lebensalters" ein. Die Fähigkeit der Menschen, diese Lebensphase selbst zu gestalten, soll gefördert werden. Es sollen neue Formen der Selbstorganisation für Dienste im eigenen Interesse, aber auch der Hilfe für andere, initiiert werden. Selbsthilfe und Hilfe auch für andere Generationen soll als Chance für eine neue Rolle im Alter und als Teil einer neuen Interpretation des Generationenvertrages entwickelt werden.

Für diese neuen Ziele stehen z.B. die Modelle der Seniorengenossenschaften und der jetzt seit zwei Jahren laufende Modellversuch „Initiative drittes Lebensalter", mit dem versucht wird, regional integriert offene Altenhilfe, Kultur- und Bildungsarbeit, Selbsthilfeinitiativen, Wissenbörsen zu verbinden. Erwartet wird hierdurch nicht nur ein Beitrag zu einer eigenständigen Kultur des Alters, sondern auch präventive Effekte gegen die sozialen Risiken des Alters wie Identitätskrise durch Rollenverlust, Vereinsamung und Rückzug.

Diese Ansätze und Modelle sollen auch der Integration älterer Ausländer dienen, die nach langjähriger Arbeit im Alter oft zwischen den Kulturen stehen.

Im Rahmen einer Politik zur Gestaltung des dritten Lebensalters geht es auch um eine weitergehende Beteiligung der älteren Generation an den sie betreffenden Entscheidungen. Dies wird durch die Unterstützung der Arbeit von Landesseniorenrat und Kreisseniorenräten gefördert.

Wohnen im Alter

Ziel der Politik im Bereich des Wohnens ist es, dem Wunsch der älteren Menschen zu entsprechen, möglichst lange selbstbestimmt in der vertrauten Umgebung bleiben zu können. Die Bindung an Wohn- und Wohnumfeld ist gerade bei älteren Menschen besonders ausgeprägt, zumal die außerhäuslichen Aktivitäten mit zunehmendem Alter geringer werden. Die Schaffung der baulichen Bedingungen und die Ergänzung durch Dienstleistungsangebote sollen die Aufrechterhaltung der Wohnsituation erleichtern. Die Interessen der älteren Generation müssen aber auch bei der Gebäudeplanung, beim Städtebau, bei der Verkehrsplanung und bei der Weiterentwicklung wohnungsbezogener sozialer Dienste vertreten werden.

Diese Ziele werden durch Maßnahmen im Bereich der Wohnungsbauförderung, bei der ergänzenden Förderung von Versorgungs- und Gemeinschaftseinrichtungen und durch den Ausbau von Wohnberatungsstellen im Land angestrebt.

Bei der Aufstellung des Landeswohnungsprogramms für 1994 ist es wieder gelungen, den Anteil an Wohnbaumitteln für Betreute Altenwohnungen zu erhöhen. Jetzt können insgesamt bis zu 1 300 Wohnungen für ältere Menschen im Rahmen des sozialen Wohnungsbaus und ergänzender Förderung pro Jahr geschaffen werden. Die Akzeptanz dieses Programms ist außerordentlich hoch. Immer mehr Bürgermeister auch kleinerer Gemeinden nehmen die Chance wahr, die sich mit diesem Programm insbesondere bei Baumaßnahmen im Ortskern bieten. Auch die Bauwirtschaft nutzt die äußerst günstigen Förderbedingungen.

Es geht jedoch nicht allein darum, Wohnungen zu bauen; ältere Menschen brauchen vor allem auch Betreuungsdienste im Hintergrund für den technischen, hauswirtschaftlichen und pflegerischen Bereich. Für Maßnahmen im Bereich des Betreuten Wohnens wird auf der Einhaltung bestimmter Mindestvoraussetzungen im Dienstleistungsbereich bestanden. Dies ist Voraussetzung für die Zusatzförderung von Gemeinschafts- und Versorgungseinrichtungen im Betreuten Wohnen.

Nach einer kürzlich abgeschlossenen Erhebung zum Betreuten Wohnen im Land kann festgestellt werden, daß hier bereits über 13 000 Wohnungen angeboten werden.

Mit dem Umzug in eine betreute Altenwohnung erwarten alte Menschen aber auch, daß dies der letzte Umzug in ihrem Leben ist und sie auch bei Pflegebedürftigkeit nicht noch einmal umziehen müssen. Dieses Pflegeversprechen ist derzeit erst zum Teil gelöst. Hieran wird jedoch intensiv gearbeitet.

Die Wohnungsprobleme für ältere Menschen können nicht allein durch Neubau gelöst werden. Entscheidend wird es darauf ankommen, vorhandene Wohnungen an die sich ändernden Fähigkeiten und Bedürfnisse anzupassen. Hierbei handelt es sich in der Regel nicht um aufwendige und teure Maßnahmen. Es sind oft Kleinigkeiten wie der Haltegriff im Bad, die Beseitigung von Stolperfallen und die bessere Beleuchtung im Flur, die den Verbleib in der eigenen Wohnung verlängern können. Soweit umfangreichere Anpassungsmaßnahmen erforderlich sind, z.B. im Zusammenhang mit der Notwendigkeit, einen Rollstuhl zu benutzen, kann auf die Förderung des Wohnungsumbaus für Schwerbehinderte nach dem Landeswohnbauprogramm zurückgegriffen werden.

Für diese Maßnahmen der Wohnungsanpassung ist durch das Land eine Zentralstelle für Wohnberatung beim Landeswohlfahrtsverband in Stuttgart eingerichtet worden. Diese bildet nach gemeinsamer Überzeugung von Land und kommunalen Landesverbänden den Ausgangspunkt für Wohnberatungsstellen in allen Kreisen, von denen jetzt schon 15 auch mit kommunaler Unterstützung und z.T. des Kreisseniorenrates und der freien Wohlfahrtspflege entstanden sind.

Ambulante Dienste

Der Verbleib in der eigenen Wohnung hängt aber auch entscheidend vom Dienstangebot der mobilen sozialen Dienste und Sozialstationen ab. Durch ein ausreichendes, die Möglichkeiten der Selbsthilfe ergänzendes Angebot an häuslichen und pflegerischen Diensten soll verhindert werden, daß ältere Menschen bei nachlassenden Kräften aus ihren Lebensbezügen herausgerissen werden. Viele Formen eigenständigen Lebens im Alter sind nur durch die Unterstützung und Begleitung in einem dichten Netz von ambulanten Diensten möglich. Sie sollen durch ihre entlastende Funktion zugleich die Selbsthilfekräfte der Familien stärken.

Durch die engere Vernetzung aller Angebote in einem Versorgungsbereich soll ein transparentes, effektives örtliches Verbundsystem der Hilfen geschaffen werden, das über eine gesicherte Finanzierungsgrundlage verfügt.

Diesem Ziel ist Baden-Württemberg mit mittlerweile 400 Sozialstationen, die über rund 5 000 Pflegefachkräfte verfügen, schon recht nahe gekommen. Die Personalausstattung entspricht einem Versorgungsgrad von einer Pflegekraft für weniger als 2 000 Einwohnern. Wir nähern uns damit den oft als beispielhaft dargestellten niederländischen Verhältnissen. Dabei stehen die Sozialstationen nicht allein. Genauso wichtig sind die Mobilen Sozialen Dienste, die im Vorfeld von Pflege als Anbieten von Hilfen zur Lebenführung durch hauswirtschaftliche Dienste, durch Essen auf Rädern, durch Beratung und Begleitung die Selbständigkeit des älteren Menschen und der Angehörigen aufrecht erhalten helfen.

Der weitere Ausbau dieses Dienstangebotes ist vorrangiges politisches Ziel. Durch ein Programm zur Neuordnung der ambulanten Hilfen wurden in den letzten Jahren jährlich 300 zusätzliche Stellen bei den Sozial- und Diakoniestationen bereitgestellt. Auch wurde die Leitungsqualität in den Sozialstationen und bei den Mobilen sozialen Diensten durch die gezielte Förderung von Pflegedienstleitungen und Einsatzleitungen vorangebracht. Ein entscheidendes neues Element bei der Vernetzung zu einem örtlichen Hilfeverbund ist die Einrichtung der Arbeitsgemeinschaften „Ambulante Hilfen", die seit dem 1. Januar 1993 zur Voraussetzung für die Förderung eines jeden Dienstes gemacht wurden. In einem nächsten Schritt wurde dieses örtliche Hilfeangebot für den Bürger durch die Einrichtung von Informations-, Anlauf- und Vermittlungsstellen transparent und effektiv einsetzbar. Durch Förderung sollen insgesamt 270 Informations-, Anlauf- und Vermittlungsstellen (IAV-Stellen) geschaffen werden, die eine Mittlerrolle zwischen der Abklärung des Hilfebedarfs für den einzelnen und der Weiterentwicklung der örtlichen Hilfeangebote durch Sozialplanung einnehmen.

Diese Neuordnungskonzeption stellt die ambulanten Dienste vor eine große Herausforderung zur Kooperation. Angesichts der künftigen Arbeitsbedingungen ist zu hoffen, daß die Dienste die Chance ergreifen und ihre partnerschaftliche Rolle in der Versorgung älterer Menschen ausbauen.

Im Bereich der ambulanten Dienste besteht zusätzlicher Bedarf. Nach wie vor haben wir Lücken im Angebot der Versorgung rund um die Uhr und am Wochenende. Hier stoßen Sozialstationen bisher an die Grenzen ihrer Leistungsfähigkeit und -bereitschaft. Durch die Förderung von Sonderpflegediensten wurden diese Versorgungslücken seit 1993 gezielt angegangen.

Künftig wird es auch darum gehen, dem Bürger deutlich zu machen, welchen Preis die teure Dienstleistung „Pflege" hat, ohne ihn durch sozial unverträgliche Gebühren zu überfordern.

Neben den Diensten für die Pflege, die mittlerweile verhältnismäßig gut ausgebaut sind, wird es in den folgenden Jahren darum gehen, dem Hilfe- und Unterstützungsbedarf im Bereich Betreuung und Hauswirtschaft besser Rechnung zu tragen.

Tagespflege und Pflegeheim

Trotz aller Leistungsfähigkeit der ambulanten Dienste werden Versorgungssituationen oft so prekär, daß eine häusliche Versorgung nicht mehr möglich ist. Dann wird bei aller Unterstützung des Grundsatzes „ambulant vor stationär" die Notwendigkeit der Versorgung in stationären Einrichtungen notwendig.

In Ergänzung zu den ambulanten Diensten und den Versorgungsmöglichkeiten von Betreuten Wohnungen wurden zur Erhaltung der Selbständigkeit und der familiären Versorgung die Angebote im teilstationären Bereich weiter ausgebaut. Tagespflegeangebote für körperlich Pflegebedürftige sowie verwirrte alte Menschen stellen eine entscheidende Entlastung für die Angehörigen dar und sind eine große Chance zur Vermeidung der Übersiedlung ins Pflegeheim.

Neben Initiativen zur Errichtung von Tagespflegeplätzen im Zusammenhang mit Sozialstationen und Nachbarschaftshilfen wird seit zwei Jahren darauf geachtet, daß keine neue Pflegeeinrichtung geplant wird oder in Betrieb geht, ohne daß auch Tagespflege angeboten wird. Es wird auch künftig einen Bedarf an Pflegeheimen geben. Heute liegt das Eintrittsalter ins Pflegeheim bei über 84 Jahren und die Verweildauer im Heim ist mittlerweile von fast fünf auf knapp vier Jahre heruntergegangen. Für viele, die aus dem Krankenhaus kommen, dauert der Aufenthalt im Pflegeheim oft nur noch wenige Monate.

Pflegeheime bekommen daher aufgrund der Weiterentwicklung in ihrem Umfeld eine neue Funktion. Diese neue Funktion als stationäres Dienstleistungszentrum für den örtlichen Altenhilfeverbund ist eine neue Rolle, die durch den Verbund mit Betreutem Wohnen, das Wohnen im Heim, durch Rehabilitationsangebote, durch gezielte Tagesbetreuung für gerontopsychiatrisch Pflegebedürftige entscheidend zur Stabilisierung der Versorgung beiträgt.

Bei einem vorausgesetzten Bedarf von rd. 50 000 Pflegeplätzen im Jahr 2000 ist heute mit rd. 46 000 bestehenden Plätzen und weiteren 3 000 im Bau insgesamt ein ausreichender Versorgungsstand erreicht. Künftig ist bei der Planung und Abstimmung der Projekte im Koordinierungsausschuß für Altenhilfe-Investitionen in Übereinstimmung mit unseren Partnern bei den Trägerverbänden und den Landeswohlfahrtsverbänden verstärkt auf eine möglichst wohnortnahe Versorgung durch kleine Pflegeheime, die wirtschaftlich im Verbund geführt werden, zu achten. Beispiele hierfür entstehen derzeit – orientiert am Kleeblatt-Konzept – in Ludwigsburg, in den Kreisen Reutlingen, Tübingen, Emmendingen mit dem Ostalbkreis.

Es muß auch gelingen, durch eine gezielte Organisationsentwicklung in den Heimen die Arbeitsbedingungen für die dort Beschäftigten zu verbessern. Hieran wurde in einem Modellversuch mit sechs ausgewählten Einrichtungen zusammen mit externen Beratern Bemerkenswertes geleistet. Im Frühjahr 1993 wurden die Ergebnisse des Modellversuchs für neue Pflegekonzepte, neue Dienstplangestaltungen, verbesserte Führungs- und Organisationsstrukturen in einem „workshop" den Altenhilfeeinrichtungen präsentiert.

Zu diesen Maßnahmen gehört auch eine Verbesserung der Beratungsfähigkeit der Heimaufsichtsbehörden, die weniger als Polizei und stärker als Berater zur Qualitätssicherung auftreten sollen.

Gesundheit im Alter

Vorrangiges Ziel der Altenpolitik muß es aber sein, Pflegebedürftigkeit als Folge von Krankheit und Gebrechlichkeit zu vermeiden. Die demographische Entwicklung ist durch die steigende Zahl alter Menschen und ein Anwachsen ihrer Lebenserwartung gekennzeichnet. Die Kehrseite der gestiegenen Lebenserwartung ist, daß mit steigendem Lebensalter auch Krankheiten und Pflegebedürftigkeit zunehmen. Durch eine verbesserte medizinische Versorgung muß es gelingen, die Selbständigkeit alter Menschen möglichst lange zu erhalten.

Insbesondere bei der Versorgung betagter, meist mehrfacher kranker Menschen muß man erkennen, daß zur Gesundung psychische, physische und soziale Faktoren beitragen. Die Versorgung muß also so ausgebaut werden, daß diese Faktoren gleichzeitig und gleichgewichtig berücksichtigt werden. Hierzu sind neue kooperative und vernetzte Versorgungsstrukturen erforderlich, die eine gemeinde- und familiennahe Versorgung ermöglichen.

Diese Ziele verfolgt die Landesregierung mit ihrem Geriatriekonzept, das auf den Ausbau der geriatrischen Akutbehandlung, der geriatrischen Rehabilitation und die Verbesserung der Zusammenarbeit der sozialen Dienste setzt.

Qualifiziertes Personal

Die Notwendigkeiten der Verbesserung der ambulanten und stationären Versorgung schlägt sich auch in Veränderungen beim Personal für die Altenhilfe nieder. Sowohl die Gewinnung von weiteren helfenden Händen als auch die Sicherung einer ausreichenden Qualifikation fordert die Bildungs- und Arbeitsmarktpolitik heraus.

Die Professionalisierung der Pflege wird es erforderlich machen, neben der Sicherung der Ausbildungsgänge für die Altenhilfe neue, zusätzliche Angebote im Bereich der Weiterbildung mit berufsqualifizierenden und tariffähigen Abschlüssen zu schaffen und für ausgewählte Bereiche das Fachhochschulstudium – wie bereits im Land begonnen – weiter auszubauen.

Die Tarif- und Tarifstrukturverbesserungen im letzten Jahr haben zwar sichtbare, positive Effekte gehabt – mittlerweile kommen bereits in die Schweiz abgewanderte Pflegekräfte aus den Grenzregionen Baden-Württembergs zurück –; jedoch bleibt für die Anerkennung der Pflegeberufe hinsichtlich der nicht in Geld auszudrückenden gesellschaftliche Wertschätzung noch viel zu tun.

Allerdings wird beim weiteren Ausbau genauer zu prüfen sein, ob alle Aufgaben mit höchster formaler Qualifikation wahrgenommen werden müssen oder ob nicht auch hier, wie das Beispiel anderer europäischer Länder zeigt, Differenzierungen möglich sind und angesichts der Schwierigkeiten bei der Personalgewinnung auch erforderlich werden.

Gesicherte Finanzierung – Pflegeversicherung, Kosten- und Leistungstransparenz

Vorrangiges Ziel bei der Sicherung der Finanzen im Bereich der Altenpolitik war die Einführung der Pflegeversicherung zum frühestmöglichen Zeitpunkt. Mit der Pflegeversicherung zum 1. Januar 1995 werden hoffentlich wieder im Staatshaushalt und in den kommunalen Haushalten die Mittel frei, die benötigt werden, um durch Umschichtung Leistungen zu finanzieren, die nicht im Leistungsrahmen der Pflegeversicherung liegen. Allerdings ist vor zu weitgespannten Hoffnungen über den Umfang der Leistungen der Pflegeversicherung zu warnen.

Die Pflegeversicherung schafft die Notwendigkeit für ergänzende Regelungen auf Landesebene. Durch ein Landespflegegesetz wird diese Ergänzung erfolgen.

Auswirkungen der europäischen Integration

Die europäische Integration bietet uns Deutschen einzigartige Chancen der interkulturellen Begegnung und des Vergleichs. Dies ist gerade für den Bereich der Altenpolitik für und mit der älteren Generation ein vorrangiger Aspekt. Im Zusammenhang mit dem „Europäischen Jahr des älteren Menschen" 1995 kam es zu internationalen Begegnungen, gemeinsamen Studiengruppen vor allem in der Zusammenarbeit mit den Regionen Katalonien, Lombardei, Rhône-Alpes, zu Kontakten nach Wales, der Slowakei und nach Polen. Diese internationalen Begegnungen sind wertvoll, weil sie älteren Menschen – nicht als Altertourismus, sondern als Möglichkeit zum Vergleich von Lebenslagen und Organisationsformen – eine Chance zum Erfahrungsaustausch im dritten Lebensalter bieten.

Die mit der europäischen Integration verbundenen Befürchtungen, die die Freiheit des Kapitals-, Dienstleistungs- und Warenverkehrs und der Niederlassungsfreiheit betreffen, wie sie manchmal vor allem von Verbänden der freien Wohlfahrtspflege geäußert werden, sind zu berücksichtigen. Allerdings kann man davon ausgehen, daß die Verbände der freien Wohlfahrtspflege in Deutschland auch bei freier Konkurrenz einen uneinholbaren Vorsprung an Erfahrung, Verläßlichkeit und Glaubwürdigkeit vorweisen können. Sie werden sich in ihrem Management und in ihrer Selbstdarstellung jedoch den neuen Verhältnissen anpassen müssen.

Politik des Alters für das Alter

Konrad Hummel

Auf drei Handlungsfeldern der offenen Altenarbeit soll dargestellt werden, wohin sich diese bewegen. Diese Entwicklungen sind miteinander verbunden, folgen jedoch auch einer eigenen Logik. Es sind die Handlungsfelder

- Selbsthilfe im und für das Alter,
- ehrenamtliches Engagement und
- die Interessenwahrnehmung der Älteren selbst.

Vorgestellt werden Maßnahmen und Arbeitsansätze der baden-württembergischen Altenpolitik: Seniorengenossenschaften, transkulturelle europäische Netzwerke und „Initiative 3. Lebensalter."[1]

1. Von der Selbsthilfe zu den Seniorengenossenschaften

Innerhalb der Lebensphase Alter und dem sozialstaatlichen Teilelement Altenhilfe haben Menschen schon seit vielen Jahren Bemühungen unternommen, durch Selbsthilfe als einer „besonderen Versorgungsform zur eigenen Befriedigung der eigenen Interessen" (vgl. Walter Asam: Hilfe zur Selbsthilfe, München 1989, S. 17) ihren Beitrag zur Verbesserung der Lebensqualität zu leisten. In den fünfziger Jahren bezeichnete sich z.B. der Bundeskongreß der älteren Generation e.V. als Selbsthilfeorganisation. In den siebziger Jahren wurden durch den Bund einige Selbsthilfeinitiativen gefördert und schon 1979 von Reimer Gronemeyer und Eckhard Bahr dargestellt, an Beispielen wie den Grauen Panthern als Gruppen definiert, die nicht nur sich selbst helfen, sondern auch gemeinsam Rechte einfordern, sich um Selbst- und Mitbestimmung bemühen (Selbsthilfe und Alteninitiativen, Frankfurt 1979, S. 19), kommunikative, soziale und politische Schwerpunkte bilden können.

Ein weiterer Überblick, zehn Jahre später (Asam s. o.), relativiert diese weitreichenden Vorstellungen, wie sie auch in der gesundheitspolitischen Selbsthilfeforschung vorgetragen wurden. Selbsthilfe ist dennoch ganz praktisch am eigenen Interesse orientiert, sucht zuerst die gemeinsame, pragmatische Lösung, erkauft sich diese notfalls durch Ausschluß von Nicht-Betroffenen und sucht immer wieder die Kooperation mit dem herrschenden Sozial- und Gesundheitswesen, sei es z.B. wegen des fachärztlichen Rates, der Bezuschussung von Aktionen oder der Nutzung von Räumen.

Selbsthilfe ist zu allererst der Schritt aus der privaten Situation heraus in eine begrenzte Öffentlichkeit und läßt die Mitglieder sich ihrer eigenen Stärken und Schwächen versichern. Erst eine konsequente Gemeinschafts- oder Gruppenorientierung fördert den organisierten gegenseitigen Austausch von Fähigkeiten und Fertigkeiten der Mitglieder von Selbsthilfegruppen, etwa ein gegenseitiger Dienstleistungsringtausch von Müttern oder Angehörigen, und sichert einen Einfluß auf andere Gruppen, wenn es darum geht, eigene Interessen durchzusetzen. Anfangs waren die gegenseitigen Hilfen sehr formalisiert, etwa bei Geburtstags- und Krankenbesuchsdiensten oder Weihnachtsfeiern in Jahrgangsgruppen. In den letzten Jahren haben sich informellere Austauschweisen durchgesetzt, bei denen es um spontaneren, sympathie- und ressourcenorientierteren Austausch geht.

Mit Verbesserung der ökonomischen, gesundheitlichen und sozialen Situation im Alter stagnierten die Selbsthilfegruppen, die sich unmittelbar aus Gründen des Altersthemas gebildet hatten zugunsten der Entwicklung von Selbsthilfegruppen, die sach-, gesundheitsbezogen und altersunabhängig arbeiten.

Die Risiken des Alters wurden politisch den kollektiven Versicherungssystemen zugeordnet, zuletzt die Absicherung des Pflegerisikos. Zweifel ist in den letzten Jahren dennoch aufgekommen, weil die Versicherungssysteme angesichts leergefegter Pflegearbeitsmärkte und des Wandels der Sozial- und Familienstrukturen und der Frauenbiografien, versagen. Ungebrochen hält der Trend zum Leben alleine an, und die neueste Prognose des Bonner Bundesministeriums für Familie und Senioren (BMFuS) rechnet vor, daß demnächst die Hälfte aller hilfsbedürftigen Menschen alleine wohnt. Dies stellt die bisherigen familienstützenden ambulanten Dienste vor ungewöhnliche oder zwingend notwendige Gemeinwesenaufgaben.

Die neuen Herausforderungen des Alters für Selbsthilfe sind informeller und sozialer Art. Es ist die Herstellung, Ermöglichung, Begleitung, die Beendigung, der Neuaufbau von Kontakten, der Beistand und die Pflege primärer sozialer Netze, wobei nicht deren Größe, sondern deren Qualität ausschlaggebend für die Tragfähigkeit ist.

Alle Befragungen der letzten zwei Jahre von im Alter engagierten Bürgern und Projektgruppenergebnisse in Baden-Württemberg ergeben den Wunsch nach Kontakten, interessanten Bekanntschaften und Kooperationen als wichtigstem persönlichen Handlungsmotiv neben sachlich-politischen Beweggründen, die meist mehr auf eine Verbesserung der Angebotsstrukturen zielen.

Initiativen vom Typ der gemeinsamen, generationsübergreifenden Wohnprojekte zeigen am deutlichsten die Anforderungen solcher Kontakt- und Selbsthilfegruppen.

Der Widerspruch steckt jedoch in der Anlage bisheriger Selbsthilfegruppen selbst. Sie führen Gleiche zusammen, um sie stark zu machen. Sie reduzieren Vielfalt, Verschiedenartigkeit und Druck von Dritten in der Gesellschaft und strukturieren Nähe und Distanz zwischen den Menschen.

Der Wunsch nach offenen, erneuerungsfähigen sozialen Netzwerken benötigt mehr. Es braucht Erlebnisräume, Projekte, in denen Erfahrungen miteinander gesammelt werden können, Wahl- und Grenzmöglichkeiten, die größer als die bisheriger Familienstrukturen sind, und stimulierende Andersartigkeit. Diese hohe Sozialkompetenz braucht überschaubare Handlungsfelder mit sicheren Spielregeln des Austausches, wie wir es aus Familien, Schule, Arbeitsorganisation und Verein kennen.

Das jetzt abgeschlossene Aufbauprogramm Seniorengenossenschaften hat sich als eine solche Initialzündung an zwölf Standorten erwiesen, die Felder überschaubar hält und neue Spielregeln konstruiert, ohne neue Allmachtsfantasien der Totalversorgung zu transportieren, die also das Element der Selbsthilfegruppen mit dem Element der Gemeinwesenintegration verbindet.

Jedes Vereinsprojekt hat sich ein bis zwei Aufgabenschwerpunkte von der Tagespflege über den Reparaturdienst bis zum Wohnprojekt gesucht und eigene Vergütungsformen rund um den Zeittausch entwickelt. Wer Zeit statt Geld vergütet oder gutgeschrieben bekommt, erfährt, womit er oder sie letztlich wertbewußt umgehen sollte.

Die Genossenschaftsvereine haben ihre innovative Kraft nicht nur in den Gründungen und in der Mobilisierung von Menschen in einer Lebensphase genommen, in der sich Menschen derzeit eher zurückziehen. Es kam nicht nur zu Formen sinnvoller, orts- und bedarfsbezogener Dienstleistungen. Ein Zusammenschluß auf Landesebene signalisiert zudem, daß heute das gleichzeitige Handeln in mehreren Bezugskreisen und auf mehreren politischen Handlungsebenen Voraussetzung für den Erfolg der Arbeit geworden ist. Dies macht Selbsthilfe sehr viel komplexer.

Die Genossenschaften mit über 2 000 Mitgliedern im Land sind Beispiele in der Landschaft der Altenarbeit geworden, die Voraussetzungen für den Kontakt- und Netzwerkwunsch der Menschen darstellen. Verschiedenartige Menschen in einer alltagsbezogenen Angelegenheit erweisen sich als verläßlich. Daraus kann, muß aber nicht mehr werden. Nicht mehr der Zusammenschluß allein, sondern der Austausch von Fähigkeiten und Fertigkeiten stellt Solidarität her und verkörpert damit die zeitgemäße Selbsthilfeform. Dies hat Folgen für die Art sozialen Engagements.

2. Vom Ehrenamt im Sozialstaat zum Engagement in der Bürgerschaft

Der Sozialstaat ist – wie Habermas in „Die Krise des Wohlfahrtsstaates“ Die neue Unübersichtlichkeit (Frankfurt 1995) feststellte – Ausdruck einer Utopie, die sich um das Potential der Arbeitsgesellschaft kristallisiert hat, die auf eine Emanzipation der Arbeit von Fremdbestimmung abzielt (S. 145). Nicht umsonst wird die Zeit danach Ruhestand genannt, die Bezüge Pensionen und das Engagement freiwillige Tätigkeit (Volunteering).

Selbst in der Projektausschreibung für den Modellversuch der Seniorenbüros schwingt ein Rest jener Utopie mit, wenn es heißt, im Alter solle man nun endlich selbstbestimmt tätig werden, weshalb auch niemand verplant werden dürfe.

Der Sozialstaat sichert die Produktivität der Arbeitskraft durch viele soziale Netze ab und ermöglicht Inseln solchen Tuns diesseits von Markt und Fremdbestimmung. Die heutige Selbstdefinition der Altenphase im Sozialstaat hängt weiter unmittelbar an der Ideologie einer Erwerbsarbeitsgesellschaft. Man muß gegen Lohn gearbeitet haben und die Funktionstüchtigkeit dieser Gesellschaft muß gewährleistet sein, um die sozialen Inseln zu sichern.

Wer im offiziellen Arbeitsmarkt lange und ununterbrochen gearbeitet hat, bezieht Rentenansprüche. Deren ökonomische Ausstattung spiegelt für den Rest seines Lebens den ehemaligen Status im Arbeitsleben wieder. Allein dies ist pädagogisch nicht gerade eine motivierende Ausgangssituation für zusätzliches Engagement.

Schon eher haben Frauen mit reduzierten und unterbrochenen Rentenbiografien einen Motivationsgrund, Grund für Neuanfänge und Nebentätigkeiten in der zweiten Lebenshälfte.

Auf der Handlungsebene wird der Sozialstaat vom ehrenamtlichen sozialen Engagement getragen, das leistungsfähigere Menschen jenen zugute kommen lassen, die randständig sind. Im Alter ist es der umfassende Einsatz von Frauen in Altenclubs, Kirchengemeinden oder Nachbarschaftshilfen für hilfebedürftigere Mitbürgerinnen oder – zeitgemäßer – in geschulten Besuchs-, Trainings- oder Hospizgruppen für notleidende Gruppen.

Da sind die Normen, wer ehrenamtlich hilft und wer welche Hilfe bekommt, immer wieder und unausgesprochen klar und traditionell festgelegt.

Aus dieser Starrheit sollen Bemühungen zur Modernisierung des Ehrenamtes als „sozialem Lernen“ herausführen. Auf Seiten der Analysen im Caritasbereich steht die Biografieforschung über die Helfenden im Vordergrund, auf Seiten des Diakonischen Werkes die Qualifizierung der Helfer z.T. durch Akademieformen.

Das große normative Gefüge vom Zusammenspiel altruistischer Helfer und dem Sozialstaat, von der hilfebereiten Rentnerin und den gesicherten Renten trägt nicht mehr weit.

Die Praxis sozialstaatlicher Versicherungssysteme und die sie ergänzenden Verhaltensmuster der Hilfe lösen nichts mehr von der Utopie der Überwindung einer entfremdeten Arbeitsgesellschaft ein. Das Hinausdrängen in Vorruhestände und die Finanzierungsschwierigkeiten der Versicherungssysteme durch arbeitslosigkeitsbedingte Einnahmeausfälle zerstören den sozialen Mythos der Arbeitsgesellschaft. Die Ernüchterung wegen des immer dichteren Netzes von Rechtsnormen, Gleichbehandlungen und Bürokratien, das der Sozialstaat mit sich führt, und manche Pauschalleistung tragen zur Zerstörung kleiner Netze sogar noch bei.

Auf dem Weg zum marktwirtschaftlich orientierten Sozialstaat, wie wir ihn z.B. bei der Tarifgestaltung der ambulanten Dienste erleben, entlarvt sich das Menschenbild des alten Sozialstaates als Schatten einer verkürzt verstandenen freien Marktwirtschaft. Unterstellt wird, daß Menschen nach ihrem unmittelbaren Nutzen schauen, daß sie fragen, ob es sich rechnet und sie ihren Nutzen maximieren wollen.

Die kontrollierbaren Sozialhilfe- und Pflegesätze, die für die Maßnahmen nach einer Krise in dauernder Abhängigkeit gewährt werden, sind gesicherter als die systematische Förderung von Vorsorge-, Selbsthilfe-, Bildungs- und Rehabilitationsmaßnahmen. So erscheint der Sozialstaat als Reparaturagentur und als ein System, das zum „Sozialhazardeur" erzieht, der die Technik des Ausreizens aller Sozialansprüche beherrscht.

Die Wirklichkeit des Alters kann solche Bilder als Ideologie entlarven. Auf diejenigen, die soziale Rechte und Leistungen überziehen und extensiv ausschöpfen oder auch im Krankenkostenbereich durch Arzt- und Medikamentenmißbrauch unsachgemäß überziehen, kommen eine Überzahl derer, die ihre Rechte überhaupt nicht wahrnehmen, Dienstleistungen ignorieren und sich in Familie und zivilem, halbstaatlichem Bereich der Gesellschaft über Maßen engagieren und einsetzen. Eine Änderung des Menschenbildes und des Leitprinzips sozialstaatlichen Hilfehandelns ist Voraussetzung, um den selbstinduzierten Teil der Krise des Wohlfahrtsstaates zu wenden.

Gegen den Sozialstaat setzt das Konzept der zivilen Bürgergesellschaft ein anderes Leitbild von Mensch und Staat. Wortführer ist der US-Soziologe Amitai Etzioni, der an unzähligen Untersuchungen zu beweisen sucht, daß „die Menschen eher danach streben, ein Gleichgewicht zwischen ihren moralischen Ansprüchen und ihrem Lustgewinn herzustellen, als danach, eines von beiden zu maximieren" (Jenseits des Egoismus, Stuttgart 1994, S. 136)

Das Gleichgewicht zu halten ist sowohl eine der Folgen als auch der Ursachen, daß Menschen Entscheidungen nicht nur rational, sondern auch affektiv und normativ beeinflußt treffen. Dieses Modell kann sehr viel einleuchtender erklären, warum so viele Menschen im Alter gegenüber entlastenden Dienstleistungen oder sozialen Neuerungen blockiert sind, als das Begründungsmodell, dies läge an den Kosten. Der Widerstreit zwischen Werten, Pflichten, Rechten und Wunschfantasien ist bei Älteren besonders ausgeprägt und kann Ältere so blockieren und handlungsunfähig werden lassen, daß im Zweifel hinter vielen Worten gar nichts geschieht.

Etzioni macht deutlich, daß, Menschen umso eher in Streß geraten, je weniger sie ihre Balance herstellen können. Falsch erscheint die häufig im Zusammenhang von Werte- und Bevölkerungswandel geäußerte Behauptung von Werteverfall, richtig dagegen die Gültigkeit, Verläßlichkeit und Tragweite der jeweiligen individuellen Wertesysteme, denen Menschen sich unterordnen.

Das Dilemma liegt in einer unübersehbaren und gelegentlich nicht mehr aufeinander abstimmbaren Zersplitterung und Auffächerung von Normen und Wertmaßstäben der Menschen, je nachdem ob und wo sie sich zugehörig fühlen.

Der Soziologe Klages wies beim Kongreß „Altern hat Zukunft" zurecht darauf hin, daß das Bekenntnis zum Individualismus nicht gleichgesetzt werden dürfe mit individualistischem Handeln und der Ablehnung traditioneller Werte. Bedeutsame Freundschaftsbeziehungen sind eher wichtiger geworden, praktisches Helfen werde häufiger geleistet, nur bestehe ein größerer Anspruch auf Selbstbestimmung und eigene erlebte Identität. Dies macht ein wichtiger Theoretiker des US-Kommunitarismus, Michael Walzer, zum Kerngegenstand seiner „Theorie der Differenz" (Zivile Gesellschaft und amerikanische Demokratie, Berlin 1992)

Diese Theorie soll in Anwendung auf Altenpolitik und Lebensweisen im Alter diskutiert werden. Die vielbeschworene Erkenntnis, daß das Alter vielfältig, wahrscheinlich sogar die vielfältigste und sozial am unterschiedlichsten ausgestattete Lebensphase ist, bleibt politisch bisher ohne Folgen oder führt sozialstaatlich zur Folge, daß der Staat sich von einkommensstärkeren Rentnern zurückziehen könne.

Tatsächlich steckt in dieser Verschiedenartigkeit die zentrale Chance und Gefahr künftiger Altenarbeit, weitaus mehr als im Verhältnis von Alter zur Gesamtgesellschaft. Die Binnenstrukturen des Alters werden prägender als die traditionellen Ansätze, die nach dem Maß an Integration oder Randständigkeit des Alters in der Gesellschaft fragen.

Am Beispiel der Verschiedenartigkeit von Kulturen/Institutionen und Nationen in Demokratien zeigt Walzer auf, daß mit jedem weiteren Schritt die Bewußtheit wächst, wieviel Fremdheit die Menschen voreinander empfinden können, wie sehr sie sich der Zugehörigkeit zu ihrer Gruppe durch Abgrenzung von anderen Gruppen versichern und wie explosiv und unausgesprochen Machtfragen sind, wenn es um Rollen und soziale Hierarchien geht, wer also wann was zu sagen hat.

Auch bei Bildungsmaßnahmen für ältere Frauen kommt es zu Fremdheitserlebnissen in den Ehen, zum Unwillen der Frauen, nun den Männern beim Eintritt in den Ruhestand zu helfen. Auch die von uns in Auftrag gegebene Vorruhestandsstudie der Akademie Bad Boll zeigt, daß Frauen allzuleicht der Wille nach ehrenamtlicher und Männern der Wille nach bezahlter Nebentätigkeit beim Eintritt in den Ruhestand unterstellt wird.

Bei Aktivitäten, nicht zuletzt auch Seniorenreisen, sind Fremdheitserlebnisse zwischen den sozialen Schichten unübersehbar. Der Seniorenexpertenservice unterscheidet sich signifikant von der Kompanie des guten Willens, diese vom Mobilen Freiburger Altenservice und alle zusammen von den Rentnern bei „Antirost“ – um Beispiele für unterschiedliche Initiativen und Aktivitätsformen zu nennen.

Und schließlich treten mit dem Austritt aus der Arbeitswelt Wohnort und Kulturzugehörigkeit stärker in den Vordergrund, nicht zuletzt einer der Gründe für verstärktes kirchliches Engagement im Alter. Während dies noch vor zehn Jahren als Besinnung auf das Wesentliche oder als Wertekonservatismus diskutiert wurde, ist dies heute eher ein Aufblättern der europäischen Landkarte und Geschichte. Alle Folgen der Flüchtlingswellen des Zweiten Weltkriegs, der Anwerbungswelle für Gastarbeiter in den fünfziger und sechziger Jahren, die stärkere Durchmischung unseres Arbeitsmarktes und der Familien und die Rückführungswelle der Aussiedler treten zutage und ordnen die sozialen Netze vermeintlich neu:

Rentner evangelischer württembergischer Prägung wohnen im Reihenhaus neben solchen mit katholischer schlesischer Prägung, mit islamisch-anatolischer oder moldawisch-orthodoxer Prägung. Sie erfahren die Spanierin der zweiten Generation mit schwäbischem Akzent als Mitarbeiterin der Sozialstation und den Schwiegersohn aus Österreich, der seinerseits Eltern in Graz versorgt.

Weil Zugehörigkeiten im Alter wichtiger werden, weil man alleine wohnt und die Besinnung auf die Herkunft zum erfüllten Abschluß eines Lebens gehören kann, reißt die gemeinsame Decke der „Arbeitsgesellschaft Deutschland“ in einem ungewohnten Maße auf. Welches Selbstbewußtsein, welche Souveränität, wieviel neue gemeinsame Projekte im Wohnalltag sind notwendig, um solche Fremdheit als Bereicherung und nicht als Bedrohung zu erleben?

M. Walzer hält diese Differenzen insoweit für eine Chance, als sie Marksteine und Voraussetzung für zivilisatorischen Fortschritt sind, vergleichbar der Gewaltenteilung, der Trennung von Kirche und Staat oder dem Rechtsschutz von Minderheiten.

Eine Gesellschaft, in der keine Gruppe, keine Nation, keine Generation alleine, die selbstverständliche Mehrheit und Normenvorherrschaft beanspruchen kann, muß neue Wege des Konsens finden, muß daran interessiert sein, daß ihre Mitglieder sich gleichzeitig in verschiedene Wertsysteme einbinden lassen.

Eine zivile Gesellschaft, die – mit Charles Taylor gesprochen – den Pluralismus zum Wert an sich erklärt, muß jedes Modell unterstützen, das

Menschen neu zusammenbringt (Multikulturalismus und die Politik der Anerkennung, Frankfurt 1994)

Ältere Menschen werden dadurch gehört und einflußreicher werden, indem sie gleichzeitig innerhalb und außerhalb ihrer Familien, innerhalb ihrer altersunabhängigen Vereine und in altenbezogenen Vereinigungen aktiv sind. Es kann also nicht um ein Entweder-Oder von Altenarbeit und generationsübergreifenden Ansätzen gehen, sondern um ein sehr bewußtes und praktisch ausgehandeltes Sowohl-als-Auch.

Nach der Aufforderung, der Bürger müsse eine Balance von Moral und Nutzen, von Rechten und Pflichten haben, schließt sich die Anforderung an, sich gleichzeitig mehreren Gruppen zugehörig fühlen zu können.

Eine dritte Balance formuliert ein weiterer Vertreter des US-Kommunitarismus, Benjamin Barber, mit der Notwendigkeit, Lernen und Bildung sowohl auf den Gegenstand – hier das Alter, Altersvorbereitung und Älterwerden zu richten als auch das Gemeinwesen in Form der „Community education" zu strukturieren. Lernen ist im und am Gemeinwesen als ein Lernen gesellschaftlichen Verhaltens, der Normen, der gesellschaftlichen Verhältnisse und des Einwirkens auf soziale Netze im Gemeinwesen zu betrachten. Es gilt, das Soziale als unsere nächste menschliche Umwelt zu erkennen, zu schützen und zu entwickeln (Reese-Schäfer: Was ist Kommunitarismus? Frankfurt 1992).

Traditioneller Sozialstaat und soziales Ehrenamt kennen den Individualisten oder den Klienten. Entweder kennen wir den Älteren als Mitglied einer bestimmten Altersgruppe oder denjenigen, der die Zuordnung zu den Alten ablehnt oder unterläuft. Wir kennen Schulungskurse, politische Bildung und Formen der Selbsterfahrung. Zeitweise und je nach Situation sind wir beides und brauchen wir beides.

Eigene Wertsysteme, eigene Differenziertheiten, eigene Positionen und Rollen im Gemeinwesen können nur im sozialen Vergleich erfahren, entdeckt, benannt und verändert werden.

Diesen Zielen dienen unsere interkulturellen Programme in Baden-Württemberg. Es sind die Programme „Älter werden in Europa", „Europäisches Netzwerk dreier Städte für bürgerschaftliches Engagement" (Eurobes), „Älter werden in der Fremde" mit älteren Türken in Mannheim und eine Initiative „Alt hilft Jung" zur Selbsthilfe in westafrikanischen Projekten.

Austausch, Solidarität und Hilfe in der konkreten Begegnung lassen die eigene Situation erkennen. Ältere sind hier keine passiven Teilnehmer an den Programmen. Es sind ihre Programme und ihre Kontakte geworden.

1994 wird das 4. Euroforum in der katalonischen Partnerregion durchgeführt. Der zum zweiten Mal aufgelegte Generationenpreis ging mehrfach an interkulturelle Projekte, so an eine Arbeit, die Hauspflegedienste von Rom und Freiburg vergleicht und einen Projektbericht über die Hausaufgabenbetreuung von Senioren für ausländische Schüler.

Begleitend wirken Kulturfestivals oder die landesweite Ideenbörse, die den sozialen Vergleich anregen, aber auch kultivieren, um den Charakter eines Konkurrenzmarktes zu vermeiden.

Die gemeinschaftsbildenden Elemente der Genossenschaften und die wertebildenden Elemente der interkulturellen Arbeit benötigen politische Elemente auf der kommunalen Ebene, um zur Selbstorganisation zu kommen.

3. Von der Seniorenvertretung zur Selbstorganisation des 3. Lebensalters

Die Selbstdefinition einer Lebensphase und einer Generation ist eine soziale und keine starre biologische Altersfrage. Ob es gelingt, Betroffenheit und Engagement bei den Menschen hierfür hervorzurufen, hängt nicht von den Zielen, sondern von ihren Voraussetzungen ab. Die Lebensphase und Generationszugehörigkeit muß erlebt und als Gestaltungsaufgabe empfunden werden können. Alter wird von der Mehrzahl der Menschen als eine solche Aufgabe bisher eher abgelehnt, bestenfalls erduldet.

Die unterschiedlichen Aufgabenstellungen des Lebens und des Gemeinwesens werden unterschiedlich deutlich einer Lebensphase zugeordnet wie z.B. die Kindererziehung, der Sportverein oder die Arbeit im Gemeinderat. Das Engagement für Umwelt, Mitbürger, Stadtgeschichte oder Gesundheit erscheint situativ und altersunabhängig.

Das objektiv inzwischen vieljährige 3. Lebensalter und sich hier vor uns entfaltende Leben ist in seiner Aufgabenstellung subjektiv beliebig. Gemeinhin gilt es als Privatsache, was jedermann/frau mit Eintritt in den Ruhestand tut.

Seniorenvertretungen und Beiräte formulieren soziale Sicherungs- und Standesinteressen und fordern Anpassungsleistungen in der Infrastruktur, so z.B. der Absenkung der Bordsteinkanten für Rollstuhlfahrer, aber auch z.B. Kostenstaffelungen bei finanzieller Beteiligung bei Seniorennachmittagen.

Dieses Engagement soll Platz und Teilhabe Älterer an und in der Gesellschaft sichern, läßt in der Regel aber offen, worin Beitrag und Mitgestaltung dieser Generation innerhalb der Gesamtgesellschaft bestehen.

Die neuen Programme der offenen Altenarbeit versuchen darauf eine Antwort zu geben mit Projekten wie „Erfahrungswissen Älterer nutzen", Seniorenexpertendiensten, Seniorenbüros und Seniorenservicebörsen. Dies setzt voraus, daß das Wissen der Älteren und Senioren-Experten nachgefragt und erwünscht ist und daß es zum Geben und Nehmen kommt.

Offene Altenarbeit, Soziale Arbeit im 3. Lebensalter, stecken als seine Vertretungen vorgefertigter Interessenlagen und als Dienstleistungsaustausch vorhandener Fähigkeiten und Fertigkeiten in dem Dilemma, zur sozialtechnischen, methodischen Arbeitsweise zu verkommen, die danach fragt, wie man das alles am besten und zeitgemäß in Gang setzt.

Zweifellos sind technische und soziale Fertigkeiten gefragt, etwa bei der Errichtung einer computergestützten Wissensbörse oder dem sinnvollen Arbeitseinsatzplan für freiwillige Helfer. Und zweifellos spiegelt sich in der Meinung befragter Bürger und Bürgerinnen in kommunalen Modell-Seniorenprojekten das vertraute Problemlösungsmuster wieder, neue Fragestellungen mit noch mehr Angeboten zu beantworten, in der Erwartung, daß durch eine große Zahl von Angeboten der Bedarf schon befriedigt werden könne.

Es bleibt jedoch entscheidend, daß es keine Vision, keine Vorstellung von dem gibt, was diese Lebensphase ausmacht, was in ihr Rechte und Pflichten, was Gestaltungsauftrag und sozialer Nutzen für alle sein kann. Wie ist ein günstiges Mischungsverhältnis von Privatheit und Öffentlichsein, von Freiheit und Eingebundensein, von Aktivität und Passivität herzustellen?

Der radikalste, eigenständigste Lebensentwurf einer 3. Lebensphase liegt nicht in irgendeiner Einseitigkeit, sondern in neuen Gleichgewichten. Den Wandel der Lebensphasen im Lebenslauf entweder zu ignorieren und die Gewohnheiten nur fortzusetzen, sich völlig ins Private abzusetzen oder sich mit Haut und Haaren zu engagieren, erlaubt einer Minderheit den Glauben, sie sei etwas Besonderes und gibt der Mehrheit die Sicherheit, daß man so etwas nicht nötig habe.

Die 3. Lebensphase bildet in sich Strukturen ab, wie wir sie von der Erwerbstätigenphase, der Familie und der Gesellschaftspolitik kennen. Starke Fürsorgeorientierungen treffen auf Leistungsideologien, autonome Bürgerrechtsansprüche treffen auf sich abgrenzende Gemeinschaftsorientierungen.

Alter hat sich nicht nur sozialökonomisch gewandelt, sondern auch in den Handlungsnormen. Das Ziel der „Integration der Älteren“ in die Gesellschaft reicht nicht mehr aus. Für das neue Gleichgewicht benötigt es Eigenständigkeit und Handlungsfähigkeit der älteren Menschen.

Das Projekt „Initiative 3. Lebensalter“ des Sozialministeriums Baden-Württemberg hat sich zusammen mit Kommunen im Land dieses Ziel gesetzt. Gemischte Projektgruppen aus Bürgern und Verwaltungsmitarbeitern in den jeweiligen Orten begleiten den Prozeß. Je nach Situation des Gemeinwesens werden Handlungsfelder gesucht, in denen sich beispielhaft Eigenständigkeit praktisch herstellen läßt und in denen zu gemeinschaftlichem Handeln ermutigt wird.

In Kirchheim/Teck und Friedrichshafen entstanden Bürgerbüros und Projektgruppen Älterer. In Kirchheim-Lindorf wird ein selbstverwalteter Einkaufsladen erprobt, in Friedrichshafen die erstmalige Gestaltung eines

Selbsthilfetages. In Bühl entstand ein Frauen-Programmcafé und eine Geschichtswerkstatt und in Mannheim ein Tagesstättenprogramm für ältere Türken und kulturelle Angebote rund ums türkische Volkshaus für alle Ausländergenerationen.

Die meisten Aktivitäten sind im Schulterschluß zwischen Bürgern und Mitarbeitern der Stadtverwaltung in den vier Städten entstanden. Die Bürger haben sich davon gelöst, den Jüngeren gefallen zu wollen oder reine Tauschagenturen und Büros zu organisieren.

Sie sind zugleich praktisch, wo sie gegenseitige Alltagshilfen organisieren, und zugleich grundsätzlich, wo sie selbstreflexiv Querschnittsveranstaltungen durchführen, wo sie Leitgedanken, Grenzen falschen Engagements, Vertragskooperationen diskutieren und den direkten Informationsaustausch untereinander suchen. Einige Genossenschaften oder Vereine wie in Ettenheim haben dadurch den Charakter von örtlichen Initiativen des 3. Lebensalters angenommen, indem sie als Bauherren, Betriebsträger, Antragsteller örtlicher Sozialinvestitionen auftreten und Platz in der kommunalen Daseinsvorsorge beanspruchen.

Zahlreiche Begegnungsstätten, Leitstellen und kommunal gestützte Bürgertreffpunkte wie in Nürtingen, Gerlingen, Urbach, Leinfelden oder Pliezhausen haben den Charakter der Initiative 3. Lebensalter angenommen, indem sie die Organisation bürgerschaftlichen Engagements in eigener Sache vor die Betreuungs- und Unterhaltungsaufgaben stellen.

Damit beanspruchen alle Initiativen Teilhabe und ein Stück Macht im Kampf um herrschende Normen von sozialer Gerechtigkeit, Lebensweisen und Generationenausgleich. Der Unterschied zur notwendigen altersgebundenen Interessenvertretung, den Seniorenbeiräten liegt auf der Hand:

Den Initiativen geht es um die Voraussetzungen politischer Handlungsfähigkeit, um Gestaltungsfreiräume, Motivierung und Interessenklärung. Bei der Durchsetzung von Interessen müssen sich die Menschen in den Initiativen der vorhanden Mittel der Politik bedienen.

Eine Bürgerbefragung in diesem Projekt zeigt, daß die Älteren sehr wohl den Spannungsbogen zwischen Verbundenheit, Freiheit und der Notwendigkeit, mehr miteinander anzupacken sehen, daß sie den Widerspruch zwischen Selbständigkeit und dem Wunsch nach mehr Anerkennung für Helfer und Alte durch „die Gesellschaft“ wahrnehmen.

Neue Normen und Verhaltensbalancen, und die Selbstorganisation des neuen 3. Lebensalters im weitesten Sinn entstehen dort, wo Widersprüche und Gemeinsamkeiten durch die Beteiligten formuliert werden können und die Funktions- und Rollenträger ihre Rollen sehr viel bewußter und differenzierter wahrnehmen und als Träger, Fachkräfte, Bürger oder Politiker auftreten können.

Der Anspruch auf Selbstorganisation in dieser Lebensphase bezieht sich nicht nur darauf, daß sich Beteiligte selbst zusammentun in einer Art neuer

Selbsthilfe. Vielmehr besteht der Anspruch an sich selbst und den Sozialstaat, viele Elemente davon und auch Dienstleistungen eigenständig zu realisieren, anders oder mitzugestalten.

Der Sozialstaat wird dabei neu gefordert, diese Entwicklung finanziell, vor allem personell und konzeptionell zu unterstützen, Mut zu machen und Gelegenheiten zu schaffen, damit es eine Kooperation der Menschen bei einer größtmöglichen Vielfalt der Lebensweisen gibt. Das Sozialministerium hat 1994 nach vier befristeten Jahren die Aufgabe der Geschäftsstelle Seniorengenossenschaften erweitert und künftig neu bestimmt. Der hier vorgelegte bürgerschaftliche gemeinwesenorientierte Ansatz der Altenarbeit sieht vor, das Selbsthilfeelement durch Qualifizierung der aktiven Bürger zu stabilisieren, das Element sozialen Engagements gerade in seinem individuellen Eigennutz für jedes einzelne Mitglied zu bejahen, durch interkulturelle Vergleiche herauszufordern und das politische Element der Mitgestaltung an der örtlichen Infrastruktur auf vielfältige Weise zu stärken. Damit wird eine Vision des 3. Lebensalters deutlich, die sich nicht durch Leistung oder Ausgrenzung, sondern durch neue Formen der Solidarität konstituiert.

Anmerkung:

[1] siehe dazu ausführlich die Schriftenreihe des Ministeriums für Arbeit, Gesundheit und Sozialordnung Baden-Württemberg (Stuttgart):

- Initiative 3. Lebensalter, Bd. 10 der Schriftenreihe „Politik für die ältere Generation“, Stuttgart 1992
- Seniorengenossenschaften als Beispiel bürgerschaftlichen Engagements, Stuttgart 1994
- Die Bürgerbüros, Bürgertreffpunkte und Projektgruppen der Initiative 3. Lebensalter, Bd. 1 der Schriftenreihe „Bürgerschaftliches Engagement“, Stuttgart 1995
- Engagement in der Bürgergesellschaft. Die Geislingen Studie, Bd. 3 der Schriftenreihe „Bürgerschaftliches Engagement“, Stuttgart
- Pflege und Selbsthilfe als Aufgabe der Gemeinde, Bd. 4 der Schriftenreihe „Bürgerschaftliches Engagement“, Stuttgart 1995
- Bürger und Gemeinde. DasHandbuch der Initiative 3. Lebensalter, Bd. 7 der Schriftenreihe „Bürgerschaftliches Engagement“, Stuttgart 1996
- K. Hummel (Hrsg.): Bürgerengagement – Seniorengenossenschaften, Bürgerbüros und Gemeinschaftsinitiativen, Freiburg 1995; Lambertus

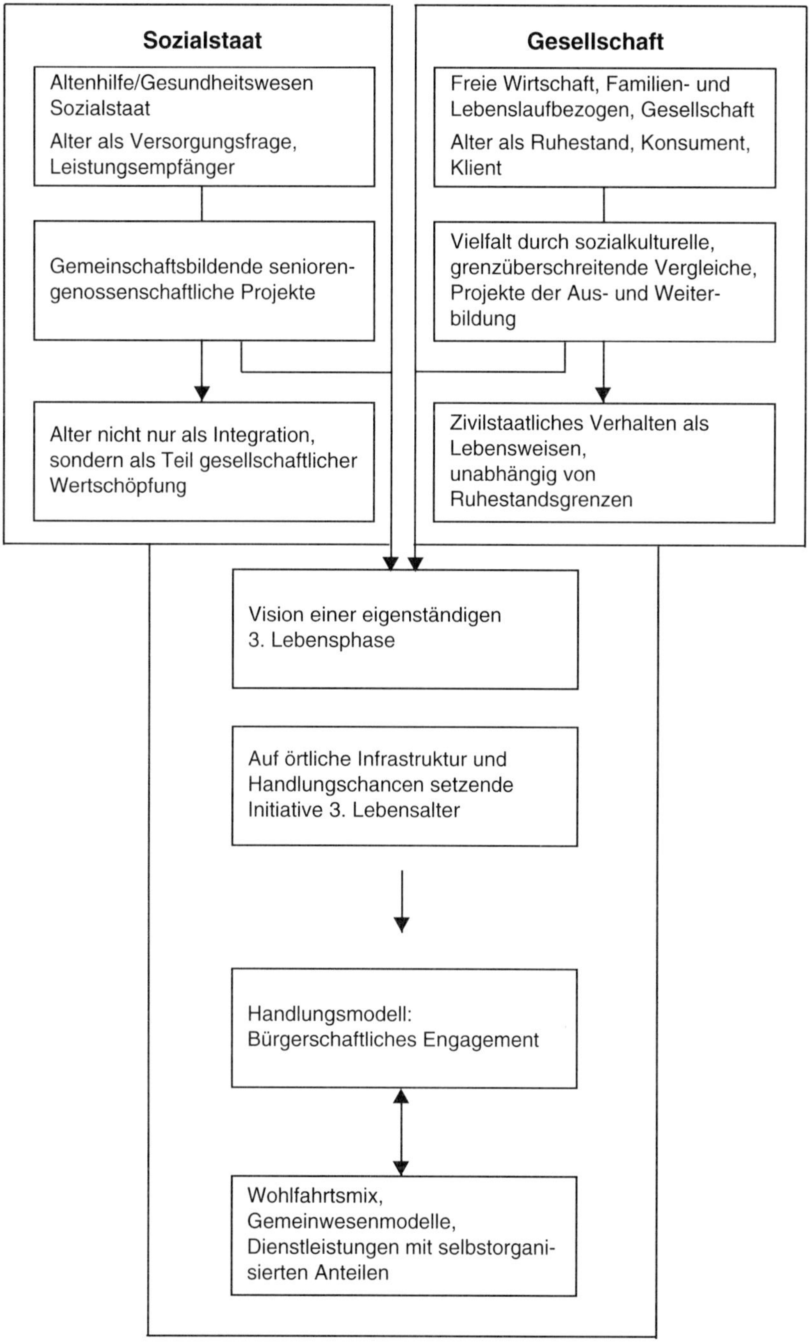
Sozialstaat
Altenhilfe/Gesundheitswesen Sozialstaat
Alter als Versorgungsfrage, Leistungsempfänger
Gemeinschaftsbildende senioren-genossenschaftliche Projekte
Alter nicht nur als Integration, sondern als Teil gesellschaftlicher Wertschöpfung
Gesellschaft
Freie Wirtschaft, Familien- und Lebenslaufbezogen, Gesellschaft
Alter als Ruhestand, Konsument, Klient
Vielfalt durch sozialkulturelle, grenzüberschreitende Vergleiche, Projekte der Aus- und Weiterbildung
Zivilstaatliches Verhalten als Lebensweisen, unabhängig von Ruhestandsgrenzen
Vision einer eigenständigen 3. Lebensphase
Auf örtliche Infrastruktur und Handlungschancen setzende Initiative 3. Lebensalter
Handlungsmodell: Bürgerschaftliches Engagement
Wohlfahrtsmix, Gemeinwesenmodelle, Dienstleistungen mit selbstorganisierten Anteilen

Ökonomische Entwicklung und materielle Situation der älteren Menschen in der Zukunft

Peter Rosenberg

1. Die aktuelle Diskussion über den Umbau des Sozialstaates

„Manager sehen Sozialstaat in Gefahr", „Es geht schlichtweg darum, den Sozialstaat der 60er und 70er Jahre in Frage zu stellen ..." lauten Zeitungsberichte über einen Managerkreis der der SPD nahestehenden Friedrich-Ebert-Stiftung (Generalanzeiger vom 9. September 1994). Die Arbeitsgemeinschaft selbständiger Unternehmer (ASU) „möchte den Wohlfahrtsstaat radikal umbauen ... Auf 240 bis 430 Mrd. DM brutto beziffert die Studie das Reprivatisierungspotential im Sozialbudget und bei den Subventionen" (Generalanzeiger vom 9. September 1994).

Zwei Meldungen, denen beliebig viele ähnliche aus jüngerer Zeit, aber auch – und das ist tröstlich – aus Jahrzehnte zurückliegenden Zeiten hinzugefügt werden könnten. Offensichtlich erscheint zahlreichen Gruppierungen die derzeitige wirtschaftliche Lage aussichtsreich, die verteilungspolitische Situation zu ihren Gunsten zu ändern. Oder kommen sie gar schon zu spät? Beklagte doch vor wenigen Wochen ein hoher Automobilbau-Manager, daß der Aufschwung zu früh komme.

Betrachtet man die wirtschaftliche Entwicklung und die Lage der öffentlichen Haushalte etwas nüchterner, dann muß man dennoch feststellen, daß Sparsamkeit, Konsolidierung und ein möglichst breiter gesellschaftlicher Konsens über wirtschafts-, finanz- und verteilungspolitische Strategien für die nächsten Jahre dringend erforderlich sind. Das Heranführen der ostdeutschen Länder an das Westniveau wird die gesamtwirtschaftlichen Ressourcen auch in den nächsten Jahren noch voll in Anspruch nehmen, die Rezession in Westdeutschland hat zu Einbußen bei Sozialprodukt und Finanzierungspotential geführt und die Globalisierung der Güter-, Dienstleistungs- und Kapitalmärkte stellt neue Anforderungen an die Wettbewerbsfähigkeit der Wirtschaft, die allein mit technologischen und innovativen Strategien nicht zu bewältigen sind.

Die Staatsausgabenquote ist in den letzten Jahren auf über 50 Prozent gestiegen. Die Summe der im Sozialbudget zusammengefaßten Leistungen erreichte 1993 über 1,06 Bill. DM und machte damit 34 Prozent des Bruttosozialprodukts aus. Zwar ist es in Westdeutschland gelungen, die Sozialleistungsquote von über 33 Prozent in 1982 auf rd. 30 Prozent in 1993 zurückzuführen, in Ostdeutschland wurde dagegen eine Quote von 70 Prozent erreicht. Es versteht sich von selbst, daß eine derartige Quote nur in einer extremen Übergangssituation tolerierbar ist und hohe Finanztransfers von West- nach Ostdeutschland voraussetzt. Gesamtwirtschaftlich schaffen diese Finanztransfers, insbesondere soweit sie wie z.B. im Infrastruktur- und im Bindungsbereich investiv verwendet werden, zusätzliche Wachstumspotentiale. Finanzpolitisch stellen sie dagegen zunächst eine Belastung dar, unabhängig davon, ob sie über Beiträge, Steuern oder über Verschuldung aufgebracht werden. In Deutschland haben wir faktisch alle drei Möglichkeiten bis an die Grenze ausgeschöpft.

Sozialpolitisch ist mit dem Schlagwort „Umbau des Sozialstaates" ein Kurs angesagt, der eine Senkung der Sozialleistungsquote und damit auch der Abgabenquote erreicht, ohne das Sozialstaatsziel zu gefährden. Konkret bedeutet eine derartige Strategie, daß

- Maßnahmen und Systeme der sozialen Sicherung streng auf Effektivität und Wirtschaftlichkeit überprüft werden,
- Einsparmöglichkeiten genutzt und Mißbrauchsmöglichkeiten eingeschränkt werden,
- Leistungsverbesserungen nur dann vorgenommen werden, wenn kompensatorisch Kosten an anderer Stelle entfallen können.

Im Prinzip ist das keine neue Strategie. Auch in der Vergangenheit haben Sozialpolitiker, Regierung und Bundestag keine ungezügelte Entwicklung zugelassen; sie haben in der gesetzlichen Krankenversicherung die Steuerungs- und Regelmechanismen verstärkt, sie haben an der gesetzlichen Rentenversicherung und der Beamtenversorgung Korrekturen vorgenommen; nicht zuletzt mit der Rentenreform 1992 wurde das umfassendste Alterssicherungssystem in einem großen parlamentarischen Konsens besser an die künftigen demographischen Anforderungen angepaßt. Eine neue Dimension des Umbaus deutet aber die Einführung des neuen Sozialversicherungszweiges der Pflegeversicherung an. Hier wurde nicht nur kräftig um die Grundsätze einer gesetzlichen Lösung gestritten; vor allem die Kompensation der über Arbeitgeberbeiträge auf die Wirtschaft zukommenden Kosten verzögerte den politischen Entscheidungsprozeß und wird uns mit der noch offenen Regelung der Kompensation bei Einführung der zweiten Stufe der Pflegeversicherung auch in den nächsten Legislaturperiode noch beschäftigen.

2. Alterssicherung und demographische Entwicklung

Die Frage nach der materiellen Situation der Älteren in der Zukunft ist zunächst eine Frage nach der Bestandsfähigkeit unserer gesetzlichen Alterssicherungssysteme.

Die traditionelle Kritik an den gesetzlichen Rentenversicherungssystemen, eigenartigerweise bisher kaum an der Beamtenversorgung, geht von der demographischen Entwicklung aus und behauptet, diese führe notwendigerweise zum Zusammenbruch des gegenwärtigen Systems. Der Umfang der erforderlichen Beitragssatzsteigerungen bei Beibehaltung des Leistungssystems werde früher oder später zum Bruch des „Generationenvertrags" führen, die Jüngeren würden die solidarische Verpflichtung für die Älteren aufkündigen.

Tatsächlich sind die Bevölkerungsvorausberechnungen in ihren Ergebnissen seit Jahren relativ stabil. Auch die jüngste, die 8. koordinierte Bevölkerungsvorausschätzung der statistischen Ämter von Bund und Ländern kommt zu dem bekannten Ergebnis, daß sich der sogenannte Altenquotient (60jährige und ältere im Verhältnis zu den Personen im Alter von 20 bis unter 60 Jahren) von heute 35 Prozent bis 2 030 etwa verdoppelt. Der Anteil der 60jährigen und älteren an der Gesamtbevölkerung steigt in diesem Zeitraum von heute einem Fünftel auf über ein Drittel. Der Anteil der Personen im erwerbsfähigen Alter (20 bis unter 60) sinkt demgegenüber von heute 58 Prozent auf 49 Prozent.

Aus der Verdoppelung des Altenquotienten schließen nun einige Kritiker, sei es polemisch oder aus Unkenntnis des Systems und der Rentenreform 1992, daß sich auch der Beitragssatz zur Rentenversicherung verdoppeln müsse, nämlich von heute rd. 19 Prozent auf dann fast 40 Prozent.

Tatsächlich war diese vereinfachte Schätzmethode schon vor der Rentenreform nicht zuverlässig, danach ist sie völlig obsolet geworden. Nicht nur ist der Altenquotient für die relevante Personenrelation „Rentner zu Beitragszahler" zu unpräzis, über die Werterelation „Rentenbetrag zu Beitrag" kann sie gar keine Aussagen machen.

Bei der Vorbereitung der Rentenreform 1992 wurde 1989 – damals nur für Westdeutschland – geschätzt, daß der Beitragssatz ohne Reform bis zum Jahre 2010 auf 24,5 Prozent, d.h. vom Basisjahr an um rd. 6 Prozentpunkte steigen müßte. Unter Berücksichtigung der Reformmaßnahmen halbierte sich der Anstieg etwa auf 21,4 Prozent in 2010. Nach der Wiedervereinigung wäre damit zu rechnen gewesen, daß sich tatsächlich höhere Beitragssätze einstellten, war und ist doch auch innerhalb der Rentenversicherung ein deutlicher West-Ost-Transfer zu finanzieren. Tatsächlich lag die Beitragsentwicklung bis einschließlich 1993 deutlich unter der Vorausschätzung und erreicht diese – mit Ausnahme dieses Jahres – auch im gesamten Vorausberechnungszeitraum des Rentenversicherungsberichtes 1994[1], d.h. bis 2008, bei mittlerer

Wirtschaftsentwicklung nicht. Der Sozialbeirat hat für sein Gutachten zum Rentenversicherungsbericht 1994 auch eine Rechnung bis 2030 erstellen lassen; danach würde der Beitragssatz dann 27 Prozent und nicht fast 40 Prozent betragen.[2]

Das heißt: Es gibt absolut keine neuen Erkenntnisse, die zur Zeit Anlaß für eine neue Rentenreformdiskussion bieten. Die Rentenfinanzen sind zur Zeit günstiger als bei der Verabschiedung der Rentenreform 1992 eingeschätzt. Die Maßnahmen der Rentenreform und nicht zuletzt der neue eingeführte Regelmechanismus zwischen Beitragssatzentwicklung, Bundeszuschußänderung und Rentenanpassung erfüllen voll die Erwartungen.

Daß im Hinblick auf den aus heutiger Sicht für 2030 zu erwartenden Beitragssatz von 27 Prozent in zehn bis 15 Jahren nachgesteuert werden sollte, erscheint mir notwendig; allerdings auf der Basis dann aktueller Daten über Demographie, Wirtschaftsentwicklung und Arbeitsmarkt.

3. Ökonomische Einflußfaktoren auf Alterssicherungssysteme

Die gesetzlichen Rentenversicherungen, aber auch die Beamtenversorgung, werden im sogenannten Umlageverfahren finanziert; d.h. im Grunde werden die Beitragseinnahmen einer Periode als Leistungen gleichzeitig auch wieder ausgeschüttet, eine Kapitalbildung findet nicht statt. Sehr vereinfacht läßt sich – unter Vernachlässigung des Bundeszuschusses – die folgende Finanzierungsgleichung für die Rentenversicherung aufstellen:

$$BS \times B \times e = R \times r$$

oder umgeformt auf die strategische Größe des Beitragssatzes

$$BS = \frac{R}{B} \times \frac{r}{e}$$

wobei BS der Beitragssatz, R und B die Anzahl der Rentner bzw. der Beitragszahler, r der durchschnittliche Rentenbetrag und e das der Beitragsbemessung zugrunde liegende Arbeitsentgelt sind. Je kleiner die Quotienten R : B und r:e sind, desto kleiner der Beitragssatz.

Auf den Quotienten R : B wirkt nun insbesondere die demographische Entwicklung langfristig erhöhend. Fast ebenso wichtig ist jedoch der Arbeitsmarkt, besonders wenn man von der heutigen Situation ausgehend prognostiziert. Bei dreieinhalb bis vier Millionen Arbeitslosen und einer „stillen Reserve“ von mindestens weiteren rd. 2 Millionen Personen, vergeuden wir gegenwärtig nicht nur Erwerbspersonen- und Produktionspotential, wir verzichten damit auch auf Beitrags- und Steuerzahler. Die demographisch bedingte Zunahme der Rentner wird also umso weniger finanziell belastend sein, je besser der Wirtschaftspolitik ein Abbau der Unterbeschäftigung gelingt. Die Arbeitsmarktlage wirkt jedoch nicht nur unmittelbar auf das Beitragszahlerpotential, sondern auch auf die Zahl der Rentner. Unterbeschäftigungssituationen wirken über das Rechsinstitut der „konkreten Betrachtungsweise“ erhöhend auf die Zahl der Erwerbsunfähigkeitsrentner; sie wirken über Betriebsschließungen und Sozialpläne erhöhend auf die Zahl der Empfänger vorgezogener Altersrenten. Umgekehrt führen Vollbeschäftigungssituationen zu einer Anhebung des durchschnittlichen Renteneintrittsalters und damit zu einer Senkung der Anzahl der Rentner. Nur um die Größenordnung der Finanzwirkungen zu verdeutlichen:

Die Anhebung des durchschnittlichen Renteneintrittsalters um ein Jahr entlastete die Rentenversicherung um 12 Mrd. DM oder fast einen Beitragssatzpunkt.

Der zweite Quotient, die Durchschnittsrente zum durchschnittlichen Arbeitsentgelt, ist für die Langfristentwicklung insofern von besonderem Interesse, als sich mit der seit der Rentenreform an der Nettolohnentwicklung orientierten Rente im Verhältnis zu der auf den Bruttolohn bezogenen Beitragserhebung ein tendenziell sinkender Faktor ergibt. Dies gilt zumindest so lange wie die Nettolohn- hinter der Bruttolohnentwicklung zurückbleibt. Der Quotient reagiert relativ träge auf Strukturänderungen im Rentenbestand und bei den Arbeitsentgelten, dagegen weitaus direkter auf grundsätzliche Änderungen im Beitrags- und Steuerrecht. Die Erfüllung der Forderung, z.B. die Beitragsbemessungsgrenze einzufrieren, führte sehr kurzfristig zum Anstieg des Quotienten und damit zu Beitragssatzsteigerungen.

Die Kritiker der Umlagefinanzierung behaupten, mit einem Umstieg auf ein Kapitaldeckungsverfahren – wie es die Lebensversicherungen praktizieren – seien die demographischen Probleme der gesetzlichen Alterssicherungssysteme zu lösen. Gilt die Aussage bezüglich der Demographie schon nur in sehr engen Grenzen, so blendet sie die ökonomischen Faktoren völlig aus.

Die zwar anschauliche, aber doch sehr simple Vorstellung, jeder müsse nur für sich einen Kapitalstock während seines Erwerbslebens bilden, den er im Alter dann mit Zins und Zinseszins verbrauchen kann, ohne dann von seinen oder den Kindern anderer abhängig zu sein, ist gesamtwirtschaftlich allenfalls für eine relativ kleine Teilpopulation realistisch.

Für den einzelnen impliziert das Kapitaldeckungsverfahren, daß er schon zu Beginn seines Erwerbslebens seinen nominalen Alterssicherungsbedarf einigermaßen abschätzen kann und einen Versicherer findet, der ihm die Konditionen für die Absicherung relativ verläßlich mitzuteilen vermag. Beides ist ziemlich aussichtslos. Mag es noch angehen, den Alterssicherungsbedarf zu konstanten Preisen Jahrzehnte im vorhinein zu bestimmen, so sind Preisprognosen ziemlich willkürlich. Auf der anderen Seite kann der Versicherer zwar vorrechnen, welche Verzinsung er in der Vergangenheit erreicht hat, zusagen kann er diese Zinsrate für die Zukunft aber nicht. Zwar lassen sich diese Risiken durch dynamische Verträge eingrenzen, aber größere Korrekturen wegen vorhergegangener Unterschätzungen des Risikos oder Überschätzung der Rendite lassen sich mit fortschreitendem Versicherungsleben immer weniger realisieren.

Bei gesamtwirtschaftlicher Betrachtung sind die Aussichten für eine die Mehrheit der Bevölkerung einschließende Kapitaldeckungsversicherung noch skeptischer zu beurteilen. Es müßte ein außerordentlich hoher Kapitalstock aufgebaut werden, dessen Aufbringung, Verwendung und spätere teilweise oder relative Auflösung erhebliche wirtschaftliche, preisliche aber auch ordnungspolitische Probleme mit sich bringen würde. Um nur eine Größenordnung zu nennen: Für die heutigen Renten und Rentenanwartschaften der gesetzlichen Rentenversicherung wäre heute schätzungsweise ein Kapitalstock in der Größenordnung von 10 Bill. DM erforderlich. Zum Vergleich: Das gesamte Produktivvermögen westdeutscher Unternehmer (einschließlich Bahn und Post) hatte Ende 1992 einen Verkehrswert von 3,4 Bill. DM und einen Neuwert von 5,8 Bill. DM.

Im Inland wäre dieser Kapitalstock also keinesfalls rentabel anzulegen, zumal wenn man mit einer rückläufigen Bevölkerung und damit auch mit sich verringernden Wachstumsperspektiven rechnet. Bleibt das Ausland. In den entwickelten Industriestaaten gibt es vielfach schon Ansätze zu erweiterten Kapitaldeckungssystemen, die auch nach sicheren und rentablen Anlagemöglichkeiten suchen. Damit sind zwei Perspektiven zu erwarten: Einerseits eine deutliche Senkung der Renditen bei wachsendem Kapitalangebot, andererseits das notwendige Ausweichen in risikoträchtigere Anlagen ohne entsprechende Vergütung des höheren Risikos.

Sind schon Sicherheit und Rentabilität in der Aufbauphase des Kapitaldeckungsverfahrens nicht garantiert, sind die Übergangsprobleme mit Kapitalaufbau und gleichzeitiger Bedienung der Altansprüche aus dem Umlageverfahren und die Wirkungen dieser Prozesse auf die Binnennachfrage ebenso offen. Schließlich tritt zuletzt auch im Kapitaldeckungsverfahren eine Phase ein, in der demographiebedingt der Kapitalstock nicht mehr oder deutlich langsamer wächst, weil die Erträge zunehmend zur Bedienung der Leistungsansprüche herangezogen werden müssen; real findet dann eine Auflösung statt, die, umgekehrt zur tendenziell rezessiven Wirkung der Aufbauphase, dann inflationäre Prozesse auslösen kann.

Gesamtwirtschaftlich scheint es mir also unausweichlich, daß wir die Alterssicherung ganz überwiegend im Umlageverfahren finanzieren, was das Kapitaldeckungsverfahren für einzelne Personengruppen, als Ergänzung zur gesetzlichen Sicherung, sei es als Privatversicherung oder als betriebliche Zusatzversicherung jedoch keinesfalls ausschließt.

4. Zur Einkommenssituation von Rentnern

Ehe ich mich mit künftigen Entwicklungen für die Einkommenslage älterer Menschen beschäftige, möchte ich einige Anmerkungen zur gegenwärtigen Situation machen.

1. Das für die Einkommenslage im Alter entscheidende Instrument in Deutschland ist die gesetzliche Rentenversicherung, die zwar an die Erwerbstätigkeit anknüpft, aber mit Zeiten der Ausbildung, Kindererziehung, Arbeitslosigkeit und der vorzeitigen Invalidität auch Nichterwerbstätigkeitsphasen absichert.

2. Die an der Einkommensentwicklung der Aktiven orientierte Dynamisierung der Renten sichert den Rentenempfängern eine stabile Position im Einkommensgefüge. Mit der Rentenreform wurde für den Eckrentner mit 45 Versicherungsjahren ein Nettorentenniveau von rd. 68 Prozent eines vergleichbaren Nettoarbeitsentgelts fixiert. Diese Norm gilt auch für die Rentner in den neuen Ländern. Seit der Einführung der dynamischen Rente 1957 ist die nominale Eckrente in Westdeutschland um fast 690 Prozent gestiegen, die Preise für die Lebenshaltung von Rentnerhaushalten um 240 Prozent. Damit beträgt der Realwert der Rente heute das 2,3-fache von 1957.

   Von besonderer Dynamik geprägt war die Entwicklung der Versichertenrenten in den neuen Ländern. Die durchschnittliche Versichertenrente an Frauen und Männer wegen Alters oder verminderter Erwerbstätigkeit wurde durch Umstellung zum 1.7.1990 und durch jährlich zweimalige Rentenanpassungen von 475 Mark Ost im Juni 1990 auf 1 194 DM im Juli 1994 angehoben. Das entspricht – bei Nichtberücksichtigung der unterschiedlichen Währungen – einer durchschnittlichen Steigerung in diesen vier Jahren von knapp 26 Prozent jährlich. Unter Ausschaltung der Preissteigerungen ergibt sich eine reale Erhöhung von knapp 70 Prozent in diesen vier Jahren.

3. Kleinrenten aus der gesetzlichen Rentenversicherung sagen nichts über die Einkommenslage ihrer Empfänger aus. Diese beziehen in aller Regel deutlich höhere Einkommen, z.B. aus der Beamtenversorgung oder aus der Alterssicherung des verstorbenen Ehegatten. Aus einer noch nicht veröffentlichten Untersuchung von Infratest für das Bundesarbeitsministerium ergeben sich folgende Angaben für 1992:

- Männer mit einer eigenen GRV-Rente unter 500 DM verfügen mit einer ggf. vorhandenen Ehefrau und deren Einkommen im Durchschnitt über ein Nettogesamteinkommen von 3050 DM/Monat in Westdeutschland und von 1650 DM in Ostdeutschland.
- Für Frauen mit 500,– DM eigener GRV-Rente ergeben sich bei gleicher Abgrenzung Nettoeinkommen von 2370,– DM bzw. 1410 DM, wobei zu berücksichtigen ist, daß hier Alleinstehende häufiger vertreten sind als bei Männern.
- Witwen mit einer Witwenrente von unter 300,– DM verfügen im Durchschnitt über ein Nettogesamteinkommen von 1740 DM bzw. 1190 DM in den alten bzw. neuen Ländern.

4. Im Rahmen der derzeitigen Armutsdiskussion wird vielfach auch auf ein Ansteigen der Altersarmut hingewiesen. Zumindest die Sozialhilfestatistik läßt eine derartige Tendenz nicht erkennen. Der Anteil der Sozialhilfeempfänger außerhalb von Einrichtungen mit laufender Hilfe zum Lebensunterhalt im Alter von 60 und mehr Jahren an der gleichaltrigen Bevölkerung liegt mit bemerkenswerter Konstanz bei etwa zwei Prozent (1980 bis 1991). Demgegenüber ist für die älteren Sozialhilfeempfänger in Einrichtungen in Verbindung mit der Pflegeversicherung auf jeden Fall mit einer Abnahme zu rechnen.

5. Nach der oben erwähnten Infratest-Untersuchung verfügten 1992 Seniorenhaushalte (Haushaltsvorstand über 64 Jahre) über folgende durchschnittliche Nettogesamteinkommen in DM pro Monat:

	West	Ost
Ehepaare	3 534	2 251
Alleinstehende Männer	2 560	1 389
Alleinstehende Frauen	1 942	1 272
darunter:		
Witwen	1 947	1 319
geschiedene Frauen	1 780	1 035
ledige Frauen	1 985	1 144

Maßgeblich für den Unterschied zwischen West und Ost ist zum einen der Tatbestand der unterschiedlichen Höhe der Eckrenten, die sich inzwischen weiter angeglichen haben. Außerdem beziehen im Westen Rentner häufiger Renten aus betrieblichen Zusatzversorgungen sowie aus Vermögen und aus Vermietung und Verpachtung.

6. Mit der Einführung der Pflegeversicherung in 1995 und 1996 wird ein Verarmungsrisiko insbesondere für Senioren wenn nicht beseitigt, so doch er-

heblich eingeschränkt. Die Tatsache, daß letzten Endes eine sozialversicherungsrechtliche Lösung durchgesetzt werden konnte, bestätigt die hohe Akzeptanz des Sozialversicherungssystems gegenüber rein staatlichen oder privatrechtlichen Lösungen in der Bevölkerung.

Fazit: Insbesondere durch die dynamische Rentenversicherung haben die Älteren in der Vergangenheit an der Wohlfahrtsentwicklung teilgenommen. Armut unter Senioren hat langfristig eher abgenommen und liegt auf sehr niedrigem Niveau, was ausschließlich darauf beruht, daß fast die Gesamtbevölkerung in gesetzliche Sicherungssysteme einbezogen ist.

5. Thesen und Antithesen zur Weiterentwicklung der Alterssicherung

Die materielle Situation der älteren Menschen wird in Zukunft davon abhängen,

- wie sich Wirtschaft und Wohlstand in Deutschland entwickeln,
- ob die älteren Menschen über dynamische Rentensysteme an der Wohlstandsentwicklung wie in der Vergangenheit beteiligt werden oder
- ob die gesetzlichen Alterssicherungssysteme – und das müßte dann auch die Beamtenversorgung betreffen – mit dem Ziel modifiziert werden, Bevölkerungsteile auszuschließen und nur noch eine Mindestsicherung bereitzustellen.

Keine Aussicht dürfte bestehen, daß die Leistungsniveaus der gesetzlichen Alterssicherungssysteme mittel- oder langfristig erhöht werden. Alle Forderungen, die in diese Richtung zielen, führen letztlich zu zusätzlichen Finanzierungsschwierigkeiten und verstärken den politischen Druck auf einen Abbau der Systeme.

Auf die Frage der wirtschaftlichen Entwicklungspotentiale will ich nicht näher eingehen. Bei einer auf Beschäftigung orientierten Gesamtpolitik, die Wirtschafts-, Finanz-, Geld- und Verteilungspolitik koordiniert, dürfen aber – auch im internationalen Kontext – die Chancen für reales Wachstum durchaus nicht schlecht sein.

Dennoch werden die Verteilungskonflikte zunehmen. Die wachsende Zahl der Senioren wird einen größeren Anteil des Volkseinkommens beanspruchen und damit in Konkurrenz treten zu den Nettoeinkommensansprüchen der Erwerbstätigen, aber auch anderer sozialer Bedürfnisse, wie z.B. einer gerechteren Verteilung von Familienlasten.

Wichtig erscheint mir daher der Aspekt, in welchem Umfang sich politische Gruppierungen mit scheinbar überzeugenden Argumenten und anscheinend praktikablen Vorschlägen zu einer mehr oder weniger grundsätzlichen Umorientierung der Alterssicherungspolitik durchsetzen. Dazu einige Thesen und Antithesen.

1. *Wir können uns unsere gesetzlichen Alterssicherungssysteme nicht mehr leisten. Der einzelne muß stärker für sich selbst vorsorgen!*

In der Tat weisen die langfristigen Vorausberechnungen auf sehr hohe Finanzbelastungen hin. Sie lassen sich aber ohne grundsätzliche Systemänderung lösen, wenn es uns z.B. gelingt, das Verhältnis von Rentenbezugsdauer zu Beitragszahlperioden zu verbessern. Dazu müssen gesundheitliche Prävention und Rehabilitation mit dem Ziel verbessert und effektiver gestaltet werden, Frühinvalidität einzuschränken und das effektive Rentenantrittsalter anzuheben. Langfristig ergeben sich darüber hinaus im Rahmen des gesamten Sozialbudgets auch Entlastungseffekte, z.B. bei Arbeitslosigkeit, Kriegsfolgen und knappschaftlicher Rentenversicherung.

2. *Die lohn- und beitragsbezogene Rente soll durch eine allgemeine Grundrente – etwa auf Sozialhilfenniveau – ersetzt werden. Eine darüber hinausgehende Alterssicherung liegt in der Verantwortung des einzelnen.*

Im Unterschied zur lohn- und beitragsbezogenen Rente setzt eine Grundrente keinerlei Anreize zur Erwerbstätigkeit. Wir werden unsere demographischen Probleme ökonomisch aber nur bewältigen können, wenn wir die Motivation zur Erwerbsarbeit steigern. Eine solche Grundrente müßte aus Steuern finanziert werden und würde damit finanzpolitischen Eingriffen sehr viel leichter ausgesetzt sein als eine mit grundgesetzlichen Sicherheiten ausgestattete beitragsfinanzierte Rente. Die Übergangsphase vom heutigen auf ein derartiges System ist gesamt- und einzelwirtschaftlich nur in einem jahrzehntelangen Prozeß gestaltbar, andernfalls treten für jüngere Versicherte absolut unzumutbare Doppelbelastungen auf, die letztlich zum Verzicht auf ausreichende private Ergänzungsversicherung und zur Unterversorgung im Alter führen.

3. *Das Leistungsniveau der Rentenversicherung (Beamtenversorgung) kann gesenkt werden, da die Bevölkerung über immer größere Privatvermögen verfügt und betriebliche Zusatzrenten erhält.*

Richtig ist, daß die Privatvermögen in Westdeutschland außerordentlich stark gewachsen sind; richtig ist aber auch, daß die Vermögensverteilung außerordentlich ungleich ist. Zwar haben alle Privathaushalte im Durchschnitt ein verwertbares Privatvermögen, d.h. Geld- und Grundvermögen (ohne Versicherungen) von rd. 200 000 DM. Mehr als einen Notgroschen an Geldvermögen hat allerdings nur die Hälfte. Für die Seniorenhaushalte ist die Situation vergleichbar. Die Hälfte hat durchschnittlich nur etwa 20 000 Gesamtvermögen, d.h. Geld- und Grundvermögen. Bei den alleinlebenden

Senioren sind es sogar nur 10 000 DM, die die untere Hälfte im Durchschnitt besitzt.

Richtig ist auch, daß eine große Zahl von Rentnern Zusatzrenten aus einer öffentlichen oder privaten betrieblichen Zusatzversorgung erhält. Allerdings macht der Anteil der Zusatzrentenempfänger unter den ehemals in der Privatwirtschaft tätigen Arbeitern und Angestellten 1992 (Infratest: Alterssicherung in Deutschland) bei Männern lediglich 50 Prozent, bei Frauen sogar nur zehn Prozent, zusammen also etwa 24 Prozent aus und die Höhe der Zusatzrenten ist außerordentlich unterschiedlich. Darüber hinaus haben gerade in den letzten Jahren zahlreiche Unternehmen ihre Versorgungseinrichtungen geschlossen oder die Leistungszusagen gesenkt. Wollte man das System der bisher freiwilligen betrieblichen Altersversorgung zu einem integralen Bestandteil der sozialen Sicherung machen, hätte dies notwendigerweise striktere gesetzliche Regelungen zur Voraussetzung.

In den neuen Ländern spielen Privatvermögen und betriebliche Altersversorgungseinrichtungen eine noch weitaus geringere Rolle.

Auch die Hoffnung, daß künftig über Erbschaften eine gleichmäßigere Vermögensverteilung eintreten wird, erscheint wenig begründet, denn die weitgehend vermögenslose Hälfte der Seniorenhaushalte wird auch keine großen Erbschaften hinterlassen.

Versicherungstechnisch stellt sich darüber hinaus das Problem, daß bei einer linearen Kürzung des Rentenniveaus die unteren Einkommensgruppen auch bei Vollerwerbstätigkeit in die Nähe der Sozialhilfegrenze kommen. Eine nichtlineare Kürzung bedeutete aber eine Aufweichung des Prinzips der Beitragsäquivalenz der Leistungen.

4. *Der Versicherungsschutz soll auf die „wirklich Schutzbedürftigen" beschränkt werden, daher muß eine Versicherungsgrenze für alle Arbeitnehmer eingeführt und/oder die Beitragsbemessungsgrenze eingefroren werden.*

„Wirklich schutzbedürftig" im Falle der Invalidität, des Todes des Ernährers im Alter ist die gesamte Bevölkerung, vielleicht mit Ausnahme einiger weniger sehr Reicher. Auch höhere Einkommensgruppen unterschätzen ihren Alterssicherungsbedarf häufig oder wählen risikoreiche Anlageformen. Außerdem werden höhere Einkommensgruppen durch die Beitrags- und Leistungsbemessungsgrenze ohnehin nicht voll versichert. Finanztechnisch bedeutet der Ausschluß von potentiellen Versicherten ebenso wie die Beschränkung der Dynamisierung der Beitragsbemessungsgrenze eine Einschränkung der beitragsrelevanten Lohnsumme und damit Beitragssatzsteigerungen. Verteilungspolitisch bedeutet es, daß die oberen Einkommen und Einkommensempfänger zu Lasten der Geringerverdienenden von der Bedienung der bestehenden Rentenansprüche und -anwartschaften entlastet würden.

5. *In den Alterssicherungssystemen muß die Familiengerechtigkeit durch kinderzahlabhängige Beiträge und durch die Ausweitung von Erziehungszeiten erhöht werden.*

Richtig ist, daß die Einkommensverteilung zwischen Kinderlosen und Eltern mit Kindern verbesserungsbedürftig ist. Allerdings ist dies eine gesamtgesellschaftliche und damit staatliche Aufgabe, die in einem Alterssicherungssystem mit Beiträgen proportional zu Arbeitsentgelten, mit Beitragsbemessungsgrenzen, mit paritätischen Arbeitgeberbeiträgen nicht befriedigend gelöst werden kann.

6. Fazit und Ausblick

Die gesetzliche Rentenversicherung ist in ihrer gegenwärtigen Ausgestaltung ein dem Sozialstaatsprinzip und der Ordnung der sozialen Marktwirtschaft leistungsrechtlich und finanzierungstechnisch adäquates System. Es läßt für privatwirtschaftliche Ergänzung der Altersvorsorge hinreichend Spielraum, denn es leistet keine Vollversorgung. Insofern bedarf es keiner grundsätzlichen Änderungen. Das schließt nicht aus, daß künftig sozial vertretbare Korrekturen erfolgen müssen, daß dem einzelnen eine längere Lebensarbeitszeit zugemutet wird, daß zwischen Versicherungsansprüchen und sozialer Umverteilung Grenzen neu gezogen werden. Vorher wird man allerdings sowohl Mißbräuchen bei der Frühverrentung wie Ansinnen zur Leistungsverbesserung konsequent begegnen müssen.

Deshalb vertraue ich auch künftig auf die bewährten und anpassungsfähigen Alterssicherungssysteme zur angemessenen Verbesserung der materiellen Situation der älteren Menschen.

Anmerkungen:

[1] Bericht der Bundesregierung über die gesetzlichen Rentenversicherungen ... (Rentenversicherungsbericht 1994), Deutscher Bundestag Drucksache 12/8309, S. 55

[2] Ebenda, S. 172

Geriatriepläne der Länder und ihre Realisierung

Jens Bruder

In nahezu allen Regionen Deutschlands entstehen geriatrische Kliniken. Wo dies noch nicht der Fall ist, ermutigt diese Entwicklung geriatrisch engagierte Ärzte, entsprechende Denkanstöße zu geben und Planungen anzuregen. Vielen ist bewußt, daß der Geriatrie-Bereich gegenwärtig der einzige stationäre Sektor ist, der noch wächst.

Angesichts dessen überrascht es, daß es keine kontinuierliche Gesamterfassung der geriatrischen Strukturentwicklung gibt, die sowohl vorhandene Betten als auch im Bau befindliche bzw. fest beschlossene Abteilungen einbezieht. Auch die Daten über bereits arbeitende Abteilungen, wie sie die deutsche Krankenhausgesellschaft zur Verfügung stellt, stammen noch aus dem Jahre 1992. Deshalb wurde als Grundlage dieses Beitrages im Herbst 1994 eine telefonische Befragung aller deutschen Bundesländer durchgeführt. Nach einem Ankündigungsbrief des Vorhabens wurden die jeweiligen Planungsreferate der Gesundheitsministerien kontaktiert und nach den auf den in der Tabelle wiedergegebenen Daten befragt. Mit dieser Erhebung wurde in einer vorläufigen Form ein Vorhaben begonnen, das die beiden deutschen geriatrisch-gerontologischen Fachgesellschaften – die Deutsche Gesellschaft für Gerontologie und Geriatrie und die Deutsche Gesellschaft für Geriatrie – gemeinsam beschlossen haben: Die kontinuierliche Erfassung von geriatrischen Strukturdaten, insbesondere der entsprechenden Planungen.

Eine ganze Reihe von Gesprächspartnern haben die mündlichen Auskünfte durch schriftliche Informationen – z.T. in Form von entsprechenden Krankenhaus- oder Geriatrieplänen – untermauert. Selbstverständlich bleibt einzuräumen, daß diese telefonischen Auskünfte nicht in allen Einzelheiten den Verläßlichkeitsgrad von verabschiedeten Geriatrieplänen haben. Letztere liegen aber bei weitem nicht überall vor, wie die Tabelle zeigt.[1] Außerdem werden sie nicht immer bis ins Detail umgesetzt. Darüber hinaus ergaben sich bei der Befragung in einzelnen Ländern auch Hinweise dafür, daß ursprünglich begrenzte Planungen schließlich überschritten wurden.

In der mündlichen Befragung lagen aber auch Chancen. Die innerhalb kürzester Zeit durchgeführte Erhebung vermittelte z.B. einen lebhaften Eindruck von der Selbstverständlichkeit, mit der allerorten neue geriatrische Strukturen für notwendig gehalten werden. Außerdem konnten sehr aktuelle Daten gewonnen werden. Offen waren nicht selten Fragen des Standortes, der Einbindung und der kategorialen Zuordnung gem. § 109 oder § 111 SGB (Sozial-

Vorhandene und geplante geriatrische Kliniken und Tageskliniken in den deutschen Bundesländern (Stand Ende 1994)

Land	Ew.-Zahl Mio.	Geriatrie-plan [2])	Abteilungen in Betrieb	Abteilungen i.Bau o.feste Verträge	Abteilungen zusätzlich geplant	Betten in Betrieb	Betten i.Bau o.feste Verträge	Betten zusätzlich geplant	Tageskliniken Plätze (Zahl der TK) in Betrieb	Tageskliniken i.Bau o.feste Verträge	Tageskliniken zusätzlich geplant	Verhältnis Akut/Reha (§109/§111)	geriatr. [4]) Betten pro 100.000 i.Betr. u.i.Bau	Bemerkungen
BADEN-WÜRTTEMBERG	9,9	ja	20	20	22	200 700 RE	600	900	35(3)			überw. §111	15	Geriatrische Zentren(5), Geriatrische Schwerpunkte(17)
BAYERN	11,5	ja	2	8	30	100 30 RE	750	1500		125		nahezu nur §111	8	
BERLIN	3,5	ja	6-7			591	120	1300-2300	20 (1)	40 (1)		nur §109	20	
BRANDENBURG [1])	2,5		8	4		404	208		18 (1)	65 (3)	10 (1)	überw. §109	24	
BREMEN	0,7		1		3	60		180	20 (1)		80 (4)	nur §109	9	
HAMBURG	1,7		6	1	3-4	538	100	320	50 (2)			nur §109	38	
HESSEN	5,8	ja	4	5	11	400	200	400-900	56 (1)			1:4	10	
MECKLENBURG-VORPOMMERN	1,9							290			85 (7)			Geriatrie-Programm vor Verabschiedung
NIEDERSACHSEN	7,4		7	1		388 183 RE	30		20 (1)		12 (1)	1:2	7	in jeweil. Abteilungen Trennung in Akut/Rehabetten
NORDRHEIN-WESTFALEN	17,4	ja	53		5 RE	3084 ca. 140 RE	213		ca. 150 (9)			nahezu nur §109 neuerdings mehr §111	18	
RHEINLAND-PFALZ	3,8		2	1		35 40 RE	100		11 (2)			1:4	5	
SAARLAND	1,1		4	3	7 RE	152 200 RE	60	120	40 (4)		30 (3)	1:2	38	
SACHSEN	4,8		1	1		69 RE	41 RE					überw.§109		Leitlinien für Geriatrie-Konzept vorhan-den; etwa 10-12 Abtlg.i. Schwerpunkt-krankenhäusern vorgesehen
SACHSEN-ANHALT	2,8													KH-Anträge liegen vor; AG für Geriatrie gegründet
SCHLESWIG-HOLSTEIN	2,6		2	1	1	60	60	75	56 (2)		20 (1)	nur §109	5	
THÜRINGEN	2,6		2		3-4	125	50	325			30 (2)	nur §109	6	Geriatrieplan i. Fertigstellung
Deutschland gesamt			**118**	**45**	**85**	**7499 (1362 RE)**	**2532**	**6160** [3])	**476** (27)	**230**	**267** (19)			

[1]) Daten v. Mai 1995
[2]) Nur ausdrückliche Geriatriepläne; allgemeine Krankenhauspläne sind nicht erfaßt
[3]) Bei den Zielwerten mit großer Schwankungsbreite (Berlin, Hessen) wurde der Mittelwert zugrunde gelegt
[4]) Für Sachsen noch keine Berechnung

gesetzbuch) V (Abschnitt 5). Vor dem Hintergrund immer noch sehr häufiger innermedizinischer Auseinandersetzungen über die Berechtigung von Geriatrie als eigenständigem Fach war es häufig wohltuend und ermutigend, auf diese Überzeugungen geriatrischer Notwendigkeit zu stoßen. Auf diese Gewißheit ist es wohl auch zurückzuführen, daß die Planungsabteilungen der entsprechenden Länderministerien hinsichtlich der Geriatrie z.T. detaillierter auf interne Krankenhausentwicklungen Einfluß nehmen als in übrigen medizinischen Bereichen, also etwa auf die Bettenzahl.

Manche Felder des Tableaus weisen keine Eintragungen auf. Nicht immer waren Entscheidungsprozesse entsprechend weit vorangeschritten, obwohl globale Zielvorstellungen nahezu überall entwickelt worden waren. Dies betrifft z.B. die Zahl von Abteilungen, auf die sich Gesamtzahlen angestrebter Geriatriebetten sinnvollerweise zu verteilen hätten.

1. Bundesweite Geriatriedaten

In 118 Abteilungen mit etwa 7 500 Betten werden gegenwärtig in Deutschland geriatrische Patienten versorgt. Die Mehrheit dieser Abteilungen oder Kliniken hat Versorgungsverträge mit den Krankenkassen nach § 109 SGB V. Etwas weniger als jedes fünfte Bett – ca. 1 350 – befindet sich in geriatrischen Rehabilitationskliniken mit Versorgungsverträgen nach § 111 SGB V. Die durchschnittliche Abteilungsgröße liegt bei 60 Betten; sie schwankt zwischen 30 und – selten – 150. 40 weitere Abteilungen oder Kliniken mit etwa 2 500 Betten sind bereits in Entstehung begriffen bzw. werden aufgrund verbindlicher Vereinbarungen in naher Zukunft geschaffen. Die Pläne der deutschen Länder sehen darüber hinaus ca. 6 100 weitere Geriatriebetten vor, die in etwa 85 zusätzlichen Abteilungen für die Patientenversorgung zur Verfügung stehen sollen (bei dieser Rechnung sind aus den Ländern mit großer Spannbreite der Planungen – z.B. Hessen oder Berlin – Mittelwerte zugrunde gelegt).

Zur Gesamtheit aller stationären Betten in Abteilungen mit speziell altersbezogenem Versorgungsauftrag gehören auch die in den gerontopsychiatrischen Bereichen der Psychiatrischen Einrichtungen. Es handelt sich um etwa 14 000–15 000 Betten, die sich weit überwiegend in den entsprechenden gerontopsychiatrischen Abteilungen der Landeskrankenhäuser befinden. Nur ein kleiner Teil gehört zu den psychiatrischen Abteilungen an Allgemeinkrankenhäusern oder stellt sogar das alleinige psychiatrische Versorgungsangebot kleinerer Krankenhäuser mit im übrigen somatisch orientierten Abteilungen dar. Tendenziell verkleinern sich die altersbezogenen Abteilungen der Landeskrankenhäuser eher, da die Zahl Demenzkranker, die über die Zwischenstation dieser Abteilungen in Pflegeheime verlegt werden, aufgrund der ausgeweiteten diagnostischen Möglichkeiten im ambulanten Bereich eher abnimmt.

Ein weiterer, sehr umfangreicher Bereich für die Versorgung chronisch kranker und pflegebedürftiger alter Menschen sind die Pflegeheime. In ihnen erfolgt die ärztliche Versorgung weit überwiegend durch niedergelassene Ärzte. Gegenwärtig gibt es in Deutschland 420 000 Pflegeheim-Plätze. Nur in wenigen Ausnahmefällen werden diese Patienten durch hauptamtliche Ärzte versorgt (Hamburg, Berlin). Es gibt keine Daten darüber, in welchem Umfang es durch Sondervereinbarungen mit niedergelassenen Ärzten gelungen ist, geriatrisch engagierte Ärzte so an Pflegeeinrichtungen zu binden, daß sie ähnlich eng mit den Pflegekräften kooperieren können wie hauptamtlich angestellte Ärzte mit geriatrischer Kompetenz. Besonders in großen Pflegeeinrichtungen in großstädtischen Regionen mit den sich dort ergebenden weiten Einzugsbereichen ist die Versorgung durch niedergelassene Ärzte mit unterschiedlichen Behandlungskonzepten und unterschiedlichen Arbeitsstilen immer mehr in Frage gestellt, es sei denn, es gelingt, sie – etwa durch die erwähnten Sondervereinbarungen – schwerpunktmäßig einzubinden. Besonders das immer häufiger zur Entscheidung stationärer Weiterversorgung führende Problem der Demenz – in mehr als 50 Prozent der Fälle – erfordert Versorgungskonzepte, die nur in gemeinsamer Abstimmung und Entwicklungsarbeit zwischen Pflegekräften und Ärzten wachsen können. In diese müssen alle Beteiligten einbezogen werden. Nur dann können Haltungen der einzelnen Mitarbeiter und therapeutische Milieus entstehen, die zu einer erheblichen Zustandsverbesserung der Demenzkranken führen.

Mit leicht zunehmender Tendenz entstehen für Teilbereiche von Pflegeheimen (z.B. in Nürnberg, Wiesbaden, an verschiedenen Orten in Baden-Württemberg) Versorgungsverträge nach § 111 SGB V, die den Rehabilitationscharakter dieser speziellen Abteilungen der Pflegeeinrichtungen anerkennen. Aufgrund des näherrückenden Inkrafttretens des Pflegeversicherungs-Gesetzes für die stationäre Versorgung (1. Juli 1996) ist eine zunehmende Auf- bzw. auch Umbruchsituation in den Pflegeheimen zu verzeichnen. Sie hat einerseits mit dem Gesetzesauftrag zu tun, Patienten mit unausgeschöpften Potentialen zu rehabilitieren, und beruht andererseits auf Befürchtungen, mit den in den Pflegeversicherung vorgesehenen Kosten- bzw. Finanzierungsanteilen (Pflegeversicherungsleistung, Hotelkostenanteil, investiver Anteil) keine ausreichende Kostendeckung zu erreichen. Deshalb sind in den Pflegeheimen bundesweit verstärkte Anstrengungen zu beobachten, krankenkassenfinanzierte, also behandlungspflegerische Anteile innerhalb des traditionellen pflegerischen Leistungsspektrums zu definieren und darüber hinaus sogar neue krankenkassenfinanzierte Angebote zu schaffen.

Aus den genannten Daten ergibt sich eine Gesamtzahl von etwa 22 000 klinischen Betten in Abteilungen, die mit einem altersbezogenen, also geriatrischen Behandlungsauftrag versehen sind. Dabei ist die große Zahl der Betten in den übrigen Krankenhaus-Abteilungen, in denen ebenfalls alte Patienten versorgt werden, nicht berücksichtigt. Die 22 000 Betten machen knapp drei

Prozent der gesamten 820 000 Krankenhausbetten in der Bundesrepublik aus. Es ist weithin bekannt, daß der Anteil der über 65jährigen an den Gesamtpflegetagen im Gegensatz dazu bei etwa 45 bis 50 Prozent liegt. Damit ist ebenfalls nichts darüber gesagt, wie viele der über 65jährigen stationär behandelten Menschen geriatrische Patienten im Sinne der heute gültigen Definition von Geriatrie sind (Bruder et al., 1991).

2. Die Situation in den einzelnen Bundesländern

Das Tableau zeigt neben der jeweiligen Einwohnerzahl der Bundesländer und Angaben über das Vorliegen von Geriatrieplänen jeweils in drei Stufen organisierte Daten: 1. in Betrieb befindliche Abteilungen und Betten, 2. im Bau befindliche und/oder vertraglich fest beschlossene Abteilungen und Betten und 3. schließlich diejenigen Daten, die Gegenstand weitergehender Planungen sind. Letztere haben einen uneinheitlichen Verbindlichkeitsgrad. Auf diese Unsicherheit mit der zugrunde liegenden Vielfalt von Faktoren wird später eingegangen werden (Abschnitt 4). Es fehlen Angaben über gerontopsychiatrische Planungen. Die entsprechende Frage wurde überall verneint. Deswegen wurden auch keine Daten über die Verteilung der obengenannten 14 000 bis 15 000 gerontopsychiatrischen Betten in diese Übersicht aufgenommen.

Im Gesamtvergleich ist die große Spannbreite der Betten pro 100 000 Einwohner besonders eindrucksvoll. In einer Spitzenposition befinden sich Hamburg und das Saarland (was wenigen bekannt ist), in der Schlußlichtposition sind Schleswig-Holstein, Rheinland-Pfalz und Thüringen. Für die neuen Länder ist im übrigen anzumerken, daß dort bis zur Wende kaum geriatrische Abteilungen existierten.

Darüber hinaus fällt ins Auge, daß es immer noch vergleichsweise wenig geriatrische Tageskliniken in Deutschland gibt. Gemessen an der Zahl neu entstehender oder neu geplanter vollstationärer Abteilungen ist auch die entsprechende Zahl geplanter Tageskliniken gering.

Auf die von Land zu Land stark unterschiedliche Einbindung in Krankenhauspläne (Kliniken mit Versorgungsverträgen nach § 109 SGB V) wird im folgenden Abschnitt eingegangen. Hinsichtlich der im Bau befindlichen oder fest geplanten Einheiten war der entsprechende Status nicht immer eindeutig zu klären. Dies galt z.T. auch für die weiterreichenden Vorhaben.

Jenseits der Planungen geriatrischer Abteilungen wurden weitergehende, innovative Ansätze eher selten genannt, etwa geriatrische Konsilteams zur Sensibilisierung bzw. Geriatrisierung all jener Krankenhäuser, für die bisher keine geriatrischen Abteilungen vorgesehen werden können; ein anderes Beispiel wären Modelle befristeter poststationärer Weiterbetreuung durch geriatrische Teams, um dem Problem des Verlustes stationärer Behandlungserfolge durch mangelnde rehabilitative Weiterbehandlung vorzubeugen; auch Überlegungen zur Förderung geriatrischer Kompetenz im ambulanten Bereich durch die Bildung geriatrischer Schwerpunktpraxen fehlen. Andererseits ist das Thema der ambulanten geriatrischen Rehabilitation in der letzten Zeit immer aktueller geworden. Die deutlichste Ausnahme stellt mit zahlreichen innovativen Überlegungen das Land Baden-Württemberg dar.

Vielfalt gibt es jedoch, was die Beteiligung verschiedener Trägerbereiche (Staat, Wohlfahrtsverbände, private Träger) und unterschiedliche Formen der Organisation und Anbindung von Abteilungen betrifft, also etwa die Umgestaltung bzw. Neuschaffung bestimmter Bereiche in Pflegeheimen zu Reha-Abteilungen. Dabei entstand der Eindruck einer zunehmenden Bereitschaft, traditionelle Festlegungen zu hinterfragen und über mögliche Entwicklungen grundsätzlich und neu nachzudenken.

3. Gründe für den unterschiedlichen Planungsstand

Im Zusammenhang mit notwendigen Geriatrieentwicklungen ist selbstverständlich zu sehen, daß die Gesamtheit der vereinigungsbedingten Aufgaben und Ansprüche bundesweit zur Setzung von Prioritäten zwingt; dies gilt ganz besonders für die neuen Länder.

Ein weiterer wichtiger Einflußfaktor ist das sich ungleichmäßig entwickelnde bzw. insgesamt sicher noch nicht genügende Verständnis des eigenständigen Charakters von Geriatrie. Das Urzeitargument „Wir haben doch sehr viele alte Patienten, deshalb betreiben wir Geriatrie“ verliert nur langsam an Einfluß. In diesem Zusammenhang spielt sicher auch eine Rolle, daß die universitäre Akzeptanz und damit auch universitäre Vertretung von Geriatrie in Deutschland (im Gegensatz zu anderen Ländern) immer noch nicht ausreichend sind. Noch übt die Tradition des organ- bzw.. einzelfunktionsbezogenen Denkens und Handelns in der Medizin einen verzögernden Effekt auf das Verständnis von Geriatrie aus. Und selbstverständlich speisen sich die Widerstände auch aus den Befürchtungen, die Geriatrie beanspruche die Zuständigkeit für alle über 65jährigen Patienten. In diesem Zusammenhang ist das bisherige Verdeutlichungsversäumnis der Geriater einzuräumen, daß diese Angst grundlos ist. Die Geriatrie ist keinesfalls für alle über 65jährigen Patienten zuständig. Außerdem muß immer wieder darauf aufmerksam gemacht werden, daß die hier dargestellten Planungen größtenteils das Ergebnis von gesundheits- und sozialpolitischen Überlegungen sind, die primär überwiegend nicht von Medizinern angeregt worden sind. Damit unterscheidet sich die Entwicklung in der Geriatrie maßgeblich von derjenigen anderer medizinischer Teilgebiete, in denen die Anstöße zu neuen Strukturen in der Regel aus der Medizin heraus erfolgten.

Nicht zu übersehen ist, daß die Geriatrie ihre Erfolge nicht aufgrund des Einsatzes und der Neuentwicklung von Hochtechnologien hat, sondern durch beharrliche, kooperative Förderung geeigneter Wahrnehmungs- und Handlungsweisen erreicht. Sie lebt von einer hohen Kultur des zwischenmenschlichen Austausches und (besonders auch manuellen) Handelns. Schnelle und spektakuläre Erfolge sind eher selten. Die Notwendigkeit der Berücksichtigung und Verarbeitung vieler unterschiedlicher Aspekte und Informationen und der häufige Zwang, sich auf bestimmte Maßnahmen und Ziele zu beschränken, muten zu Recht oft mühsam an.

Unbestreitbar übt die Tatsache der neugeschaffenen fakultativen Weiterbildung „Klinische Geriatrie" einen positiven Einfluß auf Planungen aus. Bei der Befragung war mehrfach herauszuhören, daß man sich in den planerischen Überlegungen durch die Entscheidung des Deutschen Ärztetages 1992 für diese neue Weiterbildung bestätigt fühlte.

Dem steht allerdings die Beobachtung gegenüber, daß in einigen Ländern ganz bewußt auf eine rasche Schaffung weiterer geriatrischer Abteilungen mit dem Argument verzichtet wurde, es sei ohnehin zu bezweifeln, ob man für diese Abteilungen qualifizierte Leitungskräfte finden würde. Tatsächlich wird in Regionen mit rasch entstehenden neuen Abteilungen häufiger über eine schwierige Bewerberlage bei der Suche nach Chefärzten geklagt.

Die hier vorgestellte, zeitlich sehr gedrängte Befragung mit rasch aufeinanderfolgenden verschiedenen Gesprächskontakten ergab eine wichtige Erfahrung: Es klang immer wieder an, daß die Planungen und ihre Umsetzung von der geriatrischen Kompetenz und – mehr noch – dem geriatrisch-politischen Engagement einzelner Ärzte in exponierten Funktionen beeinflußt wurden. Es schien, als sei die Entwicklung in der Geriatrie stärker durch ausstrahlungsstarke und überzeugende Persönlichkeiten geprägt als in manchen anderen Medizingebieten.

4. Zur Frage der Einbindung von Kliniken in den Krankenhausplan (nach § 109 SGB V) bzw. zur Frage ihres Charakters als Rehabilitationsklinik (nach § 111 SGB V)

Es gibt kaum ein Thema in der deutschen Geriatrie, das ähnlich kontrovers und dabei ungeklärt diskutiert wird wie die Frage, welche der beiden rechtlichen Grundlagen – Verträge nach § 111 oder § 109 SGB V – diejenige ist, auf der klinisch-geriatrische Arbeit am besten gedeihen könne. Diese Frage verdiente mindestens ein eigenes Symposium betroffener Fachleute bzw. eine umfangreiche textliche Abhandlung. Hier soll nur auf einige Gesichtspunkte aufmerksam gemacht werden.

Gesetzestext

Krankenhäuser und Krankenhausabteilungen nach § 109 SGB V (Plankrankenhäuser) sind Gegenstand von Krankenhausplänen, die in den Landeskrankenhausausschüssen erarbeitet werden. Rehabilitationskliniken nach § 111 SGB V müssen lediglich im Einvernehmen mit den entsprechenden Instanzen geplant werden. Dabei ist zu bemerken, daß das GSG (Gesundheitsstrukturgesetz) eine etwas größere Abstimmungsnotwendigkeit mit den Planungsinstanzen als früher geschaffen hat, da der Begriff „Einvernehmen" (§ 111, Abs. 4) den früher gültigen des „Benehmens" abgelöst hat. Die aufgrund dieser Neuformulierung verstärkten Steuerungsmöglichkeiten werden insgesamt erst sehr verzögert wahrgenommen. Rehabilitationskliniken schließen Versorgungsverträge mit den Krankenkassen ab; bei Fortfall des Bedarfs sind diese kündbar. Damit sind sie tendenziell befristeter als Verträge nach § 109 SGB V.

Unabhängig von den Möglichkeiten des § 109 SGB V ist allerdings festzuhalten, daß die Bundesländer unterschiedlich starken Gebrauch von der Eingriffstiefe im Rahmen ihrer Planungen machen. In Bayern gibt es z.B. kaum Vorgaben, was die Bettenverteilung innerhalb der Disziplinen in Krankenhäusern nach § 109 SGB V angeht. In Hamburg wird dies dagegen sehr viel verbindlicher geregelt.

Zur Frage der Direktaufnahme und der vorherigen Kostenübernahmezusicherung durch die Krankenkassen

Immer wieder wird die Befürchtung laut, Rehabilitationsabteilungen könnten geriatrische Patienten nur nach vorangegangener Akutbehandlung aufnehmen, worin sich sozusagen eine à-priori-Nachrangigkeit ausdrücke. Zu Recht ist darin auch die Befürchtung enthalten, für die (immer noch häufigen) initialen geriatrischen Behandlungsfehler dann in einer Art Aschenputtel-Funktion mühsam und korrigierend zuständig sein zu müssen. Eine wichtige Rolle spielt hierbei wahrscheinlich die Frage des innermedizinischen Status, der auch auf der gleichberechtigten Zuständigkeit für Akutbehandlungen beruht. Dem ließe sich auf der anderen Seite entgegenhalten, daß ein gewachsenes geriatrisches Selbstbewußtsein sich aus dem Wissen um die spezifischen Wirkdimensionen dieses Faches speist; dazu zählen u.a. die Chancen der längeren Verweildauer, der Nutzung körperlich-seelischer Zusammenhänge und der qualifizierten Kooperation mit den therapeutischen Mitarbeitern. Man könnte sogar sagen, daß sich die Qualität und Wirksamkeit der Geriatrie am ehesten dort entfalten können, wo sie nicht um die Gleichrangigkeit im Akutbereich kämpft.

Was die Notwendigkeit vorheriger Kostenübernahmezusagen durch die Krankenkassen angeht, so ist dies ein wichtiger Vorbehalt. Andererseits weisen Erfahrungen zahlreicher Kliniken darauf hin, daß bei gut eingespielten Kooperationsbeziehungen mit den zuweisenden Ärzten und den regionalen Krankenkassen, also bei gewachsenem Vertrauen, derartige Zusagen als selbstverständlich vorausgesetzt werden. Das bedeutet, daß Aufnahmen unverzüglich erfolgen können und die Kostenzusage erst im Nachinein eingeholt wird.

Damit ist bereits gesagt, daß Abteilungen nach § 111 SGB V durchaus Direktaufnahmen vornehmen können, allerdings in der Regel nicht im Rahmen der Notfallversorgung, also nicht gleichberechtigt mit den akuten Aufnahmestationen großer Kliniken.

Die große Bedeutung der individuellen bzw. örtlichen Verhältnisse

Die zentrale Frage – Klinik nach § 109 oder § 111 SGB V – steht in einem engen Zusammenhang mit den jeweiligen örtlich-räumlichen und organisatorisch-personellen Bedingungen. In einem großen Schwerpunktkrankenhaus mit verschiedenen Disziplinen, das sich jetzt mit der Frage einer geriatrischen Abteilung im selben Gebäude auseinandersetzt, besteht die gut verständliche Erwartung, dieser neuen Abteilung volle organisatorische Gleichberechtigung zu geben, also auch oder gerade im Hinblick auf sofortiges geriatrisches Handeln bei der Aufnahme. Wegen der räumlichen Ähnlichkeit zu den anderen Abteilungen könnte sich sonst der Eindruck einer nicht verstehbaren Nachrangigkeit ergeben. Auch im Hinblick auf Weiterbildung könnte die neue geriatrische Abteilung in dem Hochtechnologieapparat Akutkrankenhaus sonst von einem Statusdefizit mit den daraus erwachsenden Folgen bedroht sein. Allerdings taucht bei einer solchen Abteilung schon die Frage auf, wie weit hier jene Qualitäten der Geriatrie zum Tragen kommen können, die mit dem erwähnten größeren Zeitbedarf und dem spezifischen Denken in diesem Fach zu tun haben.

Entsteht eine Klinik dagegen räumlich abgetrennt und in der Außenwahrnehmung eigenständig, so ist die § 109- bzw. 111-Frage eher nachrangig, was ihren Status (und damit natürlich die Attraktivität für geriatrisch weiterbildungsinteressierte Ärzte) angeht. Die Qualität und der Erfolg einer solchen Abteilung hängen dann nahezu ausschließlich vom geriatrischen Verständnis und den entsprechenden Qualitäten der verantwortlichen Mitarbeiter ab.

Zur Frage der Leitung bei gleichzeitiger Existenz von Abteilungen sowohl nach § 109 als auch nach § 111 SGB V

Es konnte nicht erhoben werden, wie viele Kliniken es gibt, an denen sowohl Abteilungen mit Versorgungsverträgen nach § 109 als auch Rehabilitationsabteilungen nach § 111 arbeiten. An einigen Orten sind sie geplant. Im

Zusammenhang damit ist gelegentlich von einer geriatrischen Versorgungskette die Rede. Hier stehen sich erneut unterschiedliche Argumente gegenüber. Bei gemeinsamer ärztlicher Leitung wird z.B. die Befürchtung geäußert, daß angesichts des Bedürfnisses nach Gleichberechtigung im Akutbereich das Interesse des Leiters für die Reha-Zielsetzung nachrangig sein könnte. Demgegenüber steht die Überlegung, daß den Interessen der Reha-Abteilung nur auf der Grundlage von Gleichberechtigung im Akutbereich Genüge getan werden könne. Entsprechend sehen die Argumente aus, wenn man die Reha-Abteilung mit einem eigenen und unabhängigen Chefarzt ausstattet.

Wahrscheinlich kommt bei diesen Überlegungen zu kurz, daß ausschlaggebend das geriatrische Verständnis und die persönlichen Durchsetzungspotentiale des leitenden Arztes sind.

Finanzielle Aspekte

Hier sind zwei Dimensionen zu nennen. Zum einen hängen die Einkünfte der liquidationsberechtigten Ärzte auch davon ab, ob sie direkt von Privatpatienten in Anspruch genommen werden können. Dies hat großen Einfluß auf die Bewertung der Frage, wie weit es zwischen Akut- und Reha-Abteilungen obligatorische Zuweisungsbeziehungen gibt. Unter welchen Bedingungen weiterverlegt wird und ob die entsprechenden Entscheidungsprozesse standardisiert und nachvollziehbar gemacht werden können.

Zum anderen meinen manche Kostenträger, daß die geriatrischen Pflegesätze in Reha-Abteilungen geringer sein könnten als in Akut-Abteilungen. Hier ist noch viel Aufklärungsarbeit darüber zu leisten, daß solchen Annahmen ein unzureichendes Verständnis von Geriatrie zugrunde liegt. Wirksame geriatrische Rehabilitationsbehandlung auf der Grundlage angemessener Ausstattung mit qualifiziertem therapeutischen Potential ist kaum billiger als die Behandlung in Akut-Abteilungen.

Die Vertretung der Geriatrie an den deutschen Universitätskliniken

Selbstverständlich hat die Frage der akutmedizinischen Gleichberechtigung der Geriatrie eine zentrale Bedeutung für den Integrationsprozeß dieses Faches in die universitäre Medizin, der – wie erwähnt – in Deutschland verzögert abläuft, jedenfalls im internationalen Vergleich. Nur unter der Voraussetzung der völligen Akzeptanz und Gleichwertigkeit im Spektrum der gesamten Medizingebiete können sich wissenschaftliche Energie sowie therapeutische und Weiterbildungspotentiale so entwickeln, wie sie zur Bewältigung der immer rascher wachsenden geriatrischen Versorgungsnotwendigkeiten erforderlich sind. Es bedeutete eine Unterschätzung der Entwicklungsfähigkeit medizinischer Fakultäten in Deutschland, nicht darauf zu vertrauen, daß die dringenden geriatrischen Bedarfe auch im Hinblick auf ihre wissenschaftlichen Notwendigkeit von den Universitäten erkannt und aufgegriffen werden. Eine wichtige Teilzielsetzung dieser Publikation ist deshalb, die Dynamik der geriatrischen Strukturentwicklung zu verdeutlichen. Sie begründet das Vertrauen darauf, daß ihr Umfang verstanden wird und die Universitätskliniken bald die Chance nutzen werden, sich innovativ und prägend an der Entwicklung der Geriatrie zu beteiligen, um in sicher nicht allzu langer Zeit die Entwicklung dieses Faches (mit)anzuführen. Es gibt keinen systematischen Grund, warum in der Geriatrie schließlich andere Verhältnisse herrschen sollten als in all den medizinischen Gebieten, die sich bis heute entwickelt haben und künftig entwickeln werden. Wichtige Voraussetzung ist die bereits mehrfach erwähnte geduldige, stetige und allgegenwärtige Verdeutlichung dessen, was Geriatrie ihrem Wesen nach ausmacht. Dazu gehört eine geschärfte Aufmerksamkeit für die Vermeidung unangemessener Rivalitäten, etwa mit der Inneren Medizin oder mit Teilbereichen von Orthopädie und Psychiatrie.

Unter welchen Bedingungen gedeiht Geriatrie am besten?

Am Ende dieser kurzen Betrachtung soll erneut gefragt werden, ob Geriatrie als Disziplin für multimorbide Kranke mit einem in der Regel höheren Zeitbedarf nicht in einem immanenten Spannungsverhältnis zu den technikorientierten, leistungsdichten und immer schneller werdenden Akutkrankenhausbereichen steht. Die zentrale Frage, der alle anderen Aspekte der § 109/111-Frage nachgeordnet werden müssen, lautet: Unter welchen Bedingungen kann sich das geriatrische Leistungsprofil am besten entfalten?

5. Abschließende Überlegungen

Die kurze Übersicht zeigt eine insgesamt dynamische Entwicklung stationärer geriatrischer Strukturen in Deutschland. Die zwingende Schlußfolgerung aus dieser Feststellung ist, daß sich unter den deutschen Geriatern allmählich mehr Zuversicht entwickeln sollte. Die Phase der Niederlagen und des Mangels mit den daraus resultierenden Klagen gehört zunehmend zur Vergangenheit. Weit überwiegend wird in den Ministerien mit einer so großen Selbstverständlichkeit von notwendigen weiteren Einrichtungen gesprochen, daß die Geriater sich allenfalls fragen sollten, wie sie sich am wirksamsten an den Entwicklungsüberlegungen beteiligen können.

Dennoch ist die große Schwankungsbreite der Daten auffällig; etwa der Betten pro 100 000 Einwohner (mit Werten zwischen 5 und 38). Zu fragen ist, ob es angesichts der anerkannt großen künftigen Versorgungsaufgaben nicht doch länderübergreifender, zentraler Abstimmungsmechanismen bedarf.

Im Hinblick auf das junge Fach Geriatrie und seinen dementsprechend jungen Entwicklungsstand bietet sich außerdem jetzt noch die Chance zur Evaluation unterschiedlicher Entwicklungswege und Strukturen. Die geriatrische Welt ist noch einigermaßen überschaubar, vorausgesetzt, man schafft eine entsprechende Beobachtungskapazität. Im Hinblick auf künftige Erfordernisse, die demographischen Hintergründe und die im Geriatriebereich bewegten Finanzmittel (insbesondere infolge der Pflegeversicherung) wäre eine bundesweit beobachtende Instanz sehr sinnvoll. Sie ließe sich ohne großen Aufwand schaffen.

Abschließend muß noch einmal darauf hingewiesen werden, daß es einen eklatanten Mangel an gerontopsychiatrischen Planungen gibt. Er steht in einem besonderes krassen Mißverständnis zur raschen Zunahme gerontopsychiatrischer Störungen.

Anmerkungen:

[1] Das ebenfalls – ohne ausführliche Erläuterung – im Rahmen des Kongreßreferates vorgelegte Tableau „Standards geriatrischer und gerontopsychiatrischer Versorgung" wird in einer gesonderten Publikation ausführlicher vorgestellt.

Literatur:

Bruder, J., Lucke, Ch., Schramm, A., Tews, H. P., Werner, H. (3. überarbeiteter Nachdruck, 1994). Was ist Geriatrie? Rügheim: Eigenverlag der Deutschen Gesellschaft für Geriatrie und Deutschen Gesellschaft für Gerontologie und Geriatrie.

Welche Beiträge kann die Epidemiologie zur Altenpolitik leisten?

Horst Bickel

Unter Epidemiologie versteht man die wissenschaftliche Beschäftigung mit Fragen des Krankheitsvorkommens in der Bevölkerung, seiner Verteilung über Zeit, Ort und Personengruppen und den aus der Kenntnis dieser Zusammenhänge zu gewinnenden Hinweisen auf die Determinanten der Entstehung, des Verlaufs und des Ausgangs von Erkrankungen. Zur Erreichung ihrer Ziele bedient sich die Epidemiologie komparativer Untersuchungsmethoden, deren gemeinsames Merkmal darin besteht, daß sie statt auf den Gesundheitszustand des Individuums auf den Gesundheitszustand ganzer Populationen gerichtet sind.

Dieser Bevölkerungsbezug des Forschungsansatzes verleiht ihm seine Bedeutung für Folgeabschätzungen der tiefgreifenden demographischen Veränderungen, die sich gegenwärtig vollziehen. Wie die Modellrechnungen zeigen, wird in den nächsten Jahrzehnten die Zahl der älteren Menschen sowohl relativ als auch absolut erheblich zunehmen (Dinkel 1992). Der Anteil der über 65jährigen wird dann nicht mehr 15 Prozent betragen, sondern auf fast 30 Prozent der deutschen Bevölkerung angestiegen sein. Überproportional wachsen wird vor allem die Zahl der Hochbetagten, unter denen Krankheit und Gebrechlichkeit am häufigsten auftreten. Dies unterstreicht, daß die soziale Sicherung sowie die medizinische und pflegerische Versorgung der Altenbevölkerung zu den großen Herausforderungen gehören, denen sich Gesellschaft und Politik zu stellen haben.

Das gesamte Ausmaß der durch den demographischen Wandel verursachten Probleme ist allerdings noch nicht verläßlich einzuschätzen. Insbesondere in Deutschland wurde die geriatrisch-epidemiologische Forschung vernachlässigt, weshalb es erhebliche Kenntnislücken in bezug auf den Gesundheitszustand und die Versorgungsbedürftigkeit der Altenbevölkerung gibt (Schlierf et al. 1990). Aber auch im internationalen Schrifttum werden die Folgen kontrovers beurteilt. Die bisher entworfenen Szenarien reichen von überaus pessimistischen Beschreibungen einer überalterten, von chronischen Erkrankungen und zu Abhängigkeit und Pflegebedürftigkeit führenden Behinderungen heimgesuchten Gesellschaft der Zukunft bis hin zur beschwichtigenden Prognose eines immer aktiveren Alters, in dem gesundheitliche Beeinträchtigungen eher die Ausnahme als dieRegel sein werden.

So skizzierte Fries (1980, 1989) die vielbeachtete Modellvorstellung von der „compression of morbidity". Er geht davon aus, daß, nachdem verbesserte Lebensbedingungen und medizinischer Fortschritt zu einer ständig gestiegenen Lebenserwartung geführt haben, in naher Zukunft die natürlichen, biologischen Obergrenzen der Lebenserwartung, die er im Mittel bei 85 Jahren ansetzt, erreicht sein werden. Spätestens ab diesem Zeitpunkt trügen weitere Fortschritte nicht mehr zu einer Verlängerung der Lebenserwartung bei, sondern statt dessen zur Verzögerung des Beginns chronischer Erkrankungen oder sogar zu ihrer völligen Vermeidung und damit zur Komprimierung von Krankheit und Behinderung in immer kürzere Zeitabschnitte unmittelbar vor dem natürlichen Lebensende.

Eine völlig konträre Auffassung vertreten hingegen Autoren wie Gruenberg (1977) und Kramer (1980). Sie sind der Meinung, Krankheit und Hilfsbedürftigkeit im Alter nähmen weiterhin zu und das habe zwei wesentliche Gründe: Erstens sei den meisten Alterskrankheiten gegenwärtig noch nicht vorzubeugen, doch erreichten wegen der größeren Beherrschbarkeit der in früherer Zeit zum Tode führenden Krankheiten immer mehr Menschen ein Lebensalter, in dem das Risiko für die Entstehung chronischer Erkrankungen besonders hoch sei. Zweitens sei die Verminderung der Sterblichkeit nicht von einer vergleichbaren Verminderung der Morbidität begleitet, sondern komme dadurch zustande, daß immer mehr Schwerkranke immer länger am Leben erhalten werden könnten. Nicht der Gesundheitszustand werde verbessert, vielmehr werde die Dauer der Krankheit verlängert und dadurch der Anteil von behinderten und pflegebedürftigen älteren Menschen beständig vergrößert.

Die Spannbreite der aus diesen beiden Extrempositionen abzuleitenden Folgerungen reicht von einem in Relation zur demographischen Entwicklung rückläufigen Anteil chronisch Kranker bis zu einem überproportional steigenden Anteil.

Allzu gerne würde man der Friesschen Hypothese Glauben schenken. Als Leitlinie der Altenpolitik sollte sie indessen nicht dienen, wie epidemiologische Untersuchungen aus zahlreichen Ländern, die sich neuer Gesundheitsindikatoren bedienen, zeigen (Stout/Crawford 1988, Bebbington 1988, Robine/Ritchie 1991, Kane et al. 1990, Branch et al. 1991, Guralnik 1991, Manton et al. 1993). Mit diesen Indikatoren, die derzeit noch mangelhaft vergleichbar sind, versucht man – im Gegensatz zur Lebenserwartung – die sogenannte aktive, behinderungsfreie oder auch die „gesunde" Lebenserwartung zu messen. Trotz der beträchtlichen Unterschiede in der Operationalisierung stimmen die Resultate in der Tendenz überein. Demnach stieg zwar in den zurückliegenden Jahren die behinderungsfreie Lebenserwartung an, in der Regel aber in geringerem Ausmaß als die Gesamtlebenserwartung, so daß der prozentuale Anteil der gesund durchlebten Jahre eher fiel, bestenfalls aber konstant blieb. Mit anderen Worten: Der Gewinn an Lebensjahren war nicht gleichbedeutend mit einem Gewinn an Lebenserwartung in guter Gesundheit; er wurde teilweise mit einer längeren Dauer von Krankheit und Abhängigkeit erkauft. Dies deutet darauf hin, daß das Versorgungssystem – über die quantitative Zunahme der Älteren hinaus – eher mit einem leichten Anstieg als mit einem Rückgang der Morbidität rechnen muß.

Die Entwicklung von Indikatoren wie dem der aktiven Lebenserwartung (Katz et al, 1983) erfüllt jedoch nicht nur die wichtige Aufgabe, mutmaßliche Entwicklungen im Gesundheitszustand der Altenbevölkerung abzuschätzen. Sie könnte sich auch als sehr nützlich für die Formulierung von Gesundheitszielen, für die Implementation von Gesundheitsprogrammen und für die Evaluation ihrer Wirksamkeit erweisen. So zeigt sich, daß die Rangfolge der Erkrankungen in bezug auf behinderungsfreie Lebensjahre eine völlig andere ist als die Rangfolge in bezug auf die verbleibende Lebenserwartung; d.h. daß gesundheitspolitische Programme, die auf ein Mehr an Lebensqualität anstatt auf ein Mehr an Lebenserwartung ausgerichtet sind, andere Schwerpunkte zu setzen haben. Beispielsweise ergaben die Berechnungen von Robine und Ritchie (1991), daß durch ein Gesundheitsprogramm, das zur Elimination maligner Neoplasmen führt, die Lebenserwartung in der Gesamtbevölkerung um 1,7 Jahre verlängert würde, die von Behinderungen freie Lebenserwartung jedoch nur um 0,3 Jahre. Hingegen würde die Elimination von Erkrankungen des Bewegungsapparates die Lebenserwartung um nur 0,2 Jahre erhöhen, die aktive, gesunde Lebenserwartung indessen um 5,1 Jahre.

Auch wenn die Medizin erfolgreicher in der Bekämpfung tödlicher Erkrankungen als in der Prävention chronischer Erkrankungen war, zeichnen sich doch Möglichkeiten ab, einigen der altersassoziierten Beeinträchtigungen wirksam zu begegnen. Viele Gesundheitsphänomene, die man lange Zeit als Manifestation universeller biologischer Prozesse ansah, begreift man inzwischen weniger als Ausdruck der Alterung als solcher, sondern als Krankheiten (Evans 1990). Ihre mit dem Alter steigende Auftretenswahrscheinlichkeit muß keinesfalls zwingend auf einer kausalen Beziehung beruhen, vielmehr kann sie in vielen Fällen auch auf externe Ursachen zurückgeführt werden; Ursachen somit, die womöglich einer Beeinflussung zugänglich sind.

In der Überwindung der Resignation angesichts vermeintlich „altersnormaler" Störungen, deren Abgenzungen von Krankheiten der englische Geriater Evans einmal den Versuch genannt hat, das Nicht-Definierte vom Nicht-Definierbaren zu unterscheiden, liegt eine der Hoffnungen auf nachhaltige Verbesserungen des Gesundheitszustandes älterer Menschen begründet. Epidemiologische Forschung spielt in diesem Zusammenhang eine wichtige Rolle, und zwar nicht nur, weil sie ein Mittel sein kann, um Hinweise auf die Determinanten der Krankheitsentstehung zu gewinnen, sondern weil sie durch den Nachweis von örtlichen und zeitlichen Unterschieden in den Erkrankungsraten eine externe Steuerung des Krankheitsgeschehens zu belegen vermag. Als ein Beispiel dafür sind die zerebrovaskulären Erkrankungen zu nennen, deren Inzidenz in verschiedenen Ländern stark voneinander abweicht und in den Industriestaaten aufgrund der besseren Kontrolle von Risikofaktoren seit längerem schon im Rückgang begriffen ist. Das gleiche gilt jedoch auch für zahlreiche andere Erkrankungen im höheren Lebensalter. Die von der WHO koordinierte Studie zum Gesundheitszustand alter Menschen in zwölf Ländern zeigte, daß die Morbiditätsunterschiede zwischen den nationalen Gruppen größer waren als die Morbiditätsunterschiede zwischen den Altersstufen (Heikkinen et al. 1983). Und aus mehr als zwei Jahrzehnten intensiver Forschung an repräsentativen Stichproben Betagter in Göteborg zogen Steen und Djurfeldt (1993) ein ganz ähnliches Resümee: Sie konstatierten, daß Krankheiten von weitaus größerer Bedeutung für die Verfassung älterer Menschen waren als die Alterung per se.

In Zeiten steigenden Bedarfs und knapper werdender Ressourcen wird zunehmend auch der Wert epidemiologischer Daten für Zwecke der Sozial- und Gesundheitsplanung erkannt. Da sich die Epidemiologie mit dem Krankheitsgeschehen in der Bevölkerung befaßt und sich bemüht, die Verteilung der Erkrankungen innerhalb einer Population und in Abhängigkeit von Personenmerkmalen zu ermitteln, liefert sie ein maßstabsgetreues Bild vom Krankheitsvorkommen, das ein unverzichtbarer Bestandteil jeder funktionstüchtigen Gesundheitsberichterstattung und Voraussetzung für eine sachgerechte Versorgungsplanung ist. Darüber hinaus besteht ein wachsendes Interesse an populationsbezogenen Informationen über die Nutzung von Gesundheits- und Sozialdiensten, über Defizite in den Angeboten, über Steuerungsprobleme, über die Wirksamkeit der Versorgung und über ihre Kosteneffizienz.

Derzeit ist jedoch in der Bundesrepublik die Datenlage auf nahezu allen Planungsebenen weithin unzureichend. Es mangelt insbesondere an Primärdaten, wie sie etwa in den USA in Form großangelegter national repräsentativer Untersuchungen periodisch erhoben werden – "National Long Term Care Survey“, „National Mortality Followback Survey“ oder „National Nursing Home Survey“, um einige Beispiele zu nennen –, die eine personenbezogene Verknüpfung von gesundheitlichen Beeinträchtigungen, Inanspruchnahme von Versorgungsleistungen und Kosten erlauben. Die Bedeutung aktueller populationsbezogener Primärdaten kann indessen kaum überschätzt werden, da sich planungsrelevante Veränderungsprozesse in der Alters- und Sozialstruktur sowie in den Bedarfslagen und im Nutzungsverhalten der Altenbevölkerung ungemein rasch vollziehen.

Um dies zu illustrieren, sollen im folgenden einige Ergebnisse aus direkten Untersuchungen an den über 65jährigen in Mannheim dargestellt werden.

Ausgewählte Resultate aus Untersuchungen in Mannheim

Obwohl man annehmen sollte, bei der Inanspruchnahme von Einrichtungen der stationären Altenhilfe handele es sich um einen relativ einfach zu überschauenden Sachverhalt, bergen die verfügbaren Informationen die Gefahr von Fehlinterpretationen, die zu unzutreffenden Annahmen über den künftigen Platzbedarf führen und abträgliche Konsequenzen für den Ausbau der Versorgungskapazitäten nach sich ziehen können. Mangels populationsbezogener Daten nehmen auch in der Fachdiskussion die Überlegungen zur Bedarfsentwicklung ihren Ausgang bei leicht zu erhebenden Informationen über die Heimbewohner. Zentrale Bedeutung hat dabei das Alter der Bewohner bei Heimeintritt erlangt. Über die letzten Jahre hinweg konnte ein stetiger Anstieg im Durchschnittsalter der neu aufgenommenen Pflegeheimbewohner beobachtet werden. Aus diesem Faktum wurde die Folgerung gezogen, die Heimaufnahme werde im Vergleich zu früher immer weiter hinausgezögert, ältere Menschen träten heute wesentlich später in Heime ein als in früheren Jahren. Wahrscheinlich komme darin ein Substitutionseffekt der ambulanten Dienste zum Ausdruck oder aber ein besserer Gesundheitszustand der gegenwärtigen Alterskohorten. Außerdem wurde aus der vermeintlichen Verzögerung des Heimeintritts der Schluß abgeleitet, die Verweildauer verkürze sich dadurch, so daß in Relation zur demographischen Entwicklung der Bedarf an stationären Pflegeplätzen rückläufig sei (Abb. 1).

Nach den Ergebnissen eines Zehnjahresvergleichs in Mannheim ist das ein Trugschluß (Bickel 1994). Zwischen 1982 und 1992 stieg zwar auch hier das mittlere Alter bei Heimeintritt um knapp zwei auf 82 Jahre an. Die altersbezogene kumulierte Wahrscheinlichkeit, die in der Abbildung dargestellt ist, zeigt hingegen, daß sich der Eintritt in ein Pflegeheim – im Gegensatz zu Aufnahmen in Wohn- oder Altenheime, bei denen ein Rückgang festzustellen war – keineswegs verzögert hat. Bis zu einem Alter von 80 Jahren ist die Wahrscheinlichkeit gleich geblieben und oberhalb von 80 Jahren ist sie neuerdings sogar deutlich höher gewesen als noch vor einem Jahrzehnt. Bezogen auf die gesamte Altenbevölkerung, deren Alterszusammensetzung sich nachhaltig verändert hat, stieg die mittlere jährliche Aufnahmerate von 1,16 Prozent in 1982 auf 1,67 Prozent der über 65jährigen in 1992 an. Das gestiegene Eintrittsalter ist demnach auf die Tatsache zurückzuführen, daß immer mehr Menschen ein immer höheres Lebensalter erreichen und daß das Risiko der Pflegeheimaufnahme überproportional unter den Hochbetagten zugenommen hat. Es ist nicht dadurch erklärbar, daß eine Verzögerung eingetreten wäre, sich also die alterskontrollierte Wahrscheinlichkeit des Eintritts vermindert hätte.

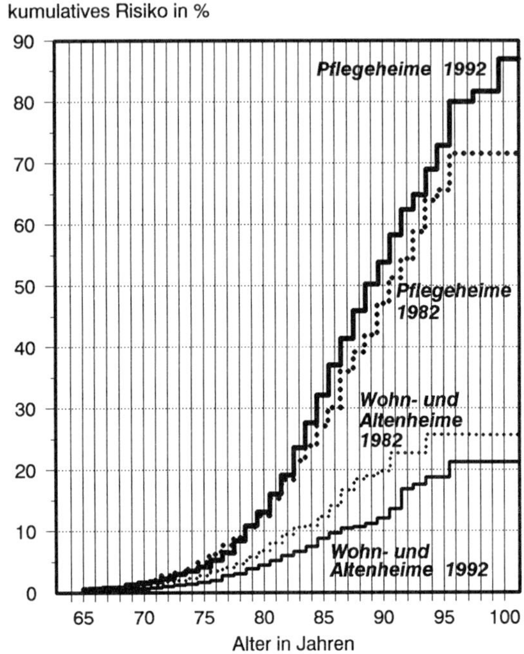

Abb. 1: Kumulierte Wahrscheinlichkeit eines Heimeintritts im Altersverlauf: Ein Vergleich der Jahre 1982 und 1992 in der Stadt Mannheim

Darüber hinaus fanden wir in jüngerer Zeit einen Anstieg der Verweildauer im Heim um fünf Monate und nicht einen Rückgang, wie man ihn bei einer wirklichen Verzögerung der Heimaufnahme erwarten würde. Dieser Befund konnte inzwischen durch eine Untersuchung des baden-württembergischen Ministeriums für Arbeit, Gesundheit und Sozialordnung in anderen Landesregionen bestätigt werden (Messmer 1995). Entlastungseffekte in der stationären Versorgung im Sinne eines zeitlichen Trends darf man sich demzufolge kaum erhoffen.

Schäufele et al. (1995) machten in ihrer Studie zur Nutzung von Sozialstationen, den wichtigsten ambulanten Einrichtungen, eine Beobachtung, die ebenfalls wenig dazu angetan ist, der Verbesserung in der ambulanten Versorgung eine Substitutionswirkung für die stationäre Pflege zuzuschreiben. Sie führten im Jahre 1990, als die grundpflegerischen Leistungen von Sozialstationen noch aus der eigenen Tasche finanziert werden mußten, und im Jahre 1993, als diese Leistungen von Pflegebedürftigen nach den gesetzlichen Regelungen im SGB V unentgeltlich in Anspruch genommen werden konnten, eine Totalerhebung aller während eines Monats durch die Mannheimer Sozialstationen betreuten älteren Menschen durch. Mit der Einführung der

Kostenübernahme bei Sachleistungen in Form der Pflegeeinsätze war die Erwartung verknüpft, die Sozialstationen stärker in die Grundpflege einbinden und diesen Bereich beträchtlich ausbauen zu können. Konträr zur erwarteten sprunghaft steigenden Nachfrage nach ambulanter Pflege mußte jedoch festgestellt werden, daß die Zahl der versorgten Älteren gesunken war und dafür in erster Linie die Schwerpflegebedürftigen, die wahlweise entweder die Dienste der Sozialstationen oder ein Pflegegeld in Höhe von DM 400,– in Anspruch nehmen konnten, verantwortlich waren, denn ihre Anzahl war am stärksten zurückgegangen. Dieses Beispiel zeigt, welche unbeabsichtigten und unvorhergesehenen Effekte von politischen Weichenstellungen ausgehen können.

Kommen wir abschließend zu den Resultaten einer Repräsentativerhebung, die eines der größten Gesundheitsprobleme des höheren Lebensalters veranschaulichen sollen – ein Problem, das natürlich längst öffentliche Aufmerksamkeit gefunden hat, das aber in seiner Tragweite anscheinend noch immer unterschätzt wird. Die Rede ist von den Demenzerkrankungen, die als Alterskrankheiten schlechthin gelten und aufgrund der steigenden Lebenserwartung beständig häufiger werden.

Die Daten basieren auf einer retrospektiven Längsschnittstudie an einer Zufallsstichprobe von 1 122 im Alter von über 65 Jahren verstorbenen Mannheimern, in der durch eine detaillierte und standardisierte Befragung von engsten Angehörigen, von Pflegepersonen und Heimpersonal sowie von behandelnden Ärzten versucht wurde, den Altersverlauf der Verstorbenen nachzuzeichnen. Zentrale Forschungsfragen waren, wie lange die älteren Menschen eine völlig selbständige Lebensführung aufrechterhalten konnten, ab wann sie hilfsbedürftig waren und ab wann sich Schwerpflegebedürftigkeit einstellte. Außerdem wurden alle Heimaufenthalte ermittelt und nach standardisierten Kriterien das Vorliegen und die Dauer einer fortgeschrittenen Demenzerkrankung eingeschätzt.

In Tabelle 1 ist wiedergegeben, welcher Anteil der Verstorbenen im Altersverlauf dement oder schwerpflegebedürftig geworden war und welcher Prozentsatz am Lebensende in einem Heim untergebracht war. Wie daraus zu ersehen ist, stiegen die jeweiligen Anteile stark mit wachsendem Sterbealter an. Insgesamt war fast ein Drittel der Verstorbenen zeitlebens an einer mittelschweren oder schweren Demenz erkrankt, 45 Prozent wurden schwerpflegebedürftig und nahezu 30 Prozent mußten die stationäre Altenhilfe in Anspruch nehmen.

Relativiert werden diese hohen Anteile, wenn man die Prävalenzraten errechnet, die aus Tabelle 2 zu entnehmen sind. Demnach litten rund 6 Prozent der Älteren an einer Demenzerkrankung, etwas weniger als 6 Prozent befanden sich in stationärer Versorgung und 7,3 Prozent waren schwerpflegebedürftig. Die Raten erhöhten sich von Altersgruppe zu Altersgruppe beträchtlich. Oberhalb von 80 Jahren, einem Alter, das derzeit bereits die Hälfte der

Sterbealter	Von den Verstorbenen waren am Lebensende…		
	dement	schwerpflegebedürftig	im Heim untergebracht
	%	%	%
65–69	4,5	13,6	6,2
70–74	13,0	27,2	9,4
75–79	25,5	37,1	19,0
80–84	35,7	47,8	32,3
85–89	46,6	56,8	44,6
> 90	52,3	69,6	53,4
> 65	32,3	44,6	28,6

Tab. 1: Häufigkeit von Demenzen, Schwerpflegebedürftigkeit und stationärer Versorgung in Heimen am Lebensende

Altersgruppe	Prävalenzraten		
	Demenz	Pflegebedürftigkeit	Stationäre Versorgung[1]
	%	%	%
65–69	0,6	1,3	0,7
70–74	1,7	2,1	1,9
75–79	4,9	5,9	5,1
80–84	12,3	14,4	12,3
85–89	23,2	27,7	23,1
> 90	28,6	40,8	29,6
> 65	5,9	7,3	5,7

[1] Ergebnisse für die Grundgesamtheit der Verstorbenen (n = 2 507)

Tab. 2: Prävalenz von Demenzerkrankungen, Schwerpflegebedürftigkeit und stationärer Versorgung im Alter

Frauen und ein Drittel der Männer erreicht, bildeten sich die Beeinträchtigungen in zahlenmäßig bedeutsamem Umfang heraus,

Für den fiktiven durchschnittlichen Älteren gestaltete sich der Altersverlauf, wie in Abbildung 2 dargestellt. Nach Erreichen des 65. Lebensjahres verbrachte er die längste Zeit, 11,6 Jahre, frei von gravierenden Gesundheitsbeeinträchtigungen, die die selbständige Lebensführung gefährdeten. Jenseits von 76 Jahren begann eine 3,5 Jahre dauernde Phase der Hilfsbedürftigkeit, in der eine autonome Existenz nicht mehr möglich war und täglich Hilfen bei der Hausarbeit, beim Einkaufen und bei der Zubereitung von Mahlzeiten beansprucht werden mußten. Daran schloß sich eine 1,2 Jahre währende Phase der Schwerpflegebedürftigkeit an, bis im Alter von 81 Jahren der Tod eintrat.

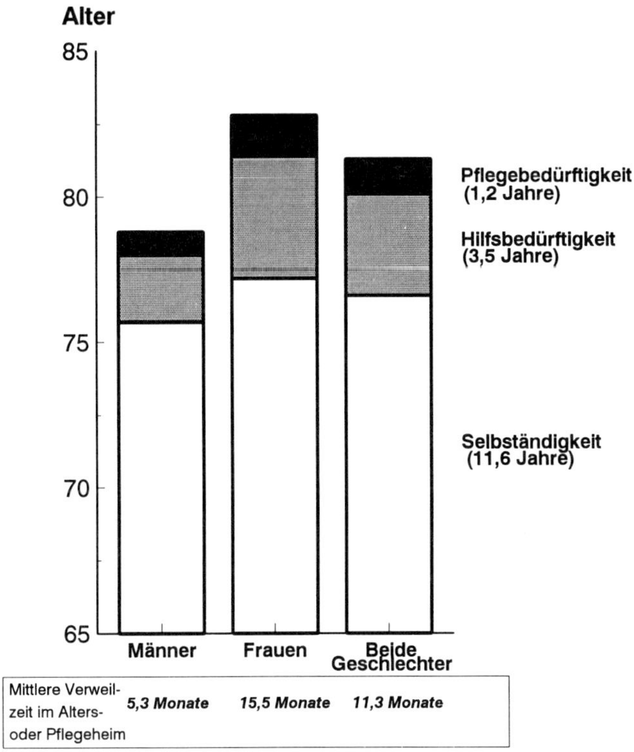

Abb. 2: Hilfs- und Pflegebedürftigkeit im Altersverlauf

Vor dem Tod nahm der durchschnittliche Ältere ein knappes Jahr lang stationäre Versorgung in Anspruch und durchlebte ebenfalls ein knappes Jahr im Zustand einer fortgeschrittenen Demenzerkrankung. Bei den Männern fielen die Phasen von Hilfs- und Pflegebedarf, Demenz und Heimversorgung, aber auch die Phase der Selbständigkeit kürzer aus. Trotz ihrer geringeren Lebenserwartung verbrachten sie jedoch einen größeren Prozentanteil ihrer Altersjahre im Zustand der Selbständigkeit als die Frauen.

In welcher Beziehung die Entstehung von Demenz und Pflegebedürftigkeit sowie der Eintritt in ein Heim zum Lebensalter stehen, kommt in den kumulativen Risiken zum Ausdruck, die mit Methoden der Survivalanalyse errechnet wurden. Abbildung 3 zeigt, daß bei Vollendung des 65. Lebensjahres nur ein verschwindend geringer Anteil der Älteren bereits an einer Demenz litt, pflegebedürftig war oder sich in einem Heim befand. Die mortalitätsbereinigten Risiken stiegen bis zum Alter von 75 Jahren leicht, danach aber immer steiler mit dem Alter an. Nach den derzeitigen Verhältnissen ist bis zum Alter von 84 Jahren eine kumulierte Wahrscheinlichkeit für Schwerpflegebedürftigkeit in Höhe von 50 Prozent erreicht; dieser Wert ergibt sich für Heimaufnahmen und das Auftreten einer Demenz bei einem Alter von 87 Jahren.

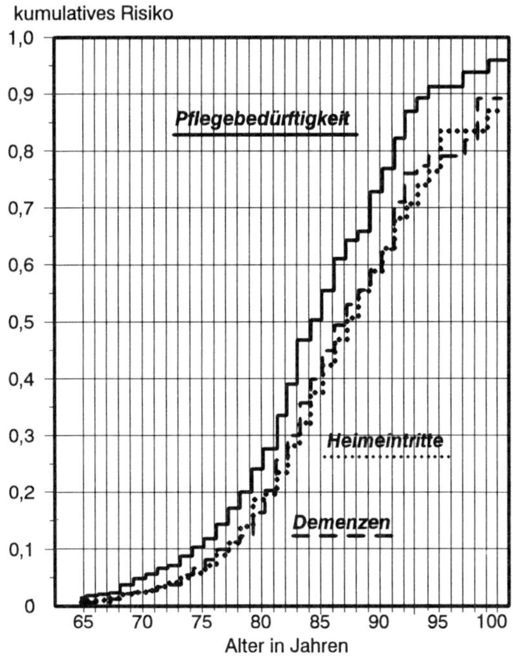

Abb. 3: Kumulatives Risiko für Demenzerkrankungen, Heimaufnahme und Schwerpflegebedürftigkeit im Alter

Da der Risikozuwachs nicht linear verläuft, sondern sich mit dem Alter beschleunigt, führt eine steigende Lebenserwartung unter ansonsten gleichen Bedingungen zu einer überproportional zunehmenden Zahl von Betroffenen.

Hauptverantwortlich für die Entstehung von Pflegebedürftigkeit und für die Aufnahme in Heime scheinen die Demenzerkrankungen zu sein, die mit großem Abstand an der Spitze der von den Angehörigen genannten Gründen liegen (Tab. 3). Das wirft zugleich die Frage auf, welchen Anteil die Dementen an den Heimbewohnern und an den Pflegebedürftigen stellen. Bei einer in dieser Studie ermittelten Gesamtprävalenz von Demenzen in Höhe von 5,9 Prozent, die im Einklang steht mit den Ergebnissen umfangreicher Reanalysen internationaler Untersuchungen (Jorm et al. 1987, Hofmann et al. 1991), litten 42,4 Prozent Heimbewohner – darunter 18,4 Prozent der Bewohner von Wohn- und Altenheim und 64,4 Prozent der Bewohner von Pflegeheimen – an fortgeschrittenen Demenzerkrankungen. Unter den Schwerpflegebedürftigen lag ihr Anteil noch höher; nicht weniger als 73,2 Prozent dieser Personengruppe waren dementiell erkrankt.

Hauptursache	Schwerpflegebedürftigkeit %	Heimaufnahme[1] %
Demenzerkrankungen (inkl. vaskuläre Demenzen	47	43
Zerebrovaskuläre Erkrankungen	14	14
Bösartige Neubildungen	10	3
Frakturen und Verletzungen	7	8
Schlecht definierte Zustände (Multimorbidität, Gebrechlichkeit)	6	6
Erkrankungen des Muskel- und Skelettsystems	6	3
Funktionelle psychische Störungen	2	5
Stoffwechselerkrankungen	3	3
Sonstige Erkrankungen und Behinderungen	4	6

[1] 9 % der Heimaufnahmen erfolgten vorsorglich, ohne zwingende gesundheitliche Gründe

Tab. 3: Hauptursachen für Schwerpflegebedürftigkeit und Heimaufnahmen im höheren Lebensalter

Damit erweisen sich Demenzen als die entscheidende Determinante für den hohen Pflegeaufwand und den Bedarf an intramuraler Betreuung im Alter. Hoffnungen auf Entlastungen des Versorgungssystems und auf nachhaltige Verbesserungen des Gesundheitszustandes der Altenbevölkerung scheinen eng an die künftigen Fortschritte in der Bekämpfung dieser Erkrankungen geknüpft zu sein.

Literatur:

Bickel, H. (1994). Zur Inanspruchnahme von stationärer Pflege und Versorgung im Altersverlauf. Das Gesundheitswesen 56, 363–370.

Branch, L.G., Guralnik, J. M., Foley, D. J., Kohout, F. J., Wetle, T. T., Ostfeld, A. & Kratz, S. (1991). Active life expectancy for 10,000 Caucasian men and women in three communities. Journal of Gerontology 46, M145–M150.

Dinkel, R. H. (1992). Demographische Alterung: Ein Überblick unter besonderer Berücksichtigung der Mortalitätsentwicklungen. In: Zukunft des Alters und gesellschaftliche Entwicklung (ed. P. B. Baltes und J. Mittelstraß) S. 62–93. de Gruyter: Berlin.

Evans, J. G. (1990). How are the elderly different? In: Improving the health of older people: a world view (ed. R. L. Kane, J. G. Evans and D. Macfadyen) pp. 50–68. Oxford University Press: Oxford New York Toronto.

Fries, J. F. (1980). Aging, natural death, and the compression of morbidity. New England Journal of Medicine 303, 130–135.

Fries, J. F. (1989). The compression of morbidity: Near or far? Milbank Memorial Fund Quarterly 67, 208–232.

Gruenberg, E. M. (1977). The failures of success. Milbank Memorial Fund Quarterly 55, 3–24.

Guralnik, E. M. (1991). Prospects for the compression of morbidity. The challenge posed by increasing disability in the years prior to death. Journal of Aging and Health 3, 138–154.

Guralnik, J. M. & Simonsick, E. M. (1993). Physical disability in older Americans. Journal of Gerontology 48, 3–10.

Heikkinen, E., Waters, W. E. & Brzezinki, Z. J. (1983). The elderly in eleven countries. A sociomedical survey. World Health Organization Regional Office for Europe: Copenhagen.

Hofman, A., Rocca, W. A., Brayne, C., Breteler, M. M. B., Clarke, M., Cooper, B., Copeland, J. R. M., Dartigues, J. F., Da Silva Droux, A., Hagnell, O., Heeren, T. J., Engedal, K., Jonker, C., Lindesay, J., Lobo, A., Mann, A. H., Mölsä, P. K., Morgan, K., O'Connor, D. W., Sulkava, R., Kay, D. W. K. & Amaducci, L. (1991). The prevalence of dementia in Europe: a collaborative study of 1980–1990 findings. International Journal of Epidemiology 20, 736–748.

Jorm, A. F., Korten, A. E. & Henderson, A. S. (1987). The prevalence of dementia: A quantitiative integration of the literature. Acta Psychiatrica Scandinavica 76, 465–479.

Kane, R. L., Radosevich, D. M. & Vaupel, J. W. (1990). Compression of morbidity: issues and irrelevancies. In: Improving the health of older people: a world view (ed. R. L. Kane, J. G. Evans and D. Macfadyen) pp. 30–49. Oxford University Press: Oxford, New York, Toronto.

Katz, S., Laurence, M. D., Branch, G., Branson, M. H., Papsidero, J. A., Beck, J. C. & Greer, D. S. (1983). Active life expectancy. New England Journal of Medicine 309, 1218–1225.

Kramer, M. (1980). The rising pandemic of mental disorders and associated diseases and disabilities. Acta Psychiatrica Scandinavica Suppl. 62, 382–397.

Manton, K. G. & Stallard, E. (1991). Cross-sectional estimates of active life expectancy for the U. S. elderly and oldest-old populations. Journal of Gerontology 46, 170–182.

Manton, K. G., Stallard, E. & Liu, K. (1993). Frailty and forecasts of active life expectancy in the United States. In: Forecasting the health of elderly populations (ed. K. G. Manton, B. H. Singer and R. M. Suzman) pp. 159–181. Springer-Verlag: New York.

Messmer, P. (1995). Zur Inanspruchnahme stationärcr Pflege im Zeitvergleich. Eine Untersuchung zur Entwicklung der Verweildauer in Pflegeheimen. (unveröff. Manuskript).

Olshansky, S. J., Rudberg, M. A., Carnes, B. A., Cassel, C. K. & Brody, J. A. (1991). Trading off longer life for worsing health. The expansion of morbidity hypothesis. Journal of Aging and Health 3, 194–216.

Robine, J. M. & Ritchie, K. (1991). Healthy life expectancy: evaluation of global indicator of change in population health. British Medical Journal 302, 457–460.

Schäufele, M., Lindenbach, I. & Cooper, B. (1995). Die Inanspruchnahme von Sozialstationen vor und nach Inkrafttreten des Leistungstatbestandes „Schwerpflegebedürftigkeit" – eine Studie in Mannheim. Das Gesundheitswesen 57, 55–62.

Schlierf, G., Kruse, W. & Oster, P. (1990). Epidemiologie von Erkrankungen und Behinderungen Hochbetagter. Zeitschrift für Gerontologie 23, 108–111.

Steen, B. & Djurfeldt, H. (1993). The gerontological and geriatric population studies in Gothenburg, Sweden. Zeitschrift für Gerontologie 26, 163–169.

Stout, R. W. & Crawford, V. (1988). Active-life expectancy and terminal dependency: trends in long-term geriatric care over 33 years. Lancet 6, 281–283.

Gesundheitsreformen und ihre Folgen für das Alter

Walter Krämer

Zunächst ein Wort zur Klarstellung. Das Thema meines Referates könnte ebenso lauten: „Rationierung und die Zukunft der modernen Medizin". Denn wie ich im weiteren versuchen werde zu erläutern, werden die künftigen Strukturreformen im Gesundheitswesen vor allem um dieses Thema kreisen bzw. kreisen müssen. Und daß dieses Thema natürlich vor allem alte Menschen als die Hauptverbraucher von Gesundheitsgütern angeht, versteht sich fast von selbst (für eine Aufteilung des Gesundheitsverbrauchs auf Lebensalter siehe Krämer 1992)

Mit „Rationierung" meine ich dabei eine mehr oder weniger drastische Begrenzung der Ausgaben im Gesundheitswesen, obwohl wir durchaus noch weitere Mittel sinnvoll einsetzen könnten. Ein weniger anstößiger Begriff wäre etwa „einnahmeorientierte Ausgabenpolitik", aber ich plädiere dafür, nicht mit Euphemismen um diesen heißen Brei herumzureden.

Ich möchte dazu gleich zu Anfang festhalten, daß ich hier keine Werturteile fälle, sondern zunächst einmal nur Fakten konstatiere. Ich sage nämlich nicht: Die Medizin soll rationiert werden, sondern: die Medizin wird rationiert werden. Das ist ein großer Unterschied. Denn das eine ist ein Wunsch oder ein Werturteil, das andere eine völlig wertneutrale Feststellung einer Tatsache, für die ich genausowenig etwas kann wie etwa ein Klimaforscher für das Ozonloch. Und genausowenig wie man einen Klimaforscher beschimpfen kann, der sagt: Über der Antarktis gibt es ein Ozonloch, genausowenig ist ein Statistiker zu beschimpfen, der sagt: In der modernen Medizin gibt es ein Bedarfsloch, einen Überhang des theoretisch Machbaren über das praktisch Finanzierbare. In beiden Fällen wird völlig wertneutral allein ein Faktum konstatiert.

1. Die Explosion des medizinisch sinnvoll Machbaren

Zur Erläuterung meiner zentralen These möchte ich mit einem weiteren Faktum beginnen, das wirklich niemand bestreiten kann, und daß zugleich eines der großen Tabuthemen unserer modernen Genußgesellschaft ist. In 100 Jahren sind wir alle tot, ganz egal, wie viele Milliarden auch immer wir in das Gesundheitswesen pumpen. Das können wir verdrängen oder ignorieren, aber ändern können wir es nicht.

Das ist Faktum Nr. 1. Als Faktum Nr. 2 hat aber die moderne Medizin ein riesiges Arsenal früher unbekannter Möglichkeiten geschaffen, dieses unerfreuliche Ereignis zu verzögern. Hierzu einige einschlägige neuere Schlagzeilen aus der deutschen Tagespresse:

– neues Medikament fördert die Gedächnisleistung
– erstes Medikament gegen Alzheimer
– Medikamente reinigen auch Herzschlagadern
– Fortschritte bei Hörschnecken-Implantaten
– bald künstliches Lebersystem
– auch Teilstücke der Leber jetzt erfolgreich übertragen
– per Computersimulation zur Hüftgelenkprothese
– Fötus im Mutterleib am Herzen operiert
– Herzschrittmacher für Babys
– Herzschrittmacher mit 86
– Herzschrittmacher mit 96
– Herzschrittmacher mit 102
– neue Klinik für Handchirurgie
– Fuß nach Monaten wieder angenäht
– Blutwäsche auch bei Herzversagen
– Herztransplantationen zunehmend auch bei kleinen Kindern
– Vierjährige erhält fünf neue Organe
– Transplantation von Gehirnzellen

usw.

Vergleichen wir das mit der Medizin von vor 30 oder gar 50 Jahren, sehen wir, wie der Horizont des Machbaren, des sinnvoll Machbaren sich ausgeweitet hat.

Als Konsequenz dieser Explosion des Machbaren ist es aber heute nicht mehr möglich, jedem Kranken und Patienten eine Versorgung nach dem letzten Stand der Technik anzubieten. Das ist ebenfalls eine Tatsache. Eine im medizintechnischen Sinne optimale Medizin für alle ist heute völlig illusorisch.

2. Der Mythos von der Kostenexplosion

Wieso ist eine optimale Medizin für alle heute eine Illusion? Um das zu zeigen, will ich zunächst vor zwei Trugschlüssen warnen, mit denen viele glauben, sich aus diesem Dilemma herausmogeln zu können.

Der erste Trugschluß ist das Schlagwort von der „Kostenexplosion". Denn diese „Kostenexplosion" ist in Wahrheit keine Kosten-, sondern aller Korruption und Mißwirtschaft zum Trotz vor allem eine Effizienz- und Leistungsexplosion. Ausgaben sind immer das Produkt von Preis und Menge. Wenn man die Ausgabenexplosion der 70er und 80er Jahre einmal auf diese beiden Komponenten aufteilt, zeigt sich, daß nicht die Preise, sondern die Mengen der Hauptmotor gewesen sind (siehe dazu ausführlich etwa Krämer 1980).

Nehmen wir die Arzneimittel: Vielleicht sind Medikamente hierzulande wirklich überteuert. Betrachtet man aber allein die Preise im Zeitvergleich, d.h. die Änderungsraten und nicht das Niveau, kann von einer Inflation keine Rede sein. Die reinen Preise der Arzneimittel sind in den vergangenen Jahrzehnten fast durchweg langsamer gestiegen als der allgemeine Preisindex. Wenn unsere Arzneimittelausgaben trotzdem so explodieren, so weil wir rein mengenmäßig immer mehr davon verbrauchen. Hierbei will ich offenlassen, ob das wirklich nötig ist. Und zweitens kommen ständig neue Arzneimittel auf den Markt, die früher auf keiner Rechnung vorgekommen sind.

Als weiteres Beispiel die Zahnmedizin. Ein Zahnarzt bekam 1975 für einen gezogenen Zahn 9,70 DM Honorar, wenn meine Quellen stimmen, 1985, also zehn Jahre später, 12,05 DM. Das ist ein Anstieg in zehn Jahren von 24 Prozent. In der gleichen Zeit stieg etwa der Preis eines Haarschnitts beim Friseur um durchschnittlich 75 Prozent, also mehr als dreimal soviel.

Trotzdem haben Zahnärzte eine Villa im Tessin, Friseure aber nicht. Das liegt aber nicht daran, daß ein konkretes Produkt dramatisch teurer wird, sondern daß die Produkte selber immer besser werden, in der Zahnmedizin wie im Rest des Medizinbetriebs.

Das Prinzip ist nur allzu einfach: Was nicht existiert, das kostet auch nichts. Das fängt bei Kontaktlinsen an und hört bei Kernspintomographen auf. Und das unterscheidet die Medizin z.B. von der EDV. Auch die EDV hat ja in den letzten Jahrzehnten einen rasanten Fortschritt mitgemacht, der aber die Datenverarbeitung nicht verteuert, sondern ganz enorm verbilligt hat. Der Grund ist, daß der Fortschritt in der EDV vor allem sogenannte „Ersatztechnologien" produziert, also Verfahren, womit eine gegebene Leistung wie etwa die Addition von 1 und 1 effizienter und damit auch billiger herzustellen ist.

Solche Ersatztechnologien gibt es in der Medizin zwar auch, aber nur am Rand. Hier dominieren ganz eindeutig die sogenannten „Zusatztechnologien", also Verfahren, die etwas bis dato prinzipiell Unmögliches auf einmal möglich machen. Zusatztechnologien wie Organverpflanzungen oder Operationen am offenen Herz erzeugen aber erst einen Bedarf, der vorher allenfalls latent vorhanden war. Und die meisten medizinischen Fortschritte sind genau von diesem Typ. Solange es moderne Medikamente und künstliche Hüftgelenke noch nicht gab, bestand auch kein Bedarf danach, oder zumindest kein kassenwirksamer Bedarf. Erst wenn eine neue Technik praktikabel wird, entsteht nach ihr ein Bedarf.

Der große Kostentreiber des modernen Gesundheitswesens sind also nicht die Gesundheitsberufe oder die Pharmaindustrie, auch nicht die Patienten oder Krankenkassen – trotz aller Kleinkriminalität, die es hier an allen Ecken und Enden immer wieder gibt. Der große Kostentreiber ist der medizinische Fortschritt selbst. Unser Gesundheitswesen war früher preiswerter, nicht weil die Menschen gesünder, die Ärzte bescheidener oder die Preise niedriger waren, sondern weil es all die teuren Wunderdinge, die heute die Kassenbudgets belasten, damals noch nicht gab.

3. Die Illusion der Prävention

Das war Trugschluß Nr. 1: Preisstop ist sinnlos, weil die Preise überhaupt nicht stiegen. Der zweite Trugschluß bzw. Irrweg, zumindest was Kostendämpfung betrifft, heißt „Prävention statt Therapie".

Der Grund für meine Skepsis ist ebenso trivial wie unangenehm. In einem englischen Andenkenladen habe ich dazu einmal einen Aufkleber mit folgendem Spruch gesehen: „If you give up drinking, smoking and sex, you don't live longer. It just seems like it."

Das ist natürlich falsch, denn Nichtraucher leben nicht nur subjektiv, sondern auch objektiv länger als andere, enthält aber trotzdem einen wahren Kern. Auch Nichtraucher müssen sterben, genau wie Müsli-Freunde oder Anti-Alkoholiker, und eine per Prävention verhinderte Krankheit macht uns leider nicht unsterblich, wie viele Präventionsverliebte offenbar zu glauben scheinen, sondern in erster Linie doch nur Platz für eine andere.

Die letztendliche Sterblichkeitsrate bleibt immer 100 Prozent. Sterben wir nicht an Krebs A, dann an Krebs B, und sterben wir nicht an Krebs, dann an der Alzheimerschen Krankheit und Herzinfarkt. Hiermit bin ich bei den Kosten angelangt. Denn ob die erfolgreiche Prävention einer bestimmten Krankheit das Gesundheitsbudget entlastet oder nicht, hängt doch offenbar entscheidend davon ab, was billiger ist: die verhinderte Krankheit oder die, die man stattdessen kriegt. Das kann man nicht am grünen Tisch entscheiden. Aber ich kenne hier einige sehr seriöse Modellrechnungen, die bezüglich des rein ökonomischen Nutzen von noch mehr Prävention zu eher skeptischen Ergebnissen kommen.

Die berühmte Untersuchung von Leu und Schaub (1981) zu Rauchen und Gesundheitskosten in der Schweiz kam u.a. zum Ergebnis, daß die Schweiz langfristig eher mehr statt weniger für die Gesundheit ausgeben müßte, wenn es dort seit hundert Jahren keine Raucher gäbe. So paradox das auf den ersten Blick auch klingt, aber das Gesundheitswesen würde durch ein totales Rauchverbot nicht billiger, sondern langfristig nur noch teurer (weil nämlich die Kosten, die in den Extra-Lebensjahren des Nichtrauchers entstehen, die vorher gesparten Ausgaben mehr als aufwiegen). Wenn man also ernstnimmt, was man die letzten Monate zu Bonus-Malus-Thematik beim Krankenkassenbeitrag liest, müßten Raucher keinen Malus, sondern einen *Bonus* auf ihren Beitrag erhalten (was, nebenbei bemerkt, auch die beste Methode wäre, sie von der Gefahr dieses Lasters ein-für-allemal zu überzeugen).

Unter reinen Kostenaspekten – es gibt noch andere Aspekte als die Kosten – ist Prävention in aller Regel ein Verlustgeschäft (siehe dazu ausführlich auch Russell 1986). Selbst in der Zahnmedizin, wo die Kostenargumente mich noch am ehesten überzeugen, sind die pro-Argumente längst nicht so wasserdicht wie viele glauben, denn die kurativen Eingriffe werden durch eifriges Zähneputzen gar nicht prinzipiell verhindert, sondern nur ein paar Jahre aufgeschoben. Statt mit 40 bekommt man sein Gebiß dann eben mit 60. Aber zahlen muß die Krankenkasse ohnedies.

Um keine Mißverständnisse aufkommen zu lassen: Ich habe überhaupt nichts gegen gesundes Leben und freiwillige Prävention. Auch wenn Prävention keine Kosten spart, kann sie trotzdem sinnvoll sein. Und in der Regel ist sie das auch. Bedenken habe ich daher auch weniger zum Ob, mehr zum Wie der Prävention. Prävention verlangt nämlich nach Zwang. Freiwillig hat sie noch niemals lange funktioniert, so daß hinter dem Zuckerbrot, mit dem man uns gesundes Leben schmackhaft machen will, meist eine große Peitsche droht. Darüber kann auch die bekannte Kundenfänger-Kampagne der Ortskrankenkassen mit dem Motto „Prävention macht Spaß" nicht hinwegtäuschen. Prävention macht nämlich durchaus keinen Spaß. Mir jedenfalls nicht. Ich muß mich zum Zähneputzen genauso zwingen wie zur Frühgymnastik oder zum Verzicht auf ein weiteres Glas Wein, wenn es mir gerade besonders gut schmeckt.

Natürlich sieht auch ein Liberaler, der ich bin, bestimmte Zwangsmaßnahmen durchaus ein. Das ist z.B. immer dann der Fall, wenn Prävention sogenannte „externe Effekte" hat, wie das im Fachjargon der Ökonomen heißt. Ein Paradebeispiel sind Schutzimpfungen, denn hier schützt man durch Prävention nicht nur sich selbst, sondern auch andere. Hier ist die Frage „Prävention ja oder nein" eben nicht jedermanns eigene Sache, hier ist auch nach liberalem Credo Zwang durchaus erlaubt. Aber ich habe auch schon Schlagzeilen gelesen wie „Krebsärzte fordern: Vorsorge als Pflicht", und das geht mir eindeutig zu weit. An Krebs hat sich schließlich meines Wissens noch niemals jemand angesteckt.

Hierher gehört auch der von manchen Ärzten hierzulande propagierte Zwangs-„Gesundheits-Check-up" alle zwei Jahre für alle Versicherten, ob sie wollen oder nicht. Auch hier ist das Motiv zu loben, die Methoden weniger. Dann fehlte nämlich nur noch der TÜV-Stempel auf dem Hinterteil, ehe wir bis drei zählen, hätten wir den totalen medizinischen Überwachungsstaat.

Aus einem Recht *auf* könnte nämlich sehr schnell eine Pflicht zur Gesundheit werden, wie in vielen totalitären Gesellschaften links wie rechts bereits gehabt. Die russische Wochenzeitung „Literaturnaja Gazeta“ etwa klagte vor einigen Jahren darüber, daß 30 Prozent der russischen Kinder übergewichtig seien und daß ihre körperliche Verfassung nicht den Ansprüchen einer modernen Industrie und Armee genüge. Alles in allem müsse die Einstellung zur Gesundheit geändert werden, da diese kein Privateigentum sei, sondern dem Staat gehöre.

Damit will ich den Präventionsfreunden hierzulande durchaus keine totalitären Tendenzen unterstellen. Aber die Gefahr ist nicht von der Hand zu weisen. Hier kämpfen offensichtlich linke Zwangsbeglücker und rechte Paternalisten Hand in Hand, der Liberale steht dann einsam in der Mitte.

Karl der Große soll zu seinen Ärzten gesagt haben, als diese ihm gebratenes Fleisch verboten, er könne an dessen Stelle gekochtes essen, sie sollten sich zum Teufel scheren. Was Karl dem Großen Recht war, sollte uns billig sein. Eine freie Gesellschaft wie unsere sollte sich im Zweifelsfall dazu durchringen, ihre Bürger nach eigener Fasson leben, aber auch nach eigener Fasson krank werden und sterben zu lassen.

4. Rationierung unausweichlich

Damit sind wir wieder bei unserem alten Dilemma und bei meiner Ausgangsthese angelangt. Wie wir die Sache auch drehen und wenden, eine optimale Medizin für alle ist heute eine absolute Illusion. Stattdessen steuern wir unausweichlich auf eine Rationierung knapper Gesundheitsgüter zu. Wie auch immer wir die Decke strecken, sie bleibt auf jeden Fall zu kurz, die Kluft zwischen Verheißung und Erfüllung in der Medizin, wie das Rainer Flöhl einmal sehr schön in der FAZ geschrieben hat, diese Kluft zwischen Verheißung und Erfüllung in der Medizin wird niemals mehr verschwinden.

Die Frage ist dabei auch schon längst nicht mehr, wie vermeiden wir dieses Dilemma, sondern nur noch, wie reagieren wir darauf?

Dabei wären unter anderem die folgenden Prinzipien denkbar (von denen mir eines so suspekt ist wie das andere). Erstens: Wir verteilen wie auf der Titanic die Rettungsboote nur noch an die erste Klasse. In den USA z.B. hat man ohne Geld kaum eine Chance auf ein neues Herz. Außerdem sind überproportional viele Herz-Patienten männlich oder weiß, oder aus Saudi-Arabien. Zweitens: Der „soziale Wert“ bestimmt, wer leben darf und wer sterben muß. Das ist die Situation aus den Kindertagen der künstlichen Blutwäsche, als es noch nicht genug Dialysegeräte für alle Nierenkranken gab. Ein arbeitsloser Junggeselle zieht dann gegen einen seriösen Familienvater mit acht Kindern den kürzeren. Drittens: Keine Herzverpflanzungen oder andere teure Therapien für Patienten ab einem bestimmten Lebensalter, wie heute schon in Schweden allgemein praktiziert. Wenn etwa in England ein über 65jähriger ein Nierenleiden entwickelt, mache er besser gleich sein Testament (so wie etwa dokumentiert in Aaron und Schwartz 1984).

Ich glaube, hier sind wir uns wieder alle einig: Solche Methoden wollen wir in Deutschland lieber nicht. Stattdessen propagiere ich einen vierten Weg, der uns eine Bewältigung dieses Dilemmas auch ohne einen Rückfall in Methoden erlaubt, die ansonsten in der Veterinärmedizin zuhause sind.

Das Stichwort heißt „Statistische versus individuelle Menschenleben". An einem Beispiel sei das verdeutlicht. Angenommen, ein Schiff ist in Seenot. Keine Frage, daß zur Rettung der bedrohten Besatzung alles Menschenmögliche zu unternehmen ist. Meinetwegen mag dafür die gesamte deutsche Seenotrettungsflotte auslaufen. Bei einem individuellen, konkreten Menschenleben haben Kosten-Nutzen-Analysen keinen Platz. Ein konkretes Menschenleben ist kein ökonomisches Gut und hat daher auch keinen Preis. Hieran gibt es nichts zu deuteln.

Heißt das aber, daß wir in jedem Nordseehafen zehn Seenotrettungskreuzer stationieren müssen?

Ich glaube nein. Und dieses Prinzip gilt auch im Gesundheitswesen. Auch hier sind zur Rettung konkreter Menschen keine Kosten und Mühen zu scheuen, Kostendämpfung hin oder her. Das heißt aber nicht, daß wir nicht vor Eintreten des Eventualfalls die Kapazitäten beschränken dürften, denn das trifft keine konkreten Patienten, sondern nur die Wahrscheinlichkeit eines frühzeitigen Todesfalls für alle Bundesbürger. Das ist ein ganz großer und zentraler Unterschied.

In New York z.B. hat man in den 80er Jahren eine geplante Spezialklinik für Brandverletzungen mit der Begründung abgelehnt, für die dadurch pro Jahr geretteten zwölf Menschenleben wäre das Projekt zu teuer. Herr Oberbürgermeister Edmund Koch ein Massenmörder? Ich glaube nein, denn durch die eingesparte Brandklinik in New York wurden doch nicht zwölf Bürger jährlich zum Tode durch Verbrennen verurteilt, auch wenn die Heilberufe das gerne so darstellen. Allein die Wahrscheinlichkeit, durch Brandverletzungen zu sterben, hat für jeden New Yorker um einen zehntausendstel Prozentpunkt zugenommen. Auch wer noch nie etwas von Wahrscheinlichkeitsrechnung gehört hat, ahnt doch instinktiv, daß es einen Unterschied macht, ob man ein Unfallopfer verbluten läßt, obwohl man ihm theoretisch helfen könnte, oder ob man beim Ampelbauen oder Verkehrsumleiten spart.

Wie auch immer wir die knappen Gesundheitsgüter verteilen, ob per Versteigerung an den Meistbietenden, ob über Warteschlangen, staatliche Zuteilung oder, wie ich hier vorgeschlagen habe, durch Sparen auf der Planungsebene, daß rationiert werden muß steht fest. Wir haben überhaupt keine andere Wahl. Durch die Erfolge der Vergangenheit hat die moderne Medizin sich selbst und uns alle in eine tragische Situation geführt, in der es wie in einer griechischen Tragödie kaum einen ehrenvollen Ausweg gibt.

Ich möchte aber zum Abschluß ganz klar festhalten, daß ich selber als Patient und demnächst selber alter Mensch diese Lage immer noch der Medizin vor hundert oder gar vor tausend Jahren vorziehe. Damals war das medizinisch sinnvoll Machbare ein kleines Glas, das sehr leicht zu füllen war, zumindest im Prinzip. Heute ist das Glas viel größer, aber auch beim besten Willen aller Beteiligten nicht mehr bis zum Rand zu füllen. Mir ist dieses halbvolle große Glas immer noch lieber als das ganz volle kleine. Deshalb sollten wir uns lieber über das freuen, was drin ist, statt über das zu klagen, was in diesem Glas bis zum Rand noch fehlt.

Als aufgeklärte Bürger des 20. Jahrhunderts sind wir es uns schuldig, daß wir den Tatsachen ins Auge sehen.

Literatur:

Aaron, H. J. und Schwarz, W. B. (1984): The painful prescription rationing hospital care, Washington.

Krämer, W. (1980): „Preise und Mengen als Komponenten der Kostenexplosion im Gesundheitswesen," Wirtschaftsdienst 60, 400–404.

Krämer, W. (1992): „Kollektives Altern und Gesundheitswesen", in Baltes, P. und Mittelstraß, J. (Hrsg.): Zukunft des Alterns und gesellschaftliche Entwicklung, Berlin, S. 563–580.

Krämer, W. (1993): Wir kurieren uns zu Tode, Frankfurt.

Leu, R. und Schaub, Th. (1981): „Rauchen und Gesundheit: Eine volkswirtschaftliche Analyse", Diskussionspapier des Instituts für Sozialwissenschaften, Universität Basel.

Russell, L. B. (1986): Is prevention better than cure? Washington.

Die Pflegeversicherung als mixtum compositum

Adalbert Evers

„Weder Freude noch Erleichterung" hieß einer der Tageszeitungskommentare zur Verabschiedung des Pflegeversicherungsgesetzes. Er spiegelte die Gefühle gegenüber einer Reform wider, die zumindestens in zweierlei Hinsicht das ist, was ich ein mixtum compositum, ein Mischprodukt aus verschiedenen Bestandteilen nennen möchte. Das gilt zunächst im Hinblick auf die Tatsache, daß ihre Grundzüge in keine der ordnungspolitischen Traditionen, die die Bundesrepublik und andere europäische Sozialstaaten geprägt haben, richtig hineinpassen:

- Hier wird zwar der Vorrang der Familie in Sachen Pflege erklärt, gleichwohl aber eine Lösung angeboten, die viele Konservative (wie auch Minister Blüm selbst noch vor einigen Jahren) für eine schleichende Unterminierung familialer Solidarität halten – Meinungen, die international gesehen, etwa in den Vereinigten Staaten, bis heute sehr dominant sind, wo z.B. in den vielfältigen einzelstaatlichen Regelungen zur Absicherung von Pflege durch Geldleistungen sehr oft Familienangehörige nicht empfangsberechtigt sind.
- Für den Liberalismus, der die Prinzipien des Marktindividualismus auf alle gesellschaftlichen Bereiche angewendet sehen möchte, ging das Gesetz offenbar zu weit. Beabsichtigt war von jener Seite, durch die Einführung einer privaten Versicherungslösung die Einzelverantwortung zum Prinzip zu machen und dieses dann möglichst auch auf andere, bisher sozialversicherungsrechtlich geregelte Bereiche, auszudehnen.
- Für sozialdemokratisch geprägte Denktraditionen fällt das Gesetz schließlich eindeutig hinter Standards zurück, mit denen sich die meisten noch immer identifizieren – z.B. der vollen sozialen Absicherung eines Risikos, hier des Pflegerisikos und der daraus erwachsenden Kosten.

Ein großer Teil der kritischen Auseinandersetzung mit dem Gesetz in Öffentlichkeit und Fachliteratur spiegelt diese jeweiligen Traditionslinien. Da ich mich mit keiner von ihnen identifiziere, sollen meine Bemerkungen an einem anderen Aspekt des Prädikats „gemischte Lösung" ansetzen: Dieses Gesetz enthält gleichermaßen typische Traditionsrelikte und innovative Elemente, die sowohl Lasten des status quo als auch erste Schritte in ein Neuland repräsentieren. Daraus ergeben sich eine Reihe von gesellschafts- und sozialpolitischen Fragen, die bislang leider in dem Maße zugedeckt oder vorschnell beantwortet werden, wie man glaubt, die blueprints zukünftiger Lösungen aus den Konzepten der Vergangenheit ableiten zu können.

1. Anhand der Pflegeversicherungsregelung sind noch einmal die sich verschärfenden horizontalen Disparitäten zwischen Familien und vielen anders Lebenden deutlich geworden. Wie wollen wir damit umgehen?

Der Begriff der horizontalen Disparitäten wurde mit der Disparitätenthese in den siebziger Jahren von Claus Offe geprägt. Er wollte damit darauf aufmerksam machen, daß quer zu Klassenlage und sozialer Schichtung Benachteiligungen kumulieren können. Von Familien war damals nicht die Rede, jetzt aber umso mehr. Bereits vor zwei Jahren hat das Bundesverfassungsgericht in seinem sogenannten Familienurteil in sehr deutlicher Form gekennzeichnet, was die dortigen Richter und nicht nur sie für einen Konstruktionsfehler des deutschen Systems der sozialen Sicherung halten – die Tatsache nämlich, daß das Versicherungs-, Abgaben und Steuersystem zusammengenommen Familien mit Kindern gegenüber anderen Bürgern erheblich benachteiligt. Familien zahlen z.B. einerseits die gleichen Abgaben an die Rentenkassen, leisten aber darüberhinaus durch Kinder und Kindererziehung einen zusätzlichen Beitrag zur Erhaltung und Finanzierung des Systems. Kinder sind die Beitragszahler von morgen und von der Bereitwilligkeit heutiger Eltern zur Familiengründung hängt es ab, inwieweit der Generationenvertrag auch morgen noch funktionieren kann. Eine sechsköpfige Familie hat nun, unterstützt von Fachleuten aus Familienverbänden, in Karlsruhe eine Verfassungsbeschwerde gegen den strukturkonservativen Gestus der einfachen Neuauflage dieses Konstruktionselements bisheriger Sozialversicherungslösungen in der Pflegeversicherung eingelegt. Auch hier leisten arbeitende Eltern einen Doppelbeitrag durch gesellschaftlich nicht ausgeglichene private Kosten der Kindererziehung und ihre Versicherungsbeiträge, während kinderlose Arbeitnehmer sich auf die Beitragszahlung beschränken und im Alter Leistungen aufgrund der Beitragszahlungen anderer in Anspruch nehmen werden.

Nun sind Transferströme ein charakteristisches Merkmal und gewolltes Element jeder Sozialversicherung gegenüber der auf dem Individualprinzip aufbauenden Privatversicherung. Personen mit geringen Einkommen erhalten aus den Töpfen der Krankenversicherung im Verhältnis zu ihren Einzahlungen vergleichsweise mehr als Gruppen mit höheren Einkommen, Frauen mehr als Männer, alte weit mehr als jüngere Personen. Während diese Transfers jedoch als ausdrücklich beabsichtigte Solidareffekte angesehen werden können, ist dies im Verhältnis zwischen Familien mit Kindern und Alleinstehenden, die durchweg weniger Belastungen und im Verlauf ihrer Biographie bessere Chancen der Einkommens- und Vermögensbildung haben, nicht der Fall.

Bei einem Erfolg der Verfassungsbeschwerde gegen die Pflegeversicherung sind die Folgen noch kaum absehbar. Eine Diskussion sollte aber nicht übersehen, daß den Problemen zu einem großen Teil durch eine Grundsatzlösung außerhalb der Versicherungen beizukommen wäre – durch eine Umgestaltung der Steuer und Transfersysteme so, daß dann tatsächlich ein Familienlastenausgleich geschaffen wird, der diesen Namen auch verdient. All das zwingt zusammengenommen aber nicht nur dazu, die Grenzen der Bereitschaft der Jungen zur Unterstützung der Alten zu diskutieren, sondern auch danach zu fragen, was die Gesellschaft Familien und hier insbesondere auch Familien-Frauen in Hinblick auf ihre Sorgetätigkeit für Kinder und Alte schuldet.

2. Die Pflegeversicherung bricht mit wichtigen Traditionen der Sozialversicherung im Gesundheitsbereich und zwingt damit dazu, sie zu überdenken.

Eines der häufigsten Mißverständnisse in Sachen Pflegeversicherung hat sich in all den Aufsätzen und Berechnungen geäußert, die nachgewiesen haben, daß mit den Leistungen dieser Versicherungsleistung die Risiken und Kosten nicht abzugelten sind – weder in der ersten, zweiten noch der dritten Pflegestufe, weder bei der Sach- noch der Geldleistung, welches Arrangement auch immer gewählt wird. Dort, wo diese kritischen Nachweise nun aber die Versicherung wegen ihrer zu geringen Leistungen als eine „Mogelpackung“ bezeichnen, handelt es sich um ein Mißverständnis. Schließlich hat der Gesetzgeber ja offen erklärt, mit dieser Versicherung nur unterstützende Beiträge zur Pflege leisten zu wollen. Das Mißverständnis lag aber nahe. Denn diese neue Zielsetzung bricht ganz eindeutig mit jener langen sozialversicherungsrechtlichen Tradition, die im Prinzip alle Risiken sozialisiert, was sich exemplarisch im Gesundheitswesen niedergeschlagen hat, wenn alle Kosten der Behandlung einer Erkrankung aus der Solidarkasse getragen werden. Die Beibehaltung dieses Prinzips, übertragen auf die Pflege, hätte bedeutet, nicht drei Klassen zu bilden, sondern auf einer nach oben offenen Skala den jeweils Betroffenen alle Hilfe zukommen und finanzieren zu lassen, derer sie jeweils bedürfen. Dagegen leistet die jetzige Lösung nur einen gestuften Grundbeitrag zur Risikoabdeckung.

Wie immer man dazu stehen mag, in einer solchen Situation ist es unumgänglich, die Frage zu stellen, inwieweit und in welchen Bereichen Betroffene sich an Kosten und Aufgaben der Bewältigung einer Notlage beteiligen sollen. Diese Frage wird im Gesundheits- und Pflegebereich sehr unterschiedlich beantwortet. In beiden Fällen handelt es sich um Sozialversicherungen, allerdings mit unterschiedlichen Leistungsniveaus und -prinzipien. Das wird auch dann noch so sein, wenn die Risikoabdeckung im Gesundheitsbereich tatsächlich grundlegend reformiert werden sollte. Ich persönlich würde dem vom Kollegen Arnold für eine Reform der Finanzierung des Gesundheitsbereichs entwickelten Kernprinzip grundsätzlich zustimmen. Es sieht eine Aufteilung vor zwischen einem Bereich der Grundversorgung, der die großen, mit entsprechendem Behandlungs- und Kostenaufwand verbundenen Risiken abdeckt, und einem Bereich der Zusatzversicherung, wo weniger große Risiken liegen. Aber selbst bei Durchsetzung einer derartigen umfangreichen Kürzung sozialer Rechte im Gesundheitsbereich unter dem einen Dach der Krankenversicherung klafft zwischen Gesundheits- und Pflegeversicherungsbereich weiter eine enorme Lücke. Während die soziale Abgeltung aufwendiger medizinischer Operationen einklagbar bliebe, ist das Großrisiko hochgradiger Pflegebedürftigkeit (z.B. in der Folge einer derartigen Krankenbehandlung) nur wenig abgesichert. Meine Überlegungen machen hoffentlich verständlich, warum ich mich mit Hoffnungen wie denen, die die Kollegin Dietz mit Blick auf das Zusammenrücken von Gesundheits- und Pflegeversicherung immer wieder geäußert hat, nur sehr bedingt identifizieren kann. Sie betont m.E. zu einseitig die Chancen der Angleichung des Pflegebereichs an einen Gesundheitsbereich, dessen Sicherungsniveau sie nicht in Frage stellen möchte. Ich denke hingegen, daß eine Reform der bisherigen Logik einer vollen Risikoabdeckung auf breiter Front im Gesundheitswesen unabdingbar sein wird, jedoch im Anknüpfen an dem sie leitenden Argument der notwendigen Unterscheidung zwischen großen und kleinen Risiken eine Chance vorhanden ist, das gegenwärtig groteske Ungleichgewicht zwischen der gesellschaftlichen Abdeckung gesundheitlicher und pflegebezogener Risiken zum Politikum zu machen. Warum sollen eigentlich nur gesundheitliche Großrisiken abgedeckt werden, pflegebedingte Aufwendungen hingegen mit einem bloßen Grundsicherungsbeitrag abgefunden werden?

3. Das Reformgesetz hat mit dem Angebot alternativer Geldleistungen eine Grundsatzdebatte über das Verhältnis von Geld- und Sachleistungen unabdingbar gemacht.

Die Einführung der Möglichkeiten von Geldleistungen als Alternative zu Sachleistungen stellt eine der wichtigsten Neuerungen im Pflegebereich dar. Sie folgt, wir wir in einer groß angelegten internationalen Untersuchung von Entwicklungen in 16 Ländern in Europa und Nordamerika festgestellt haben, einem internationalen Trend in Richtung auf eine Aufwertung von Geldleistungen. Führend ist dabei nicht von ungefähr der Bereich der Behinderten. Sie haben seit langem in der Independent Living Bewegung gefordert, durch Geldleistungen die Möglichkeit zu erhalten, sich selbst Assistenz und ein passendes, maßgeschneidertes Paket an Hilfeleistungen zusammenstellen zu können. Auch in der Bundesrepublik gewinnen Sichtweisen das Übergewicht, die gewissermaßen von einer eindimensionalen Betrachtung zu einer anderen überzugehen vorschlagen: Waren die Betroffenen bisher allein Klienten, so sollen sie nun allein als Konsumenten definiert werden. Es versteht sich, daß insbesondere entlang dieser Sichtweise Geld- statt Sachleistungen zum besten Mittel für die Herstellung normaler Produzenten-Konsumentenbeziehungen auch im Pflegebereich erklärt werden.

Demgegenüber ist nicht von der Hand zu weisen, was an zahlreichen Stellen immer wieder behauptet worden ist: Daß diese konzeptionelle Vorstellung 1. weder auf viele alte pflegebedürftige Menschen paßt, noch 2. dem Charakter von Pflege- und Hilfeleistungen gerecht wird und schließlich 3. sich die Frage stellt, in welchem Umfang öffentliche Gelder mißbraucht werden könnten, die Privathaushalten mit einer relativ offenen Zweckbindung für Hilfe und Pflege zur Verfügung gestellt werden. Alle drei Einwände sind sicherlich gewichtig. Es ist jedoch sehr die Frage, ob man mit Verweis darauf Geldlösungen umstandslos und kategorisch abweisen kann, wie das in der Bundesrepublik neben vielen anderen z.B. der Kollege Naegele getan hat, oder ob dadurch nicht eher die Konditionen und Arten der Verknüpfung von Geldleistungen mit anderen Hilfen ins Zentrum rücken. Zumindestens dreierlei scheint mir hier bedenkenswert:

(1) Für die allermeisten hilfe- und pflegebedürftigen Menschen ist es eine offene Frage, inwieweit sie die Möglichkeit erlangen können, von Geldleistungen als Mittel für mehr Konsumentensouveränität und enpowerment Gebrauch zu machen; den entscheidenden Unterschied macht hier wohl die (Nicht-)Verfügbarkeit von Information, Anwaltschaft und Beratung. Und es wäre wohl sehr diskriminierend, bei Behinderten Geldlösungen zuzustimmen, die man dann anderen Gruppen in ihrem eigenen „wohlverstandenen“ Interesse verweigert. Die Verknüpfung von Geld- mit Beratungsleistungen und care management wären also Kernpunkte, wie übrigens eine Evaluation eines entsprechenden Modellprojekts aus den Niederlanden (siehe den Beitrag von C. Romijn in diesem Band) gezeigt hat.

(2) Gerade weil Geld universell einsetzbar ist, wird mit ihm nicht die eine oder andere Pflegelösung festgelegt. Ob dies dann eher innerfamilialen Arrangements, oder eher der Vergütung solidarischer Angebote (Hilfen durch Pflegeinitiativen), kleinen Pflegeanbietern mit handwerklich hohen Ansprüchen, etablierten Anbietern oder vorrangig gewinnorientierten Unternehmen zugute kommt, hängt von den jeweiligen Geldnehmern und den Rahmenbedingungen ab. Warum also ausschließen, daß es Geldleistungen erleichtern können, einen individuell maßgeschneiderten „Mix“ an Leistungen zu erwerben und warum soll mit der alleinigen Refinanzierung von professionellen Diensten die implizite Diskriminierung all jener fortgeschrieben werden, die weniger professionelle und formelle Arrangements wählen wollen oder müssen?

(3) Im Hinblick auf die Mißbrauchsdebatte möchte ich mich auf zwei Hinweise beschränken. Hat man schon einmal darüber nachgedacht, warum man bei den Geldleistungen, die Familien zum Ausgleich ihrer Belastungen durch die Kindererziehung bekommen, keinerlei Kontrollen und spezielle Auflagen verbindet? Und macht es nicht Sinn, die Debatte über Kindesvernachlässigung von einer Diskussion über Kindergelder strikt zu trennen? Meine zweite Frage lautet: Wie ist das Paradox zu erklären, daß dieselben Konservativen, die Sozialhilfeempfängern vermehrt Sach- statt Geldleistungen geben wollen, bei Familien deren Mündigkeit nicht bezweifeln, während dieselben Sozialdemokraten, die im Namen der Würde der Person dem Sozialhilfeempfänger das Recht erhalten wollen, über sein Geld selbst zu verfügen, nun bei der familialen Pflege mit dem Mißbrauchsargument operieren? Ich hoffe, daß meine Fragen zumindestens geeignet sind, die Diskussion zum Thema Mißbrauch und möglichen Konsequenzen für gesetzliche Regelungen offenzuhalten.

Mit Blick auf das Gesetz scheint mir hier gerade die Möglichkeit, Geld- und Sachleistungen zu mischen, ein wichtiger Schritt vorwärts zu sein zur Anerkennung einer Realität, wo ja auch bei den Betroffenen und ihren Familien sich immer mehr die Frage stellt, welchen Mix an inner- und außerfamilialen Hilfeleistungen, von Beiträgen öffentlicher freier und erwerbswirtschaftlicher Träger aber auch der moralischen Ökonomie von Nachbarschaftshilfen und selbstorganisierten Angeboten sie nutzen wollen.

Die Festlegung auf Wahl- und Kombinationsmöglichkeiten von Geld und Diensten als einer der größten Vorzüge des neuen Gesetzes, wird jedoch durch einen anderen Fakt teilweise konterkariert – die vergleichsweise geringen Zahlungen, die im Fall der Wahl der Geldleistungen vorgesehen sind. Sie sind implizit wohl nur für die Verwendung im Familienzusammenhang gedacht worden. Selbst wenn man berücksichtigt, daß hier keine Sozialabgaben anfallen – Leistungen, die weniger als 50 Prozent der alternativen Sachleistung betragen, sind auch vor diesem Hintergrund wohl kaum zu rechtfertigen.

4. Mit dem Gesetz ist ein Schritt hin zu mehr Wettbewerb im Pflegebereich erfolgt. Zu einer fairen Ordnung und zivilisierten Formen des Wettbewerbs braucht es aber weit mehr.

Was sich mit den Dienstleistungsdeputaten oder auch mit dem Geld letztlich erreichen läßt, wird in vielerlei Hinsicht von den Bedingungen bestimmt sein, unter denen die verschiedenen Anbieter von Hilfe und Pflege sich formieren. Im Rahmen der neuen Konstruktion der Pflegekassen, die mit Anbietern Verträge schließen, deren Leistungen rückvergütet werden, wird der bereits vorhandene Drift in Richtung zu mehr Wettbewerb sich noch verstärken. Man kann davon ausgehen, daß alle Beteiligten das gesehen und wohl auch gewollt haben. Soweit zur – wie ich hier ohne weitere Begründung formulieren würde – fortschrittlichen Seite des Gesetzes. Kritisch anzumerken ist aber, daß diese Art der Markteinführung sich von der vielkritisierten Art der Ablösung von Staatswirtschaft und Oligopolen in den vormals „sozialistischen" Ländern in einer Hinsicht kaum unterscheidet: Man meint Markt und Wettbewerb dekretieren zu können und bedenkt nicht, in welchem Umfang die Vorteile, die man sich für Nutzer und Gesellschaft davon erwartet, eine Politik der Rahmensetzung, der Zivilisierung der Märkte und Kultivierung des Marktverhaltens erfordern. Daß Markt und Staat sich dabei wie kommunizierende Röhren verhalten, ist ein traditionelles Mißverständnis, dessen Ausnutzung womöglich der FDP geholfen hat, bei der endgültigen Formulierung des Pflegegesetzes einen späten Sieg zu erringen. Die ordnungspolitische Einfalt auch der Sozialdemokraten kam ihnen zugute. Deren Vorschläge, die auf eine notwendige kommunale Bewilligung für solche Anbieter zielten, welche vertraglich Partner der Pflegekassen werden wollten, waren gut gemeint. Sie hätten aber auch die Möglichkeit geboten, Praktiken politischer Patronage dieser oder jener Anbieter zu verlängern. Derartige Vorschläge zur Wettbewerbsordnung waren für die FDP-Vertreter tatsächlich leicht beiseite zu wischen. Der jetzige „liberale" Zustand aber, nach dem ein formell unpolitischer Mechanismus – das Dreieck von Entscheidungen der Betroffenen, des professionellen Systems und der Finanziers (der Pflegekassen) die Entwicklung im Pflegebereich weitgehend an jedweder Politik vorbei regelt, schafft eine wirklich besorgniserregende Situation. Dem anspruchsvollen Konzept der Schaffung von Quasi-Märkten und eines competitive tendering wird diese lockere Behelfskonstruktion nicht gerecht und in vieler Hinsicht gleicht sie jener Konstellation im Gesundheitsbereich, an deren Folgen man heute herumreformiert.

Fehlende Wettbewerbsordnungen und fehlende Instanzen zur Zivilisierung des Wettbewerbs zwingen zur Spekulation z.B. über die verteilungspolitischen Effekte eines Gesetzes, das in erster Linie die Betroffenen entlasten will. Weder die Preisstrategien der Anbieter (einerseits bei den vom Gesetz gedeckten, konventionellen, medizinisch orientierten Pflegeleistungen, andererseits bei den verschiedenen ergänzenden Hilfeleistungen) sind bis jetzt abzuschätzen, noch Art, Ausmaß und Folgen einer veränderten Investitions- und Subventionspolitik der öffentlichen Hand. Hier gibt es zunächst weder mehr Marktkontrolle durch die Kunden noch mehr öffentliche Kontrolle – eine Aufgabe, bei der die Pflegekassen allein die falschen Adressaten und auch letztlich überfordert sind. Instruktiv für die Folgen von Ein-Punkt-Bewegungen in Richtung auf mehr Markt ist hier übrigens ein Blick nach Österreich. Die Stadt Wien, sozialdemokratisch regiert und bis zuletzt Gegner der dortigen neuen, allein Geldleistungen vorsehenden Pflegeversicherung, konnte aufgrund ihrer beherrschenden Marktstellung die ungeliebte Reform zum

Anlaß nehmen, um bisher umsonst gegebene Dienste in Preisen zu bewerten und in anderen Bereichen des Hilfe- und Pflegesystems die Gebühren zu verdoppeln. Ihr ursprüngliches Ziel, eine Pflegereform, die das vorhandene Angebotssystem großzügiger finanziert, konnten die Wiener Sozialdemokraten zwar nicht durchsetzen, aber sie kommen ja auch so auf ihre Kosten. Paradoxes Ergebnis für die betroffenen Bürger: In dem wachsenden Kreis der vielen Empfänger nur leicht erhöhter kleiner Geldzahlungen stehen sich viele von denen, die Dienstleistungsnutzer/innen waren und geblieben sind, schlechter als vor der Reform.

5. Die Politik der Pflegeversicherung hat den Einfluß von Politik auf den Pflegebereich eher vermindert. Wieviel und welche politische Verantwortung wollen wir aber zukünftig im Pflegebereich?

Es ist bereits betont worden, daß mit der Einigung auf den kleinsten gemeinsamen Nenner von Auslassungen und fehlenden Bestimmungen alle verschiedenen Vorschläge zu einer Einflußnahme der Politik, die im Laufe des Verfahrens vorgetragen wurden, aus dem Gesetz herausgefallen sind. Die Gemeinden kommen im Grund in diesem neuen Pflegegesetz nicht vor. Und das ist fatal. Tatsächlich kann man sich zu Recht fragen, ob kommunale Lizenzkontrollen von Anbietern oder ob Landesausschüsse die angemessenen Ansatzpunkte für politische Interventionen sind. Unzweifelhaft scheint mir jedoch zu sein, daß Hilfe und Pflege kontinuierlichen politischen Handelns und Gestaltens bedürfen. Denn nichts ist so abwegig wie die Vorstellung, die komplexe „mixed economy of care" in eine eindimensionale, sei es nun quasistaatliche oder quasimarktliche Veranstaltung, herunter definieren zu können. Ich möchte nur zwei Bereiche herausheben, bei denen sich die Notwendigkeit politischer Einflußnahme als Intervention und Moderation in einem Feld, daß von einer Vielzahl von Akteuren und Ökonomien gekennzeichnet ist, besonders gut illustrieren läßt:

(1) Da gibt es die wichtigen und verletzlichen Beiträge aus informellen Netzwerken und solidarischen Motiven: Nachbarschaftshilfe, Kirchensprengel, Pflegevereine u.ä. Es sind Organisationsformen und Angebote, die vom neuen Pflegegesetz, das auf den technischen Kernbereich der Pflege und entsprechende Anbieter zielt, wenig zu erhoffen haben. Was sie tun, kann aber nicht einfach als Teil der Angebotsliste dieses oder jenes etablierten freien Trägers hinzuaddiert werden, auch wenn der z.B. erkannt hat, daß komplementäre und „weiche" Angebote Wettbewerbsvorteile bringen könnten. Für den Erhalt derartiger Elemente der sozialen Ökologie von Hilfe und Pflege bringt das neue Gesetz nichts und damals wie heute bleibt dieser für Pflegequalität im weiteren Sinne so entscheidende Bereich, ohne eine Förderung und planvolle Integrationshilfe durch die Gemeinden, unterentwickelt und marginal.

(2) Erinnert sei hier auch an die wichtige Rolle bestimmter Hilfe, Dienste und Einrichtungen, die eine eigenständige Schlüsselrolle spielen, wie etwa Beratung, Vermittlung und Anwaltschaft. Nicht von ungefähr ist auch in der noch unter Thatcher erarbeiteten englischen Pflegereform das care management kommunale Aufgabe; die Feststellung dessen, was nötig ist, kann weder allein den jeweilig Betroffenen, aber auch nicht den interessierten konkurrierenden Anbietern überlassen bleiben. Ein anderes Beispiel: Vereine von behinderten Menschen, die Geldleistungen für die Besorgung von Assistenz gemeinsam verwalten, sind in so verschiedenen Ländern wie den USA und Schweden zunehmend populär. Auch sie bedürfen wie der community- und Selbsthilfebereich insgesamt öffentlicher und kommunaler Förderung und Hilfe bei der Einknüpfung in ein vernetztes Angebotssystem.

Alles in allem: Die Tatsache, daß man mit der jetzigen Pflegereform eher die Erosion als die Stärkung politischer Verantwortlichkeit speziell auch der Gemeinden betrieben hat, ist eines ihrer dunkelsten Kapitel. Die Politik bekommt dort, wo sie engagiert Einfluß nehmen will (etwa im Sinne der Unterstützung von mehr ambulanten gegenüber stationären Angeboten) durch den Gesetzgeber eigentlich keine Anreize und Grundlagen und dort, wo sie sich aus der lästigen Verantwortung für Pflege und Hilfe weiter herausstehlen will (z.B. durch die Streichung von Investitionen und Subventionen), lassen sich dafür mit dem Verweis darauf, daß wir ja jetzt die Pflegeversicherung haben, die Wege ebnen. Daß sich aber eine weiterhin duale Finanzierung durchsetzen konnte und sich bereits dadurch die Frage nach dem Beitrag der Politik stellt, wird dann gerne vergessen. Die Garantie einer größeren Vielfalt von Ökonomien, Ressourcen und Lösungen – Wohlfahrtspluralismus also – braucht beides: mehr Wettbewerb und mehr Politik. Das allerdings ist dann nur schwer einzusehen, wenn in traditioneller Perspektive gedacht wird, also Politik eher mit obrigkeitlicher Bevormundung statt mit Koordination, Moderation und Förderung gleichgesetzt wird.

6. Die Pflegeversicherung spiegelt auch gesellschaftliche Präferenzen wieder: Bislang sind wir bereit, für Gesundheit beinahe jeden, für Hilfe und Pflege aber nur einen geringen Preis zu bezahlen. Kann und soll das eigentlich so weitergehen?

Die Fragen der Finanzierung, die ja im Prozeß der Gesetzesvorbereitung alles andere dominierten, habe ich bisher nicht angesprochen. Zunächst sollte hier in den Vordergrund gerückt werden, was gerade wegen dieses Übergewichts der Finanzdiskussion zu kurz kam. Das Aufgreifen der Finanzierungsfrage am Schluß geschieht nun aber mit der Absicht, zu fragen, welche politischen, gesellschaftlichen aber auch individuellen Prioritätensetzungen sich darin wohl ausdrücken. Denn, so meine These, eine Kritik der Pflegereform kann nicht nur als Kritik der Politik, sie muß auch als Gesellschaftskritik (die immer auch Selbstkritik beinhalten sollte) betrieben werden.

Dabei blicke ich vor allem auf den Gesundheitsbereich, an den der Gesetzgeber den Pflegebereich nun richtigerweise ein Stück näher herangerückt hat. „Gesundheit ist das höchste Gut“ oder „das Wichtigste ist doch, daß man gesund ist“ sind ja vielsagende alltagssprachliche Wendungen. Wir haben uns angewöhnt, hier alles zu tun, was technisch möglich ist und die Besorgnis um die Gesundheit läßt sich augenscheinlich auch immer wieder als Legitimationsressource mobilisieren, wenn es darum geht, die öffentliche Finanzierung technisch-medizinischen Fortschritts und seiner zunehmend teuren Produkte trotz ihres vielfach zweifelhaften Nutzens zu verteidigen.

Wie wichtig uns Hilfe und Pflege sind, erfahren, im Gegensatz dazu, die meisten von uns leider erst, wenn sie als Extraleistungen im „Pflegefall“ in Erscheinung treten. Diese im weiteren Sinne der liebevollen Zuwendung so wichtige Dimension unseres Lebens gilt allzuoft und allzulange als Selbstverständlichkeit und entsprechend gering wird sie bewertet. Für Medizin und ärztlichen Beistand wird sowohl das eigene aber auch das öffentliche Geld ungleich bereitwilliger gegeben als für Hilfe und Pflege. Noch immer wird der Notgroschen auch dann weiter verwahrt, wenn der private Pflegenotstand schon längst eingetreten ist. Angesichts dessen ist übrigens auch der erste Schritt zur sozialen Absicherung und zu garantierten Unterstützungsleistungen für pflegende Angehörige, den das Pflegegesetz vorsieht, zwar verdienstvoll, aber in seiner Geringfügigkeit auch wieder signifikant.

In der öffentlichen Politik und den privaten Entscheidungen rangiert also cure ganz eindeutig vor care. Das ist aber nicht nur angesichts des immer geringeren Grenznutzens medizinischer Leistungen bedenklich, sondern auch angesichts der Tatsache, daß im Effekt die lebensverlängernde Medizin eine wahre Lawine an Pflege- und Hilfebedürfnissen erzeugt hat. Dank der Medizin können immer mehr Menschen länger und weiter-leben – mit erheblichem und längerfristigem zusätzlichem Aufwand an Hilfe und Pflege. Hier macht also die gesellschaftlich unbegrenzt geförderte Medizin den Familien, insbesondere den Frauen, eine Rechnung auf, die die gleiche Politik jedoch wirklich anzunehmen und auch zu bezahlen sich weigert. Pflege- und Hilfebedarfe sind zu einem großen Teil also Folgekosten eines Systems, wo medizinischer Fortschritt und ein bestens ausgebautes Gesundheitssystem sich der familialen Pflegebereitschaft, aber auch dem dünnen Netz von Sozialstationen bedienen; die beide in den letzten Jahrzehnten immer mehr als Nachbereiter für die Post-Krankenhausphase instrumentalisiert worden sind.

Ich kann meine kurze Problemskizze an dieser Stelle nicht vertiefen, hoffe aber, daß sie die Berechtigung und Bedeutsamkeit der Frage deutlich gemacht hat, die sich für uns individuell, gesellschaftlich und politisch stellt: Wie lange wollen wir noch Hilfe und Pflege, die für die Menschlichkeit einer Gesellschaft so bedeutsam sind, derart gering schätzen, während wir gleichzeitig nach Lebensverlängerung um jeden Preis streben?

Erfahrungen mit der Neuregelung der Pflegevorsorge in Österreich*

Walter J. Pfeil

1. Einleitung

Seit 1.7.1993 steht in Österreich eine Neuregelung der Pflegevorsorge in Geltung, die im Grunde vor derselben Ausgangssituation stand wie das deutsche Pflegeversicherungs-Gesetz. Auch in Österreich galt es daher, zum einen die bestehende – historisch zufällige und alles andere denn sachgerechte – Zersplitterung bei pflegebezogenen Sozialleistungen zu überwinden. Zum anderen sollte ein bundesweites, umfassendes und vor allem bedarfsorientiertes System an Geld- und Dienstleistungen geschaffen werden. Nicht zuletzt diese Bedarfsorientierung ließ es aus Gründen der verfassungsrechtlichen Kompetenzverteilung problematisch erscheinen, eine Lösung auf Grundlage des (Bundes) Kompetenztatbestandes „Sozialversicherungswesen“ (Art. 10 Abs. 1 Z. 11 Bundes-Verfassungsgesetz [B-VG]) vorzunehmen. Die österreichische Pflegevorsorge wurde daher bewußt nicht als Versicherungslösung konzipiert, die Finanzierung der Leistungen erfolgt daher aus den jeweiligen Haushalten.

Für die Gewährung von Pflegegeld, so heißt die neue einheitliche Leistung, sind demnach keine Mindestversicherungszeiten erforderlich, ebensowenig hängt die Leistungshöhe von den vorher entrichteten Beiträgen ab. Pflegegeld nach dem Bundespflegegeldgesetz (BPGG, BGBl 1993/110, zuletzt in der Fassung BGBl 1995/131) gebührt vielmehr nur als Annex zu bestimmten Grundleistungen, die ihrerseits Einkommensersatz bieten sollen, insbesondere solchen aus Pensions- oder Unfallversicherung bzw. (Bundes) Beamtenversorgung. Andere Personen, z.B. Angehörige eines Pensionsbeziehers ohne eigene Ansprüche auf Pension usw., Landesbeamte oder Personen, für deren Lebensunterhalt nur die Sozialhilfe aufkommt, sind auf Leistungen aus dem jeweiligen Landespflegegeldgesetz verwiesen. Auf Bundesebene sind derzeit rund 280 000 pflegebedürftige Personen erfaßt, auf Landesebene dürften es ca. 50 000 Personen sein, so daß insgesamt an die vier Prozent der Gesamtbevölkerung in den Genuß eines Pflegegeldes kommen.

*) Geringfügig überarbeitete und (im März 1995) aktualisierte Fassung des Beitrages zur Plenarsitzung des Fachbereiches 4, 23.9.1994. Der Vortragsstil wurde weitgehend beibehalten, was den Verzicht auf einen Anmerkungsapparat bedingte. Weiterführende Hinweise mögen daher dem angefügten Literaturverzeichnis entnommen werden.

Die Voraussetzungen für einen derartigen Anspruch sind im BPGG und den Landesgesetzen weitgehend identisch geregelt (siehe unter 2.). Rechtlich abgesichert wird diese Homogenität zwischen Bundes- und Landesrecht durch eine staatsvertragliche Vereinbarung zwischen Bund und Ländern nach Art.. 15a B-VG (BGBl 1993/866, „Pflege-Vereinbarung"). Deren Art. 2 Abs. 2 verpflichtet die Länder freilich nur zur Schaffung von Regelungen mit „gleichen Grundsätzen und Zielsetzungen wie der Bund". Die Nichteinhaltung dieser Verpflichtung könnte im übrigen nur von einer Vertragspartei geltend gemacht werden (auch das entsprechende Verfahren vor dem Verfassungsgerichtshof [VfGH] endet höchstens in der Feststellung, daß eine Verpflichtung nicht erfüllt wurde, vgl. Art. 138a B-VG). Für Pflegebedürftige, deren Angehörige oder die Anbieter von Pflegedienstleistungen resultieren aus dieser Vereinbarung keinerlei unmittelbare Ansprüche.

Aus diesem Grund besteht vorerst auch keine Durchsetzbarkeit der in der Pflege-Vereinbarung ebenfalls enthaltenen Vorgaben für quantitative wie qualitative Mindeststandards im Hinblick auf ambulante und (teil)stationäre Dienstleistungen. Die Schaffung der entsprechenden Infrastruktur ist – wie auch schon bisher – im wesentlichen eine Aufgabe der Länder. Diese haben zunächst bis Ende 1996 Bedarfs- und Entwicklungspläne zu erstellen. Die dort festgestellten Defizite sollen dann in drei Stufen, beginnend ab dem Jahr 2000, bis 2010 abgebaut werden. Nach internen Länderschätzungen würde daraus nur bis 2000 ein Zusatzbedarf von neun Milliarden Schilling resultieren (zum Vergleich: allein im Jahr 1994 wurden auf Bundesebene für das Pflegegeld um über acht Milliarden Schilling mehr aufgewendet als für die bisherigen pflegebezogenen Geldleistungen). Durch diese zeitlich verzögerte Implementierung wird der „Vorsprung" der österreichischen Neuregelung gegenüber dem PflegeVG (von den ersten ernsthaften Diskussionsvorschlägen bis zur Verabschiedung der entsprechenden Gesetze sind im Grunde kaum mehr als fünf Jahre vergangen) wieder verspielt. Davon abgesehen, und dieses Manko fällt tatsächlich ins Gewicht, sind die inhaltlichen Vorgaben der Pflege-Vereinbarung im Hinblick auf Dienstleistungen meist recht vage und auch nicht ganz widerspruchsfrei. Hier zeigt sich deutlich der – konzeptionelle – Vorzug der deutschen Lösung mit einer Einbindung aller Träger bereits unmittelbar auf (zentral)gesetzlicher Ebene. Für eine solche Konstruktion hätte es in Österreich freilich einer Verfassungsänderung bedurft.

2. Grundzüge der Pflegegeldregelungen

Wenn somit vorerst nur die Pflegegeldregelungen umgesetzt wurden, ist dies vor allem auf die – auch durch die Neuregelung nicht überwundene – Kompetenzzersplitterung zurückzuführen, die wesentliche, aber eben nur bestimmte Sozialrechtsmaterien dem Bund zuordnet, den Rest aber in der

Zuständigkeit der Länder beläßt (vgl. Art. 15 Abs. 1 B-VG). Davon abgesehen ist ein Einstieg in die Pflegevorsorge auf der Geldleistungsebene fraglos leichter zu organisieren (und wohl auch politisch besser zu „verkaufen"). Zudem war die vordringliche Etablierung eines neuen einheitlichen Geldleistungssystems eine Forderung der wichtigsten Interessenvertretungen der Behinderten.

Der Anspruch auf das neue Pflegegeld besteht nunmehr unabhängig von der Ursache der Pflegebedürftigkeit bzw. der wirtschaftlichen Situation der Betroffenen. Diese Faktoren sind allenfalls lediglich für die Frage bedeutsam, ob der Anspruch nach BPGG oder nach Landesrecht zu beurteilen ist bzw. welcher Träger für die Leistungsvergabe zuständig ist (dazu sogleich). Materiell bestehen – zumindest was die unmittelbaren Leistungsvoraussetzungen betrifft – kaum Unterschiede zwischen Bundes- und Landespflegegeld. Nennenswerte Ausnahmen bestehen zum einen im Hinblick auf das Mindestalter, das auf Bundesebene (und in der Mehrzahl der Landesgesetze) mit drei Jahren normiert ist, während einzelne Länder ein altersunabhängiges Pflegegeld vorsehen (vgl. etwa das Salzburger PGG, SbgLGBl 1993/99, oder § 3 Abs. 5 OÖPGG, OÖLGBl 1993/64, zuletzt idF. OÖLGBl 1994/122).

Zum anderen ist das in § 3 Abs. 1 BPGG enthaltene Erfordernis des „gewöhnlichen Aufenthaltes im Inland" auf Landesebene regelmäßig auf das Gebiet des jeweiligen Bundeslandes eingeschränkt. Österreichisches Pflegegeld ist demnach nicht exportierbar, was europarechtlich durch ausdrückliche Anführung dieser Leistungen in Anhang IIa bzw. Anhang II Teil III zur VO (EWG) Nr 1408/71 (vgl. deren Art. 4 Abs. 2a und 2b bzw. Art. 10a) abgesichert wurde. Eine derartige Qualifikation als „beitragsunabhängige Sonderleistung" kommt im übrigen ja beim Pflegegeld nach § 37 SGB XI nicht in Betracht.

Bundesweit einheitlich ist wiederum die Voraussetzung, daß ein ständiger Pflegebedarf vorliegen muß, der voraussichtlich mindestens sechs Monate andauert. Die Höhe des Pflegegeldes hängt dann lediglich vom Ausmaß des Pflegebedarfes ab, das in erster Linie auf Grund des – abstrakt zu ermittelnden (dazu sogleich) – zeitlichen Umfanges des Bedarfes festzustellen ist. Mindestvoraussetzung ist demnach ein Pflegebedarf von mehr als 50 Wochenstunden im monatlichen Schnitt, der zu einem Pflegegeldanspruch der Stufe 1 (1995: öS 2635,-) führt. Die weiteren Stufen setzen einen Mindestbedarf von mehr als 75 (öS 3688,-), 120 (öS 5690,-) bzw. 180 Stunden (öS 8535,-) jeweils im Monatsschnitt voraus. Zusätzlich zu diesen mehr als 180 Stunden muß für die Pflegegeldstufe 5 (öS 11 591,-) ein außergewöhnlicher Pflegeaufwand, für Stufe 6 (öS 15 806,-) die Notwendigkeit einer dauernden Beaufsichtigung und für Stufe 7 (öS 21 074,-) praktische Bewegungsunfähigkeit vorliegen. Für das siebenstufige System diente im übrigen vor allem das im Bundesland Vorarlberg seit 1990 praktizierte Pflegezuschußmodell als Vorbild, das freilich insgesamt nur etwas mehr als 4000 Personen erfaßte. Für eine bundesweite Regelung mit einem mehr als 80mal größeren Adressatenkreis erscheint dagegen fraglich, ob eine derart feine Differenzierung überhaupt administrativ zu bewältigen ist (siehe dazu unten auch zum Gerichtsverfahren).

Gewisse Erleichterungen bewirkt hier eine Verordnung des Bundesministers für Arbeit und Soziales (Einstufungsverordnung, BGBl 1993/314), in der für die meisten Bedarfsbereiche zeitliche Richt-, Mindest- bzw. Fixwerte festgesetzt wurden. Dabei wird – gröber als nach § 14 SGB XI – zunächst nur zwischen Betreuung und Hilfe unterschieden. Zur Betreuung gehören jene in relativ kurzer Folge notwendigen Verrichtungen anderer Personen, die vornehmlich den persönlichen Lebensbereich betreffen: Hier sind etwa für An- und Auskleiden in der Regel zweimal 20 Minuten täglich (Richtwert), für die tägliche Körperpflege dagegen zweimal 25 Minuten oder für die Verrichtung der Notdurft viermal 15 Minuten (jeweils Mindestwerte!) in Rechnung zu stellen. Zur sogenannten Hilfe zählen – grundsätzlich aufschiebbare – Verrichtungen anderer Personen, die den sachlichen Lebensbereich betreffen, so etwa die Herbeischaffung von Nahrungsmitteln oder die Reinigung der Wohnung sowie der persönlichen Gebrauchsgegenstände. Für jede Hilfsverrichtung ist pauschal ein Bedarf von zehn Stunden monatlich anzuerkennen. Dieser fixe Zeitwert ist – wie auch mittlerweile vorliegende höchstgerichtliche Entscheidungen bestätigen – selbst dann nicht zu verändern, wenn z.B. wegen einer Einkaufsmöglichkeit in der unmittelbaren Nachbarschaft mit weniger als zehn Stunden das Auslangen gefunden werden könnte oder wenn umgekehrt dafür wegen exponierter Wohnsituation ein größerer Zeitaufwand erforderlich wäre.

Für die Einstufung ist es unerheblich, ob Betreuungs- oder Hilfsverrichtungen de facto bereits auch ohne das Pflegegeld (durch Angehörige, Nachbarn usw.) erbracht werden. Ebensowenig – und hier besteht ein erheblicher Unterschied zur Differenzierung in §§ 37 bzw. 43 SGB XI – ist es für die Pflegegeldhöhe beachtlich, ob Pflegebedürftige in einer stationären Einrichtung untergebracht sind oder nicht. Im Falle vollstationärer Pflege kommt es freilich zu einem gesetzlich angeordneten Übergang von bis zu 80 Prozent des Pflegegeldanspruches auf den Träger der Sozial- bzw. Behindertenhilfe (Land bzw. Gemeinde), soweit dieser Kosten für die stationäre Unterbringung zu tragen hat. In diesem Fall verbleibt dem Pflegebedürftigen lediglich ein pauschales „Taschengeld“ in Höhe von 20 Prozent der Pflegegeldstufe 3.

In dieser Konstruktion kommt eine gewisse Präferenz zugunsten der häuslichen Pflege zum Ausdruck, die noch dazu möglichst von den Pflegebedürftigen bzw. ihren Angehörigen selbst organisiert werden soll. Dies entspricht auch der Funktion des Pflegegeldes als pauschalierter Beitrag zur Abgeltung pflegebedingter Mehraufwendungen, um pflegebedürftigen Personen die Möglichkeit zu verbessern, ein selbstbestimmtes, bedürfnisorientiertes Leben zu führen (vgl. nur § 1 BPGG). Ein – verglichen mit den Ansätzen in § 37

Abs. 1 SGB XI doch deutlich – höheres Pflegegeld gewährleistet freilich noch keine effiziente und bedarfsgerechte Pflege (siehe auch unter 3.).

Die Entscheidung über den Anspruch und die Vergabe des Pflegegeldes liegt nicht bei eigenen Einrichtungen wie den deutschen Pflegekassen, sondern – nach BPGG – bei der für die jeweilige Grundleistung zuständigen Stelle (z.B. Pensionsversicherungsträger, Bundesrechenamt für pensionierte Beamte usw.) bzw. den Sozialbehörden in den Ländern. Diese Anknüpfung an bestehenden Strukturen sollte vor allem eine rasche Implementierung des neuen Systems erleichtern. Für jene Betroffenen, die bereits bei Inkrafttreten der Neuregelung Bezieher einer pflegebezogenen Geldleistung waren, wurde damit weitestmögliche organisatorische Kontinuität gewährleistet. Auf der anderen Seite birgt diese Zuständigkeitsvielfalt – und die bisherigen Erfahrungen scheinen das zu bestätigen – die Gefahr einer allzu unterschiedlichen Einstufungspraxis. Tatsächlich ist einzuräumen, daß sich die einzelnen Entscheidungsträger im Grunde nur „nebenbei" mit Pflegegeldproblemen beschäftigen können. Für deren Administrierung stehen vielfach nur beschränkte Ressourcen und – man muß es offen sagen – mitunter offenbar auch nicht ausreichende Sachkompetenz zur Verfügung.

Eine einheitliche Handhabung der Pflegegeldregelungen soll lediglich über den gemeinsamen Rechtszug zu den Arbeits- und Sozialgerichten gewährleistet werden, der beim Obersten Gerichtshof endet. Für das Gros der Pflegegeldbezieher, jene ca. 235 000 Personen, die vorher einen Hilflosenzuschuß aus der Pensionsversicherung bezogen hatten, ist auch das eine vertraute – und letztlich wohl auch bewährte – Konstruktion. Für andere Pflegebedürftige, etwa Beamte im Ruhestand, kommt es dadurch zu einer zusätzlichen Zersplitterung, weil für Rechtsstreitigkeiten in bezug auf ihre Grundleistung der Verwaltungsgerichtshof, für das als Annex dazu gewährte Pflegegeld hingegen nunmehr der OGH zuständig ist. Dieser Aspekt fällt gewiß wesentlich weniger nachteilig ins Gewicht als der Umstand, daß die – rechtspolitisch höchst sinnvolle – Betrauung der (Bundesstellen) Arbeits- und Sozialgerichte auch mit der Vollziehung der Landespflegegeldgesetze – wiederum aus Kompetenzgründen – nicht ohne (bundes)verfassungsrechtliche Regelung möglich ist. Die derzeitige Situation ist daher wohl als verfassungswidrig zu beurteilen.

Keine nachhaltigen verfassungsrechtlichen Bedenken begegnen dagegen der bisher am meisten problematisierten Regelung der Pflegegeldgesetze, der fehlenden gerichtlichen Durchsetzbarkeit von Pflegegeldern ab Stufe 3 (vgl nur § 4 Abs. 4 BPGG idF. vor BGBl 1995/131). Diese an sich bis Ende 1996 konzipierte „Übergangsregelung" wurde ursprünglich mit der Unmöglichkeit begründet, bei den Gerichten früher personelle Vorkehrungen für die zu erwartende Flut von Einstufungsprozessen zu treffen (hier ist vor allem daran zu erinnern, daß der Hilflosenzuschuß nur eine Stufe kannte!). Auch in budgetärer Hinsicht kam diese Konstruktion gewiß nicht ungelegen, machte sie es doch möglich (und unüberprüfbar), daß bislang gerade ein Drittel aller Pflegebedürftigen in Stufe 3 oder höher eingestuft wurden. Durch die schon angesprochene jüngste Novelle zum BPGG (BGBl 1995/131) wird dieses Problem beseitigt: Ab 1.7.1995 werden auch Pflegegelder der Stufen 3 bis 7 gerichtlich durchsetzbar sein. Dem Vernehmen nach sollen die Landespflegegeldgesetze ebenfalls in entsprechender Weise novelliert werden.

3. Sach- bzw. Dienstleistungen

Keine derart rasche Abhilfe ist dagegen, und insofern handelt es sich eindeutig um die Hauptschwäche der österreichischen Neuregelung, im Sach- und Dienstleistungsbereich zu erwarten. Abgesehen vom eher „strafweise" und nur für Ausnahmefälle vorgesehenen Ersatz des Pflegegeldes durch Sach- (eigentlich: Dienst)leistungen (vgl. nur § 20 BPGG) bestehen hierfür vorerst kaum spezifische Regelungen. Damit bleibt es im Hinblick auf die (Rahmenbedingungen für die) Gewährung von sozialen Diensten im wesentlichen beim Status quo.

Als hauptsächliche Rechtsgrundlage dient somit auch in Zukunft das (Landes-)Sozialhilferecht mit allen damit verbundenen Konsequenzen und Problemen: So werden z.B. auf der einen Seite rigide Einkommens- (u.U. auch Vermögens)prüfungen angestellt, andererseits sind durchwegs keine individuellen Ansprüche auf die erforderlichen Dienste vorgesehen. Die Rechtsbeziehungen zu den Leistungserbringern sind vielfach diffus, Versorgungsverträge wie nach §§ 72 SGB XI (zumal mit Klagerecht für den Leistungsanbieter, vgl. § 73 Abs. 2 SGB XI!) sind praktisch unbekannt. Für Maßnahmen wie Kurzzeit- oder Verhinderungspflege bestehen bestenfalls erste Ansätze (vgl. dagegen §§ 39, 42 SGB XI) usw.

Auch hier zeigt sich somit – freilich eher unter negativen Vorzeichen – der (vorläufige?) Vorrang der Geldleistung im österreichischen Pflegesystem. Diese Gewichtung schlägt sich schließlich auch im bisherigen Fehlen von Vorkehrungen für eine sozialrechtliche Absicherung der Pflegepersonen nieder. Art. 7 Pflege-Vereinbarung sieht zwar eine Verpflichtung des Bundes vor, eine solche „zu ermöglichen". Diesbezüglich wird meist auf die Optionen einer freiwilligen Selbstversicherung in der Pensions- bzw. der Krankenversicherung verwiesen, die allerdings bereits vor der Neuregelung der Pflegevorsorge bestanden haben. Abgesehen davon, daß in der Arbeitslosenversicherung diese Möglichkeit nicht zur Verfügung steht, fragt sich, aus welchen Mitteln die Beiträge für eine freiwillige Versicherung bestritten werden sollen, zumal schon das Pflegegeld definitionsgemäß nur einen Teil der pflegebedingten Mehraufwendungen abzudecken vermag. Lösungen wie sie etwa in § 44 SGB XI vorgesehen sind, werden höchstens in Einzelfällen von engagierten Sozialverwaltungen – und meist auf eher dünner (sozialhilfe)rechtlicher Grundlage – praktiziert. Ist somit beim Auf- bzw. Ausbau der pflegerischen Infrastruktur den Ländern Säumigkeit vorzuwerfen, hat auf der anderen Seite auch der Bund seine Verpflichtungen aus der Pflege-Vereinbarung noch keineswegs erfüllt.

4. Perspektiven

Die bisherigen Überlegungen haben wohl deutlich gemacht, daß die Hauptkonfliktlinien im Zuge der Genese der Neuregelung der Pflegevorsorge in Österreich weniger zwischen Parteien, Parlamentsfraktionen oder Verbänden, sondern in erster Linie zwischen Bund und Ländern verliefen. Auch der Umstand, daß zur Schaffung größerer budgetärer Spielräume für das BPGG die Beiträge zur sozialen Krankenversicherung um 0,8 Prozentpunkte erhöht wurden (und damit der Bedarf an staatlichen Zuschüssen an die Versicherungsträger verringert wurde), hat bemerkenswerterweise kaum zu Widerstand geführt, obwohl die Arbeitgeber diese Erhöhung zur Hälfte tragen mußten und müssen.

Formal wurde der Bund-Länder-Streit vor allem über die verfassungsrechtliche Kompetenzverteilung geführt. In diesem Zusammenhang ist auch auf einen Entwurf für ein Bundes-Pflegeheimgesetz zu verweisen, der gewisse (ohnedies nicht allzu hohe) Standards für die stationäre Pflege beinhaltete, dessen kompetenzmäßige Prüfung von den Ländern gefordert wurde. Im Jahr 1992 stellte denn der VfGH auch fest, daß die diesbezügliche Regelungsbefugnis allein bei den Ländern liegt (bis heute steht freilich erst ein einziges Landes-Pflegeheimgesetz in Geltung!). Inhaltlich geht es hier natürlich um die in allen föderalistisch organisierten Staaten primäre Frage: Welche Gebietskörperschaft übernimmt in welchem Ausmaß die Kosten (in diesem Fall für die bessere und dichtere Versorgung für pflegebedürftige Personen)?

Dieser Konflikt hat sich auch bei der bisherigen Implementierung der Neuregelung fortgesetzt. In erster Linie sind an dieser Stelle die erheblichen Kostensteigerungen zu nennen, die bei ambulanten wie stationären Diensten im Zuge des Inkrafttretens der Pflegegeldregelungen oder kurz danach vorgenommen wurden. Immer wieder wurden Fälle bekannt, in denen Pflegebedürftigen bei ansonsten gleichbleibender Einkommenssituation nach Abzug ihrer Beitragsleistungen für die sozialen Dienste weniger verblieb als vor der Umstellung auf das Pflegegeld! An sich wäre gegen Tariferhöhungen gar nichts einzuwenden: Es war durchaus politisches Kalkül der Neuregelung, daß die Verbesserungen im Geldleistungsbereich zum Teil auch den Ländern und Gemeinden als Träger bzw. Hauptfinanciers der sozialen Dienste zugute kommen sollten. Dies soll nicht zuletzt durch die bereits erwähnte Legalzession bei stationärer Unterbringung erfolgen, die nun bei Stufe 7 sogar einen Betrag von bis zu öS 16 860,- umfaßt, während es früher beim Hilflosenzuschuß lediglich rund öS 2400,- waren. Diese „Vorleistung des Bundes“ sollte freilich vorrangig zum Auf- und Ausbau der Infrastruktur und zur Standardverbesserung verwendet werden. Die Verpflichtung der Länder auf Grund der Pflege-Vereinbarung kann jedoch – wie schon erwähnt – erst ab dem Jahr 2000 eingefordert, zudem aber letztlich nicht wirklich (und schon gar nicht von den Pflegebedürftigen) durchgesetzt werden.

Auch bei den Pflegegeldgesetzen ist die Verpflichtung zur Homogenität viel zu schwach abgesichert („gleiche Zielsetzungen und Grundsätze“). Hier zeichnet sich ebenfalls bereits da oder dort eine – neuerliche – Auseinanderentwicklung ab: Einzelne Landesgesetze enthalten bereits Ansätze für Sonderregelungen, die weniger in regionalen Besonderheiten begründet denn von der Absicht geprägt sind, Lösungen, die ursprünglich zwar in Diskussion standen, aber im neuen System nicht Eingang gefunden haben, nun doch im „Alleingang“ zu verwirklichen. Ein Beispiel dafür könnte der „relative Vorrang“ der Sachleistung nach § 16 SbgPGG sein (amtswegiger Ersatz des Pflegegeldes, wenn dessen Zweck durch Sachleistungsgewährung eher erreicht werden kann). über diese und andere Fragen wird wohl zwischen Bund und Ländern bald wieder verhandelt werden, da die Pflege-Vereinbarung in einem ganz wesentlichen Punkt, nämlich im Hinblick auf die einheitliche Höhe der Pflegegeldstufen nur bis Ende 1995 befristet ist.

Im Zuge dieser Gespräche wird gewiß auch das erwähnte Problem des „versteckten Finanzausgleiches“ zu Lasten des Bundes aufs Tapet kommen. Es konnte daher nicht überraschen, daß im Zuge der jüngsten Auseinandersetzungen über das sogenannte „Belastungspaket“ zur Eindämmung des (Bundes-)Haushaltsdefizits ein Einfrieren der Höhe des Pflegegeldes erwogen wurde. Von dieser Maßnahme wurde – zumindest vorläufig – Abstand genommen. Die Debatte über eine stärkere Treffsicherheit des Pflegegeldes („targeting“) hat damit aber wohl erst begonnen. Dabei wird nicht zuletzt der Aspekt der bisher völlig fehlenden Kontrolle der Verwendung des Pflegegeldes eine besondere Rolle spielen. Anstelle irgendwelcher Formen von „Pflegepolizei“ sollte man freilich auch in Österreich an ein Modell denken, wie es in § 37 Abs. 3 SGB XI vorgesehen ist. Dies setzt freilich wieder das Vorhandensein einer entsprechenden Dienstleistungs-Infrastruktur voraus.

Insgesamt läßt sich dennoch festhalten, daß der mit Neuregelung der Pflegevorsorge in Österreich eingeschlagene Weg irreversibel scheint. Nach dem (vor allem im Vergleich zur jahrzehntelangen Diskussion in Deutschland) relativ raschen und – was den Geldleistungsbereich betrifft – durchaus ambitionierten Einstieg ist nun aber mit Sicherheit mit einer Phase der Stagnation rechnen. Angesichts der allenthalben bestehenden budgetären Engpässe und dem allgemein höchst ungünstigen Klima für sozialpolitische Maßnahmen werden sogar punktuelle Restriktionen nicht auszuschließen sein.

5. Thesenhafte Zusammenfassung

1.1. Die Pflegevorsorge in Österreich beruht nicht auf dem Versicherungsprinzip.

1.2. Pflegegeld nach dem BPGG gebührt vielmehr nur als Annex zu bestimmten Grundleistungen (insb. aus Pensions- oder Unfallversicherung bzw. Beamtenversorgung). Andere Personen (z.B. Angehörige eines Pensionsbeziehers, Sozialhilfebezieher) sind auf Leistungen aus dem jeweiligen Landespflegegeldgesetz verwiesen.

1.3. Die Homogenität zwischen BPGG und landesrechtlichen Regelungen wird – freilich nur unzureichend – durch eine staatsvertragliche Vereinbarung zwischen Bund und Ländern sichergestellt.

1.4. Diese enthält auch die – frühestens ab 2000 (!) verbindlichen – Vorgaben für quantitative wie qualitative Mindeststandards im Hinblick auf ambulante und (teil)stationäre Dienste.

2.1. Pflegegeld gebührt – unabhängig von Ursache der Pflegebedürftigkeit bzw. wirtschaftlicher Situation – je nach Ausmaß des Pflegebedarfes in sieben Stufen. Für die meisten Bedarfsbereiche sind (zeitliche) Richt-, Mindest- bzw. Fixwerte verordnet.

2.2. Die Vergabe des Pflegegeldes liegt bei der für die jeweilige Grundleistung zuständigen Stelle (z.B. Pensionsversicherungsträger).

2.3. Nach einer ursprünglich länger konzipierten „Übergangsphase" sollen die Pflegegeldstufen 3 bis 7 nun bereits ab Juli 1995 gerichtlich durchsetzbar sein.

3.1. Für Sach- oder Dienstleistungen gibt es vorerst kaum spezifische Regelungen. Deren Gewährung erfolgt meist immer noch nach (Landes-)Sozialhilferecht.

3.2. Ebensowenig bestehen bisher besondere Vorkehrungen für die Absicherung von Pflegepersonen.

4.1. Die Konfliktlinien im Zuge der Genese der Neuregelung verliefen in erster Linie zwischen Bund und Ländern.

4.2. Dies gilt auch für deren Implementierung: insbesondere kam es zu erheblichen Kostensteigerungen bei ambulanten wie stationären Diensten, ohne daß die Mehreinnahmen für eine nachhaltige Standardverbesserung verwendet würden. Auch bei den Pflegegeldgesetzen ist bereits eine gewisse Auseinanderentwicklung absehbar.

4.3. Der mit Neuregelung eingeschlagene Weg scheint zwar irreversibel. Dem relativ raschen und ambitionierten Einstieg dürfte nun aber eine Phase der Stagnation, in einigen Punkten wohl sogar der Restriktion folgen.

Anhang – Weiterführende Literatur:

Christoph Badelt/ August Österle, Evaluation des Pflegezuschußprogrammes des Landes und der Gemeinden Vorarlbergs (Bregenz, 1994)

Bundesministerium für Arbeit und Soziales (Hg), Pflegegeld in Europa (Wien, 1993)

Gerd Gruber/ Manfred Pallinger, Kommentar zum BPGG (Wien, 1994)

Gerhard Kuras, Das neue Pflegeleistungssystem, Zeitschrift für Arbeitsrecht und Sozialrecht (ZAS) 1993, 161 – 169

Kai Leichsenring/ Birgit Pruckner, Zwischen privater Pflicht und öffentlicher Verantwortung – europäische Trends und sozialpolitische Perspektiven der Pflegevorsorge, Österreichische Zeitschrift für Politikwissenschaft (ÖZPW) 1993, 291 – 311

Franz Marhold, Neuregelung des Pflegeproblems in Österreich, ZIAS 1993, 309 – 316

Walter J. Pfeil, Die Neuregelung der Pflegevorsorge in Österreich. Eine Untersuchung zur Pflegebedürftigkeit aus rechsdogmatischer und rechtspolitischer Sicht (Wien, 1994)

Walter J. Pfeil, Die Neuregelung der Pflegevorsorge in Österreich, VSSR 1994, 185 – 217

Walter J. Pfeil, Die Neuregelung der Pflegevorsorge in Österreich in Deutschland. Beginn einer Neuorientierung der sozialen Sicherheit in Zentraleuropa?, Soziale Sicherheit (Wien) 1994, 661 – 667

Neuentwicklungen in der Niederländischen Altersversorgung und ihre Evaluation

C. Romijn

1. Altersversorgung in den Niederlanden: Eine Einführung

In den Niederlanden gibt es vier größere Institutionen der Altersversorgung: Haushaltshilfe und häusliche Krankenpflege für jene, die zu Hause leben, Altenheime und Pflegeheime. Diese Institutionen bieten jenen Hilfe, die aufgrund zunehmender gerontopsychiatrischer und/oder geriatrisch-somatischer Probleme nicht imstande sind, ein selbständiges Leben zu führen. In den letzten Jahren wurden ergänzende Institutionen geschaffen, damit dem Übergang alter Menschen in die Heime Einhalt geboten würde. Die wichtigsten Zusatzinstitutionen sind Tagesstätten, gewöhnlich mit Alten- und Pflegeheimen verbundene Zentren, wo alte Menschen an Wochentagen behandelt und betreut werden können. An den Wochenenden und an Feiertagen leben sie zu Hause.

Die vier Versorgungsformen bieten spezielle Leistungen. Die Haushaltshilfe richtet sich auf nur geringfügig Hilfebedürftige, die unfähig sind, die in ihrem Haushalt anfallenden täglichen Arbeiten zu verrichten. Die häusliche Krankenpflege hilft Personen, die Schwierigkeiten bei der persönlichen Pflege (Waschen, Zubettgehen und Aufstehen) haben. Beide Institutionen sind für Hilfesuchende da, die zu Hause leben. Altenheime sind das stationäre Äquivalent zur Haushaltshilfe. In Pflegeheimen finden Personen Aufnahme, die aufgrund somatischer und psychogeriatrischer Probleme Hilfe brauchen.

Ob und inwieweit alte Menschen Hilfe brauchen, hängt maßgeblich von ihrem Zustand aus (a) physischer, (b) gesundheitlicher und (c) psychogeriatrischer Sicht ab. Theoretisch wäre zu erwarten, daß jede Altersversorgung hierarchisch organisiert ist: Je mehr man in einem oder in allen oben genannten Bereichen Probleme hat, desto eher werden komplexe Hilfeformen gebraucht. In den Niederlanden stimmen die heutigen Versorgungsstrukturen in der Tat sehr eng mit diesem hierarchischen Modell überein. In der Altersgruppe über 75 Jahre (in der am häufigsten somatische, medizinische oder gerontopsychiatrische Probleme auftreten) nehmen Menschen mit geringen Beschwerden nur 15 Prozent der Hilfe in Anspruch: 14 Prozent häusliche

Hilfe, ein Prozent Heimhilfe. Menschen mit ernsthaften Beschwerden sind zu 75 Prozent versorgungsbedürftig: 30 Prozent durch häusliche Hilfe, 30 Prozent im Altenheim. Bei letzteren gibt es einen deutlichen Unterschied zwischen allein lebenden Personen und solchen, die mit anderen – Ehepartnern und/oder Kindern – zusammenwohnen. Die meisten dieser allein lebenden Personen sind auf Alten- und Pflegeheime angewiesen, während die Personen, die mit anderen einen gemeinsamen Haushalt führen, bei vergleichbaren Problemen eher zu Hause bleiben können. Die niederländische Altenhilfe ist also zwar grundlegend hierarchisch organisiert, dennoch hat die informelle Versorgung eine eindeutig ausgleichende Wirkung.

Die Gesamtausgaben für Altenhilfe in den Niederlanden belaufen sich schätzungsweise auf 11 Milliarden Gulden (5 Milliarden Ecu): 2,7 Milliarden für die häusliche Hilfe, 8,3 Milliarden für die Heimhilfe. Davon wird der überwiegende Teil – 9,3 Milliarden – für die Behandlung und Pflege von alten Menschen (ab 65 Jahre) in Anspruch genommen.

Ungefähr zehn Prozent der Altersgruppe ab 65 lebt in Heimen, weitere zehn Prozent bekommen – mindestens einmal in der Woche – häusliche Hilfe oder Pflege. Von den 90 Prozent, die zu Hause leben, nimmt nur 1,5 Prozent die Hilfe von Tagesstätten in Anspruch. Die Ausgaben pro Person sind erwartungsgemäß für die häusliche Hilfe geringer als für die Heimhilfe. Ein Altenheimplatz kostet im Durchschnitt hfl 32 000,–, ein Pflegeheimplatz ca. hfl 74 000,– im Jahr.

Fünf Stunden Haushaltshilfe in der Woche (der niederländische Durchschnitt) kosten etwa hfl 8 000,- und tägliche häusliche Krankenpflege hfl 7 000,- im Jahr.

Pflege- und Altenheime werden, wie auch die meisten Krankenhäuser, von privaten und gemeinnützigen Organisationen getragen, Haushaltshilfe und häusliche Krankenpflege ebenfalls. Diese Tatsache könnte zu der Annahme führen, daß die Versorgungskosten sich außerhalb des staatlichen Einflußbereiches bewegen würden. Die Kontrolle der Kosten im Gesundheitswesen ist ein wichtiges Ziel der Regierungspolitik. Zur Verwirklichung dieses Zieles benutzt sie weitgehende Planungs- und Tarifgesetze. Diese Instrumente sind allerdings nicht unumstritten: Es werden in letzter Zeit immer mehr Stimmen laut, die die Einführung eines mehr am Markt orientierten Systems befürworten, das die staatlich kontrollierte Planung und Finanzierung ersetzen soll.

Nachstehend wollen wir einige Experimente in beiden Richtungen – der staatlichen und der marktorientierten – untersuchen. Die erste Kategorie der Experimente will Alternativen zur Verbesserung des zentralen Planungs- und Finanzierungssystems in bezug auf die Ausgabenkontrolle entwickeln. Die zweite Kategorie will zeigen, daß eine Marktorientierung dasselbe bewirken könnte.

2. Politik der Altersversorgung

Die langsame aber unvermeidliche Alterung der Bevölkerung in den kommenden Jahrzehnten wird das Führungssystem in den Niederlanden, wie in allen anderen EG-Ländern, stark belasten und die Diskussion über ein qualitätsgerechtes, aber kostengünstiges Gesundheitswesen in den Vordergrund rücken. Voraussichtlich wird die Zahl der Personen ab 65 Jahre in den Niederlanden von 1,6 Millionen 1990 auf 2,1 Millionen im Jahre 2000 ansteigen. Dadurch wird die Nachfrage nach Versorgungsleistungen wachsen. Wenn nichts unternommen wird, werden die Kosten für das Gesundheitswesen im gleichen Zeitraum um 3,5 Milliarden Ecu (von 7 auf 10,5 Milliarden) zunehmen.

Eine vernünftige Kostenpolitik, das heißt Kostenüberwachung bei gleichzeitiger Gewährleistung einer qualitätsgerechten Altersversorgung, wird also ein vorrangiges Thema bis zur Jahrtausendwende sein.

Um dieses Ziel zu erreichen, setzt die Regierung vorwiegend auf den Ersatz von teuren Leistungen (Heimhilfe) durch kostengünstigere Alternativen (häusliche Pflege und Haushaltshilfe). Obwohl Kosteneindämmung im Gesundheitsbereich ein wichtiges Ziel der niederländischen Regierung ist, beschränkt sie sich nicht lediglich darauf. Weitere wichtige Ziele sind (1) die Gewährleistung einer bedarfsgerechten Altersversorgung, (2) die Gewährleistung einer qualitätsgerechten Altersversorgung und (3) die Schaffung flexibler und effizienterer Versorgungsorganisationen. Die Grundlage für die Kosteneindämmung soll der möglichst weitgehende Ersatz von Heimversorgung durch häusliche Versorgung sein. Die Bemühungen zur Gewährleistung der Qualität, Flexibilität und Effizienz zielen demzufolge auf die Errichtung von hausgebundenen Institutionen.

Experimente als Strategien, um Maßnahmen zu testen

Die hier aufgeführten Experimente, die sich auf die Einführung neuer Maßnahmen beziehen, werden alle am Maßstab der oben beschriebenen politischen Ziele gemessen: Kosteneindämmung, Qualitätssicherung, Steigerung der Flexibilität und Effizienz. Diese Maßnahmen sind alle auf die Lösung der beschriebenen systemeigenen Probleme gerichtet, die einer effektiven politischen Beeinflussung zur Erreichung der Ziele im Wege stehen. Es gibt zwei Problemkomplexe:

(a) Der erste Problembereich befaßt sich damit, daß die Planung und die aktuelle Verwaltung der Leistungen in den Niederlanden von verschiedenen Instanzen ausgeführt wird. Die Planung ist eine Aufgabe des Staates, die Verwaltung ist in Händen lokaler – privater – Institutionen. Der erste, weiter unten erwähnte Experimenttyp widmet sich dieser Problematik. Bei diesen Experimenten bekamen regionale und lokale Behörden mehr

Autonomie bei der Finanzierung und Planung ihres Versorgungsangebots und sogar bei der Entscheidung über Maßnahmen außerhalb der sie und die Institutionen betreffenden Gesetze und Regelungen. In dieser Weise wurde diesen Instanzen die Möglichkeit geboten, Planung, Finanzierung und Leistungsangebot der vier beteiligten traditionellen Versorgungsinstitutionen zu integrieren. Durch das integrierte Herangehen sollte ein effizienteres und demzufolge kostengünstigeres und qualitätsgerechteres Versorgungsangebot bewirkt werden. Die Experimente wurden auf Veranlassung der niederländischen Regierung und des niederländischen Gesundheitsministeriums entworfen und ausgeführt.

(b) Ein zweites Problem im niederländischen Gesundheitswesen ist, daß es für Anbieter kaum Anreize gibt, ihre Leistungen so kostengünstig wie möglich anzubieten. In der Einführung wurde darauf hingewiesen, daß dieses Problem die Diskussion über die Einführung von Marktelementen beeinflußt hat. Das zweite Experiment wollte herausfinden, was die Einführung eines solchen Marktelements wirklich bewirken würde. Alte Menschen, die sich erfolgreich für die Aufnahme in ein Altenheim angemeldet hatten, aber noch auf der Warteliste standen, wurden mit Mitteln ausgestattet, um nach ihrer Meinung für sie bedarfsgerechte Leistungen von Institutionen zu beziehen. Sie waren frei, Dienste von traditionellen oder von neuen, in der Regel privaten, kommerziell betriebenen und Zugang zum neuen Markt suchenden Institutionen zu beanspruchen: Es wurden Anreize eingeführt, die Wettbewerb (und möglicherweise teilweise Zusammenarbeit) zwischen den Institutionen auslösen könnten. Dieses Experiment wurde ebenfalls vom niederländischen Gesundheitsministerium veranlaßt und durchgeführt.

Politische Experimente: Kontrollierte Interventionen

Kennzeichnend für viele Versuche, die niederländische Altersversorgung (aber auch das Gesundheitswesen überhaupt) zu erneuern, ist die experimentelle Einführung der Änderungen in bestimmten ausgewählten Gebieten. Zunächst ist man dabei um einen Konsens zwischen den am Experiment beteiligten Parteien bemüht: Die Parteien können festlegen, welche und in welcher Form Maßnahmen zu treffen sind, solange diese die politischen Hauptziele nicht beeinträchtigen. Überdies wird so ausführlich wie möglich beschrieben, was die gewünschten Konsequenzen und Effekte der neuen Politik im einzelnen sein sollten. Nachdem ein Projekt in dieser Weise abgesteckt worden ist, werden der Einführungsprozeß und die Effekte durch wissenschaftliche Untersuchungen überwacht, damit sich herausstellt, ob die spezifischen Ziele erreicht werden, die erwarteten Konsequenzen sich tatsächlich einstellen und ob es unerwartete Konsequenzen gibt. Nachdem das Experiment beendet worden ist, werden die Ergebnisse der Beobachtung im politischen Entscheidungsprozeß berücksichtigt.

Die hier angeführten politischen Experimente sind in der gerade beschriebenen Art und Weise durchgeführt worden. Bevor irgendwelche Maßnahmen in obigem Sinne in größerem Umfang auferlegt werden, hat die niederländische Regierung deren Effektivität vorher auf bestimmten Gebieten getestet.

Nachfolgend wird beschrieben, welche Maßnahmen getroffen, wie die Experimente durchgeführt und welche Ergebnisse erzielt wurden.

3. Experimente mit dezentralisierter (lokaler) Planung und Leistungsintegration

In diesen Experimenten bekamen regionale Behörden mehr Autonomie bei der Finanzierung und Planung ihres Angebots, damit sie in der Lage waren, Planung, Finanzierung und Leistungen der vier beteiligten traditionellen Institutionen zu integrieren. Die Experimente sollten Maßnahmen testen, die auf die Lösung eines charakteristischen Problems gerichtet waren. Das systemgebundene Problem entsteht daraus, daß die Planung der Leistungen und die tatsächliche Verwaltung der Leistungen von verschiedenen – staatlichen beziehungsweise lokalen – Instanzen durchgeführt werden. Das erhoffte Ergebnis der Integration sollte sein, daß die Institutionen mehr zusammenarbeiten, und daß das Leistungsangebot für die alten Menschen effizienter – folglich kostengünstiger – und qualifizierter werden würde.

Die experimentellen Maßnahmen zielten alle auf das Zustandekommen dieser Zusammenarbeit oder Integration und bezogen sich auf vier Bereiche:

1. Leistungen,
2. Aufnahme- und Beurteilungsverfahren,
3. Planung und
4. Finanzierung.

Es wurden vier Regionen ausgewählt, zwei ländliche und zwei städtische. Die ländlichen waren Südostgroningen und De Bevelanden (in der südwestlichen Landesprovinz Zeeland). Die städtischen Gebiete waren Nieuwegein, eine verhältnismäßig neue Stadt in der Provinz Utrecht, und Venlo, etwa hundert Kilometer von der Limburger Hauptstadt Maastricht entfernt.

Im folgenden wird berichtet, welche spezifischen Maßnahmen getroffen wurden, in welcher Form und wie sie in den jeweiligen Projekten implementiert wurden. Zunächst werden die beiden Städte, danach die zwei ländlichen Regionen behandelt.

Lokale Planung und Integration der Leistungen in zwei Städten

Das Experiment in Nieuwegein

Das Projekt in Nieuwegein wurde von einem Projektmanagement-Team ausgeführt, das für diesen Zweck zusammengestellt worden war. Es bestand aus Managern und Vorstandsmitgliedern der beteiligten Institutionen der Altersversorgung, Vertretern von Hausärzten, Freiwilligenorganisationen und lokalen Seniorenverbänden.

Integriertes Leistungsangebot

Die vier – traditionsgemäß autonomen – Institutionen sind zuständig für (1) die Versorgung und/oder Pflege der alten Menschen. Zwei von ihnen sind haus-, die anderen zwei heimgebunden. Die letzteren bieten aber mehr und mehr auch Dienste für noch zu Hause lebende alte Menschen an (über sogenannte Tagesstätten). (2) Sie beurteilen, welche Leistungen für welche Personen, je nach ihrer Bedürfnislage, in Betracht kommen. Ziel des Projektes war die weitestgehende Integration dieser Leistungen.

Am Anfang des Projekts in Nieuwegein war das Hauptaugenmerk auf die Koordinierung der beiden hausgebundenen Institutionen gerichtet. Die erste organisatorische Änderung galt der Errichtung einer zentralen Meldestelle, wo alle Hilfegesuche eingehen sollten. Nach einer Kurzberatung durch das Meldestellenteam, sollte der Anmelder an die Institution verwiesen werden, die am besten für seinen Fall geeignet ist. Bisher waren die Anmeldung bei der Institution für Haushaltshilfe und die bei der Institution für häusliche Pflege getrennt.

Die zweite Änderung galt der Errichtung gemischter Teams von Haushaltshilfe- und Pflegekräften. In Nieuwegein wurde für vier Stadtbezirke jeweils ein solches Team errichtet. Innerhalb der Teams wurden die jeweiligen Spezialisierungen der Teammitarbeiter nicht geändert. Hierauf ist vor allem die gute Zusammenarbeit zwischen dem Personal der beiden unterschiedlichen Institutionen zurückzuführen. Die Teams entwickelten sich in ihren jeweiligen Bezirken zu Brennpunkten für häusliche Versorgung. Das Ziel war (und ist) die effektive Beschäftigung mit Problemen der Alten zur Verhinderung unnötiger Heimaufnahmen. Neu war auch die Einführung eines sogenannten „Individualhilfeplans". Dieser Plan bildete den ständigen Bezugsrahmen für Hilfeaktivitäten des Teams.

Beurteilung und Zuweisung von Leistungen

Herkömmlicherweise haben die vier Institutionen alle ihre eigenen Anmeldungs-, Beurteilungs- und Zuweisungsverfahren. Die Integration dieser Verfahren sollte zu einer geeigneteren Zuweisung von Leistungen und zur Verhinderung unnötiger Heimaufnahmen führen. Zunächst wurde versucht, ein einziges Verfahren für alle vier Institutionen zu schaffen. Dazu waren zwei Maßnahmen vorgesehen:

1. der Entwurf eines einzigen Formulars, mit dem die Probleme hilfesuchender alter Menschen umfassend erfaßt werden konnten;
2. im Zusammenhang hiermit die Formulierung allgemeiner Normen und Regeln, anhand derer entschieden werden konnte, wer bei einer bestimmten Problemlage welche Leistungen bekommen sollte.

Trotz des begeisterten Anfangs wurde dieser Plan nach sechs Monaten des Experimentierens fallengelassen. Die Erstellung eines einzigen Formulars für alle möglichen Probleme stellte sich als schwerfällig und ineffizient heraus. Außerdem fühlten die Feldarbeiter sich zu sehr beansprucht, weil das Ausfüllen des Formulars notwendigerweise mit Regierungsaktivitäten für ihre jeweiligen eigenen Organisationen einherging. Schließlich geriet die Erfassung mit staatlich vorgegebenen Verfahren im gleichen Bereich (Beurteilung und Zuweisung von Leistungen) in Konflikt.

Deshalb entschied man sich für die Einführung von zwei verschiedenen Beurteilungs- und Zuweisungssystemen, für die haus- und für die heimgebundene Versorgung, so daß jeweils zwei frühere Verfahren kombiniert wurden. Ein wichtiger Aspekt ist, daß die Beurteilungs- und Zuweisungsgremien der beiden heimgebundenen Institutionen die Zuweisungszuständigkeit einer externen Instanz (dem Projektmanagement) übergaben. Es wurde also ein wichtiger Schritt in bezug auf die lokale Integration von Institutionen verwirklicht: Die zwei Heime verzichteten auf ihr Recht, selbständig über die Aufnahme zu entscheiden.

Lokale Planung und ein kombiniertes Budget

Eine weitere Integration wurde auf Führungs- und Verwaltungsebene angestrebt. Es wurde ein Versuch unternommen, ein kombiniertes Budget für alle Altenhilfeaktivitäten einzuführen. Dieses kombinierte Haushaltssystem sollte das alte ersetzen, das für jedes der vier Institutionen vier verschiedene Budgets (aus zwei verschiedenen Quellen) verwendete. Es wurden folgende Maßnahmen erwogen:

- Die Träger (der Staat und lokale Versicherungsgesellschaften) sollten dem Projektmanagement die gesetzliche Möglichkeit bieten, die vier Budgets in einem Budget zusammenzufassen. Das Projektmanagement sollte die Kontrolle über das Budget bekommen.
- Die am Projekt beteiligten Organisationen sollten die für die Altersversorgung vorgesehenen Teile ihrer Budgets dem Projektmanagement übergeben.
- Die Träger und Institutionen sollten dem Prinzip der Neuzuweisung der Gelder (Verschiebung von der heim- zur hausgebundenen Fürsorge) zustimmen.

Wie man sich vorstellen kann, entbrannte zwischen den verschiedenen Parteien ein heftiger Streit, da von den Institutionen im Grunde verlangt wurde, auf die Autonomie ihrer Organisationen zu verzichten. Dennoch kam ein zentrales Budget zustande, das in groben Zügen mit den anfänglichen Vorstellungen übereinstimmte. Der Staat, einer der Träger, hat nachdrücklich auf der Realisierung dieser Maßnahme bestanden und somit den anfänglichen Widerstand der beteiligten Institutionen gebrochen.

Das Ergebnis ist, daß es in Nieuwegein – immer noch – eine wirklich integrierte Planung und Finanzierung des Leistungsangebots für die alten Menschen gibt. Die Planung und Finanzierung wird ermöglicht durch ein Kurzerfassungssystem, das die Bedürfnisse der Hilfesuchenden einheitlich registriert und die – integrierten – Institutionen in die Lage versetzt, den spezifischen Bedürfnissen maßgerecht zu begegnen. Dies erfolgt mit dem ausdrücklichen Ziel, den alten Menschen, die Schwierigkeiten haben, ein selbständiges Leben zu führen, das Leben im eigenen Haushalt weiterhin zu ermöglichen.

Freilich gibt es in Nieuwegein immer noch Probleme. Aber das heutige System in Nieuwegein ist – zumindest in den Niederlanden – einzigartig. Bisher ist es nirgends in den Niederlanden gelungen, ein ähnliches System einzuführen. Eine solche isolierte Position zu behaupten, ist schwer genug, weil „alte“ Verrechnungsregeln für die Institutionen immer noch in Kraft sind. Es muß gewissermaßen ein doppeltes Registrier- und Verrechnungssystem geführt werden, eins für die Stadt selbst und eins für die Öffentlichkeit.

Das Experiment im Venlo

Wie in Nieuwegein wurde das Projekt in Venlo von einem Management-Team ausgeführt, das aus Managern und Vorstandsmitgliedern der vier Institutionen sowie Vertretern der Hausärzte und Seniorenverbände bestand. Außerdem waren die Organisationen der Wohnungsverwaltung darin vertreten.

Erwähnenswert ist die für die Niederlande einzigartige Tatsache, daß die alten Menschen in Venlo nicht nur im Management-Team vertreten waren, sondern darüber hinaus eng bei der Planung und Ausführung des Projekts sowie bei anderen allgemeineren lokalen alterspolitischen Angelegenheiten miteinbezogen wurden. In jedem Stadtbezirk wurden die alten Menschen dazu aufgefordert, sich an sogenannten Stadtbezirksgruppen zu beteiligen. Diese Gruppen inventarisierten die Probleme der alten Menschen in ihrem jeweiligen Bezirk und diskutierten intern über mögliche Lösungen. Die Bezirksgruppen waren wiederum in einem zentralen Organ, einem städtischen Ausschuß, vertreten. Dieser städtische Ausschuß hat im Laufe der Zeit einen beträchtlichen Einfluß auf die lokale Versorgungspolitik bekommen.

Wie in Nieuwegein zielten auch die vorgesehenen Maßnahmen in Venlo auf die Integration von Planung, Finanzierung, Beurteilungs-, Zuweisungsverfahren und Leistungsangebot. Dies sollte den alten Leuten, trotz etwaiger (zunehmender) physischer Probleme, den weiteren Verbleib in der eigenen Wohnung ermöglichen. Trotz des gleichen Ziels waren die jeweils vorgesehenen Maßnahmen aber unterschiedlich. Es wurde eine vollständige Reorganisation der Versorgungseinrichtungen in Betracht gezogen, die die Beurteilungs- und Zuweisungsverfahren der vier Institutionen integrieren sollte, so daß sechs sogenannte Koordinationsstellen in den Stadtbezirken entstehen würden.

Koordinierung von Hilfe und Integration von Beurteilungs- und Zuweisungsverfahren durch Koordinationsstellen in den Stadtbezirken

Die Koordinationsstellen in den Venloer Stadtbezirken sollten als zentrale Anlaufstelle für die hilfebedürftige ältere Bevölkerung dienen. Sie waren von Montag bis Freitag eine Stunde geöffnet. Man konnte anrufen oder um ein persönliches Gespräch bitten. Wenn die Koordinationsstellen geschlossen waren, wurden die Anrufe automatisch an die herkömmlichen Fürsorgeinstitutionen weitergeleitet.

Die Hauptfunktion der Koordinationszentren war die Koordinierung der Hilfeaktivitäten für die ältere Bevölkerung, vor allem die mit komplexen Problemen, innerhalb des eigenen Stadtbezirks. Zu diesem Zweck standen den Besuchern oder Anrufern Vertreter der vier Institutionen und auch Hausärzte zur Verfügung.

Jedem Hilfesuchenden wurde eine Kontaktperson (ein Mitglied des zentralen Teams) zugeteilt, die Informationen über das anstehende Problem sammelte. Die Informationen wurden mittels eines automatisierten Systems der Kundenregistrierung gesammelt, das in Zusammenarbeit mit dem Team, welches das Projekt in Venlo betreute, entwickelt wurde. Das Formular enthielt eine kurze Auflistung der möglichen Probleme der Hilfesuchenden. Bei kleineren Problemen wurden die Hilfesuchenden an die Heimhilfeinstanzen verwiesen, bei größeren wurde ein Hilfeplan erstellt. Die Art und der Inhalt dieses Hilfeplans wurden im zentralen Team besprochen, wonach eine Entscheidung getroffen wurde, welche Hilfe zu leisten ist. Der einmal erstellte Hilfeplan konnte auch als Bezugsrahmen für die den älteren Leuten gebotene Hilfe dienen.

Durch die Schaffung von Koordinationsstellen in den einzelnen Stadtbezirken sollten die Einrichtungen besser zugänglich für die ältere Bevölkerung werden. Außerdem sollten sie bewirken, daß alte Menschen trotz zunehmender Behinderungen länger zu Hause bleiben konnten.

Obwohl man davon ausgegangen war, daß die Einführung der Koordinationsstellen schnell erledigt sein würde, verlief der Einführungsprozeß sehr träge. Erstens stellte sich die Erstellung der Aufnahme- und Registrierungsformulare als problematisch heraus. Zweitens, was wichtiger war, ergaben sich personelle Probleme: Es erwies sich als schwierig, eine Lösung zu finden für die regulären Öffnungszeiten der beteiligten Institutionen einerseits und der experimentellen Stellen andererseits. Drittens wurde den einzelnen Institutionen, obwohl sie der Einführung der Koordinationsstellen zugestimmt hatten, im Laufe des Projektes klar, daß die Integration der Aktivitäten zwangsläufig Autonomieverluste für sie bedeutete. Das führte zu zahlreichen neuen Diskussionen über die bereits angenommenen Pläne und zu halbherzigen Bemühungen, die beschlossenen Pläne tatsächlich zu verwirklichen. Am Ende der Experimentierzeit waren in Venlo sechs Koordinationsstellen aktiv, obwohl ihre Wirkung sehr beschränkt war. Nur wenige Hilfegesuche gingen bei ihnen ein. Die übrigen wurden von den traditionellen Institutionen abgewickelt.

Kombinierte Finanzierung

Wie in Nieuwegein hatte das Projektmanagement in Venlo das Ziel, die ehemals getrennten Mittel der Altenhilfe zu kombinieren, weil man, wie überall in den Niederlanden, glaubte, daß ein echt integriertes Leistungsangebot durch unterschiedliche Regelungen und Gesetze, die die Institutionen einzuhalten hatten, wesentlich behindert würde. Um dieses Problem zu lösen, wollte man, ebenso wie in Nieuwegein, ein kombiniertes Budget einrichten, aus dem alle experimentellen Aktivitäten finanziert werden konnten. In Venlo erwies sich die Verwirklichung dieses Vorhabens als äußerst schwierig. Man sträubte sich gegen die Entwicklung einer gemeinsamen Verrechnungsregelung, wenn das kombinierte Budget verwendet werden sollte. Eine Einigung über die Grundzüge der Budgetverteilung zwischen den einzelnen, am Experiment beteiligten Institutionen kam also nicht zustande. Während des Experiments blieb dieses Problem ungelöst. Die Projektaktivitäten wurden getragen von den am Experiment beteiligten Organisationen, wobei das Projektmanagement allerdings gegenüber jeder von ihnen zu verantworten hatte, wie die Mittel eingesetzt worden waren. So war das Ziel eines kombinierten Budgets, wie am Anfang des Experiments vorgesehen, entfernter denn je.

Die Experimente in den zwei ländlichen Regionen

Das Projekt in Südostgroningen

In Südostgroningen hatten eindeutig mehr als in anderen experimentellen Gebieten, dem Experiment vorausgehende Entwicklungen zur formellen Anerkennung als „Demonstrationsprojekt“ geführt. Deshalb waren bestimmte Maßnahmen am Anfang des Experiments schon in Kraft. Es bestand zum Beispiel bereits eine enge Zusammenarbeit zwischen den zwei Institutionen der häuslichen Versorgung. Dennoch gab es Probleme. Ein Problem war die Finanzierung der Haushaltshilfe, weil diese Einrichtung mit Hilfegesuchen von älteren Leuten mit komplexen Problemen überlastet wurde und organisatorische Schwierigkeiten die Zusammenlegung beider Institutionen für hausgebundene Altenhilfe blockierten. Schließlich sah man eine engere Zusammenarbeit zwischen den extra- und intramuralen Institutionen als nötig an, damit die alten Leuten nicht unnötigerweise auf Heimversorgung oder Heimpflege angewiesen wären. Im Gegensatz zu den anderen Projekten wurde in Südostgroningen zur Durchführung des Projektes keine zusätzliche Stelle eingesetzt. Die beiden Direktoren der zwei extramuralen Einrichtungen im Gebiet traten als Schrittmacher auf.

Zur Realisierung der Projektziele wurden in Groningen gleichzeitig drei verschiedene Projekte durchgeführt, jedes einzelne mit einem klar umrissenen Ziel. Ziel des ersten Projekts war die weitere Verknüpfung – bis zur Verschmelzung – der zwei extramuralen Institutionen. Ziel des zweiten Projekts war die Erweiterung der Beurteilungs- und Zuweisungsverfahren der extramuralen Institutionen, so daß auch die intramuralen Institutionen einbezogen wurden. Das dritte Projekt wollte durch eine erweiterte Zusammenarbeit auf dem Gebiet der Leistungsplanung und des Leistungsangebots zwischen den lokalen Behörden und Institutionen ein konsistentes Paket von Leistungen schaffen.

Bei dem auf die Intensivierung der Zusammenarbeit der beiden extramuralen Institutionen gerichteten Projekt wurden vier Aktivitäten geplant. Erstens sollten die beiden Institutionen die gleichen Regionen abdecken (bisher war das Arbeitsgebiet der Einrichtung für häusliche Pflege größer als das der Einrichtung für Haushaltshilfe). Zweitens sollten in beiden Einrichtungen organisatorische Anpassungen stattfinden: beispielsweise flexiblere Arbeitszeiten für Pflegekräfte. Drittens sollten der Hilfeplan für die Haushaltshilfe (ein einfaches Formular, in das eingetragen werden konnte, wer zu welcher Zeit welche Hilfe brauchte) und der Pflegeplan (ein ähnliches Formular für die häusliche Pflege) integriert werden. Dies sollte eine engere Zusammenarbeit bei der Bewältigung von Problemen der Altersversorgung durch Haushaltshilfe- und Pflegekräfte fördern. Letztlich sollten beide Institutionen in einem Gebäude untergebracht werden.

Die Ziele des ersten Projekts wurden größtenteils verwirklicht. Es wurden gleiche Arbeitsgebiete, flexiblere Arbeitszeiten für Pflegekräfte und eine gemeinsame Unterkunft geschaffen. Am Ende der Experimentierzeit arbeiteten jedoch die beiden Institutionen weder vollständig integriert zusammen noch war ein gemeinsamer Hilfe- und Pflegeplan realisiert worden. Obwohl es, bevor das Experiment anfing, bereits eine enge Zusammenarbeit zwischen beiden extramuralen Institutionen gab, erschienen die Auffassungen und Arbeitsweisen zu unterschiedlich, als daß eine vollständige Integration der Beurteilungs- und Zuweisungsverfahren sowie Leistungsangebote stattgefunden hätte.

Das zweite Projekt in diesem Experiment hatte die Erweiterung der Beurteilungs- und Zuweisungsverfahren zum Ziel. Es sollten unter Berücksichtigung des gesamten, in der Region vorhandenen Angebots Leistungen zugewiesen werden. Zuweisungsentscheidungen sollten daher gemeinsam von Vertretern der hausgebundenen wie heimgebundenen Altenhilfe getragen und auf die regionalen Einrichtungen erweitert (statt auf die Einrichtungen in den zwei Städten in der Region beschränkt) werden. Schließlich sollte der regionale Beurteilungs- und Zuweisungsausschuß bei der Leistungszuweisung das letzte Wort haben. Deswegen wurde der Versuch unternommen, wie in Nieuwegein, die – autonomen – Institutionen in der Region dazu zu bewegen, sich die Verantwortung darüber zu teilen, wer welche Leistungen bekommt und wer nicht.

Die Ziele wurden alle realisiert. Es wurde ein „erweiterter" Beurteilungs- und Zuweisungsausschuß eingesetzt, der die vorhandenen Ausschüsse ersetzte. Von ihm getroffene Zuweisungsentscheidungen wurden als verbindlich betrachtet. Erwähnenswert ist, daß die Einsetzung des Ausschusses auf einer weit freiwilligeren Basis erfolgte als in den anderen experimentellen Regionen.

Wie beim ersten Projekt, konnten hingegen nicht alle Probleme in bezug auf das Funktionieren des Ausschusses ausgeräumt werden. Es stellte sich heraus, daß die Ausschußmitglieder (oft sehr) unterschiedliche Auffassungen darüber hatten, welche Form der Altenhilfe bei bestimmten Anträgen geeignet wäre. Es stellte sich ebenfalls heraus, daß in Ermangelung einer tauglichen und einheitlichen Registrierung der Hilfeanträge und Vorschläge die Entscheidungen manchmal nur schwer getroffen werden konnten.

Das Ziel des dritten Projekts war die Schaffung einer Form der Zusammenarbeit zwischen den in der Region tätigen Institutionen auf dem Gebiet der Planung von Inhalt und Verfügbarkeit der Leistungen. Hierzu wurde ein ebenfalls informelles Gremium eingesetzt, das sich aus Managern und Vorstandsmitgliedern der Institutionen, lokalen Behörden und aus Vertretern der Seniorenverbän de zusammensetzte.

Ziel der zweimonatlichen Zusammenkünfte dieses Gremiums war (a) die Erstellung einer Liste mit den in der Region verfügbaren Altenhilfeleistungen (Wohnungsanpassungen, ambulante Tages- und/oder Nachthilfe usw.) und (b) eine tragfähige Kooperation zwischen den Organisationen und Institutionen in bezug auf die Leistung dieser Hilfe. Im Zuge dieser Kooperation wurden Sondereinheiten für besondere Bereiche geschaffen. Zum Beispiel: altengerechtes Wohnen, zeitweiliger Verbleib in einem Heim und experimentelle Formen der Atersversorgung. Im Laufe der Zeit hat dieses Gremium einen erheblichen Einfluß auf die Verwaltung und Führung der Altenhilfe in Südostgroningen bekommen, der über die traditionellen Vorstands- und Führungsstrukturen der Einrichtungen und Institutionen hinausgeht. Auch hier sei aber erwähnt, daß die Probleme nicht restlos beseitigt wurden.

Viele Ergebnisse der Experimente in Südostgroningen sind auf informelle Zusagen zurückzuführen.

Das Projekt in De Bevelanden

Das letzte hier vorgestellte Projekt wurde in der südwestlichen niederländischen Provinz Zeeland durchgeführt. Die Strategie dieses Projekts war ähnlich wie die in den beiden Städten: Vertreter (Führungs- und Verwaltungspersonal) der beteiligten Institutionen hatten ein Führungsteam gebildet, das mit der Ausführung des Projekts betraut wurde.

Auch hier war das endgültige Ziel, wie bei den übrigen vorgestellten Projekten, die engere Zusammenarbeit zwischen den zwei extramuralen Einrichtungen und die Integrierung der Beurteilungs- und Zuweisungsverfahren der Institutionen in der Region. Die konkreten Maßnahmen stimmten weitgehend mit denen in Venlo überein. Es wurde versucht, die Aufgaben in sogenannten lokalen Koordinationszentren zusammenzubringen. Ursprünglich hatte man fünf solcher Zentren geplant, später nur noch zwei: ein städtisches und ein ländliches Zentrum. Hier sollten Beurteilungs- und Zuweisungsverfahren integriert werden, damit die Zuweisung für extra- wie intramurale Einrichtungen erfaßt wurde. Des weiteren sollten diese Zentren die hausgebundene Altenhilfe, besonders in bezug auf Hilfesuchende mit komplexen Problemen, koordinieren.

Leider schlug das Projekt völlig fehl. Die auch bei den anderen Projekten auftauchenden Probleme konnten hier nicht überwunden werden. Das ist vor allem darauf zurückzuführen, daß die Institutionen sich weigerten, auf ihre Autonomie zu verzichten.

Projektkontrolle

Die Experimente wurden, wie das in den Niederlanden üblich ist, von wissenschaftlichen Untersuchungen begleitet. Die Kontrolle bezog sich auf zwei Aspekte. Erstens wurden die Fortschritte bei der Ausführung der geplanten Maßnahmen sowie deren eventuelle zeitliche oder inhaltliche Änderungen erfaßt und, wenn möglich, ergründet. Evaluation wurde für wichtig gehalten, damit ermittelt werden konnte, ob die Maßnahmen wie geplant eingeführt wurden. Auch sollten die Experimente Modellcharakter für das ganze Land haben, so daß eine genaue Dokumentation unerläßlich war. Man wollte wissen, mit welchen Schwierigkeiten man bei einer eventuellen landesweiten Einführung rechnen mußte.

Zweitens wurden Informationen über den tatsächlichen Gebrauch des Leistungsangebots durch die alten Menschen in den experimentellen Gebieten gesammelt und mit vergleichbaren Informationen aus nicht experimentellen Gebieten verglichen. Dies sollte Aufschluß darüber geben, ob Maßnahmen dazu führten, daß alte Menschen in den Experimentiergebieten tatsächlich mehr hausgebundene Hilfe in Anspruch nehmen würden als anderswo in den Niederlanden. Ebenso wurde untersucht, ob die mit der Ausführung der Leistungen verbundenen Kosten geringer waren, wenn sie sich von der Haus- auf die Heimversorgung verschieben würden. Zuletzt galt es zu ermitteln, ob die Qualität des Leistungsangebots der extramuralen Einrichtungen in irgendeiner Weise beeinträchtigt wurde, wenn mehr alte Menschen mit komplexeren Problemen die Leistungen beanspruchen würden.

Es sollten also folgende Fragen beantwortet werden:

- Wurden die experimentellen Maßnahmen plangemäß durchgeführt?
- Wurden in den Experimentiergebieten als Ergebnis dieser Maßnahmen in schwierigen Fällen mehr extramurale Hilfeleistungen beansprucht als in Nichtexperimentiergebieten?
- Wurde die Qualität der Leistungen, insbesondere die der extramuralen Institutionen, in irgendeiner Weise von der gewachsenen Leistungsnachfrage beeinträchtigt?
- Wurde in den Experimentiergebieten aufgrund der angegebenen Leistungsverschiebung eine günstigere Kostenentwicklung erreicht?

Die Kontrolle wurde von Mitarbeitern von sieben Forschungsinstituten ausgeführt, vier akademischen und drei kommerziellen. Eines dieser kommerziellen Institute, das ITS (Institut für angewandte Soziologie), war mit der Koordinierung der Untersuchungen betraut. Diese Form der Kooperation wurde gewählt, weil die in den beteiligten Instituten vorhandenen Kenntnisse und Erfahrungen eine gute Beurteilung der Experimente zu gewährleisten versprachen. Die Kooperation der Institute war im Grunde genommen selbst ein Experiment. Bis jetzt hat es eine solche Zusammenarbeit zwischen verschiedenen Forschungsinstituten nicht gegeben.

In den vorangehenden Kapiteln wurde beschrieben, welche Maßnahmen ergriffen wurden und inwieweit es in den vier Projekten gelang, diese zu verwirklichen. Danach wurden die Projekte analysiert. Die Analysen basierten auf Protokollen, Berichten und politischen Konzepten sowie auf Interviews mit an den Projekten beteiligten Führungs- und Verwaltungskräften und Fürsorgern. Ein wichtiger Aspekt der Analysen war die Ermittlung der erzielten Fortschritte. Darüber hinaus mußten die Untersucher aufgrund der ermittelten Fortschritte herausfinden, welche Umstände für Planverzögerungen oder Planänderungen verantwortlich zu machen waren. Hierzu konzentrierten sie sich auf Entwicklungen in den Projekten selbst, namentlich darauf, wie die Projekte organisiert waren. Theoretisch erwartet man von einem gut organisierten Projekt eine bessere Implementierung der Maßnahmen als von einem Projekt mit organisatorischen Schwierigkeiten. Es wurden auch externe Faktoren (die sich der unmittelbaren Kontrolle durch das Projektmanagement entziehen) berücksichtigt. Man wollte herausfinden, ob politische Maßnahmen von lokalen, provinziellen oder nationalen Behörden in irgendeiner Weise in die Versuche, die Projektmaßnahmen zu implementieren, eingriffen. Wenn wir im weiteren Verlauf die Kontrollergebnisse besprechen, kommen diese Themen erneut zur Sprache.

Um festzustellen, inwieweit sich die erwarteten Effekte auf das Altenhilfesystem einstellen würden, wurden vom Untersuchungsteam in den vier Experimentiergebieten zwei repräsentative Stichproben aus der gesamten älteren Bevölkerung gezogen: am Anfang (1988) und am Ende (1990). Zur gleichen Zeit wurden jeweils auch zwei Stichproben unter der älteren Bevölkerung der Niederlande insgesamt gezogen. Vergleiche der Ergebnisse der Stichproben in den Experimentiergebieten und der nationalen Stichproben wurden für wichtig gehalten, weil das Gesundheitswesen in den Niederlanden alles andere als ein stabiles System ist. Eventuell wahrgenommene Änderungen in den Experimentiergebieten könnten also auf „normale" Änderungen im Gesundheitssystem zurückzuführen sein. Durch den Vergleich der nationalen Situation mit der Situation in den Experimentiergebieten war es möglich, wahrgenommene Änderungen auf nationalpolitische Maßnahmen oder auf die Experimente zurückzuführen. Die zwei nationalen Erhebungen dienten also als Kontrolle für die Stichproben in den Experimentiergebieten

Nachdem die Stichproben gezogen worden waren, wurden die ausgewählten alten Menschen interviewt. Anhand der Interviews sollten folgende fünf Faktoren ermittelt werden:

- Bedürfnis nach Hilfe

Der Versorgungsbedarf älterer Menschen ist sehr unterschiedlich. Gesunde Senioren brauchen kaum Hilfe, alte Menschen mit komplexen Problemen dagegen können vollständig abhängig sein. Das Bedürfnis nach Hilfe wurde in unserer Studie als nachprüfbarer Maßstab für die Notwendigkeit, Leistungen zu beanspruchen, genommen. Der Versorgungsbedarf ist vom Maß der vorhandenen körperlichen Behinderung abhängig, die das selbständige Leben der alten Menschen beeinträchtigt. Kriterien dafür waren unter anderem Einkaufen, Frühstückzubereiten, Mahlzeitenkochen, Abwaschen, Bettenmachen, Saubermachen, Staubsaugen, Wäschewaschen und Bügeln und Fähigkeiten wie sich Waschen, sich An- und Ausziehen, sich Hinsetzen und wieder Aufstehen, sich Hinlegen und wieder Aufstehen, Essen, Trinken und Badbenutzung.

- Informelle Hilfe

Die Interviews gaben auch Aufschluß darüber, inwieweit es Kontakte mit Kindern, Enkeln oder anderen Verwandten gab und inwieweit diese, abgesehen vom eventuell anwesenden Ehepartner, bei der Bewältigung der oben erwähnten Handlungen halfen.

- Nachfrage nach Hilfe

Ermittelt wurde auch, welche Hilfe sich alte Leute genau wünschten. Erstens wurde festgestellt, welche Hilfe in den letzten zwölf Monaten beantragt worden war: staatliche beziehungsweise private Haushaltshilfe oder häusliche Pflege, informelle Hilfe, Tageshilfe oder Aufnahme in ein Alten- oder Pflegeheim. Das gleiche gilt für die tatsächliche Beanspruchung und die Höhe der Beanspruchung (wieviel Stunden in der Woche) dieser Hilfemöglichkeiten.

- Qualität der Hilfe

Was die Qualität der Hilfe anbelangt, wurde zunächst nach der Meinung der alten Menschen selbst gefragt. Gefragt wurde (a) wie sie die persönliche Behandlung durch die Versorgungsinstitutionen beurteilen und (b) ob das tatsächliche Fürsorgeangebot von ihnen als hinreichend beurteilt wurde. Ferner wurde eine objektivere Beurteilung ermittelt, indem das Hilfebedürfnis (definiert als das Ausmaß der vorhandenen Unfähigkeit bei der Bewältigung grundlegender täglicher Aufgaben) und der Umfang sowie die Form der als Ausgleich für diese Unfähigkeit gebotenen Hilfe miteinander verglichen wurde. So entstand ein realistisches Urteil über Umfang und Form der unerfüllten Bedürfnisse.

- Persönliches Wohlbefinden

Der letzte zu erfassende Faktor war das persönliche Wohlbefinden. Dies geschah mittels eines standardisierten Fragebogens, der Aufschluß über folgende vier Aspekte geben sollte: (a) körperliches Wohlergehen, Selbstbehauptung, Selbstachtung, Optimismus und soziale Kontakte. Wichtig war die dadurch ermöglichte Einschätzung, ob als Ergebnis einer verstärkten hausgebundenen Hilfe möglicherweise negative Konsequenzen zu erwarten wären und wie die alten Menschen sich im alltäglichen Leben fühlten.

Ökonomische Effekte

Es wurde zudem untersucht, ob die Maßnahmen positive oder negative wirtschaftliche Auswirkungen zeigen würden. Die Frage dabei war natürlich, ob die verstärkte extramurale Hilfe bei Älteren mit komplexen Problemen weniger kosten würde als in Heimen. Hierzu wurden die Betriebskosten der zwei extramuralen mit denen der zwei intramuralen Einrichtungen verglichen, sowohl 1988 wie 1990. Zur Kostenberechnung wurden zwei Indizes verwendet. Erstens wurde die Preisentwicklung des jeweiligen Hilfeangebots berücksichtigt, da dies die wirtschaftlichen Auswirkungen bei Verschiebungen der in Anspruch genommenen Hilfe positiv oder negativ beeinflussen kann. Zweitens wurden quantitative Effekte berücksichtigt, das heißt die Auswirkungen auf die Kosten der jeweiligen Hilfeleistungen aufgrund einer verstärkten oder verringerten Inanspruchnahme. Die Quantitätseffekte wurden erreicht durch die Ermittlung der Anzahl der Personen, die die Einrichtungen in Anspruch nahmen (für alle vier Einrichtungen), der durchschnittlichen Intensität der gebotenen Hilfe (für jede Form der Hilfe) und des Stundenpreises für die Hilfe (für jede Form der gebotenen Hilfe), wiederum für 1988 und 1990. In bezug auf diese Quantitätseffekte wurde außerdem ein möglicher Anstieg der Leistungsbeanspruchung aufgrund demographischer Entwicklungen oder aufgrund eventueller (positiver oder negativer) Änderungen der Gesundheit der alten Menschen berücksichtigt, weil Entwicklungen in einem oder in beiden Bereichen für einen Anstieg (oder Abfall) der Leistungsbeanspruchung (mit)verantwortlich sein konnten. Durch die Berücksichtigung dieser Faktoren sollte die Analyse die wirtschaftlichen Reineffekte der Verschiebungen ergeben, die auf die getroffenen Maßnahmen zurückzuführen sind.

Wie bereits erwähnt, wurden zur Auswertung der Maßnahmen in den einzelnen Regionen zwei repräsentative Stichproben aus der gesamten älteren Bevölkerung gezogen, die nach ihrer Situation in bezug auf die genannten Faktoren gefragt wurden. Die Ergebnisse wurden mit zwei repräsentativen Stichproben aus der gesamten Bevölkerung im übrigen Teil des Landes verglichen, in dem keine größeren Experimente stattfanden. Befragt wurden über 75jährige, weil Menschen in diesem Alter im allgemeinen irgendwelche Gesundheitsprobleme haben. Die Befragung versprach also Einsichten in eventuelle positive oder negative Konsequenzen der Experimente.

Wahrgenommene Systemänderungen

Zwei der vier Projekte waren bei der Verwirklichung ihrer Ziele erfolgreich, zwei nicht. In allen vier Projekten wurde versucht, das Hilfeleistungssystem für die alten Menschen folgendermaßen zu ändern:

1. durch Änderung der bestehenden Verfahren in bezug auf Beurteilung und Zuweisung der Hilfe;
2. durch Erhöhung der Effizienz der zwei extramuralen Einrichtungen durch engere Koordinierung der Fürsorgeaktivitäten, besonders in komplexen Fällen;
3. durch Integration der Planung und Finanzierung der Einrichtungen.

In Nieuwegein und Groningen wurden in bezug auf den ersten Aspekt bei der Integration von Beurteilungs- und Zuweisungsverfahren Erfolge erzielt. In Nieuwegein war ein Rückgang der Verfahren (von vier auf zwei) zu verzeichnen, während die zwei intramuralen Einrichtungen auf ihr Recht verzichteten, unabhängig darüber zu entscheiden, wer zugelassen wurde und wer nicht. In Groningen verlief die Entwicklung ähnlich, obwohl die Entwicklungen hier eher das Ergebnis früherer Integrationsversuche der beiden extramuralen Einrichtungen waren. In Venlo jedoch stellten sich nur zum Teil

Erfolge ein. Das neue System konnte das alte nicht ganz ersetzen, so daß es am Ende der Experimentierperiode zwei Systeme gab, wodurch komplexere Verhältnisse entstanden als vorher. In De Bevelanden schlugen die Maßnahmen, ähnlich wie in Venlo, fehl.

Das Fazit in bezug auf die Integration der Hilfe ist mit dem gerade Angeführten vergleichbar. In Groningen und Nieuwegein war tatsächlich eine Integration der Hilfe der zwei extramuralen Einrichtungen zu verzeichnen, in Nieuwegein flossen die Hilfeleistungen sogar zusammen.

Was die Integration der Planung und Finanzierung der Einrichtungen betrifft, kann nur in Nieuwegein von einem Fortschritt gesprochen werden. Nachfolgendes Schema zur Übersicht:

Projekt	Nieuwegein	Venlo	S.O. Groningen	Zeeland
Integrierung der Beurteilung und Zuweisung	++	+	++	–
Integrierung der extramuralen Hilfeangebote	++	+	+	–
Kombinierte Planung	++	–	++	–
Kombinierte Finanzierung	++	–	–	–

++ = erfolgreich; + = zum Teil erfolgreich; – = erfolglos

Tab. 1: Fortschritte bei der Einführung von Maßnahmen

Abgesehen von ihrer erfolgreichen Einführung, bleibt die wichtigste Frage, ob die Maßnahmen auch die gewünschten Wirkungen zeigen. Sorgen sie dafür, daß ältere Menschen mehr als zuvor selbständig bleiben können, auch solche mit komplexen Problemen? Wenn ja, ist die Qualität der Versorgung noch zufriedenstellend und sind die Kosten der Versorgung wesentlich zurückgegangen? Wenn die Maßnahmen nicht effektiv sein sollten, würde man keine wesentlich anderen Entwicklungen in den einzelnen Experimentiergebieten als im übrigen Teil der Niederlande erwarten. In den Experimentiergebieten wurden insgesamt 3384 und im nationalen Bereich insgesamt 1844 Personen in der Altersgruppe ab 75 Jahren befragt.

Änderungen in bezug auf die Inanspruchnahme von Hilfe

Um Änderungen in bezug auf die Inanspruchnahme von Hilfe festzustellen, gingen die Untersucher von zwei alterstypischen Merkmalen aus, die bei der Feststellung, welche Hilfeleistungen und in welcher Form (haus- oder heimgebunden) tatsächlich in Anspruch genommen wurden, bestimmend sind. Diese sind (a) das quantitative Bedürfnis älterer Menschen nach Hilfe (abhängig von ihrer Unfähigkeit, Haushaltsaufgaben und/oder individuelle

Handlungen zu bewältigen) und (b) die Tatsache, ob sie allein oder mit anderen Personen (Ehepartner und/oder Kindern) zusammenleben. Wie schon erwähnt, wird das niederländische Versorgungssystem von folgenden Grundzügen gekennzeichnet: Schwerbedürftige alleinstehende ältere Menschen wohnen vorwiegend in Heimen, schwerbedürftige ältere Personen, die mit anderen einen gemeinsamen Haushalt führen, wohnen zu Hause und werden von Diensten betreut. Von den leicht bedürftigen älteren Menschen dagegen nimmt nur eine Minderheit professionelle Hilfe in Anspruch, die meisten von ihnen werden von informellen Helfern unterstützt oder erhalten gar keine Hilfe.

Deswegen lohnt es sich, nicht nur die allgemeinen Änderungen, sondern auch Änderungen in den jeweiligen Gruppen ins Auge zu fassen. Hinsichtlich der Schwere der Behinderungen sind vier Personengruppen zu unterscheiden: (1) ältere Menschen ohne oder nur mit sehr geringen Behinderungen, (2) mit mäßigen Behinderungen (vorwiegend im Bereich der Haushaltsbeschäftigungen), (3) mit ernsthaften Behinderungen (auch im Bereich der individuellen Handlungen) und (4) ältere Menschen mit schweren Behinderungen, die Schwierigkeiten bei der Bewältigung aller oder fast aller haushaltsgebundenen und individuellen Tätigkeiten haben.

Bei der Untersuchung wurde weiter berücksichtigt, ob die alten Menschen einen gemeinsamen Haushalt mit anderen führten, oder nicht.

Die Ergebnisse beschränken sich auf drei Experimentiergebiete. Die Untersuchung des Experiments in De Bevelanden wurde eingestellt, weil hier aufgrund der Experimentergebnisse keine Änderungen zu erwarten waren.

Auf nationaler Ebene waren bei Personen ab 75 Jahren zwischen 1988 und 1990 keine Änderungen zu verzeichnen. In beiden Fällen nahmen 60 Prozent keine Hilfe, gut 20 Prozent häusliche Hilfe (2 Prozent sowohl Haushaltshilfe als auch häusliche Krankenpflege) und 20 Prozent Heimhilfe (13 Prozent in Altenheimen und 7 Prozent in Pflegeheimen) in Anspruch.

Werden diese Zahlen mit den Ergebnissen in den Experimentiergebieten verglichen, so ergibt sich folgendes:

(a) In Nieuwegein fiel die Inanspruchnahme von Heimhilfe von 16 auf 13 Prozent zurück. Dies ist durch einen Rückgang (von 13 auf 10 Prozent) bei der Inanspruchnahme von Altenheimen bedingt, während die Anzahl der Aufnahmen im Pflegeheim stabil blieb. Dagegen zeigte sich bei der Inanspruchnahme von extramuraler Hilfe ein Anstieg von 22 auf 33 Prozent.

(b) In Südostgroningen waren die Entwicklungen vergleichbar. Die Heimeinrichtungen verzeichneten einen Rückgang von 17 auf 14 Prozent, während auch hier das Ergebnis für Pflegeheime stabil blieb (in beiden Jahren 4 Prozent). Hausgebundene Hilfe stieg von 18 auf 24 Prozent.

(c) In Venlo änderte sich nichts. Wie auf nationaler Ebene lagen die Inanspruchnahme von Heimen und die von Haushilfe sowohl 1988 als 1990 bei zirka 20 Prozent.

Hieraus kann man schließen, daß sich die längerfristige Inanspruchnahme von Altenheimen in zwei Gebieten (Südostgroningen und Nieuwegein), aufgrund der hier vorherrschenden besonderen Verhältnisse, wesentlich verringert hat. Die Untersucher schlossen hieraus, daß die Maßnahmen in Nieuwegein und Südostgroningen tatsächlich zu einer Änderung des Versorgungssystems für Ältere beigetragen haben. In Venlo dagegen nicht.

Wie oben angemerkt, wurde auch untersucht, welche spezifischen Altersgruppen – je nach Bedürftigkeitskategorie und Wohnform – von den Maßnahmen betroffen waren.

In Nieuwegein stellte sich heraus, daß Personen ohne Behinderungen nicht von den Maßnahmen berührt wurden. Ihre Inanspruchnahme von Heimen änderte sich zwischen 1988 und 1990 nicht. Bei sehr stark behinderten Personen war diesbezüglich gegenüber dem nationalen Ergebnis ein nur leichter Rückgang von 48 Prozent 1988 auf 44 Prozent 1990 zu verzeichnen. Signifikante Änderungen gegenüber dem nationalen Bereich (wo ein leichter Anstieg wahrzunehmen war) zeigte die Inanspruchnahme von Heimhilfe durch leicht und schwer Körperbehinderte. Erstaunlicherweise zeigte sich, daß alte Menschen, die allein leben – sogar mit ernsthaften Behinderungen – auf die Beanspruchung intramuraler Einrichtungen verzichteten. In Nieuwegein leben 1990 mehr von ihnen zu Hause als 1988. Wiederum war im nationalen Vergleich keine solche Entwicklung zu verzeichnen.

Für Südostgroningen gilt dasselbe. Bei Älteren mit ernsthaften Beschwerden ging die Beanspruchung um 23 Prozent zurück. Bei Älteren mit sehr ernsthaften Beschwerden stieg die Zahl leicht an (16 Prozent). Der Rückgang geht, wie in Nieuwegein, zu einem Großteil auf das Konto der alten Menschen, die allein zu Hause leben.

In Venlo gab es solche Entwicklungen nicht.

Oben wurde die Schlußfolgerung gezogen, daß die Maßnahmen in Nieuwegein und Südostgroningen Wirkung zeigten. Es gab eine wunschgemäße Veränderung der Inanspruchnahme von Heimen, ohne gleichzeitige Einschränkung des Versorgungsangebots, wie sich aus der Zunahme der häuslichen Hilfen ergibt. Diese Verlagerung war offensichtlich hauptsächlich dadurch bedingt, daß mehr alte Menschen mit komplexen Problemen, die allein zu Hause leben, von hausgebundenen Fürsorgeeinrichtungen betreut werden als früher. Damit wurde die hierarchische Organisation des Altersfürsorgesystems in diesen Gebieten mit Erfolg z.T. rückgängig gemacht.

Nachfrage nach Hilfe

Der Rückgang der Inanspruchnahme der Heime könnte aber auch auf eine eingeschränkte Verfügbarkeit (oder Zugängigkeit) der Heime zurückzuführen sein. Dann wären die alten Menschen dazu gezwungen, extramurale

Hilfe in Anspruch zu nehmen. Um zu ermitteln, ob das Projekt den alten Menschen tatsächlich eine wirkungsvolle, attraktive Alternative für Heimhilfe bot, mußte auch die Nachfrage nach Heimplätzen berücksichtigt werden. Wenn diese Nachfrage gestiegen oder stabil geblieben sein sollte, würde dies bedeuten, daß das hausgebundene Hilfeangebot unzureichend war. Wenn dagegen die Nachfrage geringer sein sollte, würde dies einen Rückgang der häuslichen Hilfen bei gleichbleibender Verfügbarkeit der Hilfe bedeuten.

In Nieuwegein und Südostgroningen hatte sich die Nachfrage nach Heimplätzen verringert. In Venlo stieg sie wie landesweit leicht an.

Für die Projekte in Nieuwegein und Südostgroningen kann mithin angenommen werden, daß die getroffenen Maßnahmen wirkungsvoll waren. Die Projektziele in diesen Regionen wurden erreicht: Rückgang der Inanspruchnahme von Heimhilfe oder einen Rückgang des gesamten Versorgungsangebots.

Qualität der Hilfe

Ziel der Projektkontrolle war allerdings auch die Feststellung etwaiger negativer Folgen hinsichtlich der Qualität der Versorgung. Auch wenn der oben ermittelte Rückgang der Nachfrage nach intramuraler Hilfe in zwei Gebieten die Vermutung nahelegt, daß die von den extramuralen Institutionen gebotene Hilfe von guter Qualität ist, sind mehr Beweise erforderlich. Deswegen wurden die alten Menschen zunächst gefragt, ob die von ihnen (zu Hause oder im Heim) erhaltene Fürsorge quantitativ und qualitativ zufriedenstellend war. Weiter galt es zu untersuchen, ob die geleistete Hilfe dem Hilfebedürfnis bei der Bewältigung haushaltsgebundener und persönlicher Aufgaben entsprach. Zum Schluß wurde das persönliche Wohlergehen der alten Menschen berücksichtigt. Es sollte beurteilt werden, inwieweit die Wohnsituation der alten Menschen (zu Hause oder im Heim) ihr persönliches Wohlergehen beeinflußte. Hierzu wurden alte Menschen beider Kategorien mit ernsten Gesundheitsproblemen miteinander verglichen.

Es konnten in Nieuwegein und Südostgroningen keine negativen Folgen ausgemacht werden.

Erstens: In beiden Gebieten waren die zu Hause oder im Heim lebenden alten Menschen 1988 und 1990 mit der erhaltenen häuslichen Hilfe sehr zufrieden. Die Ergebnisse waren 1988 sehr hoch, so daß eine Verbesserung kaum zu erwarten war. Auffällig war jedoch, daß sich die alten Menschen in Altenheimen in Nieuwegein wie in Südostgroningen mit der gebotenen Haushaltshilfe und Krankenpflege 1990 weniger zufrieden zeigten als 1988. Dies könnte damit zusammenhängen, daß infolge des Projekts mehr alte Menschen mit sehr komplexen Problemen in Altenheimen aufgenommen wurden, die trotz zusätzlicher und koordinierter Haushaltshilfe und Pflege nicht zu Hause versorgt werden konnten. Dies wiederum führt notwendigerweise zu einem erhöhten Arbeitsdruck für das Heimpersonal.

Zweitens: Es wurde untersucht, ob das Fürsorgeangebot die Unfähigkeit der alten Leute, ihren haushaltgebundenen und persönlichen Aufgaben nachzugehen, adäquat ersetzen konnte. Für jeden Befragten wurde erfaßt, ob hinsichtlich der Bewältigung der jeweiligen täglichen Aufgaben ein Hilfebedürfnis bestand und ob dieses Bedürfnis durch Hilfe von informellen Helfern oder Fürsorgern der extramuralen Einrichtungen befriedigt wurde. Wenn keine oder unzureichende Hilfe geboten wurde, galt dies als Diskrepanz zwischen dem Bedürfnis nach Fürsorge und dem Fürsorgeangebot. Die Anzahl der Diskrepanzen stellte sich in beiden Gebieten als sehr gering heraus und unterschied sich sowohl 1988 wie 1990 unwesentlich von der landesweiten Anzahl der Diskrepanzen. Als allgemeine Regel ergab sich allerdings, daß die Anzahl der offenen Diskrepanzen wächst, je mehr alte Menschen Probleme bei der Bewältigung von Haushaltsaufgaben und ihrer persönlichen Pflege haben. Obwohl die Fürsorgequalität für alte Menschen mit sehr komplexen Problemen nach diesem Kriterium etwas sinkt, kann dies also nicht als Folge der Maßnahmen in den Experimentiergebieten gesehen werden. Es ist ein generelles Merkmal des niederländischen Altersfürsorgesystems.

Zuletzt: Es wurde untersucht, ob langfristige Haushilfe im Vergleich zu langfristiger Heimhilfe das persönliche Wohlbefinden negativ beeinflussen würde. Auch dieser Aspekt wurde anhand der Befragung der alten Menschen ermittelt. In beiden erfolgreichen Experimentiergebieten zeigten sich weder 1988 noch 1990 Unterschiede zwischen dem Wohlbefinden beider Kategorien. Erwartungsgemäß gab es allerdings wohl ein eindeutiges Verhältnis zwischen den körperlichen Beschwerden und dem persönlichen Wohlbefinden. Je behinderter die alten Menschen sind, um so geringer ist ihr persönliches Wohlergehen. Auffälliges Ergebnis der landesweiten Untersuchung ist der deutliche Unterschied zwischen dem persönlichen Wohlergehen der Senioren in Heimen und derer, die langfristig zu Hause betreut werden. Bei ernsten Problemen (das heißt, wenn man nicht in der Lage ist, alle oder nahezu alle haushaltgebundenen Beschäftigungen und einige persönliche tägliche Aufgaben zu bewältigen) fühlen sich alte Leute bequemer im Heim als zu Hause. Dieses Ergebnis lag in den erfolgreichen Experimentiergebieten jedoch nicht vor.

Ökonomische Effekte

Zur Beurteilung der etwaigen wirtschaftlichen Effekte aufgrund der veränderten Inanspruchnahme von Fürsorgeeinrichtungen durch die ältere Bevölkerung in den Experimentiergebieten wurden sogenannte Quantitätseffekte berücksichtigt. Es handelte sich um die Anzahl der Hilfeempfänger der jeweiligen Fürsorgekategorien, die durchschnittliche Intensität der gebotenen Hilfe (je nach Fürsorgekategorie) und den Stundenpreis der Dienstleistungen (je nach Fürsorgekategorie). Um die wirtschaftlichen Reineffekte der Maßnahmen zu ermitteln, wurde eine möglicherweise zwischen 1988 und 1990 erhöhte Inanspruchnahme der Hilfe aufgrund demographischer Entwicklungen oder (positiver oder negativer) Änderungen der Gesundheit der alten Menschen berücksichtigt, weil diese Entwicklungen zu einer gestiegenen Inanspruchnahme von Dienstleistungen führen könnten. Auch wurden die Preisentwicklungen zwischen 1988 und 1990 berücksichtigt.

Die Addition der Effekte der extramuralen und der intramuralen Einrichtungen ergibt den tatsächlichen wirtschaftlichen Reineffekt. Wenn das Ergebnis eine negative Zahl ist, haben die Maßnahmen in Wirklichkeit eine positive wirtschaftliche Wirkung (Tab. 2).

	Nieuwegein	S.O. Groningen	Venlo
Effekte auf Grund von Verschiebungen	-10,2	-8,2	-3,2
Finanzmittel für die Projekte	6,3	0,2	0,3
Wirtschaftliche Reineffekte	-3,9	-8,0	-2,4

Tab. 2: Ökonomische Effekte (Änderungen zwischen 1988 und 1990 in Prozentsätzen seit 1988)

Wenn die wirklichen wirtschaftlichen Effekte berechnet werden müssen, sind auch die Finanzmittel für die Projekte zu berücksichtigen. Das Projekt in Nieuwegein war am teuersten, das in Südostgroningen am billigsten. Somit war das Experiment in Südostgroningen am erfolgreichsten, gefolgt von dem in Nieuwegein und – am wenigsten erfolgreich – in Venlo.

Die Schwerpunktverlagerung in bezug auf die Inanspruchnahme von Hilfe durch alte Menschen infolge der in den Experimentiergebieten durchgeführten Maßnahmen führt tatsächlich zu einer Kostensenkung der hier geleisteten Altersfürsorge. In einem Zeitraum von drei Jahren wurden Einsparungen von 2,4 bis zu 8 Prozent erreicht. Wir werden darauf noch zu sprechen kommen, wenn wir uns mit der gesellschaftlichen Bedeutung der Projektergebnisse befassen werden.

4. Anreize für mehr Wettbewerb zwischen den Institutionen

Die niederländische Regierung hat im Grunde drei verschiedene Experimente durchgeführt, um ihre Zielvorstellungen zu verwirklichen.

Der erste Versuch betraf die Herstellung eines qualitativ und quantitativ besser an die Bedürfnisse der alten Menschen angepaßten Versorgungsangebots. „Normale" politische Bemühungen in dieser Richtung sind schwierig, weil die Altenhilfeinstitutionen an ihr gesetzliches Regelsystem, Planungs- und Finanzierungssystem gebunden sind. Der Versuch sollte dieses Problem angehen und ging dabei von den tatsächlichen Bedürfnissen der Hilfesuchenden aus, die es zu befriedigen galt. Diese Experimente sollten die Grenzen der häuslichen Hilfen abstecken.

Der zweite Versuch hatte zum Ziel, die lokalen Behörden und Einrichtungen der Altenhilfe in ihren Gebieten mit mehr Autonomie in Planungs- und Entscheidungsprozessen auszustatten, damit sie imstande wären, das Hilfeangebot und die Zuweisungs- und Beurteilungsverfahren zu integrieren. Dies sollte zu einer geringeren Inanspruchnahme der Heimhilfe führen.

Der dritte Versuch betraf die Einführung bestimmter Marktelemente in die Versorgung. Der Versuch fand in einem städtischen Gebiet, in Rotterdam, statt. Hier wurden 75 alte Menschen ausgesucht, die dann über Finanzmittel und einen sogenannten „Hilfevermittler" verfügen konnten. Die alten Menschen hatten alle einen Antrag auf Aufnahme in ein Altenheim gestellt, standen jedoch noch auf der Warteliste. So sollte ihnen mehr Unabhängigkeit bei der Entscheidung, zu Hause zu bleiben und mit welchen Mitteln, geboten werden. Es gab bei diesem Experiment zwei wichtige Aspekte: (1) Hilfevermittlung für die einzelnen und (2) persönliche Finanzmittel. Diese sollten verhindern, daß sie unnötigerweise in ein Altenheim eingewiesen würden.

Die Hilfevermittlung ist als eine besondere Form der Koordinierung der Hilfe für einzelne alte Leute zu sehen. Hauptziel ist die Verwirklichung ihrer Wünsche, zu Hause bleiben zu können und die Gewährleistung eines hinreichenden Haushilfeangebots. Hilfevermittlung fängt mit einer genauen Erfassung der besonderen (Extra-) Bedürfnisse des Hilfesuchenden an, resultierend in einem Fürsorgeplan. Der Fürsorgevermittler soll dem Hilfesuchenden anhand dieses Planes Unterstützung und Haushilfe nach Maß gewähren. Der Plan wird zur Erfassung der sich ändernden Bedürfnisse und Verhältnisse regelmäßig aktualisiert.

Fürsorgevermittlung war am Anfang dieses Projektes 1988 ein neues Phänomen in den Niederlanden (jetzt wird sie auch in anderen Bereichen durchgeführt). Es ergab sich, daß die Fürsorgevermittler – ausgebildete Fürsorger – in der Einführungsphase mehr als erwartet betreut werden mußten. Sie operierten unabhängig von den traditionellen Fürsorgeinstitutionen und sollten außerdem aus der Sicht des Hilfesuchenden und nicht (völlig) aus der Sicht der Einrichtung entscheiden, welche Hilfe dieser brauchte.

Die Fürsorgevermittler gehörten einer eigens hierzu errichteten unabhängigen Organisation an. Alles in allem wurde die Fürsorgevermittlung so eingeführt, wie vorgenommen. Für 75 alte Menschen, die sich schließlich am Experiment beteiligen wollten, wurde bedarfsgerechte Fürsorge in irgendeiner Form vermittelt: Haushaltshilfe, häusliche Krankenpflege, Hilfe von kommerziellen Institutionen oder Privatpersonen und – als letzte Möglichkeit – Hilfe von informellen Helfern (Kindern, Verwandten).

Die Finanzhilfe war für erwartungsgemäß erforderliche Extrafürsorge vorgesehen. Bereits bestehende hausgebundene Hilfeleistungen mußten nicht bezahlt werden, weil diese in üblicher Weise erbracht wurden. Allen Beteiligten standen bis zu hfl 7 020,– imJahr (hfl 585,– im Monat) zur Verfügung. Das Geld wurde nicht auf ihr Bankkonto überwiesen, sondern von der Projektführung verwaltet. Die Hilfesuchenden konnten erst tatsächlich darüber verfügen, wenn sie mit ihren Fürsorgevermittlern Absprachen darüber getroffen hatten. Der Etat, oder besser das Vorhandensein eines Etats, hatte, wie sich herausstellte, eine klare Funktion hinsichtlich des Projektziels (Verhinderung unnötiger Aufnahmen in ein Altenheim). Erstens vermittelte es ein Gefühl der Sicherheit: wenn zusätzliche Hilfe nötig sein sollte, wäre diese auch gewährleistet. Zweitens vermittelte es ein Gefühl der Unabhängigkeit von den traditionellen Institutionen: Wenn deren Hilfe als unzureichend erschien, konnte man sich weiter bemühen. Offensichtlich hatte dies eine große psychologische Bedeutung, denn die Finanzmittel der 75 Hilfesuchenden wurden kaum beansprucht: In den drei Experimentierjahren wurde nur ein Viertel des insgesamt vorgesehenen Budgets verbraucht.

Doch die entscheidende Frage ist natürlich nach wie vor, ob alte Leute infolge der Fürsorgevermittlung und des persönlichen Budgets länger zu Hause bleiben als ohne diese Einrichtungen, ob die Qualität der Haushilfe immer noch zufriedenstellend ist und ob die so eingerichtete Hilfe weniger kostet als Heimhilfe. Mit anderen Worten, ob den politischen Zielen entsprochen wird.

Kontrolle des Experiments

Im Rahmen der Untersuchung wurde die Experimentiergruppe (insgesamt 75 Personen ab 75 Jahren, in drei unterschiedlichen Stadtvierteln Rotterdams) mit einer ähnlich zusammengesetzten Gruppe von Personen verglichen, die zum Anfangszeitpunkt der Untersuchung zu Hause lebten, denen aber diese Hilfeformen nicht zur Verfügung standen. Die beiden Gruppen waren vergleichbar in bezug auf Alter, Geschlecht, Familienstand und körperliche Beschwerden. Beide Gruppen, die Experimentiergruppe und die Kontrollgruppe, wurden zu drei verschiedenen Zeiten während des Experiments befragt: am Anfang, nach einem Jahr und am Ende.

Durch diese Befragung und zusätzlich zusammengetragene Informationen wurden sechs Punkte erfaßt: (a) das Bedürfnis nach Hilfe, (b) die derzeitige Inanspruchnahme von Hilfe, (c) die Nachfrage nach Hilfe, (d) die Qualität der Hilfe, (e) das persönliche Wohlbefinden der alten Menschen und (f) die wirtschaftlichen Effekte.

Die Hauptfrage der Untersuchung war, ob ältere Leute zu Hause bleiben konnten, wenn sich ihre Selbständigkeitsprobleme verschlimmern würden.

Zur Beantwortung dieser Frage wurde ermittelt, wieviele der 75 Personen der Experimentiergruppe im Vergleich zu den 184 Personen der Kontrollgruppe in ein Alten- oder Pflegeheim aufgenommen wurden. Rund 50 Prozent der Experimentierpersonen, denen ein Hilfenvermittler und ein persönliches Budget zur Verfügung standen, lebten am Ende des Untersuchungszeitraumes noch zu Hause, dagegen nur 17 Prozent der Kontrollpersonen. Beide Gruppen wurden 28 Monate beobachtet. Währenddessen wurden wesentlich mehr Personen der Kontrollgruppe als der Experimentiergruppe in ein Altenheim aufgenommen. Der Prozentsatz der Pflegeheimaufnahmen war für beide Gruppen jedoch gleich. Dies läßt den Schluß zu, daß eine mit Hilfevermittlung und persönlichen Budgets ausgestattete Haushilfe eine tragfähige Alternative für Altenheime bieten kann. Für Personen, die Pflegeheimhilfe brauchen, ist Hilfevermittlung offensichtlich nicht ausreichend.

Die alten Menschen sollten auch die Qualität der häuslichen Hilfen beurteilen. Die Personen der Experimentiergruppe und die der Kontrollgruppe beurteilten die Haushilfe unterschiedlich. Erstere waren positiver als letztere, und zwar in zunehmendem Maße.

Die Gruppen unterschieden sich allerdings nicht in bezug auf das persönliche Wohlbefinden.

Ökonomische Effekte

Die wirtschaftlich relevante Frage des Experimentes war, ob die Versorgungskosten der zu Hause betreuten älteren Menschen tatsächlich niedriger sein würden als die entsprechenden Heimkosten. Zur Beantwortung dieser Frage wurden die Kosten der jeweiligen Hilfeangebote berechnet. In den Experimentierprojekten waren folgende Kosten zu berücksichtigen: (a) für Haushaltshilfe und häusliche Krankenpflege, (b) für Wohnung und Verpflegung, (c) für zusätzliche Hilfe, damit ein weiterer Verbleib zu Hause möglich ist, und (d) für Fürsorgevermittlung. In bezug auf die Altenheimbetreuung waren Kosten für Haushaltshilfe und Krankenpflege sowie Unterkunft und Verpflegung zu berücksichtigen. Die Ergebnisse dieser Berechnungen wurden jeweils in Kosten je Monat je Person umgerechnet.

Was die zu Hause Wohnenden anbelangt, wurde ein Unterschied zwischen alleinstehenden und Personen mit einem gemeinsamen Haushalt gemacht.

Die Vergleichsergebnisse sind günstig. Es ergab sich, daß die Kosten für Alleinstehende zu Hause im Rahmen des Experiments im Durchschnitt rund hfl 2 522,– gegenüber rund hfl 2 686,– für Alleinstehende in Altenheimen betrugen. Für Paare lagen die Kosten bei hfl 2 973,– beziehungsweise hfl 4 144,– im Monat. Es sind also auf diesem Wege Einsparungen von 6,1 Prozent bei Alleinstehenden beziehungsweise von 27,7 bei Älteren mit einem gemeinsamen Haushalt möglich.

Professionelle Pflege – Eine Standortbestimmung

Karla Kämmer

Mein Referat gibt die Diskussionsergebnisse der Arbeitsgruppe „Pflege in der DGGG“ wieder[1]. Es gliedert sich in:

1. Pflegelandschaft und Berufsfeld
2. Pflege als Querschnittsaufgabe
3. Pflege als Profession
4. Eine Profession sichert Qualität

1. Pflegelandschaft und Berufsfeld

Es gibt drei Erscheinungsformen von Pflege

- Selbstpflege
- Laienpflege
- Pflege als Erwerbstätigkeit

Selbstpflege

In der Regel kümmert sich der alte Mensch selbst um seine tägliche Pflege. Die Qualität der Selbstpflege ist von Außenstehenden nur begrenzt einschätzbar.

Laienpflege

Der Bedarf an zusätzlichen Hilfen wird in den meisten Fällen durch Personen aus dem sozialen Umfeld abgedeckt. Über 70 Prozent der notwendigen Pflege alter Menschen wird privat – vor allem von Frauen – geleistet.

Kennzeichnend für die Form der Pflegeleistung ist:

Zwischen Pflegenden und Gepflegten besteht in der Regel ein eheliches/verwandtschaftliches/partnerschaftliches Verhältnis. Das notwendige Wissen wird einzelfallbezogen angeeignet. Der/die Pflegende erhält nur eine geringe/keine Entlohnung. Nicht selten besteht eine hohe emotionale oder moralische Verpflichtung zur Übernahme der Pflegeaufgabe. Die Nichtberuflichkeit dieser Pflegeform erlaubt kein Urteil über die Qualität der Pflege. Auch nicht-professionelle Pflege kann angemessen sein.

Pflege als Erwerbstätigkeit

Reichen die im engeren Lebensumfeld mobilisierbaren Hilfen nicht mehr aus, wird berufliche Pflege notwendig. Das Spektrum der beruflichen Pflegenden reicht von un-/angelernten Pflegekräften bis zu professionell Pflegenden. Die professionelle Pflege kann nur durch qualifizierte Pflegepersonen erbracht werden, z.B. AltenpflegerInnen, Krankenschwestern/Krankenpfleger. Profession in der Pflege beinhaltet ein Wissen, das jederzeit erklärbar und in seinem Ergebnis kontrollierbar und bewertbar ist. Nachfolgend werden Chancen und Risiken von Selbst-, Laien- und erwerbsmäßiger Pflege einander gegenübergestellt.

	Chancen	**Risiken/Gefahren in Extremsituationen**
Selbstpflege	Autonomie, Freiheit, Wahrung der Intimsphäre Selbstkontrolle, Selbstbestimmung, Ressourcenorientierung, Kostenneutralität	Selbstgefährdung, Vernachlässigung, Vereinsamung (Verlust sozialer Kompetenz), Überforderung, Mangel an sozialen Reizen
Laienpflege	Netzwerk (fängt auf) Sicherheit, Geborgenheit, Kontinuität, Freiwilligkeit gemeinsame Biographie Würde, Individualität	Einengung, Abhängigkeit, Ausgeliefertsein, konfliktträchtig, Überforderung des Systems, Rollenverlust, Krisen in den Beziehungen, Ekel und Abwehr, Überlastung bei 24-Stunden-Pflege
Pflege als Erwerbstätigkeit *Berufliche/professionelle Kräfte:* AltenpflegerIn/ Krankenschwester *Helferberufe:* z.B. AltenpflegehelferIn/KrankenpflegehelferIn	Fachlichkeit bei angemessener Steuerung, Gefühlsneutralität, Sicherheit, Kontinuität in der Leistungserbringung, Früherkennung von Krisen, 24-Stunden-Pflege möglich	Einengung, Verlust an Autonomie und Selbstbestimmung, Verletzung der Intimsphäre, Abhängigkeit, Verlust an Entscheidungsfreiheit, Selbstwertverlust durch Mangel an biographischer Bezogenheit, Kostenabhängigkeit, Rollenverlust

2. Pflege als Querschnittsaufgabe

„Pflegebedarf" beschreibt eine komplexe Bedarfslage. Sie ist gekennzeichnet von unterschiedlichen Aspekten der individuellen Situation pflegebedürftiger älterer Menschen. Es gibt fachlich differenzierte Pflege- und Begleitungskonzepte, die im Ansatz versuchen, einen an der Problemlage des einzelnen entwickelten, kompetenz-orientierten und ganzheitlichen Zugang zur Situation zu finden.

Berufsgruppen und Institutionen

Pflege findet unter unterschiedlichen Bedingungen, in unterschiedlichen Institutionen und in unterschiedlicher Trägerschaft statt. Unter dem wachsenden Anspruch an Prävention und Rehabilitation im Alter ist der Einsatz spezifischer Berufsgruppen in der Pflege alter Menschen mit zum Teil ganz neuen Berufsbildern (Sozialtherapeuten, Altentherapeuten, Logopäden u.a.) zu beobachten.

Je nach Organisation und Konzeption des Dienstleistungsträgers überschneiden sich unterschiedliche Dienstleistungsbereiche. Abgrenzung ist oft wegen der individuellen Bedürfnislage, Hilfe- und Pflegebedürftigkeit alter Menschen nicht möglich.

Da im Bereich der professionellen Pflege alter Menschen Mangelsituationen vorherrschen, d.h. finanzielle Mittel, personelle Ressourcen, Zeit usw. knapp sind, ist es besonders wichtig, dem Gestaltungsprozeß der verschiedenen Dienstleistungen eine hohe Aufmerksamkeit zu widmen.

Vernetzung

Wer immer mit einzelnen Aufgaben im Pflegeprozeß betraut wird, muß dabei fachlich begleitet und in die gemeinsame Zielsetzung einbezogen werden. Um die Angebote und Anbieter von Dienstleistungen sinnvoll zu vernetzen, ist ein differenziertes Management erforderlich. In dem komplexen System Pflege alter Menschen kommt den Pflegeberufen eine besondere Rolle zu. Die hier beschriebene Auffassung von Pflege bedingt, daß die Pflegepersonen in umfassendem Maß in die Lebensvollzüge der alten Menschen involviert sind. Auch andere Berufsgruppen haben ein ganzheitliches Verständnis ihres Handlungsfeldes, sind jedoch partiell tätig. Eine besondere Aufgabe kommt der Pflege in der Betreuung älterer Menschen in ihrer Häuslichkeit zu. Die Pflege übernimmt hier die Vernetzungsaufgabe, indem sie ein Herausfallen aus einer angemessenen Versorgung verhindert.

Pflege als *Querschnittsaufgabe* erfordert ein hohes Maß an institutionalisierter Vernetzung. Der Vernetzungsgedanke versucht der Segmentierung von pflegerischen und sozialem Handeln entgegenzuwirken. Vernetzung will mehr sein als Koordination und Kooperation. Es findet eine Verknüpfung verschiedener Institutionen und Funktionsträger statt. Vernetzung bezieht sich auf drei unterschiedliche Ebenen:

1. Die Ebene der am Pflegeprozeß beteiligten multiprofessionellen Institutionen.

2. Die Ebene der unterschiedlichen Kostenträger und Rahmenbedingungen.
3. Die personelle Ebene mit dem engeren sozialen Netzwerk der von der Pflegebedürftigkeit der alten Menschen betroffenen Personen.

Ziel ist der gemeinsame Konsens bezüglich der Definition, der Konzeption und der Gestaltung des Hilfebedarfs in gleichberechtigter Zusammenarbeit verschiedener Berufsgruppen.

Ein weiteres wichtiges Ziel von Vernetzung ist die optimale Mittelverwendung. Vernetzung kann wesentlich dazu beitragen, daß Mittel sinnvoll eingesetzt und genutzt und so Kosten gespart werden. Nicht nur die Übereinstimmung in Zielsetzung und Rahmenbedingungen ist erforderlich, sondern auch das Wissen voneinander und eine Atmosphäre von Vertrauen zwischen den handelnden Systemen und beteiligten Personen. Transparenz im Angebotsprofil und klare Vereinbarungen sind notwendig, die von allen getragen und unterstützt werden. Vernetzung gelingt, wenn immer wieder neu „der gemeinsame Nenner" erarbeitet wird.

3. Pflege als Profession

Pflege ist die Berufsgruppe, die in den verschiedenen Arbeitsfeldern zu den pflegebedürftigen alten Menschen den häufigsten Kontakt hat. Die Berufsgruppe trägt für die Gestaltung des Pflegealltags in Institutionen eine hohe Eigenverantwortung.

Eigene Wissenschaft

Noch vor wenigen Jahrzehnten wurde das pflegerische Wissen weitgehend von den naturwissenschaftlichen Konzepten der Medizin bestimmt. Pflegewissen erwarb man durch Erfahrung, Beobachtung und Beispiel anderer in der Pflegepraxis (Schröck, 1992). Die Problematik eines solchen subjektiven, mehr oder minder auf Tradition und Intuition gegründeten Handlungswissens liegt nach Schröck darin, daß es immer noch

- verhältnismäßig unzusammenhängend,
- eher zufällig als systematisch erworben,
- methodisch wenig geordnet
- situationsbegrenzt in seiner Anwendbarkeit und
- nicht verallgemeinerbar ist.

Akademisierung

Dem Beispiel anderer Länder folgend – in den USA ist Pflege seit Anfang diesen Jahrhunderts, in Großbritannien seit 1959 an Universitäten etabliert –, sind an verschiedenen Fachhochschulen und Universitäten in Deutschland Studiengänge für Pflege, Pflegepädagogik und Pflegemanagement eingerichtet worden. Ihr gemeinsamer Kern ist der Bezug zur Disziplin „*Pflegewissenschaft*".

Die sich langsam in der Bundesrepublik entwickelnde Pflegewissenschaft betrachtet Pflege als einen eigenen Gegenstandsbereich mit fachspezifischem Theorie- und Methodenbedarf. Die Theorien und Methoden der Sozial- und Naturwissenschaften werden, soweit sie für pflegerische Fragestellungen relevant sind, herangezogen und fachspezifisch entwickelt.

Gegenstand der **Pflegeforschung** ist die systematische Untersuchung der Pflegepraxis und ihrer Auswirkungen auf die betroffenen Personen und ihr Umfeld. Ebenfalls gehören Theorieentwicklung, die Aspekte der Qualifikation von Pflegenden und die Organisation der Pflege dazu. Ein wesentliches Merkmal professionellen Handelns in der Pflege liegt im notwendigen Zusammenspiel von wissenschaftlich fundiertem systematischem Wissen und der konkreten Fallanalyse, dem sinnverstehenden Deuten des Einzelfalls. Dies bezeichnet man als hermeneutische Kompetenz.

Die zu treffenden Entscheidungen müssen, genau wie in anderen sozialen Handlungssystemen, sachlich begründet, innerhalb der Dienstleistungsorganisationen umsetzbar und sozial akzeptabel sein. Das heißt, die Entscheidung muß sich an fachlichen Standards messen,

- die dem Problem adäquat,
- durch nachvollziehbare Regeln und Konzepte generalisierbar,
- durch den Konsens der beteiligten Personen als sinnvoll anerkannt sind (Glagow u. Wilke, 1984).

Spezifisches Wissen zeigt sich im:

- Erkennen von Hilfebedarf in bezug auf die Aktivitäten und Erfahrungsbereiche des Lebens;
- Erkennen und Mobilisieren von Ressourcen;
- Planen, Durchführen, Dokumentieren und Bewerten einer Pflegesituation unter prophylaktischen, kurativen und rehabilitativen Gesichtspunkten;
- Kommunizieren mit anderen am Pflegeprozeß beteiligten Berufsgruppen;
- Erkennen von Abweichungen bei Krankheit und Pflege sowie Einleitung und Durchführung angemessener Hilfen;
- Konzeptentwicklung unter Berücksichtigung der Lebenssituation, der Bewältigungsmechanismen und der Zukunftsperspektiven der betroffenen alten Menschen;
- Gestalten der Pflegesituation und des Pflegealltags im Lebensraum der alten Menschen;
- Gestalten der Lebens- und Arbeitsbedingungen in Institutionen.

Ein professionell Handelnder deutet nicht selten mit Hilfe seines Fachwissens und mit seinem Erfahrungswissen stellvertretend für den alten Menschen, wenn dieser dazu nicht in der Lage ist und plant die Pflege bzw. erstellt ein Pflegekonzept. Aufgrund seines berufsspezifischen Wissens, der Erfahrung und dem Rollenselbstverständnis entwickelt der Berufsinhaber „Pflegeperson“ einen professionellen Habitus. Das sind die berufseigenen, geschulten, die berufsspezifischen Deutungs- und Wahrnehmungsmuster, die der Pflegeperson eine schnelle und vorläufige Orientierung einer pflegerischen Situation ermöglichen. Es werden Interaktions- und Pflegekonzepte entwickelt, die den alten Menschen Erfahrungen von Sinnhaftigkeit, Kompetenz und Kontrolle ermöglichen.

Erfassen professioneller Pflege alter Menschen mittels theoriegeleiteter Modelle

Da die pflegerische Wirklichkeit komplex und schwer faßbar scheint, macht es Sinn, sie anhand von Pflegetheorien zu erklären und durch Modelle abzubilden. Unter einem Modell versteht man eine vereinfachende Darstellung eines Gegenstandes oder des Ablaufs einer Handlung, um eine Betrachtung zu erleichtern oder überhaupt erst möglich zu machen (Drerup, 1990).

Pflegemodelle basieren auf Pflegetheorien als allgemein gültige Beschreibungen und Erklärungen von Pflege nach anerkannten wissenschaftlichen Prinzipien (Steppe, 1990). Die Theorien, die in den 60er Jahren in den angloamerikanischen Ländern entstanden sind, unterscheiden sich nach **Selbst- und Menschenbild.**

Die Nützlichkeit einer Pflegetheorie läßt sich an fünf Kriterien überprüfen (Steppe, 1989):
- Sozialer Wert;
- Kompatibilität (Übertragbarkeit)
- Vollständigkeit;
- notwendige Fertigkeiten;
- Durchführbarkeit.

Um die Vielfalt von Pflegetheorien zu ordnen, wurden ähnliche inhaltliche Überzeugungen in den verschiedenen Theorien zusammengefaßt (Steppe, 1989). Man unterteilt die Theorien nach der Art ihrer Orientierung: Bedürfnis-, Interaktions- und Pflegeergebnisorientierung.

Bedürfnisorientierte Theorien

Die Pflegetheorien der bedürfnisorientierten Richtung gehen davon aus, daß ein Mensch in bestimmten Situationen bestimmte Pflegebedürfnisse entwickelt. Die Rolle der professionell Pflegenden besteht darin, diese Bedürfnisse zu erkennen und eine Hilfeleistung anzubieten, die die Unabhängigkeit fördert und dem unverwechselbaren Wesen des einzelnen entspricht (Steppe, 1990).

Interaktionsorientierte Theorien

Die interaktionsorientierten Pflegetheorien betonen die Bedeutung der Beziehung zwischen professionell Pflegenden und Gepflegten als therapeutisch relevantes Geschehen.

Ergebnisorientierte Theorien

Ziel der Pflege in den ergebnisorientierten Pflegetheorien ist es, die Balance oder Stabilität wieder herzustellen und dem pflegebedürftigen Menschen zur Harmonie mit seiner Umgebung zu verhelfen (Steppe, 1989).

I. Bedürfnismodelle	V. Henderson	1955
	F. Abdellah	1960
	D. Orem	1969
II. Interaktionsmodelle	I. King	1968
	I. J. Orlando	1962
	E. Wiedenbach	1964
	H. Peplau	1952
III. Pflegeergebnismodelle	D. Johnson	1958
	M. Levine	1966
	M. Rogers	1970
	C. Roy	1970

Ganzheitlich fördernde Prozeßpflege

Ein in Deutschland entwickeltes Pflegemodell der ganzheitlich fördernden Prozeßpflege vor dem theoretischen Hintergrund von Roper und Orem setzt sich zusammen aus einem Pflegemodell, einem Managementmodell und einem Strukturmodell zu den Aktivitäten und existentiellen Erfahrungen des Lebens (Krohwinkel, 1992). Das Pflegemodell besteht aus dem Rahmenmodell ganzheitlichfördernder Prozeßpflege, einer primären pflegerischen Zielsetzung, in der die wesentlichen Ziele pflegerischen Handelns generell festgelegt sind, und der primären pflegerischen Hilfeleistung, die die handlungsleitenden Arbeitsprinzipien des Pflegeberufes festlegt.

Das zentrale Interesse in diesem Modell ist der pflegebedürftige Mensch, seine pflegerischen Bedürfnisse, Probleme, Defizite und seine Fähigkeiten, bezogen auf die Aktivitäten des Lebens (AdL) und auf seinen Umgang mit existentiellen Erfahrungen (zusammengefaßt AEDL).

Modelle der Pflege sind handlungsleitend für Pflegende unabhängig von Lebenslagen und Altersstufen. Daraus ergibt sich die Notwendigkeit, Konzepte für die Pflege alter Menschen zu entwickeln, die sich auf die verschiedenen Institutionen, das jeweilige Umfeld und die individuellen Lebenslagen beziehen.

Integration von Forschungsergebnissen

Im Zuge der Entwicklung der pflegerischen und gerontologischen Forschung in den letzten Jahren gibt es Bestrebungen, spezielle Pflegemodelle für die Lebenslage alter Menschen zu entwickeln (Heisterkamp, 1992). Internationale Forschungsergebnisse haben den Nutzen der theoriegeleiteten Pflegemodelle für die Praxis eindeutig erwiesen. Aus-, Fort- und Weiterbildung kann danach konzipiert, der Pflegebedarf festgestellt, die Pflege geplant, durchgeführt und ausgewertet sowie der Erfolg der Pflege dargestellt werden (Steppe, 1990).

Bindung an ethische Normen

Die pflegerische Beziehung steht im Spannungsfeld von **Nähe und Distanz** zwischen ungleichen Partnern.

Pflegepersonen zeigen ein wertorientiertes Verhalten. Das verlangt, den spezifischen Charakter normenbezogenen asymetrischen Handelns zu gewährleisten. Die Beziehung zum alten Menschen muß so gestaltet werden, daß sie nicht wegen distanzloser Gefühlsarbeit in gegenseitige Abhängigkeit mündet.

Die Lebensqualität älterer Menschen ist neben situationsbedingten und materiellen Sachzwängen wesentlich durch die Art der Meinungs- und Willensbildung in der pflegerischen Beziehung geprägt. Ziel des Verhaltens und des Handelns ist eine möglichst optimale Abstimmung zwischen den Wünschen und Bedürfnissen des älteren Menschen und den Notwendigkeiten, die sich aus der professionellen Einschätzung des Pflegebedarfs ergeben.

Vor diesem Hintergrund analysieren die professionell Handelnden die spezifischen Strukturen und Wertvorstellungen der Berufsfelder der Altenhilfe und nehmen Einfluß zum Wohle der Klienten. Professionell zu pflegen beinhaltet die Identifikation der BerufsinhaberInnen mit dem eigenen Berufsselbstverständnis und dem Berufsstand.

Professionalität zeigt sich auch darin, inwieweit die Rahmenbedingungen und Strukturen der Leistungserbringung analysiert, reflektiert und durch die Professionellen im politischen Feld und in der Praxis gestaltet werden. Im Vordergrund des heutigen Selbstverständnisses der Pflegenden steht der Anspruch der beruflichen Eigenverantwortlichkeit der Pflege in bezug auf die Begründung und die Bewältigung von Pflegesituationen.

4. Eine Profession sichert Qualität

In der deutschen Gesetzgebung wurde die Forderung nach Qualität der Pflege alter Menschen, insbesondere im §80 des SGB XI (Pflegeversicherungsgesetz) festgeschrieben.

„Die Spitzenverbände der Pflegekassen, die Bundesarbeitsgemeinschaft der überörtlichen Träger der Sozialhilfe, die Bundesvereinigung der kommunalen Spitzeneinrichtungen auf Bundesebene vereinbaren gemeinsam und einheitlich Grundsätze und Maßstäbe für die Qualität und die Qualitätssicherung der ambulanten und stationären Pflege sowie für das Verfahren zur Durchführung von Qualitätsprüfungen."

Der darin festgelegte Grundsatz der Qualitätssicherung findet sich an allen Stellen des Pflegeversicherungsgesetzes wieder, wo es um die Beschreibung von Leistungen geht.

Pflege ist eine Dienstleistung, die unter bestimmten Rahmenbedingungen im öffentlichen Interesse erbracht wird. Hier tritt zunehmend der Begriff „Kunde" in den Vordergrund. Er markiert die Abkehr von den Begriffen „Patient" bzw. „Klient" als Empfänger einer (verordneten) sozialen Leistung und hebt die Nachfragerposition und die individuelle Inanspruchnahme hervor.

Für die Beschreibung der Qualität von Dienstleistungen allgemein wurde die DIN ISO 9000ff. als internationale Norm entwickelt. Unter Qualität versteht diese Norm „die Gesamtheit der Eigenschaften und Merkmale einer Dienstleistung, die sich auf deren Eignung zur Erfüllung festgelegter oder vorausgesetzter Erfordernisse beziehen." Diese allgemeine und sehr vage Definition muß für die Pflege alter Menschen genauer gefaßt werden.

Als Orientierung dienen gesetzliche Standards, Organisations- und Managementstandards, Personalstandards und Standards der Leistungserbringung. Die derzeitige Qualitätsdiskussion wird vornehmlich von den Kostenträgern unter dem Aspekt der *Wirtschaftlichkeit* geführt. Aus Sicht der professionellen Pflege bestimmt sich Pflegequalität auch dadurch, inwieweit die *Autonomie der alten Menschen* gefördert oder wiederhergestellt und ihr letzter Lebensabschnitt mit *Achtung und Würde* begleitet wird.

Ziel pflegerischer Leistung

Das wesentliche Ziel pflegerischen Handelns ist die Gewährleistung von Lebensqualität unter den Bedingungen von Hilfs- und Pflegebedürftigkeit. Einerseits geht es um die Gestaltung von Lebensraum und Lebenszeit, andererseits um die Gestaltung des Arbeitsfeldes und der Arbeitszeit.

Die Ebenen der Lebens- und Arbeitszufriedenheit überschneiden und bedingen sich gegenseitig. Sie lassen sich bezüglich der Lebens- und Arbeitsqualität mit Kriterien beschreiben, deren Gewichtung von der unterschiedlichen Ausgangsposition bestimmt wird.

Kriterien für Lebens- und Arbeitsqualität:

- Selbstbestimmung
- Kompetenz
- Bewältigungs- und Copingsstrategien
- Lebensziel/-perspektiven
- Mitwirkung/Mitbestimmung bei der Gestaltung
- Ökonomischer Standard (z.B. Rente oder Verdienst)
- Rechte/Pflichten
- Soziales Umfeld
- Grad der Kongruenz zwischen Selbst- und Fremdbild
- Gesellschaftliche und individuelle Werte und Normen.

Diese Kriterien gelten nicht nur für das pflegerische Handeln, sondern sind charakterisierend für das gesamte Unterstützungssystem. Die Überschneidungsbereiche zu anderen Berufsgruppen und Arbeitsfeldern müssen immer wieder neu geklärt (von Klient zu Klient; von Situation zu Situation) und multiprofessionell abgestimmt werden. Dabei wird immer wieder um einen Konsens gerungen zwischen individuellen Bedürfnissituationen, fachlichen Standards, gesellschaftlichem Bewußtsein und Normen. Das Erreichen von pflegerischen Zielen ist abhängig von dieser Konsensfindung.

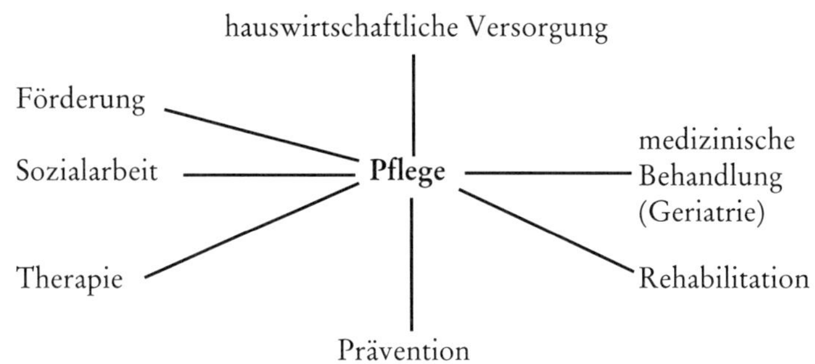

Dimensionen der Pflegequalität

Der Begriff Pflegequalität bezeichnet Beschaffenheit, Umfang oder Eigenschaft der erbrachten Pflegeleistung. Pflegequalität kann aus verschiedenen Perspektiven betrachtet werden.

Perspektive der Pflegebedürftigen	– Lebensqualität – Autonomie – Mitentscheidung – Pflege nach neuesten Erkenntnissen
Perspektive der Pflegepersonen	– Eigenverantwortlichkeit – Professionelles Fachwissen
Perspektive der Organisationen	– optimale Ressourcennutzung – sinnvolle Arbeitsabläufe und -strukturen
Perspektive der Gesellschaft	– größtmögliche Lebensqualität der älteren Menschen Sozialverträglichkeit

Die jeweilige Perspektive führt zu unterschiedlichen Einschätzungen. Die Definition von Pflegequalität muß den Zusammenhang aller Faktoren umfassen. Entsprechend sind Standards zu entwickeln. Standards sind Maßstäbe für angemessenes pflegerisches Handeln mittels derer eine bestimmte Pflegequalität festgesetzt und überprüft werden kann. Wir unterscheiden im folgenden Struktur-, Prozeß und Ergebnisqualität (Donabedian, 1966).

Strukturqualität

Strukturqualität bezeichnet generell die gesellschaftlichen Rahmenbedingungen für Pflege.

Insbesondere

- sozialpolitische und gesetzliche Vorgaben;
- Verfahren, Bedingungen und Kriterien zur Leistungserbringung,
- Strukturstandards.

Sozialpolitische und gesetzliche Vorgaben

Durch das SGB XI werden beispielsweise die bisherigen Anforderungen zur Begutachtung der Pflegebedürftigkeit verändert. Neu in diesem Zusammenhang ist, daß nicht mehr ausschließlich Ärzte die Stufe der Pflegebedürftigkeit bestimmen.

Die Kompetenz der Ärzte liegt im Bereich der Beurteilung medizinischer und rehabilitativer Aspekte. Die Beurteilung der Ressourcen und Restriktionen in den Lebensaktivitäten (AEDL's) fällt in den Kompetenzbereich der professionell Pflegenden und anderer Fachpersonen. Dabei sind das Rehabilitationspotential zu prüfen und individuelle Pflegepläne zu erstellen.

Verfahren, Bedingungen und Kriterien zur Leistungserbringung

Strukturqualität wird u.a. geprägt durch Organisationsziele, Anzahl, Qualifikation, Kompetenz und Professionalität des Personals, Aufbau- und Ablauforganisation, Architektur und Milieugestaltung.

Strukturstandards

Es gibt Standards, die sich auf die räumliche, ökologische und technische Ausstattung einer Einrichtung beziehen sowie auf ihre Organisationsstruktur. Für die Ablauforganisation sind Handlungsmodelle, Arbeitsabläufe, Einsatzpläne und generelle Maßnahmenpläne standardisierbar. Wichtig ist auch die Ausstattung mit speziellen Arbeitsmitteln, wie z.B. Pflegehilfsmittel und Pflegedokumentation. Einen besonderen Stellenwert haben personelle Standards, die sich in Form von Qualifikationen und der notwendigen Fort- und Weiterbildung und ihrer Richtlinien beschreiben lassen.

Prozeßqualität

Prozeßqualität beschreibt die pflegerische Handlung an sich und orientiert sich an Art und Umfang der Interventionen. Diese werden durch ein pflegetherapeutisches Modell geleitet, z.B. durch das Modell der ganzheitlich-fördernden Prozeßpflege mit den AEDL's. Die Beherrschung des pflegerischen Handwerks und der pflegerischen Kunst bestimmt die Qualität der Pflegedurchführung. Diese Aspekte werden durch Pflege- (Prozeß-)Standards, d.h. Handlungsrichtlinien für den Bereich der direkten Pflege, beschrieben.

Aus-, Fort- und Weiterbildung	– Orientierung – Professionalisierung – Pflegewissenschaft
Pflegehandlungen	– Richtlinien – Hilfs- und Steuerungsmittel – rationelle Planung und Dokumentation
Evaluation	– Nachweis – Überprüfung – Vergleichbarkeit

Professionelle Pflege ist geplante Pflege in Abstimmung mit den Betroffenen und ihrem sozialen Umfeld. Sie berücksichtigt den Wunsch nach Privatsphäre und Entscheidungskompetenz. Die durch die individuelle Pflegeplanung festgelegten Pflegehandlungen orientieren sich an gültigen und überprüfbaren Handlungsnormen bzw. an den Erkenntnissen der Pflegewissenschaft. Auf dieser Grundlage wird die Dokumentation des Pflegeprozesses wichtig, weil sie einerseits die Handlungen legitimiert und andererseits eine Reflexion ermöglicht.

Ergebnisqualität

Ergebnisqualität beschreibt den Gesundheits- und Zufriedenheitsgrad des betroffenen Menschen und das Erreichen der gesteckten Pflegeziele. Sie befaßt sich mit der Prüfung und Bewertung des Pflegeprozesses auch unter dem Gesichtspunkt der Effektivität und Effizienz. Zunächst ist dabei die Effektivität der Pflegemaßnahmen mit Hilfe von Erfolgskriterien im Hinblick auf die Pflegeziele zu messen. Daneben steht die Überprüfung der Effizienz, die die Wirtschaftlichkeit immer in Relation zum erreichten Pflegeziel setzt. Dieses Kosten-Nutzen-Kalkül läßt Schlußfolgerungen auf das betriebswirtschaftliche Ergebnis im Verhältnis zum Qualitätsniveau der Pflege zu.

Qualitätsstufen

In der Fachliteratur werden meist vier Qualitätsstufen dargestellt:

- Gefährliche Pflege
- Routine-Pflege
- Angemessene Pflege
- Optimale Pflege

Diese Aufgliederung vermittelt eine Scheinobjektivität und sollte von daher aufgegeben werden.

Differenzierte Qualitätsniveaus müssen wissenschaftlich entwickelt und überprüft werden. Uns erscheint es vor dem heutigen Kenntnisstand hilfreicher, zwischen „angemessener“ und „nicht angemessener“ Pflege zu unterscheiden.

Qualitätssicherung

Im Zuge der Auseinandersetzung mit den Fragen der Qualitätssicherung ist eine Veränderung der Begrifflichkeit zu erkennen. Zunächst bestand das Interesse, die Qualität pflegerischer Arbeit zu prüfen. Im weiteren Verlauf wurde diese Kontrollfunktion um die Qualitätsentwicklung erweitert und so der Begriff Qualitätssicherung neu definiert (Biederbeck, 1994).

Unter Qualitätssicherung versteht man einen kontinuierlichen Prozeß, in dem das *Geplante mit der Wirklichkeit* verglichen wird. Dieser Prozeß hinterfragt auch Einstellungen und Haltungen.

Die Verpflichtung zur Qualitätssicherung gilt auf allen Ebenen. Qualitätssicherung als *Führungsaufgabe* ist in den Zielvorstellungen von Organisationen enthalten. Damit sind alle Ebenen und alle Mitglieder einbezogen. Das Management ist verpflichtet, nach den Prinzipien der Qualitätssicherung zu handeln.

Stand in Deutschland ist, daß es noch keine etablierten Methoden der Qualitätssicherung in der Pflege gibt. International diskutiert werden sowohl zentrale als auch dezentrale Methoden. Bei der zentralen Methode werden von bestimmten Organisationen wissenschaftliche Instrumentarien entwickelt, es werden Methoden und Standards vorgeschrieben. Die *zentrale Methode* wird angewandt, um die Pflegepraxis zu analysieren und zu bearbeiten. In den Einrichtungen wird die Qualitätssicherung über zentrale Methoden von dafür geschulten Personen durchgeführt.

Die Qualitätssicherung anhand von *dezentralen Methoden* wird von den Pflegenden einrichtungsbezogen geleistet. Sie entwickeln in Qualitätszirkeln Standards und Kriterien und bestimmen Verfahren, wie diese in der Alltagspraxis überprüft werden. Sie führen diese Prüfung selber aus (Giebing, 1990).

4. Ausblick und Thesen

1. Der Bedarf an pflegerischer Leistung steigt.
2. Professionalisierung ist notwendig, um den Pflegebedarf abzudecken.
3. Pflegewissenschaft und Pflegeforschung müssen entwickelt und gesichert werden.
4. Organisierte Pflege ist ein gesellschaftlicher Auftrag.
5. Professionelle Pflege handelt theoriegeleitet.
6. Ethische Normen bestimmen das Handeln.
7. Wissenschaft, Forschung und Praxis definieren Pflegequalität durch Standards und Qualitätssicherung.
8. Pflege als Querschnittsaufgabe lebt von der Zusammenarbeit unterschiedlicher Disziplinen.

9 Vernetzung muß gestaltet werden.
10 Management ist notwendig.

Mitglieder der Arbeitsgruppe „Pflege in der DGGG“
Renate Behr, Mönchengladbach
Ute Braun, München
Peter Dröscher, Darmstadt
Hildegard Entzian, Kiel
Dörte Friedrich, Essen
Klaus-Ingo Giercke, Köln

Mathias Hennecke-Court, Leverkusen
Karla Kämmer, Berlin
Prof. Dr. Thomas Klie, Freiburg
Rudolf Kutz, Münster
Inge Lüders, Hamburg
Maria Luig, Dortmund
Edelgard Neukirch, Petershagen
Ursula Pfäfflin-Wagner, Paderborn
Christine Sowinski, Köln
Petra Stragies-Schweda, Dortmund
Friedrich Trapp, Kassel
Elisabeth Unkelbach, Köln

Literatur:

Beck, U., Brater, M., Daheim, H.: Soziologie der Arbeit und der Berufe, Reinbek bei Hamburg, 1980

Biederbeck, M.: Qualitätssicherung pflegerischer Arbeit – Eine Bestandsaufnahme – Unveröffentlichtes Manuskript, Hans-Weinberger-Akademie, München, 1994

Bundesminister für Jugend, Familie und Gesundheit, Schriftenreihe Bd. 82: Zur Organisation pflegerischer Dienste in Altenpflege-/Altenkrankenheimen, Stuttgart, 1983

Deutsche Gesellschaft für Hauswirtschaft e.V. (Hrsg.): Qualitätsmerkmale der Leistungen in Einrichtungen der Altenhilfe, Hohengehren, 1993

Deutscher Berufsverband für Pflegeberufe (DBfK): Altenpflege im DBfK, Eschborn, 1993

Deutscher Berufsverband für Pflegeberufe (DBfK): Berufsbild Pflege, Eschborn, 1992

Deutscher Verein für öffentliche und private Fürsorge (Hrsg.): Aufbruchsstimmung in der Heimaufsicht?, SD 16, Frankfurt/Main, 1993

Deutsches Zentrum für Altersfragen: Heimkonzepte der Zukunft, Berlin, 1991

Diakonisches Werk der ev. Kirche Württemberg e.V. (Hrsg.): Qualität im Pflegeheim, Stuttgart, o. Jahresangabe

Diakonisches Werk der ev. Kirche in Württemberg e.V. (Hrsg.): Dienstleistungsstandards für die stationäre Altenhilfe, Stuttgart, 1993

DIN Deutsches Institut für Normung e.V.: DIN-ISO 9000ff., Berlin, 1992

Diözesan-Caritasverband für das Erzbistum Köln e.V. (Hrsg.): Bausteine für ein Konzept, Köln, 1993

Donabedian, A.: Evaluating the quality of medical care, in: „The Milbank Memorial Fund Quarterly““, Vol. XLIV, No. 3, Part. 2, 166–206, 1966

Drerup, E.: Modelle der Krankenpflege, Freiburg, 1990

Fatzer, G. (Hrsg.): Organisationsentwicklung für die Zukunft, Köln, 1993

Glagow, M., Wilke, H.: Entscheidungstheorien, in: Kerber, H., Schmieder, A. (Hrsg.): Handbuch Soziologie, Zur Theorie und Praxis sozialer Beziehungen, Reinbek 1984, 116–119

Heisterkamp, B.: Entwurf eines Modells der Altenpflege, Dreieich 1992

Hermanns, H.: Spezialisierung und Hierarchisierung durch Qualifizierung? in: Hoffmann, A., Klie, T. (Hrsg.): Geronto-psychiatrische Qualifikation in der Altenhilfe, Hamburg, 1989

Kämmer, K. (Hrsg.): Pflegemanagement in Altenheimen, Schlütersche Verlagsanstalt, 1994

König, E., Volmers, G.: Systemische Organisationsentwicklung, Weinheim, 1993

Krohwinkel, M.: Der pflegerische Beitrag zur Gesundheit in Forschung und Praxis, Baden-Baden, 1992

Krohwinkel, M.: Der Pflegeprozeß am Beispiel von Apoplexiekranken. Eine Studie zur Erfassung und Entwicklung ganzheitlich-rehabilitierender Prozeßpflege; Schriftenreihe des Bundesministeriums für Gesundheit, Bd. 16, Baden-Baden, 1993

Kuratorium Deutsche Altershilfe (Hrsg.): Ist die Pflege überfrachtet? (Problemkreis: Pflegefremde Tätigkeiten), KDA-Schriftenreihe Thema Nr. 93, Köln 1994

Lehmenkühler-Leuschner, A.: Professionelles Handeln und Supervision. Eine Einführung in professionssoziologische Grundlagen, in: Forum Supervision 2, 1993, 8–34

Mybes, U.: Schnittstellen Pflege/Hauswirtschaft, Tätigkeitskatalog zur Klärung der Zuständigkeit bei Verpflegung, Wäscheversorgung und Hausreinigung in stationären Altenhilfeeinrichtungen, Kuratorium Deutsche Altershilfe (Hrsg.): KDA-Schriftenreihe, Thema Nr. 94, Köln, 1994

Probst, G. J. B.: Vernetztes Denken, Wiesbaden, 1991

Schröck, R.: Entwicklung und Perspektiven der Pflegeforschung (Grundsatzreferat), in: Krohwinkel, M. (Hrsg.): Der pflegerische Beitrag zur Gesundheit in: Forschung und Praxis, Schriftenreihe des Bundesministeriums für Gesundheit, Bd. 12, 1992, 96–104

Siebers, H., Wander, M.: Qualitätssicherung in der Pflege, Eschborn, 1991

Steppe, H.: Pflegetheorien und ihre Bedeutung für die Praxis, in „Die Schwester/Der Pfleger“, 28. Jahrgang 4/1989

Steppe, H.: Die Bedeutung von Pflegetheorien für die Pflegepraxis, in: Schädle-Deilinger, H.: Pflege, Pflege-Not, Pflege-Stand, Bonn, 1990

Steppe, H.: Pflege im Umbruch. Eine Standortbestimmung, in: Mabuse 90 (6/7) 1994, 48–51

Stösser, A. v.: Pflegestandards, Berlin 1992

Ulrich, H., Probst, G. J. B.: Anleitung zum ganzheitlichen Denken und Handeln, Bern-Stuttgart, 1991

Konzept kleinräumiger Bedarfsplanung: Erste Auswirkungen der Pflegeversicherung

Petra Knörr, Anita B. Pfaff, Christian Rindsfüßer

1. Einleitung

Nach fast zwanzigjähriger Diskussion wurde endlich mit der Verabschiedung des Pflegeversicherungsgesetzes die soziale Pflegeversicherung eingeführt, so daß ab 1. April 1995 häusliche Pflegeleistungen und ab 1. Juli 1996 stationäre Versorgung finanziell (teilweise) abgesichert sind. Die mit dem Pflegeversicherungsgesetz eingeleitete umfassendere Finanzierung des Pflegefallrisikos wird vielfältige Auswirkungen auf alle Beteiligten – Anbieter und Nachfrager von Pflegeleistungen – haben, die aufgrund noch teilweise fehlender Ausführungsbestimmungen jedoch noch nicht klar abzuschätzen sind.

Um – wie nach dem politischen Willen geplant – die Leistungsbereitschaft und Leistungsfähigkeit aller am Pflegeprozeß Beteiligten zu erhalten und zu fördern, ist jedoch eine Zusammenarbeit unterschiedlicher Personen und Institutionen unabdingbar. Gerade auf kommunaler Ebene haben sich in den letzten Jahren vernetzte Versorgungsstrukturen entwickelt. Eine der Forderungen an die gesetzliche Pflegeversicherung wird sein, diesen Prozeß wirtschaftlich und bedarfsgerecht zu steuern.

Um mögliche Auswirkungen auf der Bedarfsseite zu diskutieren, wird hier auf die folgenden Aspekte eingegangen:

- Erste Auswirkungen der Pflegeversicherung auf Vernetzungsstrukturen von Anbietern sozialer Dienstleistungen werden wiedergegeben.
- Die demographisch bedingt unterschiedliche Bedarfsentwicklung verdeutlicht die besondere Bedeutung kleinräumiger Bezüge.
- Beispielhaft wird die kleinräumig differenzierte Präferenz bezüglich der Versorgung an einem Beispiel aus dem Projekt „Leben und älter werden im Landkreis Augsburg“ dargestellt.

2. Erste Auswirkungen der Pflegeversicherung auf Vernetzungsstrukturen[1]

Konkret werden aufgrund bisher fehlender Ausführungsbestimmungen zum Pflegeversicherungsgesetz für Praktiker der Alten- und Behindertenarbeit sehr viele Fragen von teils existentieller Bedeutung aufgeworfen. Die Universität Augsburg ist seit 1992 Mitglied in den Vernetzungsstrukturen des Landkreises Augsburg, so daß erste Auswirkungen der Pflegeversicherung unmittelbar erfaßt werden können.

a) Auswirkungen auf Vernetzungen

Unklare Formulierungen im Pflegeversicherungsgesetz dahingehend, wer als Vertragspartner der Pflegekassen auftreten kann (nach § 71 SGB XI müssen pflegerische und hauswirtschaftliche Versorgung gesichert sein), waren mit ein Grund dafür, warum bisherige Anbieter ausschließlich hauswirtschaftlicher Hilfen bemüht sind, auch Pflegestrukturen aufzubauen und umgekehrt. Dies führt dazu, daß Kooperationen und Vernetzungsstrukturen zwischen Anbietern unterschiedlicher Leistungen, die über Jahre aufgebaut wurden, gefährdet sind, wenn formal ausreichende Kooperationsvereinbarungen nicht erzielt werden können. Die regionale Sozialplanung wird hier vor ungeahnte Probleme gestellt. Statt gemeinsam in Kooperation die langjährig erarbeiteten „Marktpositionen" zu nutzen, miteinander eine Infrastruktur zu entwickeln, und sich den Pflegekassen zusammen als potente Vertragspartner zu präsentieren, entsteht eine Konkurrenzsituation, die bisherige Kooperation in Frage stellt oder zumindest neu definiert. Aussagen künftiger Pflegekassen hierzu stellen klar, daß „umfassende" Pflege sehr wohl auch durch Kooperation mehrerer Dienste/Träger sichergestellt werden kann. Hierbei muß nur ein Träger benannt werden, der der Pflegekasse gegenüber verantwortlich abrechnet.

b) Kleine Anbieter sind die Verlierer

Kleinere Anbieter (z.B. Kirchengemeinden als Träger) erfüllen oft personell und organisatorisch nicht die Voraussetzungen, die für einen Vertragsabschluß mit den Pflegekassen notwendig sind. Gerade in ländlichen Gebieten besteht oft ein räumlich eng begrenztes hohes ehrenamtliches Engagement; diese Personen sind aber teils nicht bereit, ihr Engagement in eine Kooperation mit anderen Anbietern einzubringen, die einen Vertragsabschluß ermöglichen würde.

c) Private Anbieter

Durch Erleichterung des Marktzugangs ist künftig mit einem stärkeren Wettbewerb zwischen Anbietern um Patienten zu rechnen. Eine Konsequenz davon ist, daß wegfallende Klienten nicht mehr automatisch ersetzt werden können und damit Auslastungsprobleme entstehen. Durch den Sicherstellungsauftrag der Pflegekassen wird künftig jedoch kein „Rosinen Picken" mehr möglich sein, wie es jetzt oft noch Realität ist. Aussage eines privaten Anbieters zur bisherigen Praxis: „Spritzen- und Verbände-Touren werden im ländlichen Raum nicht gefahren".

Die Frage wird sein, welche Anbieter künftig die notwendige Kontinuität bei der Versorgung *aller* Personen gewährleisten können. Zur Zeit zahlen die Kommunen noch 1,50 DM bis 2,00 DM je Einwohner im Rahmen ihres Sicherstellungsauftrags an die zuständigen Sozialstationen. Wie wird dies jedoch zu rechtfertigen sein, wenn ein zunehmender Anteil der Versorgung von privaten Anbietern übernommen wird? Offen ist noch, wie leistungsgerechte Entgelte aussehen werden und welche „Mengen" mit den vorgegebenen Einzelbudgets angeboten werden können.[2]

d) Rehabilitation

Im Pflegeversicherungsgesetz (§ 5 SGB XI) wird ausdrücklich darauf hingewiesen, daß „frühzeitig alle geeigneten Maßnahmen der Prävention, der Krankenbehandlung und der Rehabilitation eingeleitet werden", und zwar auch nach Eintritt der Pflegebedürftigkeit, um diese zu überwinden, zu mildern und eine Verschlimmerung zu verhindern.

Zu beachten ist jedoch, daß die Pflegekassen nur „darauf hinwirken", daß die entsprechenden Leistungsträger im Rahmen ihres Leistungsrechts ihre medizinischen und ergänzenden Leistungen in vollem Umfang zur Rehabilitation einsetzen sollen (ergänzend hierzu §§ 31, 32 SGB XI). Die Frage, wie dies konkret ausgestaltet werden soll, konnte bisher nicht beantwortet werden.

Offen ist hierbei auch noch, wer diese Leistungen erbringen soll (selbst wenn die Finanzierung gesichert wäre), da die entsprechende Infrastruktur, sprich: Angebote, nicht vorhanden ist. Exemplarisch sei hier nur der ambulante Bereich angeführt: Will eine Sozialstation eine Reha-Schwester ausbilden lassen, so dauert dies drei Jahre und kostet ca. 30 000 DM, die bisher vom Träger finanziert werden müssen. Ein schwieriges Unterfangen, wenn man bedenkt, daß die Leistungen der Pflegeversicherung ab dem 1. April 1995 einsetzen sollen. Eine Möglichkeit, diesem Auftrag relativ kurzfristig gerecht zu werden, bestünde darin, Kooperationen mit stationären Einrichtungen oder mit vorhandenen rehabilitativen Angeboten (z.B. Ergotherapie, Massage), also zugehenden Angeboten einzugehen, wobei die Vernetzungen möglichst umgehend aufgebaut werden könnten.

e) Zivildienstleistende

Unklar ist, wie Zivildienstleistende in die neuen Strukturen integriert sein werden („können nicht Marktteilnehmer sein“). Befürchtet wird, daß bisherige Aufgaben mit Kontinuität, wie etwa die „Individuelle Schwerstbehindertenbetreuung (ISB)“, verlorengehen könnten.

Zudem wird durch gesellschaftspolitische Entscheidungen (über Rahmenbedingungen wie Finanzierung) möglicherweise eine große Zahl der Zivildienstleistenden wegfallen. Daß dieser Wegfall deutlich machen würde, was Pflege wirklich kostet, dürfte ein sehr geringer Trost sein.

Daher müssen in bestehenden Vernetzungsstrukturen jetzt die Möglichkeiten geprüft werden, wie und unter welchen Bedingungen funktionierende Versorgungsangebote wie z.B. die „Individuelle Schwerstbehindertenbetreuung“ Abrechnungsmöglichkeiten mit den Pflegekassen erhalten können.

f) Pflegefachkraft

Der Begriff der Pflegefachkraft muß noch inhaltlich gefüllt werden. So ist z.B. noch offen, wie künftig beispielsweise heilpädagogische Fachkräfte einbezogen werden können. Zur Definition der Pflegefachkraft sind bundeseinheitliche Regelungen erforderlich, die auch die Ausbildung betreffen müssen.

g) Psychisch Kranke

Praktiker äußern die Befürchtung, daß psychisch Kranke die Verlierer der Pflegeversicherung sein könnten. Betrachtet man jedoch erste Entwürfe des AOK-Bundesverbandes zu Leistungen nach Grund- und Behandlungspflege, so sind ganz neue Leistungen vorgesehen.

h) Nachbarschaftshilfe

Es werden Befürchtungen geäußert, daß informelle Hilfen wie (organisierte) Nachbarschaftshilfen künftig an Bedeutung verlieren werden und durch einige wenige Personen, die Hilfen anbieten, aber tatsächlich dafür keine angemessenen Leistungen erbringen, in Verruf geraten. Dieser „Grauzone“ wirkt das Pflegeversicherungsgesetz entgegen: Pflegekassen können auch mit Einzelpersonen Verträge abschließen; die Qualität dieser Leistungen wird durch regelmäßige Kontrollbesuche (Häufigkeit je nach Pflegestufe) gesichert, was „schwarze Schafe“ abschrecken dürfte. (Organisierte) Selbst- oder Nachbarschaftshilfe sollte in die regionalen Arbeitsgemeinschaften integriert sein.

3. Die Notwendigkeit kleinräumiger Sozialplanung für die Seniorenpolitik

Einige der oben angesprochenen Probleme werden in Forschungsprojekten der Universität Augsburg und des Internationalen Instituts für Empirische Sozialökonomie (Inifes) bearbeitet, wobei erste Ergebnisse zeigen, daß die Altenplanung generell und die Analyse der Konsequenzen der Pflegeversicherung speziell auch kleinräumig spezifisch unterschiedliche Brisanz, Konsequenzen, Möglichkeiten und Beschränkungen aufweisen kann.

So führt die Universität Augsburg seit 1992 in sieben Gemeinden des Landkreises Augsburg ein Kooperationsprojekt durch, um Grundlagen für die Planung einer bedarfsgerechten Infrastruktur für hilfe- und pflegebedürftige Menschen in mittleren und kleineren Gemeinden im Rahmen einer interdisziplinären Analyse zu schaffen.[3] Die Ergebnisse der Untersuchung belegen die Notwendigkeit kleinräumiger Versorgungskonzepte, die sich an spezifischen Gegebenheiten der jeweiligen Gemeinde orientieren müssen:

- Gemeinden unterscheiden sich in ihrer Struktur: Sie können eher ländlich oder städtisch strukturiert sein; ebenso kann die Altersstruktur sehr unterschiedlich sein. So schwankt der Anteil von Personen ab 65 Jahren und älter im Landkreis Augsburg z.B. zwischen 7,3 Prozent und 18,4 Prozent vor allem aufgrund unterschiedlicher Zuwanderungen, die sich auch nachhaltig auf informelle Hilfepotentiale auswirken.
- Soziale Infrastruktureinrichtungen weisen unter Kapazitätsgesichtspunkten zum Teil einen relativ kleinen Einzugsbereich auf. Für kleinere Gemeinden oder Stadtteile ergibt sich somit nicht nur die Notwendigkeit, sondern auch die Möglichkeit, kleinräumig auf unterschiedliche Bedarfssituationen und -entwicklungen einzugehen.
- Ältere Menschen wollen meist in ihrer Heimatgemeinde alt werden. Die Entwicklung neuer Konzepte zielt auf dieses Bedürfnis ab: Im Landkreis Augsburg werden z.Z. ca. 20 Projekte „Betreuten Wohnens“ in unterschiedlichen Stadien realisiert. Dabei führen unterschiedliche Kapazitätsberechnungen zu unterschiedlichen Gestaltungsmöglichkeiten.
- Ein Großteil von Pflege erfolgt immer noch in der häuslichen Umgebung durch Angehörige. Dies soll auch bei veränderter Pflegebereitschaft durch den Ausbau vernetzter ambulanter Angebote zumindest erhalten bleiben.

Die besondere Bedeutung von kleinräumigen Betrachtungen und Sozialplanung soll in der Folge im Hinblick auf lokal sehr unterschiedliche Auswirkungen der demographischen Entwicklung auf das Ausmaß der Hilfe- und Pflegebedürftigkeit – und damit die erforderlichen Infrastrukturen – dargestellt werden.

Im Vorfeld der Einführung der Pflegeversicherung wurde durch das Bundesministerium für Familie und Senioren eine Untersuchung in Auftrag gegeben, die das Ausmaß der häuslichen Hilfe- und Pflegebedürftigkeit in der Bundesrepublik Deutschland ermitteln sollte. Diese bundesweite Erhebung – in der Folge Infratest-Studie[4] – führt zu einem bundesweit auf 1,4 Prozent geschätzten Anteil von Pflegebedürftigen an der Wohnbevölkerung in Privathaushalten.[5]

Zusätzlich weisen 2,7 Prozent der Bevölkerung einen Bedarf an hauswirtschaftlichen und sozialkommunikativen Hilfen auf. Dabei wird die Pflegebedürftigkeit nach drei Stufen (Pflegeintervall-Modell) differenziert. Es zeigt sich eine mit dem Alter stark steigende Hilfe- und Pflegebedürftigkeit, wobei bei alters- und geschlechtsspezifisch unterschiedlichen Häufigkeiten in den alten und neuen Ländern aufgrund der unterschiedlichen Altersstrukturen in beiden Teilen der gleiche Anteil an Pflegebedürftigen geschätzt wird.

Die Abgrenzung der Infratest-Studie nach dem Pflegeintervall-Modell deckt sich allerdings nicht mit den drei Pflegestufen nach dem Pflegeversicherungsgesetz (§ 15 SGB XI). Pflegebedürftigkeit der Pflegestufe I nach dem Infratest-Modell (mehrfach wöchentlicher Hilfebedarf) berechtigt nicht zu Leistungen im Rahmen der Pflegeversicherung. Die Stufe III ist nach dem Infratest-Modell und nach der Pflegeversicherung etwa deckungsgleich. Stufe II nach dem Infratest-Modell (täglicher Pflegebedarf) umfaßt somit in etwa die Pflegestufen I und II nach § 15 SGB XI.[6] Gemäß der Infratest-Studie weisen bundesweit 0,2 Prozent der Bevölkerung einen ständigen Pflegebedarf und weitere 0,6 Prozent einen täglichen Bedarf auf.

Bei diesen Schätzungen sind allerdings gewisse Zweifel angebracht, ob sie nicht den tatsächlichen Bedarf erheblich unterschätzen, da z.B. bereits im Jahr 1991, bei Inkrafttreten der §§ 53–57 SGB V, den Leistungen bei Schwerpflegebedürftigkeit im Rahmen der GKV[7] – was Pflegebedürftigkeit der Pflegestufen II und III nach dem PflegeVG impliziert – in den alten Ländern schätzungsweise ein höherer Anteil der Versicherten Leistungen in Anspruch genommen hat, als die Anteile der Pflegebedürftigen nach den Infratest-Daten erwarten ließe.[8] Somit ist wohl angezeigt, die Infratest-Schätzungen bzw. Schätzungen, die auf die Prävalenz der Pflegebedürftigkeit anhand dieser Daten rekurrieren, als eher konservative Schätzungen anzusehen. Für die Einschätzung möglicher Auswirkungen der Pflegeversicherung ist von Bedeutung, daß nach Auskunft des Medizinischen Dienstes der Krankenversicherung in Schwaben 80 Prozent aller anerkannten Schwerpflegebedürftigen die Geldleistungen in Höhe von 400,– DM, 20 Prozent die Sachleistungen in Anspruch nehmen. Bundesweit wird häufig von einem Verhältnis von 90 zu 10 Prozent ausgegangen. Zusätzlich zu den häuslichen Pflegebedürftigen wurde bundesweit die Zahl der stationär untergebrachten Pflegebedürftigen zu Beginn der Dekade auf etwa 450000 geschätzt.[9]

Die zu erwartenden demographischen Veränderungen führen bei alters- und geschlechtsspezifisch gleichbleibender Prävalenz der Pflegebedürftigkeit zunächst zu leicht und schließlich zu deutlich steigenden Zahlen und Anteilen von Pflegebedürftigen.[10] Dabei kann davon ausgegangen werden, daß die eventuelle Unterschätzung durch die Infratest-Daten für die Entwicklung unerheblich ist.

Im weiteren wird anhand dieser Daten gezeigt, wie sich der Bedarf an Pflegeleistungen, differenziert nach den Pflegestufen III sowie den Pflegestufen I und II des Pflegeversicherungsgesetzes gemeinsam (= Pflegestufe II nach Infratest), in den alten Bundesländern in den nächsten 20 Jahren unter Status-quo-Annahmen entwickeln würde. Im Vergleich dazu wird die unter gleichen Bedingungen auftretende Entwicklung in einer nicht untypischen Wachstumsgemeinde im Umland einer Großstadt untersucht. Die Modellrechnungen beruhen auf der 8. koordinierten Bevölkerungsprognose (Variante 2)[11] bzw. den dafür zugrundeliegenden Sterbetafeln sowie realistischen altersdifferenzierten Wanderungsannahmen für die untersuchte Gemeinde.

Hinsichtlich der notwendigen Kapazitäten für Pflegeinfrastruktureinrichtungen ist zudem zu berücksichtigen, daß die Prävalenz und Inzidenz der Pflegebedürftigkeit insgesamt sehr gering ist. Rein statistisch gesehen ist deshalb zu erwarten, daß in kleinen Gebietseinheiten in kürzeren Betrachtungszeiträumen nicht unerhebliche Abweichungen von dem geschätzten Umfang werden auftreten können, was das Vorhalten von Kapazitäten sehr schwierig machen kann. Dies hat insbesondere Konsequenzen für die Planung investitionskostenintensiver, wenig flexibel nutzbarer Einrichtungen wie Heime. Leichter ist dies bei „Betreutem Wohnen", das gegebenenfalls – auch vorübergehend – umgewidmet werden kann. Weniger problematisch ist dies auch bei Einrichtungen ohne sehr große (Bau-)Investitionen.

3.1 Bedarf an häuslicher Pflege

Die Schätzung des Bedarfs an häuslicher Versorgung bezieht sich auf die Pflegestufen nach dem Pflegeversicherungsgesetz, deren Mindestanforderungen dazu führen, daß bundesweit ca. 465 000 Personen mit mehrfach wöchentlichem Pflegebedarf (laut Infratest-Studie) nach dem Pflegeversicherungsgesetz als nicht leistungsberechtigt eingestuft werden – mit der denkbaren Folge, daß sie auch nicht mehr primär Zielgruppe von Sozialplanung sein werden (Abb. 1).

Vergleicht man die voraussichtliche Entwicklung in den alten Bundesländern mit der einer nicht untypischen Wachstumsgemeinde im Umland einer Großstadt im Hinblick auf die Zahl der Pflegebedürftigen, so zeigt sich, daß kleinräumig weit dramatischere Veränderungen zu erwarten sind als in größeren Gebietseinheiten. Bis zum Jahre 2014 wäre in den westlichen Bundesländern ein Zuwachs von 27 Prozent zu erwarten, während er für die Beispielgemeinde bei 63 Prozent liegt. Hierbei ist zwar nicht nur der Anteil der Pflegebedürftigen an der Bevölkerung, sondern besonders ihre Anzahl zu

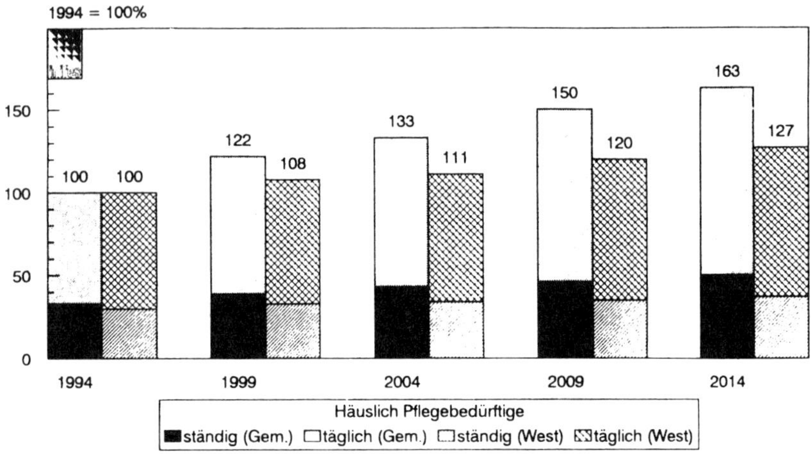

Abb. 1: Schätzung des Bedarfs an täglicher und ständiger Pflege 1994 bis 2014 (Quelle: INIFES 1994)

beachten, da solche Gemeinden voraussichtlich auch einen stärkeren Bevölkerungszuwachs als die alten Bundesländer insgesamt haben werden. Aber insbesondere die Zuwanderungen der Vergangenheit wirken sich in den nächsten Jahren in solchen Gemeinden drastisch aus.

3.2 Bedarf an hauswirtschaftlicher Hilfe

Hauswirtschaftliche Hilfen haben bisher noch einen geringen Stellenwert gegenüber der pflegerischen Versorgung, jedoch ist die funktionierende hauswirtschaftliche Versorgung eine Voraussetzung dafür, daß ambulante und teilstationäre Angebote überhaupt greifen können. Dies wird um so mehr für jene Familien gelten, die in ihrer näheren Umgebung über wenig oder keine informellen Unterstützungsnetzwerke verfügen und die in diesem Sinne die Konsequenzen ihrer eigenen Mobilität und der ihrer Kinder zu spüren haben. In der Beispielgemeinde artikulieren die Betroffenen selbst zwar Unterstützungsbedarf bei alltäglichen Verrichtungen, bezeichnen sich jedoch selten selbst als „hilfebedürftig".

Auch im Bereich der hauswirtschaftlichen Versorgung werden die divergierenden demographischen Entwicklungen zu unterschiedlichen Bedarfen im Vergleich von westlichen Bundesländern und der Beispielgemeinde führen: Für die westlichen Bundesländer wird in den Jahren zwischen 1994 und 2014 ein Zuwachs von 26 Prozent prognostiziert, in der Beispielgemeinde liegt er um das Zweieinhalbfache höher. Gerade in Wachstumsgemeinden mit starkem Zuzug ist vorstellbar, daß zunehmend Personen auf Hilfe angewiesen sein können, die nicht mehr auf ein tragfähiges Netz von informellen Versorgungsstrukturen zurückgreifen können, wodurch professionelle Anbieter gefordert sind.

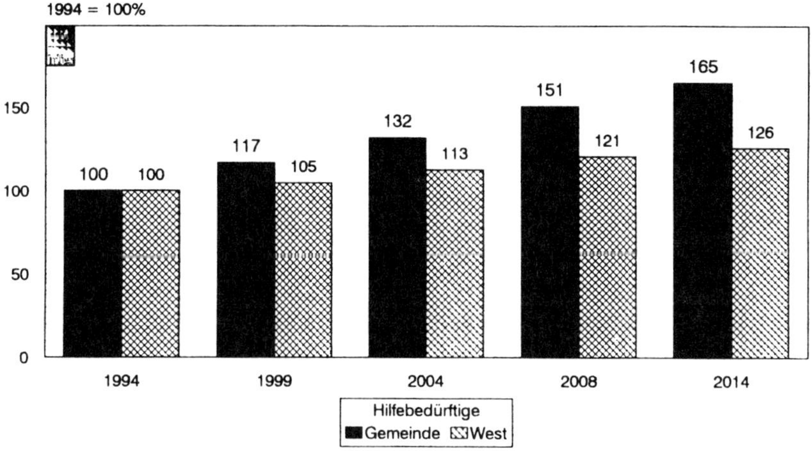

Abb. 2: Schätzung des Bedarfs an hauswirtschaftlichen Hilfeleistungen, 1994 bis 2014 (Quelle: INIFES 1994)

3.3 Bedarf an stationärer Versorgung

Die Entwicklung des Bedarfs an stationären Einrichtungen (Pflegebetten) wird auf der Basis bayerischer Daten zur alters- und geschlechtsdifferenzierten Häufigkeit der pflegerischen Versorgung in einem Heim (Alten- oder Pflegeheim) geschätzt.[12] Daraus werden Abweichungen gegenüber den Richtwerten des 4. Bayerischen Altenplanes deutlich, der Bedarfszahlen für Personen ab dem 65. Lebensjahr vorgibt, die nach Ergebnissen von Bevölkerungsprognosen und Erfahrungswerten für die nächsten zehn Jahre jedoch zu hoch gegriffen sind. Allerdings ergeben sich regional unterschiedliche Auslastungen durch unterschiedliche regionale Versorgungsdichte, „Ruf" und Öffentlichkeitsarbeit der Einrichtung sowie Ausbau und Vernetzung vorgeschalteter Dienste. Derzeit werden z.B. bereits landesweit in Schwaben schwer vermittelbare Betten gemeldet, wobei Aktivierung und Rehabilitation „bestraft" werden, da leerstehende Betten die Folge sind.

Bei der Angebotspalette für pflegebedürftige Menschen ist der Bedarfszuwachs rein rechnerisch im stationären Bereich am größten. Auch hier zeigen sich die Unterschiede zwischen den westlichen Bundesländern (bis 2014: plus 32 Prozent) und der Beispielgemeinde (bis 2014: plus 94 Prozent). Der zusätzliche Bedarf ist bis 1999 am größten, danach schwächt sich der Zuwachs bis zum Jahre 2009 ab, um dann jedoch wieder anzusteigen. Hier entsteht ein Planungsspielraum, der genutzt werden kann, um vorgeschaltete Angebote der Altenhilfe (ambulant, teilstationär) auszubauen und Alternativen zu einem Heimaufenthalt (etwa Betreutes Wohnen) bereitzustellen.

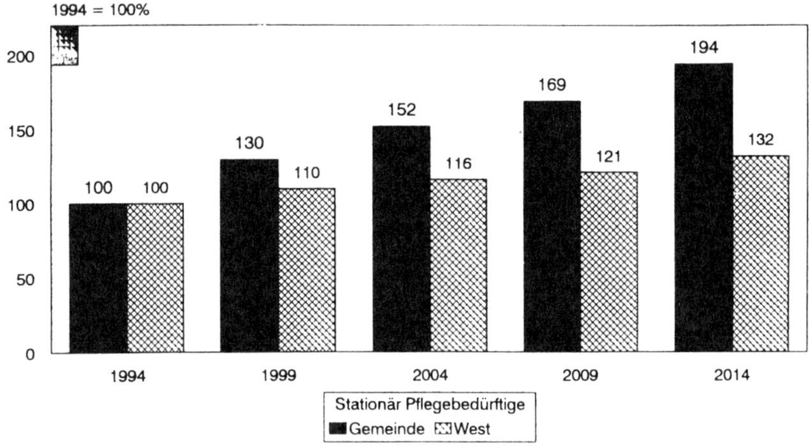

Abb. 3: Schätzung des Bedarfs an stationären Pflegeplätzen, 1994 bis 2014 (Quelle: INIFES 1994)

4. Wünsche der Bürger(innen) einer Gemeinde hinsichtlich der Versorgung im Alter als mögliche Nutzungsdeterminante

Für die bedarfsgerechte Planung sind nicht nur die derzeitige Lebenssituation der Bürger(innen), sondern auch deren Wünsche und Vorstellungen von nicht unwesentlicher Bedeutung. Hierbei ist natürlich zu beachten, daß hinsichtlich mancher Aspekte die Vorstellungen über künftiges Wollen und Handeln nicht mit dem tatsächlichen Handeln übereinstimmen werden, da Verhalten – im Gegensatz zu Einstellungen – wesentlich durch die jeweilige Situation bestimmt wird.

Eine bessere finanzielle Absicherung des Pflegerisikos kann nach Meinung mancher Experten nicht nur zu einer deutlichen Strukturveränderung der Versorgungsinfrastruktur führen, sondern auch möglicherweise bei Fehlplanung zu einem Überangebot. Versorgungsalternativen und Versorgungswünsche müssen deshalb besser als bisher geprüft werden.

Exemplarische Ergebnisse der Studie „Leben und älter werden im Landkreis Augsburg" bestätigen dabei anderweitig gewonnene Erkenntnisse.

4.1 Einstellung zu künftigem Hilfebedarf

Auch ältere Menschen sind sich durchaus bewußt, daß sie in bestimmten Situationen auf Hilfe angewiesen sein können. So geben fast ein Drittel der ab 70jährigen an, daß sie wohl in absehbarer Zeit Hilfe in Anspruch nehmen werden müssen.

Wie aus Tabelle 1 ersichtlich ist, ergeben sich – teils altersspezifisch – durchaus unterschiedliche Einstellungen zur Frage eines künftigen Hilfebedarfs und der eventuell notwendigen Bezahlung. Hilfe von ihren Kindern erwarten immerhin nur ein Drittel der Bürger(innen), wobei der Anteil mit dem Alter der Befragten deutlich zunimmt. Während die über 70jährigen solche Hilfen noch zu 42 Prozent erwarten, liegt der entsprechende Anteil der 45- bis 54jährigen, die solche Erwartungen haben, nur bei 27 Prozent.

	Alter			
Meinung	**70 u.mehr**	**55-69**	**45-54**	**zusammen**
Kinder werden mich versorgen	42,6%	36,4%	27,9%	34,2%
Gebe kein Geld dafür aus	7,3%	8,2%	12,2%	9,6%
Zu hohe Belastung durch Kosten	20,8%	31,8%	19,2%	24,4%
Kann ich mir nicht leisten	8,5%	10,3%	3,1%	7,0%
Will Kindern Erbe erhalten	13,4%	18,6%	12,5%	15,1%
Möchte keine Hilfe in Anspruch nehmen	5,7%	9,1%	12,7%	9,9%
Wenn ich mir etwas Gutes leisten kann, zahle ich	35,2%	47,7%	56,3%	48,6%
Anzahl der Personen	1358	1296	695	3.349

Anm.: Etwa 11% der Befragten haben nicht geantwortet.

Quelle: „Leben und älter werden im Landkreis Augsburg", Frage 46, Ergebnisse einer Beispielgemeinde.

Tab. 1: Anteil der Bevölkerung einer Beispielgemeinde (Alter ab 45 Jahren) nach Einschätzung zu notwendigem Hilfebedarf, 1992

Wenn es darum geht, Geld auszugeben, um sich Unterstützung zu leisten, sind wiederum eher die Jüngeren bereit, dies zu tun. Erstaunlich viele, fast die Hälfte gibt an, durchaus zahlen zu wollen, um sich etwas Gutes zu leisten, wobei der Anteil mit steigendem Alter deutlich abnimmt. Der Wunsch, den Kindern das Erbe zu erhalten, spielt bei einem Sechstel der Befragten eine Rolle und etwa ein Viertel meint, daß solche Kosten sie doch sehr belasten würden.

4.2 Einstellung zum Wohnen mit Kindern

In der Gruppe der Ältesten haben relativ viele der Befragten immer schon mit ihren Kindern zusammen gewohnt; ein vergleichsweise hoher Anteil ist inzwischen mit Kindern zusammengezogen. Dies dürfte auch darauf zurückzuführen sein, daß in diesen Altersgruppen eher die „gewachsene" Bevölkerung, oft bäuerlicher Herkunft, vertreten ist.

Beim Thema „Wohnen mit den Kindern" zeigt sich eine Diskrepanz zwischen allgemeiner Meinung zum Thema und persönlicher Einstellung: Die allgemeine Meinung besagt, daß Eltern selbstverständlich mit ihren Kindern wohnen sollen und wollen. Kinder sollen sie versorgen und nicht in ein Heim „abschieben". Betrachtet man jedoch die tatsächlichen Wünsche der Senioren, so möchte ein Großteil nicht von seinen Kindern abhängig sein und auch nicht unmittelbar mit ihnen zusammenleben. Auch diese Untersuchung bestätigt damit, was in anderem Zusammenhang festgestellt werden konnte: den Wunsch nach „Nähe auf Distanz". Ganz überwiegend wird, insbesondere bei Jüngeren, der Wunsch geäußert, zwar am gleichen Ort mit den Kindern zu leben, nicht jedoch im gleichen Haushalt. Diese Einstellung nimmt insbesondere mit steigendem Alter ab.

Der Wunsch, zu den Kindern zu ziehen, „wenn es unbedingt nötig ist", ist bei den Ältesten und im ländlichen Bereich (unterschiedliche Ortsteile) stark ausgeprägt.

4.3 Einstellung zum Umzug in eine betreute Altenwohnung

Für die Planung von Altenwohnungen oder eventuell auch von Heimen, sollten die Wünsche der Bürger(innen), soweit wie möglich, berücksichtigt werden. Dabei ist z.B. auch von Bedeutung, ob und unter welchen Umständen Bürger/innen einen Umzug in eine solche Einrichtung ins Auge fassen würden. Die Bürger/innen haben durchaus differenzierte Einstellungen zu der Frage eines eventuellen Umzugs in eine betreute Altenwohnung.

Prinzipiell nicht bereit zu einem solchen Umzug sind insgesamt nur 9,2 Prozent der Bürgerinnen im Alter von 45 Jahren und mehr, wobei der Anteil der älteren, über 70jährigen höher ist als der der jüngeren. Bei den älteren Bürger/innen ist auch das Interesse bzw. die Bereitschaft, sich mit dieser Frage auseinanderzusetzen, geringer als bei den jüngeren. Nur die Hälfte der Befragten dieser Altersgruppe haben sich zu dieser Frage geäußert. Ein ganz erheblicher Teil der Befragten ist allerdings nur bereit, einen solchen Umzug ins Auge zu fassen, wenn sie nicht mehr allein leben können. Dieser Anteil ist bei den Jüngeren mit fast der Hälfte der Befragten auch höher als bei den älteren Gruppen. Im Zusammenhang mit dieser Bedingung ist auch die Tatsache zu sehen, daß etwa ein Viertel einen solchen Umzug nur auf sich nehmen würde, wenn sie sonst keine Hilfe bekommen würden oder wenn sie auch bei Pflegebedürftigkeit in der Wohnung verbleiben könnten. Auch in diesem Fall liegt der Anteil bei den Jüngeren höher. Wichtig für einen Umzug erscheint auch die Verfügbarkeit sozialer Dienste. Wenig verwunderlich ist die Tatsache, daß die Kosten für die Entscheidung ebenfalls von nicht unerheblicher Bedeutung sind.

	Alter			
Bereitschaft/Bedingung	**70 u.mehr**	**55-69**	**45-54**	**zusammen**
nein, auf keinen Fall	12,5%	8,6%	8,1%	9,2%
wohne darin	0,7%	0,4%	0,0%	0,3%
bereits angemeldet	1,4%	0,2%	0,4%	0,5%
alleine leben nicht möglich	25,5%	39,0%	46,2%	39,1%
Verbleib am Wohnort	14,7%	14,6%	16,6%	15,4%
sonst keine Hilfe	19,0%	23,5%	24,7%	23,1%
Unterstützung durch mobile Dienste	6,6%	12,3%	19,1%	13,9%
wenn Kinder nicht zuzahlen müssen	9,9%	12,8%	13,0%	12,3%
Ersparnisse nicht angreifen	3,6%	4,3%	1,9%	3,2%
abhängig von Kosten	15,8%	22,0%	26,1%	22,4%
wohnen bei Pflegebedürftigkeit	20,0%	25,8%	29,8%	26,2%
junge Menschen als Nachbarn	1,4%	8,4%	10,6%	7,9%
Erwerb Eigentumswohnung	1,4%	3,2%	2,7%	2,6%
keine Anwort	50,2%	37,4%	21,7%	33,7%

Quelle: Erhebung „Leben und älter werden im Landkreis Augsburg“, Frage 50, Ergebnisse einer Beispielgemeinde

Tab. 2 Bereitschaft der Bevölkerung einer Beispielgemeinde (Alter ab 45 Jahren) zum Umzug in eine betreute Altenwohnung, 1992

Man darf natürlich nicht in den Fehler verfallen, anzunehmen, daß alle, die prinzipielles Interesse zeigen, auch wirklich in eine solche Wohnung ziehen würden. Zum einen bezieht sich die Zahl der Interessenten auf eine große Altersspanne. Praktische Erfahrungen zeigen heute, daß eher Personen im Alter zwischen 70 und 75 Jahren einen solchen Schritt unternehmen als noch jüngere. Das bedeutet, daß von einer mittleren Verbleibdauer von etwa zehn Jahren ausgegangen werden kann. Für die Planung sind heute insbesondere die 55- bis 70jährigen von zentralem Interesse.

Von vergleichsweise untergeordneter Bedeutung ist für die Befragten, ob die Wohnung als Eigentumswohnung erworben werden kann oder nicht. Nur wenige sind nicht bereit, ihre Ersparnisse dazu anzugreifen. Junge Menschen in der Nachbarschaft zu haben, ist für die Akzeptanz einer betreuten Altenwohnung nur für wenige von Bedeutung. Von etwas größerer Bedeutung ist dagegen, daß Kinder nicht zuzahlen müssen.

Im Zusammenhang mit der Frage eines Umzuges in eine altengerechte Wohnung wurde die Frage gestellt, wohin die Bürger/innen bereit wären umzuziehen. Auf der Basis unserer Untersuchungen kann ein hochgradiger Wunsch, in der Heimatgemeinde zu bleiben und generell nicht in ein Heim zu gehen, festgestellt werden. Diese Ortsverbundenheit muß auch in die Planungsüberlegungen zu betreutem Wohnen einbezogen werden (vgl. Tab. 3), da ältere Menschen möglicherweise nur dann zu einem Umzug in ein „Betreutes Wohnen" bewogen werden können, wenn dies in der unmittelbaren Nachbarschaft möglich ist. Es zeigt sich, daß die meisten es vorziehen würden, innerhalb der Gemeinde umzuziehen. An den Ortsteil gebunden fühlt sich nur ein Viertel, wobei der Anteil bei den Jüngeren – die allerdings auch wesentlich häufiger geantwortet haben als die Älteren – höher ist.

	Alter			
Bereitschaft, Bedingung	**70 u.mehr**	**55-69**	**45-54**	**zusammen**
im Ortsteil	21,9%	25,1%	32,4%	27,4%
in der Gemeinde	25,3%	49,2%	53,5%	48,0%
in der Nachbargemeinde	5,2%	14,4%	18,3%	14,1%
im Umkreis vom 50 km	3,9%	9,8%	11,7%	9,3%
Wohnort der Kinder	6,6%	10,5%	14,9%	11,5%
gleichgültig	5,3%	7,9%	11,5%	8,8%
keine Antwort	39,7%	22,4%	9,9%	20,9%

Quelle: Erhebung „Leben und älter werden im Landkreis Augsburg", Frage 51, Ergebnisse einer Beispielgemeinde

Tab. 3: Bereitschaft der Bevölkerung einer Beispielgemeinde (Alter ab 45 Jahren) beim Umzug in eine altengerechte Wohnung am Ort oder anderswohin zu ziehen, nach Alter, 1992

Um diese Vorstellungen umzusetzen, müssen Rahmenbedingungen geschaffen werden. Hierzu gehören sowohl eine gut ausgebaute Infrastruktur (Verkehrsanbindung, Einkaufsmöglichkeiten), ein Netz professioneller Anbieter von sozialen Diensten als auch die informelle Unterstützung. Nicht zuletzt müssen auch Kapazitätsgrenzen und die Wirtschaftlichkeit der Angebote beachtet werden, auch wenn damit der Profilierung von Kommunalpolitikern mitunter Grenzen gesetzt werden.

5. Fazit

Die praktische Einführung und Umsetzung der Pflegeversicherung erzeugt vor dem Hintergrund fehlender Ausführungsbestimmungen große Unsicherheit und erfordert bei allen Beteiligten einen hohen Regelungsbedarf. Auf unterschiedlichen Ebenen erfolgten in den letzten Jahren große Anstrengungen, den Bereich der Alten- und Behindertenhilfe weiterzuentwickeln, sei es durch Altenpläne, institutionalisierte Vernetzung oder Entwicklung neuer Versorgungskonzepte. Um dieses bereits Erreichte zu erhalten, ist es notwendig, frühzeitig Initiativen zu ergreifen. Ein möglicher Weg, die Verständigung aller an der Ausgestaltung des gesetzlichen Rahmens zu erreichen, wird darin gesehen, daß Akteure kleinräumiger Sozialplanung (zum Einbezug regionaler Besonderheiten) und Vertreter künftiger Pflegekassen gemeinsam Strategien erarbeiten. Vorbilder hierzu sind etwa die Stadt München oder die Region Augsburg, in denen regionale Pflegekonferenzen geplant sind.

Zu einer Stabilisierung der sozialen Dienste wird es erst kommen, wenn das Verhältnis der Inanspruchnahme von Sach- und Geldleistungen sich verändert. Geht man davon aus, daß heute zu 80 Prozent Geldleistungen bei Schwerpflegebedürftigkeit und nur zu 20 Prozent Sachleistungen in Anspruch genommen werden, wobei die Relationen zwischen den einzelnen Kassen und Regionen jedoch schwanken kann, so kann nicht unbedingt von einer finanziellen Sicherung der Nachfrage nach sozialen Diensten ausgegangen werden. Eine Stabilisierung der Leistungen wird jedoch erst erfolgen, wenn mehr Sachleistungen in Anspruch genommen werden.

Die künftig unterschiedlich verlaufenden Entwicklungen werden jedoch einzelne Gemeinden – vielleicht auch Stadtteile größerer Städte – vor unterschiedliche Probleme und Anforderungen stellen. Auch die unterschiedlichen Präferenzen der Bürger/innen können durchaus unterschiedliche „bedarfsgerechte“ Ausgestaltungen der sozialen Infrastruktur für alte Menschen erfordern. Nicht zuletzt wird auch die angenommene und sich teilweise andeutende Steuerungswirkung der Pflegeversicherung nicht bei allen Bevölkerungsgruppen und damit nicht in allen Gemeinden gleich sein. Aspekte wie Ausmaß an Wohnungseigentum, die Familienstruktur, die Entfernung, in der Verwandte leben, können dabei sehr unterschiedliche Auswirkungen zeigen.

Literatur:

Bayerisches Staatsministerium für Arbeit und Sozialordnung (Hrsg.): Vierter Bayerischer Landesplan für Altenhilfe. München 1988

Bayerisches Staatsministerium für Arbeit und Sozialordnung, Familie, Frauen und Gesundheit: Gesetz zur Ausführung des Elften Buchs (XI) Sozialgesetzbuch Soziale Pflegeversicherung (AGPflegeVG), Stand 22. 12. 1994

Bayerisches Landesamt für Statistik und Datenverarbeitung (Hrsg.): Heime der Altenhilfe und für erwachsene Behinderte. Ergebnisse der Zusatzstatistik, Stand 1. Juli 1992. München 1993

Degener, Theresia: Das ambulante Pflegerechtsverhältnis als Modell eines Sozialrechtsverhältnisses. Frankfurter Abhandlungen zum Sozialrecht, Bd. 1 Frankfurt a.M., Lang 1994

Deimer, Klaus: Auswirkungen der gesetzlichen Pflegeversicherung auf die Arbeitsteilung vor Ort, in: Arbeitsgemeinschaft der Sozialdemokraten und Sozialdemokratinnen im Gesundheitswesen (ASG) (Hrsg.): Perspektiven sozialdemokratischer Gesundheitspolitik im Dialog mit den Gesundheits- und Sozialberufen. Bonn 1994, S. 41–47

Dinkel, Reiner: Die Pflegeversicherung: Ein finanzieller Sprengsatz für die Zukunft? in: Sozialer Fortschritt 1993, Heft 2, S. 39–41

Höhn, Charlotte, Roloff, Juliane, Schneekloth, Ulrich, Störtzenbach, Bernd: Die Alten der Zukunft. Bevölkerungsstatistische Datenanalyse. Schriftenreihe des Bundesministeriums für Familie und Senioren, Bd. 32. Stuttgart, Berlin, Köln, Kohlhammer 1994

Krug, Walter, Reh, Gerd: Pflegebedürftige in Heimen. Statistische Erhebungen und Ergebnisse. Schriftenreihe des Bundesministeriums für Familie und Senioren, Bd. 4. Stuttgart, Berlin, Köln: Kohlhammer 1992

Pfaff, Anita B.: Häuslich Pflegebedürftige nach dem Pflegeversicherungsgesetz. Kosten der ambulanten Pflegeleistungen – Auswirkungen der demographischen Entwicklung. DOK 22, 15. Nov. 1994a, S. 723–731

Pfaff, Anita B.: Zukunft der Pflege in der Rezession – Demographischer Umbruch und neue Umverteilung, in: Zukunft der Pflege. Beiträge zur Pflegediskussion in Altenarbeit und Gerontologie. Dokumentation der Tagung des Fachbereichs IV – Soziale Gerontologie und Altenarbeit – der Deutschen Gesellschaft für Gerontologie und Geriatrie vom 7. bis 9. Oktober 1993 in Hamburg, 1994b

Rasehorn, Eckard: Auswirkungen der gesetzlichen Pflegeversicherung auf die Arbeitsteilung der örtlichen Leistungsanbieter, in: Arbeitsgemeinschaft der Sozialdemokraten und Sozialdemokratinnen im Gesundheitswesen (ASG) (Hrsg.): Perspektiven sozialdemokratischer Gesundheitspolitik im Dialog mit den Gesundheits- und Sozialberufen. Bonn 1994, S. 48–50

Schneekloth, Ulrich, Potthoff, Peter: Hilfe- und Pflegebedürftige in privaten Haushalten. Bericht zur Repräsentativerhebung im Forschungsprojekt „Möglichkeiten und Grenzen selbständiger Lebensführung“ im Auftrag des Bundesministeriums für Familie und Senioren. Schriftenreihe des Bundesministeriums für Familie und Senioren, Bd. 20.2, Stuttgart, Berlin, Köln: Kohlhammer 1993

Sommer, Bettina: Entwicklung der Bevölkerung bis 2040. Ergebnis der 8. koordinierten Bevölkerungsvorausberechnung, in: Wirtschaft und Statistik 7/1994, S. 497–503

Anmerkungen:

1 vgl. hierzu auch Deimer 1994, Rasehorn 1994

2 Zum Zeitpunkt der Veröffentlichung lag der Entwurf eines bayerischen Ausführungsgesetzes zur Pflegeversicherung vor, worin die Gleichstellung von Wohlfahrtsverbänden und privaten Anbietern im Sinne des Subsidiaritätsprinzips abgeändert wird. Vergleiche hierzu: Bayerisches Staatsministerium für Arbeit und Sozialordnung, Familie, Frauen und Gesundheit: Entwurf zum Gesetz zur Ausführung des Elften Sozialgesetzbuch Soziale Pflegeversicherung vom 22. 12. 1994. Es bleibt abzuwarten, inwieweit das Pflegeversicherungsgesetz durch die Bundesländer interpretiert werden kann.

3 Ein zusammenfassender Endbericht zu „Leben und älter werden im Landkreis Augsburg“ wird 1995 abgeschlossen.

4 vgl. hierzu Schneekloth, Potthoff 1994 sowie Höhn u.a. 1994

5 ebenda, S. 104

6 Inwiefern diese Pflegestufen sich unterscheiden, kann erst festgestellt werden, wenn die durch das Pflegeversicherungsgesetz vorgesehenen Konkretisierungen auf dem Verordnungsweg sowie die notwendigen Richtlinien erlassen sind.

7 vgl. hierzu Degener 1994

8 vgl. Pfaff 1994a

9 vgl. Krug, Reh 1992

10 vgl. hierzu Dinkel 1992, Pfaff 1994a und 1994b

11 vgl. zu den Annahmen Sommer 1994

12 vgl. Bayerisches Landesamt für Statistik und Datenverarbeitung 1994

Perspektive Pflege: Zum Stand der Qualitätssicherungsdiskussion in Deutschland

Hilde Steppe

Seit einigen Jahren wird das Thema Pflegequalität verstärkt in Fachkreisen diskutiert. Begriffe wie Qualitätskontrolle, Qualitätssicherung, Qualitätskriterien usw. lassen sich in den meisten Festvorträgen und fast unzähligen Publikationen finden. Kein Zweifel, das Thema ist „in“ und gehört zumindest für den Bereich des Pflegemanagements schon zum kleinen Einmaleins des Fachwissens.

Angesichts der Fülle von Publikationen zum Thema sowie der an vielen Orten geführten, aber nicht öffentlich kommunizierten Diskussionen kann mein Beitrag natürlich nicht den Anspruch erfüllen, einen auch nur annähernd korrekten oder etwa alle Facetten berücksichtigenden Stand der Diskussion wiederzugeben. Er kann allenfalls erkennbare Trends skizzieren und durchaus Vorschläge für künftige Richtlinien oder Schwerpunkte entwickeln. Dies soll sich beziehen auf

- die gesetzlichen Rahmenbedingungen,
- die Institutionalisierung,
- den Stand der konzeptionellen und theoretischen Arbeit,
- die vorliegenden Umsetzungsvorschläge und
- die Pflegepraxis.

1. Rahmenbedingungen

Maßnahmen der Qualitätssicherung werden vom Gesetzgeber im Bereich der Gesundheitsversorgung verbindlich seit dem am 1. Januar 1989 in Kraft getretenen Gesundheitsreformgesetz gefordert, das im § 137 SGB V die Krankenhäuser verpflichtet, „sich an Maßnahmen zur Qualitätssicherung zu beteiligen. Die Maßnahmen sind auf die Dauer der Behandlung, die Versorgungsabläufe und die Behandlungsergebnisse zu erstrecken. Sie sind so zu gestalten, daß vergleichende Prüfungen ermöglicht werden.“ Im Gesundheitsstrukturgesetz von 1993 ist diese Bestimmung durch den Zusatz „unter Beteiligung der Ärztekammern, soweit die Verträge Qualitätssicherungsmaßnahmen im Pflegebereich betreffen auch unter Beteiligung der Berufsorganisationen der Krankenpflegeberufe“ erweitert worden.

Im Bereich der häuslichen Krankenpflege sind die Krankenkassen nach § 132 SGB V verpflichtet, Verträge „über Inhalt, Umfang, Vergütung sowie Prüfung der Qualität und Wirtschaftlichkeit der Dienstleistungen“ abzuschließen. Auch das Pflegeversicherungsgesetz enthält in § 80 ausführliche Bestimmungen zur Qualitätssicherung.

Damit sind Rahmenbedingungen zumindest auf normativer Ebene gegeben. Darüber hinaus hat der Bund mehrere Förderprogramme aufgelegt, die sich explizit oder implizit auch mit der Qualitätssicherung in der Pflege befassen.[1]

2. Institutionalisierung

Die Institutionalisierung im Bereich der Pflegequalitätssicherung ist in Deutschland im Vergleich zu anderen Ländern noch nicht sehr weit fortgeschritten. Die kontinuierlichste Arbeit hat hier ganz sicher die Fachhochschule Osnabrück geleistet, die seit 1986 das Thema Qualitätssicherung in ihre Pflegestudiengänge integriert hat. Frau Prof. Dr. Doris Schiemann hat die Gründung eines europäischen Netzwerks zur Qualitätssicherung in der Pflege vorangetrieben. Euroquan wurde 1992 auf Initiative des Royal College of Nursing gegründet. Es sind zur Zeit 15 Länder (Belgien, Irland, Deutschland, Island, Luxemburg, Norwegen, Schweden, Dänemark, Finnland, Griechenland, Italien, Niederlande, Spanien, Schweiz und Großbritannien) vertreten. Damit soll der internationale Erfahrungsaustausch und die Entwicklung gemeinsamer Konzepte gefördert werden.[2]

Auf nationaler Ebene hat der Aufbau eines bundesweiten Netzwerkes begonnen, ein Lenkungsausschuß wird konstituiert und soll noch dieses Jahr seine Arbeit aufnehmen. Der Kontakt zu einer Reihe interessierter Einrichtungen ist hergestellt, so daß Praxiserfahrungen von Anfang an einfließen können. Ein bundes- oder landesweit arbeitendes spezielles Institut für Qualitätssicherung in der Pflege existiert in Deutschland nicht, auch wenn viele Forschungsinstitute sich dieses Themas inzwischen angenommen haben.

Im Hinblick auf die Institutionalisierung sind somit Fortschritte festzustellen. Die ersten, vielversprechenden Ansätze sind vorhanden. Ein formalisierter Austausch und die damit verbundene Möglichkeit der Koordination von Vorhaben usw. können sich nun entwickeln, wobei allerdings zu berücksichtigen ist, daß personelle und materielle Ressourcen noch fast völlig fehlen.

3. Konzeptuelle Arbeit

Es besteht in Fachkreisen Konsens, daß Deutschland im internationalen Vergleich immer noch als „Entwicklungsland“ gelten kann, was den Stand der Qualitätssicherungsdiskussion betrifft. Für den Bereich der Pflege kann festgestellt werden, daß es international vor allem im angloamerikanischen Raum seit Jahrzehnten eine extensive Forschung und Entwicklung von Meßmethoden zur Ermittlung der Pflegequalität gibt. So werden z.B. von Giovanetti für den Zeitraum von 1961–1985 über 350 Arbeiten zum Thema erwähnt.[3]

Viele der deutschen Publikationen beschränken sich in Ermangelung eigener wissenschaftlicher Ressourcen auf eine Rezeption der angloamerikanischen Diskussion. So werden auch verschiedene Definitionen übernommen, ohne daß eine theoretische Auseinandersetzung mit ihnen immer nachzuvollziehen ist. Dies gilt sowohl für das international weitestgehend anerkannte Modell von Donabedian mit seinen drei Dimensionen Struktur-, Prozeß- und Ergebnisqualität[4] als auch für die verschiedenen speziell für die Pflege entwickelten Modelle zur Messung und Sicherung von Pflegequalität.[5] Die Pflegequalität selbst wird meistens definiert als „der Grad der Übereinstimmung des Ergebnisses mit den vorher festgelegten Zielen“. Offen oder zumindest nicht explizit angesprochen bleibt dabei, wer z.B. über die vorher festzulegenden Ziele die Definitionsmacht besitzt, inwieweit diese Ziele real gegebenen Situationen entsprechen usw.[6] Diese Definition bezieht sich primär auf eine Qualitätsdimension, die Prozeßqualität wird aber in der Fachdiskussion meist ohne diese Einschränkung genannt.[7]

Es fehlen also im deutschsprachigen Raum bislang fundierte theoretische Arbeiten zur Pflegequalität, sowohl was die grundsätzliche Konzeptualisierung als auch ihre spezifische Ausprägung im Berufsfeld betrifft. Eine klare Trennung der verschiedenen Aspekte von Qualität in die der Bestimmung von Qualitätsnormen, der Maßnahmen zur Qualitätssicherung und der Methoden zur Qualitätskontrolle ist nicht immer nachweisbar.

Der Begriff der Pflegequalität selbst wird oftmals nicht in seiner umfassenden Bedeutung als Regelkreis mit verschiedenen Elementen (Ist-Analyse, Zielsetzung, Planung, Durchführung und Evaluation) verwandt. Im internationalen Sprachgebrauch wird er zunehmend durch den Oberbegriff des „Qualitätsmanagements“ ersetzt. Noch größer wird die festzustellende Lükke im Hinblick auf wissenschaftlich fundierte Arbeiten zur Messung von Pflegequalität, wobei dies kein spezielles Problem der Pflege ist, sondern die internationale Debatte seit Jahren begleitet.[8] Das heißt also, daß es zumindest ungeheuer schwierig ist, Pflegequalität unter Beachtung der gültigen wissenschaftlichen Kriterien der Objektivität, Reliabilität und Validität zu untersuchen und zu bestimmen.

Empirisch abgesicherte und systematisch aufbereitete Befunde für die Pflege fehlen fast völlig. Das in den 80er Jahren im Auftrag des Bundesministeriums für Arbeit und Sozialordnung durchgeführte Forschungsprojekt „Qualitätsverbesserung pflegerischer Arbeit im Krankenhaus", das entsprechende Daten zur Verfügung gestellt hat, scheint in der Berufsgruppe relativ wenig Akzeptanz gefunden zu haben, da es sehr selten in den Literaturangaben der Publikationen zu finden ist.[9]

Darüber hinaus ist speziell für Deutschland mit seiner Trennung der Pflege in verschiedene Pflegeberufe noch festzustellen, daß die meisten der wenigen vorhandenen wissenschaftlichen Arbeiten im Bereich der Krankenpflege angesiedelt sind. Auch der internationale Austausch im Bereich der Pflege findet fast immer nur innerhalb der Kategorie „Nursing" statt, wozu sich in Deutschland die Berufsgruppe Krankenpflege zählt, sich die Berufsgruppe der Altenpflege aber nicht automatisch dazugehörig fühlt. Die spezifische Qualitätssicherung in der Altenpflege wird in Deutschland meist als ein integrierter Bestandteil der Qualitätssicherung in der Altenhilfe betrachtet und findet sich hier in vielen Publikationen.

Dieser im Hinblick auf das festzustellende Defizit an grundlegenden und wissenschaftlichen fundierten Arbeiten zum Thema „Pflegequalität" etwas deprimierende Befund hat seine Hauptursache in der bislang wissenschaftlichen Absicherung der Pflegepraxis und der damit einhergehenden Lücke in der systematischen Erfassung pflegerelevanter Daten. In Anbetracht dieser Situation und der bislang fehlenden wissenschaftlichen Ressourcen könnte sogar mit einigem Stolz gesagt werden, daß die Pflegenden selbst schon sehr viel geleistet haben, obwohl ihnen kein entsprechender Forschungsapparat und keine institutionalisierte Pflegewissenschaft zur Verfügung stand. Und da die Entwicklung der Pflegewissenschaften nun auch in Deutschland begonnen hat, läßt dies für die Zukunft hoffen, was die theoretische Aufarbeitung und systematische Forschung zum Thema Pflegequalität betrifft.

4. Umsetzungsstrategien, Forschung

Auf der Ebene der Rahmenbedingungen werden Pflegepersonen nur dann an der Verhandlung und Festlegung von Umsetzungsvorhaben beteiligt, wenn es sich explizit um Pflegequalität handelt, obwohl die Pflegeleistung immer ein integraler Bestandteil der Gesamtleistung ist. Zuständig für die Umsetzung sind die Träger und Anbieter von Leistungen, der Gesetzgeber kann hier über die Förderung von Modellvorhaben unterstützend einwirken. Neben den bereits erwähnten Forschungsprogrammen auf Bundesebene existieren Landesförderungen oder Vorhaben einzelner Kostenträger. Insgesamt ist hier eine so weitgehende Dezentralisierung und Vielfalt festzustellen, daß keine bestimmte oder etwa einheitliche Tendenz benannt werden kann.

Festzuhalten ist also, daß es viele verschiedene Vorhaben gibt, die sich nur mit Pflege oder u.a. auch mit Pflege befassen (so z.B. das Münchner Projekt „Vertrauen durch Qualität“, an dem alle städtischen Krankenhäuser beteiligt sind, Modellkrankenhäuser in Nordrhein-Westfalen und Rheinland-Pfalz mit verschiedenen Innovationen im Pflegedienst usw.). Eine berufsgruppenspezifische Umsetzungsstrategie, die z.B. institutionsübergreifend arbeitet, ist jedoch nicht erkennbar.

Die derzeit vorherrschende Umsetzungsstrategie der deutschen Pflege in bezug auf Qualitätssicherung scheint die Entwicklung von Pflegestandards zu sein. An dieser Stelle können Vor- und Nachteile der Konzentration auf den Einzelaspekt der qualitätsverbessernden Methoden nicht tiefergehend behandelt werden. Es sei deshalb in diesem Kontext nur darauf hingewiesen, daß die bislang vorliegenden Pflegestandards meistens idealtypische Formulierungen sind, die nicht empirisch überprüft und abgesichert sind, hier also noch eine immense Forschungsarbeit zu leisten ist.[10] Darüber hinaus wird oftmals das durch eine Standardisierung zu erreichende Leistungsniveau gleichgesetzt mit einem umfassenden Qualitätsbegriff, was einer unzulässigen Reduktion entspricht. Pflegestandards sind genauso wie z.B. Pflegediagnosen wichtige Parameter zur Leistungstransparenz und -kontrolle, aber ganz sicher nicht der einzige Indikator für Pflegequalität und deren Sicherung.

5. Pflegepraxis

Die Ziele einer möglichst hohen Pflegequalität können unbeschadet aller hehren Ansprüche immer nur in der konkreten Pflegepraxis erreicht werden, wobei diese Praxis in einen entsprechenden Rahmen eingebettet sein muß. Das heißt, Pflegequalität als die Güte der pflegerischen Dienstleistung mißt sich in ihrem Kern an dem Erfolg oder Mißerfolg pflegerischer Interventionen beim Klienten/Patienten. Die anderen Dimensionen – also die Qualität der Organisation des Pflegedienstes, das Qualitätsniveau des Berufsfeldes oder die Qualität der strukturellen Bedingungen pflegerischer Arbeit wirken auf diesen Kern ganz entscheidend ein und müssen deshalb immer als gleichrangig angesehen werden, wobei hier jedoch nicht die philosophische Grundfrage der Rangfolge (zuerst Henne oder Ei?) geklärt werden soll.

Wichtiger ist für mich die Integration von Pflegequalitätsverbesserung und -kontrolle in den Berufsalltag, also ein ständiges Bewußtsein von der Güte der erbrachten Leistung im Handlungsvollzug. Dies ist für die Berufsgruppe der Pflegenden eigentlich nichts Neues – sie sind es tagtäglich gewohnt, die Richtigkeit ihrer Handlungen zu kontrollieren und haben bestimmte Qualitätsniveaus längst akribisch festgelegt – allerdings zumeist in den Aufgabenbereichen, die sie für andere Berufsgruppen erledigen. Ich erinnere hier nur an die ausgetüftelten pflegerischen Kontrollen, z.B. im Bereich der Medikamentenverabreichung auf ärztliche Anordnung; es wäre schön, wenn es solche Anstrengungen auch im originär pflegerischen Bereich gäbe, z.B. wer darf wann mit welchem nachgewiesenen Qualifikationsstand die Lagerung eines bewegungseingeschränkten Menschen vornehmen und wie und von wem werden Richtigkeit und Qualität kontrolliert?

Ein Verhältnis zum Pflegequalitätsmanagement als Bestandteil des Berufsalltags ist hier noch, wenigstens vom Anspruch her, ziemlich stark auf die Gruppe der Leitenden oder Verantwortlichen konzentriert. Dies soll nicht bedeuten, daß dies nicht ganz wichtig ist. Natürlich sind die Entwicklung von Rahmenkonzepten und Koordinationsmaßnahmen entscheidende Aufgaben des Managements. Aber Qualität zeigt sich eben nicht nur dort, sondern ganz entscheidend beim konkreten Umgang mit den pflegebedürftigen Menschen.

Für die Durchdringung aller Ebenen mit Qualitätsbewußtsein sind derzeit erst spärliche Anzeichen vorhanden. So kannten z.B. bei einer ad-hoc-Umfrage anläßlich einer landesweiten Schülerinnen- und Schülerversammlung in Hessen die wenigsten diese entsprechenden Begriffe. Sie waren also nicht Bestandteil ihrer Ausbildung gewesen. Pflegequalität wurde von ihnen so verstanden, daß sie eine Tätigkeit auch „richtig“ gemacht hätten. Aspekte z.B. der subjektiven Zufriedenheit des Empfängers von Pflege erschienen ihnen in diesem Zusammenhang eher ungewöhnlich.

Zusammenfassend läßt sich also feststellen, daß die Qualitätsdiskussion in der Pflege begonnen hat und Konsens über ihre große Bedeutung besteht. Defizite bestehen vor allem in der Entwicklung von umfassenden Umsetzungsstrategien, in der pflegetheoretischen Fundierung und in der breiten Information auf allen Ebenen. Angesichts des gegenwärtigen Stands der Qualitätsdiskussion insgesamt und der Notwendigkeit, zu einem nicht zu fernen Zeitpunkt umsetzbare Vorhaben vorweisen zu müssen, ergeben sich für mich vor allem Fragen nach einem sinnvollen zukünftigen Vorgehen. Da Pflege und Medizin und Physiotherapie und Psychotherapie usw. immer nur Teile einer Gesamtleistung sind, wären gemeinsame und berufsübergreifende Vorgehensweisen nicht nur sinnvoll, sondern notwendig. Weiter betrifft Qualität nicht nur einen Behandlungsabschnitt, sondern (zumindest dann, wenn der Empfänger von Pflegeleistungen im Zentrum der Ziele von Qualitätsmanagement steht) auch den Prozeß zwischen mehreren Institutionen, z.B. ob ein im stationären Bereich durch Rehabilitation erreichter Zustand auch im häuslichen Bereich aufrechterhalten werden kann.

Und wichtig ist noch vor allem, wie die pflegebedürftige Person selbst mit ihren Vorstellungen zur Qualität ihrer Versorgung einbezogen wird.

Als Perspektive ergeben sich damit für mich neben der sicher sehr wichtigen pflegespezifischen Weiterentwicklung von Konzepten die grundlegenden Weichenstellungen für künftige Vorhaben in Richtung

- gleichberechtigte Einbeziehung der Betroffenen und Empfänger von Pflegeleistungen,
- gleichrangige und prozeßorientierte Betrachtung aller Orte pflegerischer Versorgung im Sinne von institutionsübergreifenden Vorhaben und
- gleichwertige Berücksichtigung aller Dienstleistungen, also die Entwicklung berufsübergreifender und gemeinsamer Gesamtkonzepte zur Sicherstellung einer qualitativ hochwertigen und bedarfsgerechten Gesamtleistung.

Anmerkungen:

[1] So z.B. im Modellprogramm des Bundesministers für Gesundheit zur Förderung der medizinischen Qualitätssicherung von 1991 und im Arbeitsschwerpunkt „Verbesserungen der Arbeitsbedingungen bei der Pflege und Betreuung von Alten, Kranken und Behinderten" des Forschungsprogramms Arbeit und Technik des Bundesministers für Forschung und Technologie und des Bundesministeriums für Arbeit und Sozialordnung.
[2] Informationsmaterial über „Euroquan" ist über Frau Prof. Dr. Doris Schiemann, FHS Osnabrück, Albrechtstraße 30, zu beziehen.
[3] vgl. Giovanetti, 1987, S. 51
[4] vgl. Donabedian 1966, S. 167 ff.
[5] Für den deutschsprachigen Raum vgl. Schiemann 1990, für den angloamerikanischen Sprachraum vgl. Koch 1992
[6] vgl. z.B. Schiemann 1990, Kellnhauser 1993
[7] Diese Einschränkung wird explizit erwähnt z.B. von Baugut et al. 1986, S. 3 f.
[8] vgl. z.B. Donabedian 1969, Giovanetti 1987
[9] siehe Baugut et al. 1986
[10] Eine Ausnahme stellen hier die auf wissenschaftlichen Pflegeforschungsergebnissen basierenden Pflegestandards der Fachhochschule Osnabrück dar.

Literatur:

Baugut, Gunar, Peil, Friedhelm, Unkelbach, Elisabeth (1986): Qualitätssicherung pflegerischer Arbeit im Krankenhaus. Beilage der Deutschen Krankenpflegezeitschrift 39. Jahrgang, Heft 1/1986

Donabedian, Avedis (1966): Evaluation the quality of medical care, in: Millbank Memorial Fund Quarterly Vol. 44, 166–203

Donabedian, Avedis (1969): Some issues in evaluating the quality of nursing care, in: American Journal of Public Health, vol. 59 Nr. 10, 1833–1839

Donabedian, Avedis (1982): An exploration of structure, process and outcome as approaches to quality assessment, in: Selbmann, Hans-Konrad, Überla, Karl (Hrsg.): Quality Assessment of Medical Care, Gerlingen: Bleicher, 69–92

Giebing, Hanni (1992): Qualitätssicherung pflegerischer Arbeit im Krankenhaus, in: Der Bundesminister für Arbeit und Sozialordnung (Hrsg.): Gesundheitsforschung, Band 203, Symposium zur Qualitätssicherung, 201–209

Kellnhauser, Edith (1993): Grundlagen der Qualitätssicherung in der Pflege, in: Die Schwester/Der Pfleger 32. Jahrgang, Heft 3/1993, 245–250

Klie Thomas, Hrsg. (1993): Pflegeversicherung und Qualitätssicherung in der Pflege. Hamburg: HAFA, Hamburger Arbeitsgemeinschaft für Fortbildung in der Altenhilfe (Schriftenreihe der HAFA Band 7)

Koch, Jens-Jörg (1972): Der zufriedene Patient – ein Kriterium für die Güte der Versorgung und Pflege im Krankenhaus? in: Pindig, Maria (Hrsg.): Krankenpflege in unserer Gesellschaft. Stuttgart: Enke, 159–168

Koch, Tina (1992): A review of nursing quality assurance, in: Journal of Advanced Nursing Vol. 17, 785–794

Locher, Heinz (1975): Der Pflegedienst im Krankenhaus. Bern: Huber

Meier, Martha (1986): Auf der Suche nach geeigneten Methoden, in: Krankenpflege/Soins infirmiers Nr. 10/1986, 65–68

Schiemann, Doris (1990): Zur Qualitätssicherung in der Krankenpflege, in: Deutsche Krankenpflegezeitschrift Nr. 7/1990, 526–529

Schweizer Berufsverband für Krankenschwestern und Krankenpfleger (Hrsg.) (1987): Beurteilung der Pflegequalität. Bern: Eigenverlag

Siebers, Hedi, Wander, Marianne (1991): Qualitätssicherung in der Pflege. Eschborn: Verlag Krankenpflege

Swertz, Paul (1981): Qualitätsbeurteilung in der Krankenpflege, in: Deutsche Krankenpflegezeitschrift 34. Jahrgang Heft 9/1981, 521–525

Wie erreicht man Pflegequalität?

Susanne Hasenfuss

In der Bundesrepublik arbeiten fast 50 Prozent der Beschäftigten im Gesundheitswesen in der Pflege. Das Niveau der Pflege bestimmt somit in erheblichem Maß die Qualität des Gesundheitswesens. Professionelles Handeln und die Gesamtheit der Pflegestruktur haben dabei maßgeblichen Einfluß auf die Qualität der Pflege. Und nicht zuletzt bestimmt natürlich auch der Kostenaspekt in erheblichem Maß die Qualität.

Aus diesem Grunde ist eine kritische Auseinandersetzung mit den Berufsinhalten und der Berufsausübung in der Pflege von ganz besonderer Bedeutung. Ziel der Auseinandersetzung muß die „systematische Pflegequalität", d.h. die fortlaufende Sicherung der Qualität der Pflege sein. Die systematische Anwendung von Qualitätssicherung führt zu einem inhaltlich differenzierten Leistungsprofil der Pflegeberufe. Qualitätssicherung ermöglicht, definierte Berufsinhalte unter Kostengesichtspunkten zu betrachten. Die Anwendung von systematischer Qualitätssicherung erlaubt es der Berufsgruppe anzugeben, welche Rahmenbedingungen notwendig sind, um Pflegequalität zu gewährleisten.

Professionalisierung der Pflege

Die Sicherung und Förderung der Qualität in der Pflege ist eine zentrale Herausforderung des modernen Pflegeverständnisses. Systematische Qualitätssicherung beinhaltet die große Chance, das professionelle Erscheinungsbild der Pflege gegenüber anderen Berufsgruppen deutlich zu machen. Die Pflege muß aufhören, über den Imageverlust ihres Berufes zu klagen. Es ist Zeit, daß die Pflege selbst in der Gesellschaft die Anerkennung ihres Berufsstandes einfordert. Diese Anerkennung wird nur erreicht über die klare Definition des Berufsprofils und die qualitative Ausgestaltung der Berufsausübung. Dies wird erreicht durch Professionalisierung.

In vielen Bereichen der Pflegeberufe gibt es Bestrebungen diese Professionalisierung voranzubringen. Veränderungen in Aus-, Fort- und Weiterbildung, Überlegungen zur Akademisierung sind die eine Seite. Doch gerade die Praxis ist gefordert, ihre Berufsinhalte und die Qualität der Arbeit deutlich zu machen. Der Transfer von der pflegewissenschaftlichen Theorie zur Pflegepraxis muß fließen, um Qualität in der Pflege zu sichern.

Die Berufsangehörigen in der Pflege müssen in der Lage sein, diese Lücke zu schließen. Denn wo Qualität von Berufsfremden überprüft wird, wo Standards von außen aufgestülpt werden, da kann keine Professionalität entstehen. Handwerkszeug ist erlernbar, veränderbar und auch von außen überprüfbar. Doch die Pflege hat die feste Größe der ethischen Werte und Normen, die nur von der Pflege selbst definiert, überprüft und qualitativ gesichert werden können.

Kostenentwicklung im Gesundheitswesen

Das Gesetz zur Strukturreform des Gesundheitswesens zielt angesichts der davonlaufenden Kostenentwicklung im Gesundheitswesen darauf ab, die Wirtschaftlichkeit im Gesundheitswesen der Leistungserbringer zu erhöhen. Kosten und Leistungen sollen transparent gemacht werden. In § 70 des Sozialgesetzbuches (SGB V) heißt es:

„Die Versorgung der Versicherten muß ausreichend und zweckmäßig sein, darf das Maß des Notwendigen nicht überschreiten und muß wirtschaftlich erbracht werden. Die Krankenkassen und Leistungserbringer haben durch geeignete Maßnahmen auf eine humane Krankenbehandlung ihrer Versicherten hinzuwirken."

Die Forderung nach Wirtschaftlichkeit darf nie für sich alleine, sondern muß im Zusammenhang mit einer Qualitätsbeschreibung stehen. Minimale Ressourcen und Rahmenbedingungen können sicherlich Pflegequalität beeinträchtigen, sie sind aber keine Entschuldigung dafür, diese zu vernachlässigen.

Qualitätssicherung ist ein wirksames Instrument zur Verdeutlichung von Kosten-Nutzen-Aspekten in der Pflege. Zu wenig ist in der Pflege bislang das Augenmerk auf die Wirtschaftlichkeit gelegt worden. Doch spätestens ab dem 1. Januar 1996 wird dieses von entscheidender Bedeutung in bezug auf die Vereinbarungen von Fallpauschalen. Wenn die Pflege die Qualität erhalten will, muß sie zukünftig auch dafür sorgen, daß die Mittel hierfür zur Verfügung stehen.

Pflegequalität ist eine Bewußtmachung des hinter der Pflegearbeit stehenden Menschenbildes. Diese ethischen Werte und Normen müssen in die Erstellung von Pflegestandards und -kriterien einfließen. Standards definieren das Niveau des Berufsstandes, Kriterien ermöglichen deren Meßbarkeit und Objektivierung. Die Erstellung von Pflegestandards und -kriterien erlaubt es, die Leistungen der Pflege in quantitativer und qualitativer Weise zu beschreiben, empirisch zu prüfen und aus ökonomischer Perspektive zu beurteilen.

Zu lange wurde der Etat für Pflege nur durch grobe Schätzungen bestimmt. Zu lange hat es die Pflege versäumt, konkrete Berufsinhalte zu definieren und diese unter Kostenaspekten auszuweisen. Die Resultate systematisch angewandter Pflegequalität ermöglichen es, auf der Basis inhaltlicher Berufsbeschreibung, Pflegestandardisierung und Kriterienbildung anzugeben, welche Mittel für die Pflege zur Verfügung stehen müssen und wie hoch die damit verbundenen Kosten sind.

Methoden der systematischen Qualitätssicherung

Der Begriff *Qualität* wird häufig in Verbindung mit vielen Unterrichtsstunden, guter Organisation des Pflegedienstes oder Pflegeplanung und patientenorientierter Pflege gebracht. Dies alles sind Faktoren, die zur Qualität beitragen. Es sind aber keine Faktoren, die für sich selbst als *Qualitätssicherung* bezeichnet werden dürfen.

Oft wird angenommen, daß allein gut ausgebildete Pflegekräfte die Qualität gewährleisten oder daß die Einführung der prozeßmäßigen Pflege die Qualität der Pflege erhöht. Eine gute Ausbildung bzw. eine gute Organisation sind zwar wünschenswert, garantieren jedoch nicht die Sicherstellung der Qualität. Effektive Qualitätssicherung kann nur in der Pflegepraxis gestaltet werden. Qualitätssicherung muß fester Bestandteil der täglichen Arbeit sein und in der Verantwortung aller Beteiligten verankert sein. Nur ein systematisches Konzept sichert die Qualität der Pflege.

Um Qualitätssicherung zu etablieren, werden zwei Methoden unterschieden: Die zentrale Methode und die dezentrale Methode.

Die zentrale Methode

Bei der zentralen Methode wird von einer dafür eingestellten Kommission oder damit beauftragten Mitarbeitern die Qualitätssicherung durchgeführt. Diese Kommission entwickelt auf wissenschaftlichem Niveau Standards und Kriterien sowie die Instrumente zur Qualitätsüberprüfung. Auf Grundlage der entwickelten Standards und Kriterien wird der gesamte Pflegeprozeß auf der Station analysiert. Nach einer Auswertungsphase werden die Ergebnisse den Mitarbeitern der Station bekanntgegeben. Beispiele dieser Methoden sind,

- das in den Niederlanden von van Bergen, Hollands und Nijhus entwickelte Qualitätsprofil,
- das in England von Goldstone entwickelte Monitoring,
- das in den USA von Phaneuf entwickelte pflegerische Audit.

Die Ergebnisse dieser Methoden beziehen sich immer auf eine Stärke/Schwäche-Analyse der Pflege einer Station oder Institution. Ein Merkmal dieser Methode ist, daß die Pflegekräfte, die an der Basis arbeiten, nicht bei der Entwicklung der Standards und Kriterien sowie bei der Durchführung der Qualitätssicherung miteinbezogen werden. Sie nehmen das Ergebnis lediglich zur Kenntnis. Das hat oft zur Folge, daß sie wenig motiviert sind, einen Änderungsplan aufzustellen bzw. diesen mitzutragen. Besonders deutlich wird der Motivationsverlust, wenn die verbesserungswürdigen Teile des pflegerischen Handelns von den Mitarbeitern nicht erkannt bzw. anerkannt werden.

Die dezentrale Methode

Dynamischer wirkt sich die dezentral durchgeführte Qualitätssicherung aus. Die Mitarbeiter werden direkt in die Durchführung einbezogen. Sie entwickeln die Standards und Kriterien selbst und bestimmen, wie diese in der täglichen Praxis gesichert werden. Ein Beispiel hierfür ist die stations- bzw. basisgebundene Qualitätssicherung. Diese Methode wurde 1982 in den USA von Schröder, Mansheim und Maibusch entwickelt.

Der Grundgedanke dieses Ansatzes ist, daß Qualitätssicherung so basisnah wie möglich stattfinden muß, und daß die Mitarbeiter für den Inhalt und die Durchführung verantwortlich sind. Zudem sollten die Ergebnisse innerhalb der Einrichtung so umgesetzt werden, daß sich daraus ein pflegerisches Qualitätsmanagement entwickeln kann.

In den Niederlanden wurde Mitte der achtziger Jahre nach dem Modell von Lang (USA; 1976) die Methode der *stationsgebundenen Qualitätssicherung* entwickelt. Erarbeitung und Erprobung von Konzepten und Standards, Einführung und Begleitung der Innovationen in der Praxis leisten dort pflegerisch qualifizierte MitarbeiterInnen der unabhängigen, nationalen Stiftung CBO – Centraal Begleidingsorgaan voor de Intercollegiale Toetsing.

Nach der erfolgreichen Einführung der Methode arbeiten landesweit inzwischen 20 000 bis 25 000 Pflegekräfte täglich mit der stationsgebundenen Qualitätssicherung. Die dezentrale Methode der Qualitätssicherung wird in den Niederlanden aber auch von anderen Berufsgruppen der Gesundheitsfachberufe genutzt. So wird sie als wichtige Voraussetzung zur Entwicklung eines Qualitätsmanagements innerhalb einer Einrichtung betrachtet und eingesetzt. In Abbildung 1 sind die Schritte dargestellt, aus denen die dezentrale Methode besteht.

Schritt 1: Bestimmung der pflegerischen Werte auf der Station

Die Normen und Werte bestimmen das Selbstverständnis der Pflegenden: einmal als individueller Pflegender, dann als Gruppenkonsens. Einbezogen werden hier die gesetzlichen Vorschriften und die Zielsetzungen der Organisation.

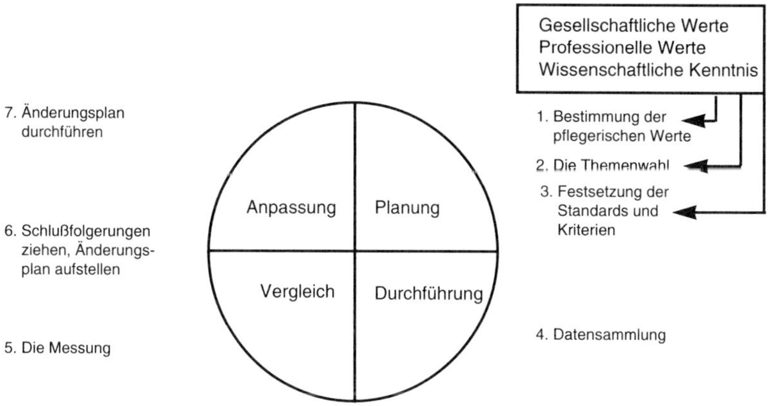

Abb. 1

Schritt 2: Die Themenwahl

Dieser Schritt basiert auf Problemen, die sich während der Durchführung pflegerischen Handelns zeigen. Die Gruppe einigt sich auf ein Thema. Da jedes Mal nur ein Thema bearbeitet werden kann, ist es wichtig, eine Prioritätenliste zu erstellen.

Schritt 3: Feststellung der Standards und Kriterien

Diese werden übereinstimmend mit der Trias von Donabedian für die Struktur (was brauchen wir), den Prozeß (wie machen wir es) und das Projekt (was muß es bringen) formuliert. Die Standards und Kriterien müssen von der Pflegedienstleitung bestätigt werden. So kann die Pflegedienstleitung die Ergebnisse nutzen und die Pflegequalität aktiv strukturell planen und steuern.

Schritt 4: Daten über die Durchführung sammeln

Daten und Information über das pflegerische Handeln werden z.B. aus Pflegeberichten gesammelt. Die Methoden der Datensammlung sind Checklisten, Gruppengespräche, Interviews und Beobachtungen.

Schritt 5: Die Messung

Bei diesem Schritt findet eine Überprüfung des gewünschten Zieles, wie es in den Kriterien/Standards beschrieben wurde, mit dem wirklichen Handeln in der Pflegepraxis statt.

Schritt 6: Veränderungen

Aus den Datenerhebungen im 5. Schritt kann hervorgehen, daß Veränderungen notwendig sind. Dann sollte jetzt ein Veränderungsplan aufgestellt werden.

Schritt 7: Durchführung des Veränderungsplanes

Der Kreis ist jetzt geschlossen. Jetzt kann mit einem neuen Thema der Zyklus durchlaufen werden. Nach einiger Zeit kann es notwendig sein, daß bestimmte Themen den Zyklus noch einmal durchlaufen. Nun ist es möglich, das Niveau der Standards und Kriterien anzuheben. So entsteht ein fortlaufender Prozeß, der eine kontinuierliche Weiterentwicklung und Verbesserung und damit eine systematische überprüfbare Qualitätsförderung, sowie die Entwicklung eines Qualitätsmanagements innerhalb der Organisation ermöglichen.

Die Stationsarbeitsgruppe

Um Qualitätssicherung durchzuführen, wird auf der Station eine Arbeitsgruppe gegründet. Beteiligt an dieser Arbeitsgemeinschaft sind die Stationsschwester, Praxisanleiter oder Mentoren, zwei bis drei Pflegekräfte der Station und – wenn möglich – ein Patient.

Das Team

Für die Durchführung der Qualitätssicherung sind alle Pflegekräfte auf der Station gemeinsam verantwortlich.

Der interne Prozeßbegleiter für Qualitätssicherung

Die Arbeitsgruppe wird von einem internen Prozeßbegleiter für Qualitätssicherung unterstützt. Der interne Prozeßbegleiter ist in den Methoden der Anwendung von Analyse- und Auswertungsinstrumenten sowie gruppendynamischen Prozessen ausgebildet und wird in seinen Kenntnissen und Fähigkeiten laufend weitergebildet sowie bei der Durchführung seiner Aufgaben begleitet und beraten.

Koordinationskommission

Neben der Arbeitsgruppe auf Stationsebene wird eine übergeordnete Kommission mit koordinierenden Aufgaben eingestellt. Diese Kommission besteht aus einem Mitglied der Pflegedienstleitung, der Vorsitzenden der Stationsarbeitsgruppe, pflegerischen Spezialisten und, wenn möglich, Pflegeforschern. Die Kommission hat die Aufgabe, die Aktivitäten der Station zu koordinieren. Die Standards und Kriterien, die auf den Stationen erarbeitet wurden, werden ausgetauscht und miteinander verglichen. Das hat den Vorteil, daß andere von den Ergebnissen profitieren können und ermöglicht die Erarbeitung von Institutionsstandards. Die Aufgabe dieser Koordinierungskommission ist es auch, strukturelle Organisationsprobleme, die den Verantwortlichkeitsbereich der Pflege übersteigen, zu erfassen und an die entsprechenden Stellen weiterzuleiten. Der Vorstand der Koordinationskommission hält über die Resultate periodisch mit der Krankenhausleitung bzw. Geschäftsführung Rücksprache. Der/die interne Prozeßbegleiter unterstützt die Kommission bei ihren Aufgaben.

Qualitätssicherung, die so durchgeführt wird, bezieht alle Pflegekräfte in das Geschehen ein. Sie werden motiviert, die Änderungen und die Folgen der Qualitätssicherung mitzutragen und durchzuführen. Bei den Pflegekräften genießt die stationsgebundene Methode bei weitem den Vorzug. Nach einiger Zeit ist es möglich, daß die pflegerische Qualitätssicherung einen multidisziplinären Charakter erhält.

Der pflegerische Rat und die Pflegestandards

In den Niederlanden wurde 1988 ein pflegerisch wissenschaftlicher Rat einberufen. Er besteht aus Mitgliedern, die von pflegerischen Fach- und Berufsverbänden ernannt sind und wird durch Pflegefachleute ergänzt, die beratende Funktion ausüben. Dieser Rat hat die Aufgabe, überregionale Standards zum Nutzen einer qualitativ guten Pflege zu entwickeln.

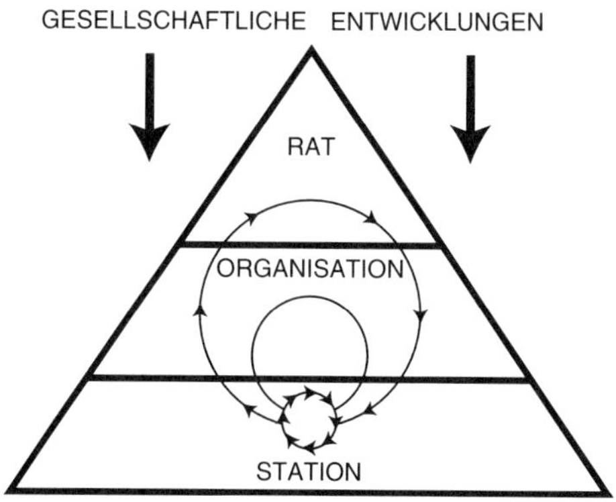

Abb. 2

Die Standards stammen zum größten Teil aus hochentwickelten Institutionsstandards und Kriterien. Der Rat erarbeitet sowohl allgemeine als auch spezifische Standards. In den Niederlanden hat sich diese Entwicklung von überregionalen Standards sehr bewährt. Dadurch, daß man überregionale Standards und Kriterien auf der Stationsebene benutzt, kann man die Kriterien sowie die überregionalen Standards laufend anpassen. Das gleiche gilt auch für die Institutionsstandards. Diese können von den Standards auf Landesebene abgeleitet werden. Dieses Feed-Back-System sorgt für eine laufende Anpassung.

Die Einrichtung eines pflegerischen Rates zur Entwicklung von überregionalen Standards wäre in der Bundesrepublik ein weiterer wesentlicher Schritt in Richtung Professionalisierung.

Das Zeitbudget

Man kann nicht erwarten, daß Veränderungen von heute auf morgen wirksam werden. Qualitätssicherung ist ein Prozeß. Wenn eine Institution heute mit der systematischen Qualitätssicherung im Pflegedienst beginnt, heißt das nicht, daß sie ihren Patienten morgen gleich eine bessere Pflege garantieren kann. Mit der Qualitätssicherung zu arbeiten, und vor allem mit ihr umgehen zu lernen, erfordert Zeit, Kenntnisse und Fähigkeiten.

Bei der zentralen Qualitätssicherung dauert es einige Monate bis zu einem Jahr, bevor von der Station oder dem gesamten Pflegedienst eine Stärke/Schwäche-Analyse präsentiert werden kann. Dazu kommt, daß bei der zentralen Methode erst nach einigen wiederholten Messungen ein Fortschritt gesehen werden kann. Das bedeutet, daß theoretisch gesehen erst nach Jahren das eigentliche Qualitätsniveau und dessen Änderung deutlich werden. Die zentral durchgeführte Qualitätssicherung bedeutet für die Einrichtung eine hohe Investition durch zusätzliche Personalkosten.

Die dezentrale Qualitätssicherung bedeutet dagegen keine zusätzlichen Personalkosten und nur einen geringen Mehraufwand an Arbeit für die Beteiligten. Da die Aktivitäten von den Mitarbeitern auf Stationsebene als Teil ihrer täglichen Arbeit durchgeführt werden, kann der Zeitaufwand so klein wie möglich gehalten werden. Erfahrungen zeigen, daß nach der Einführungsphase eine Stunde pro Monat für die Arbeitsgruppe auf Stationsebene ausreichend ist. Die Vorarbeiten für die Arbeitsgruppe durch alle Pflegekräfte werden in die bestehenden Teamsitzungen und Übergaben integriert. Auf Institutionsebene nimmt die Qualitätssicherung ungefähr 2,5 Stunden pro Monat in Anspruch. Die Aktivitäten und der Zeitaufwand können pro Institution und innerhalb dieser auf der einzelnen Station auf die jeweiligen Bedürfnisse abgestimmt werden.

Die Kosten für Qualitätssicherung kann man durch die dafür aufgewendete Arbeitszeit, multipliziert mit den durchschnittlichen Lohnkosten ermitteln.

Qualitätssicherung liegt in der Verantwortung der Berufstätigen. Sie gehört in ein Organisationskonzept des Qualitätsmanagements. Man führt Qualitätssicherung nicht aus dem Grunde durch, weil ein Gesetz dies vorschreibt oder weil es dem sozialen Verhalten entspricht oder weil es gerade mal „in“ ist. Man wendet Qualitätssicherung an, weil man sich selbst, den Kollegen, seinen Patienten bzw. Klienten gegenüber eine gute Pflege garantieren möchte. Erst dann kann von einer wirklich fachkundigen sowie professionellen Pflege die Rede sein. Ganz in diesem Sinne, es gibt nichts Gutes, außer man tut es.

Total Quality Management und die Qualitätssicherungsdiskussion in Pflege und Medizin in Deutschland

Vjenka Garms-Homolová

Wenn ich den Titel meines Referats erst heute formulieren würde, so müßte er heißen „Total Quality Management und Qualitätsdiskussion in der Langzeitversorgung für alte chronische kranke Menschen". Denn ich halte es für notwendig zu unterstreichen, daß wir es hier mit der Frage der Qualitätssicherung für Personen zu tun haben, die über eine längere Zeit Kontakte verschiedener Art und Intensität zum Versorgungssystem knüpfen müssen. Diese Tatsache ist für die Zielbestimmung der Qualitätssicherung von entscheidender Bedeutung. Zugleich stellt diese Perspektive für das Versorgungssystem ein Novum dar. Bisher hatten wir es mit einer Dichotomie der Versorgung zu tun: entweder ambulant oder stationär. Mit der Pflegeversicherung eröffnet sich jedoch die Möglichkeit, die Lücke zwischen diesen beiden Polen zu füllen. Wahrscheinlich entstehen unterschiedliche Einrichtungen im Zwischenbereich, wobei sich gleichzeitig die Verweildauer in den stationären Einrichtungen weiter verkürzen wird. Dieses wird wiederum häufigere zeitweise Wiedereinweisungen zur Folge haben.

Insgesamt wird jedoch mit einiger Sicherheit damit gerechnet werden können, daß sich die Zahl der Übergänge, an denen Klienten zwischen den Einrichtungen verschiedener Art wechseln, vermehren wird. Es wird sichtbar, daß alte, chronisch kranke Patienten/Patientinnen eine „Karriere" als Nutzer haben. An den zahlreichen Übergängen könnten Friktionen entstehen, die eine intensive Bemühung um die Qualitätssicherung dringend notwendig machen. Gleichzeitig wird deutlich, daß die Bewältigung dieser Übergänge nur mit multiprofessionellem Einsatz möglich ist, d.h. unter Beteiligung von Ärzten/Ärztinnen, Pflegemitarbeiter/innen, Sozialarbeiter/innen, Beschäftigungstherapeuten/innen und von anderen Helfer/innen.

Späte Verpflichtung zur Qualitätssicherung

Die Qualitätssicherung in der Gesundheitsversorgung ist ein relativ neues Thema, das in der Bundesrepublik etwa Mitte der achtziger Jahre relevant wurde und heute mit zunehmender Intensität diskutiert wird. Ausschlaggebend waren einige Gesetzesinitiativen, so zum Beispiel das Krankenhausfinanzierungsgesetz, das die Krankenhäuser zur Qualitätssicherung rechtlich verpflichtete. Die Qualitätssicherung in der Pflege ist das jüngste und wahrscheinlich das unbeholfenste Kind, ein wahrer Benjamin, ein Nachzügler, der – aus der Perspektive anderer Länder betrachtet – mit fünfzehnjähriger Verspätung geboren wurde. Um das Wachstum des Kindes ist es zunächst noch nicht gut bestellt, weil wichtige Voraussetzungen (Strukturen, Qualifikationen, Konzepte, Standards) fehlen. Viele Instanzen: der Gesetzgeber, der inzwischen die Entwicklungschancen des Kindes in mehreren Gesetzen verankert hat (Gesundheitsreformgesetz – SGB V, Gesetz zur Absicherung des Pflegerisikos usw.), Ministerien, Kostenträger und deren Dachverbände, örtliche Pflegeträger und Pflegeanbieter melden sich als Paten und entwickeln Vorschriften und Anweisungen für die Qualitätssicherung in der Pflege. Hier zeichnet sich der Unterschied zu den Bemühungen um die Qualitätssicherung in der medizinischen Versorgung ab, die sich weitestgehend an den eigenen professionsspezifischen Kriterien und Standards ausrichtet. Das jüngste Kind der Qualitätssicherungsbemühungen wird wahrscheinlich vor allem „fremdbestimmt“ aufwachsen. Es wird sich nicht nach den eigenen professionsspezifischen, sondern nach professionsexternen Maßstäben richten.

Derzeitiger Stand der Konzeptentwicklung

Sichtet man Veröffentlichungen zum Thema Pflege und Gesundheitsversorgung[1], betrachtet man Programme von Tagungen und Workshops (nicht zuletzt auch das Programm dieses Kongresses), so gewinnt man den Eindruck, daß das Thema einen hohen Stellenwert besitzt. Viele Menschen scheinen befugt und berufen, sich zur Qualität von Pflege zu äußern und darüber zu dozieren. Analysiert man jedoch die Beiträge in einer tiefergehenden Weise, so kommt man zu folgenden Feststellungen hinsichtlich des Standes der Qualitätssicherung:

1 **Die Qualitätssicherung wird generell befürwortet:** In deutschsprachigen Veröffentlichungen der letzten drei Jahre, die wir im Zusammenhang mit der Vorbereitung eines Forschungsprojektes auswerten[2], überwiegen positive Stimmen. In zwei Dritteln der Veröffentlichungen, die die Qualitätssicherung in der Pflege betreffen, äußern sich die Autoren jedoch nur allgemein zur Qualitätssicherung. Weder konkrete Konzepte, noch Qualitätsstandards beziehungsweise Methoden der Qualitätssicherung werden vorgestellt.

2 **Die Innovation ist noch beschränkt:** Unter der Berufung auf die vergangenen Leistungen wird häufig betont, daß man schon immer Qualitätsar-

beit geleistet habe und daß der Klient/die Klientin immer im Mittelpunkt stand. Problematisch ist aber, daß zu oft auf ältere Konzepte zurückgegriffen wird. Üblich ist noch eine traditionelle Trennung zwischen der Struktur-, Prozeß- und Produktqualität. Die umfassende Annäherungsweise unter Einbeziehung aller Ebenen ist eher eine Ausnahme. Im Bereich der Methodik äußert sich dieser „Konservativismus" zum Beispiel durch die Überschätzung der „Qualitätszirkel" (QZ). Diese sind nur zur Bearbeitung von konkreten, überschaubaren und kurzfristig lösbaren Qualitätsfragen, nicht aber für allzu komplexe Probleme geeignet, bei denen gruppendynamische Grenzen der Arbeit deutlich hervortreten (Bergemann et al. 1988).

3 **Die Etablierung von Kontrollkriterien und Überprüfungsmechanismen** spielt eine wichtige Rolle, während die inhaltlichen Konzepte eine zweitrangige Bedeutung haben. Die Notwendigkeit der Kostenkontrolle wird hierbei oft als Grund angegeben. Die Kosten waren bei den Bemühungen um die Qualitätssicherung auch in anderen Ländern der Ausgangspunkt (z.B. Diamant 1991; Morris et al. 1990; Martin 1993), eine Annäherungsweise, die nicht notwendigerweise negative Konsequenzen haben muß, wenn parallel auch die inhaltliche Konzeptualisierung betrieben wird.

4 **Charakteristisch ist auch die oft undifferenzierte Übertragung von Wirtschaftsmodellen** in den Bereich der Gesundheitsversorgung und sozialen Dienste. Dies ist längst nicht mehr notwendig, weil in anderen Ländern diese Transformation bereits vollzogen wurde. Für die Pflege finden sich entsprechende Beispiele etwa im Journal Nursing Care Quality (erscheint seit 1986 bei Aspen Publishers Inc.). Viele Modelle stammen direkt aus der Langzeitversorgung.

Zeitgemäße Konzepte: TQM und CQI

Auch im Bereich der Gesundheitsversorgung, speziell in den Vereinigten Staaten und in einigen europäischen Ländern, setzten sich bereits Konzepte durch, die sich von der traditionellen Auffassung der Qualitätssicherung unterscheiden. Diese Konzepte heißen:

- TQM Total Quality Management (Crosby 1979, 1984; Deming 1986; Feigenbaum 1983; Juran 1988, 1989) und
- Continuous Quality Improvement (Gustafson 1992; Cesta 1993).

Diese Konzepte stammen aus der Wirtschaft und haben US-amerikanische (nicht japanische) Wurzeln (Martin 1993). Für die Kolleginnen/Kollegen, die mit diesen Ansätzen weniger vertraut sind, möchte ich die wichtigsten Begriffe und Prinzipien erläutern. Dabei konstrastiere ich an einzelnen Stellen diesen Ansatz mit den derzeitigen Bemühungen um die Qualitätssicherung im Gesundheitswesen Deutschlands.

Mit dem Begriff „*Total*“ wird betont, daß sich die Qualitätssicherung auf sämtliche Aktivitäten und Merkmale einer Institution/eines Dienstes bezieht. Durch die Verwendung von „*Management*“ soll unterstrichen werden, daß die Bemühungen um die Qualität und das Prinzip „Qualität“ von allen Ebenen – der obersten Führungsspitze bis zum Reinigungsdienst – getragen werden sollte. Eingeschlossen sind zahlreiche kooperierende Einrichtungen und Klienten/Klientinnen (Kunden).

TQM – Total Quality Management – entstand aus einer Verbindung des „wissenschaftlichen Managements“ (Taylorismus) mit sozialpsychologischen Erkenntnissen über Beziehungen und menschliches Handeln (Kroneberg & Loeffler 1991). Zu den Prinzipien gehören

- detaillierte Prozeßanalyse und Planung, die auf exakten, wissenschaftlichen Daten basieren,
- Suche nach dem Weg, wie Arbeitserfordernisse an menschliche Eigenheiten angepaßt werden können (nicht umgekehrt!)

Eine ganze Reihe wichtiger Prinzipien haben diese Konzepte – ungeachtet verschiedener Autoren – gemeinsam:

Erstes Prinzip

Die Qualität ist *das oberste Ziel.* Es heißt: „Wir produzieren Qualität“. Nicht etwa – wie in vielen Altenhilfeeinrichtungen hierzulande: „Wir tun unsere Alltagsarbeit und nebenbei sichern wir auch noch die Qualität durch punktuelle Kontrollen der Outcomes oder durch einzelne strukturelle Verbesserungen“. Die Sicherung der Qualität durchdringt die Alltagstätigkeit und ist keine Aufgabe, die an eigentlichen Arbeiten hindert!

Zweites Prinzip

Die Qualität verursacht an sich *keine Kosten.* Kostspielig sind jedoch alle Formen mangelhafter Qualität und Fehler. Speziell dieses Prinzip war bislang im Bereich der Versorgung alter chronisch Kranker in Deutschland schwer nachvollziehbar, da Qualitätsfehler, die in einer Versorgungsinstitution entstanden, nur ausnahmsweise dem Budget dieser Institution angelastet wurden. Wurde eine Patientin im Krankenhaus inkontinent oder dekubitär, so zahlte die Krankenversicherung nur den geringsten Teil der Pflege. Der Pflegebedarf mußte meist durch die Sozialhilfe nach dem BSHG oder aus Eigenmitteln der Patientin gedeckt werden.

Drittes Prinzip

An der Qualitätssicherung sollen *möglichst mehrere Organisationen* (Einrichtungen) der *Versorgungskette* beteiligt werden (down-and-up-Prinzip). Denn wie das vorher genannte Beispiel andeutet, hat die Qualität der einen Institution (hier Pflege im Krankenhaus) einen determinierenden Einfluß auf die Qualität der Leistung der nachfolgenden Institution (z.B. der Sozialstation – wie kann sich diese erfolgreich um die Qualitätssicherung bemühen, wenn ihr das vorgelagerte Krankenhaus regelmäßig schlimm zugerichtete Klienten/Klientinnen zurückschickt?)

Wenn aber mehrere Einrichtungen in die Qualitätssicherung involviert sind, benötigt man *ein funktionierendes Kommunikationssystem* und *kommunizierbare Informationen.* Mit dem Begriff „kommunizierbare Information" wird ausgedrückt, daß diese Information transparent, standardisiert und meßbar sein soll. Dieses Gebot ist jedoch ein großes Problem in den hiesigen Bemühungen um die Qualität. So fehlt es speziell im Bereich der Pflege an geeigneten Instrumenten (Steppe 1994), denn die dort vorhandenen Systeme zur Erhebung, Sammlung und Weitergabe von Daten sind kaum standardisiert. Bereits deren Verwendung für interne Zwecke einer Institution erweist sich mit Schwierigkeiten behaftet. In der geriatrischen Medizin herrscht eine große Instrumentenvielfalt (ein und dasselbe Instrument existiert oft in „zig" Versionen), so daß auch hier die Verwendung der Daten über die Grenzen einer Institution oder gar einer Profession hinaus in der Regel unmöglich ist.

Viertes Prinzip

Nicht die professionellen Standards allein, sondern die *Erwartung der Kunden/Klienten* an die Dienstleistung bestimmten die Qualität[3]. Auch dieses Prinzip ist aus der hiesigen Perspektive vorwiegend unbekannt. Große Kooperationssysteme der Qualitätssicherungsmaßnahmen in der perinatalen Medizin oder Chirurgie sind ausschließlich nach professionsspezifischen Standards ausgerichtet. Die *Lebensqualität* der Klientinnen spielt dabei keine Rolle.

In der Pflege werden – wie schon erwähnt – die Standards zunehmend von Trägerinstanzen und der Bürokratie bestimmt. Um diesen Bestrebungen entgegenzuwirken, heißt es dann seitens der Pflege häufig: „Die Pflegequalität kann nur vom Pflegepersonal und von keinem anderen bestimmt werden!". Nach meiner Auffassung ist aber die Qualität der gesundheitlichen Dienstleistungen eine gemeinschaftliche Aufgabe verschiedener Professionen. Bei der Zielbestimmung der Qualität spielen Klienten/Klientinnen mit je spezifischen Erwartungen und Problemlagen eine wesentliche Rolle (vgl. Garms-Homolová 1991 a, b).

Dieses Prinzip macht die Fachleute im Bereich der Langzeitversorgung auch schon deshalb mißtrauisch, weil sie an genügsame Klienten/Klientinnen gewohnt sind, die wenig Wünsche äußern und angebotene Hilfe häufig ablehnen. Die Fachleute – ob Pflegemitarbeiterinnen, Sozialarbeiterinnen, Ärztinnen oder Amtspersonen – müssen lernen, daß die Aufgabe der berufsmäßigen Helfer darin besteht, Wünsche, Problemlagen und Erwartungen *aufzudecken* und sie in zeitgemäße, professionelle Standards *zu übersetzen.*

Auch hier zeigt sich der bestehende, ungeheure Bedarf an Methoden und Meßinstrumenten. Wissenschaftliche Mitglieder der DGGG sind aufgerufen, der Praxis bei der Auswahl, Standardisierung, Validierung und Implementation geeigneter (oft längst existierender, aber nicht verbreiteter) Instrumente (Assessment, Dokumentation) zur Seite zu stehen.

Allein die Identifizierung der Klienten ist eine ernstzunehmende Aufgabe (Juran 1988). Ein Sozialarbeiter im Krankenhaussozialdienst hat die chronisch kranken alten Menschen als die größte Klientengruppe zu betreuen. Jedoch ist das Krankenhaus selbst ebenfalls ein wichtiger Klient (Kunde), für den der Sozialarbeiter das „reibungslose Bettenfreimachen" erledigt. Der Pflegedienst hat die Pflegebedürftigen, ihre Angehörigen, den niedergelassenen Arzt aber auch den Kostenträger als Kunden. Im teilweise nach privatwirtschaftlichen Grundsätzen funktionierenden Care-Management in Großbritannien schließt der Sozialarbeiter/die Sozialarbeiterin Verträge mit allen jenen Institutionen, die er/sie in die Betreuung seiner/ihrer Klientpopulation involviert (vgl. Greenwood 1994).

Deshalb wird im Qualitätsmanagement unterschieden nach

- externen Klienten (= Nutzer, Patienten, Klienten) und
- internen Klienten (= Dienste und Institutionen, die entweder als Auftrags- oder Kooperationspartner fungieren oder vorgelagerte oder nachgelagerte Einrichtungen repräsentieren).

Die Qualität ist ein gemeinsames Produkt. Sie bemißt sich nach der Erwartungshaltung beider Klientengruppen. Sie ist das Ergebnis der Übereinstimmung zwischen den Erwartungen hinsichtlich der Leistung und der tatsächlich erbrachten Dienstleistung (Garms-Homolová 1991, a, b)

Ein großes Problem – das möchte ich noch einmal unterstreichen – ist im Augenblick die Auswahl beziehungsweise Applikation geeigneter Instrumente, mit denen man die Erwartungshaltung in operationalisierbare Kategorien überträgt. Ebenso insuffizient sind Instrumente der Analyse von Prozessen und Abläufen, ohne die eine Umsetzung von „Total Quality Management" undenkbar ist.

Zusammenfassung und Schlußfolgerung

Fassen wir noch einmal die Grundsätze des *Total Quality Managements* zusammen:

- Qualität ist das oberste Ziel der Leistungserbringung.
- Alle Ebenen (alle Hierarchiestufen und kooperierende Institutionen) sind diesem Ziel verpflichtet: Struktur, Prozeß und Ergebnis lassen sich nicht trennen.
- Die Qualitätssicherung wirkt präventiv, sie ist keine Defizitbeseitigung. Eine „Endkontrolle" allein reicht nicht aus!
- Die Qualität ist ein relativer Begriff und ist weitestgehend von der Erwartungshaltung der Klienten abhängig. Sie kann nicht nur „objektiv" festgelegt und extern kontrolliert werden!
- Die Qualität der Gesundheitsversorgung/Pflege und die Lebensqualität von externen Klienten sind untrennbar. Es reicht nicht aus, wenn Fachleute entscheiden, was „Qualität" sein soll.
- Die Qualität wird mit den Klienten/Klientinnen determiniert: deren Zufriedenheit und nicht nur finanzielle Faktoren sind entscheidend.
- Ständige Verbesserungen des gesamten Systems sind erforderlich. Qualitätseinbußen stellen sich oft dort ein, wo alles scheinbar „gut" läuft.
- Veränderungen müssen kontinuierlich vorgenommen werden. Sie sind die Aufgabe des Teams.
- Mitarbeiter/Mitarbeiterinnen sind keine Konkurrenten, sie kooperieren.
- Entscheidungen werden planmäßig vorbereitet und nicht ad hoc getroffen.
- Die Weiterbildung ist keine Luxusmaßnahme, sondern eine Investition.
- Die Kommunikation muß horizontal und vertikal verlaufen.
- Qualität kostet nichts, sie ist aber nie kostenneutral.

Vor diesem Hintergrund ist folgende Vorgehensweise geboten:

1. Beginnen muß man mit der Qualifizierung und dem Training für die oberste Führungsspitze. Parallel dazu laufen Schulungen für Mitarbeiter/innen. Erst müssen alle lernen, was die Qualität in ihrer Einrichtung und ihrer Dienstleistung im Kontext der Langzeitversorgung bedeutet.
2. Als nächstes muß der Kreis der Klienten identifiziert werden. Wer gehört dazu? Welche Erwartungen haben sie jeweils? Wie können diese Erwartungen *professionell* erfüllt werden?
3. Alle Ebenen – die Leitenden und die Mitarbeiterinnen „vor Ort" – lernen zu verstehen, daß jeder Prozeß verbessert werden kann. Die Mitarbeiterinnen müssen sich dazu verpflichten, die Qualität ständig zu verbessern.
4. Durch spezielle Trainings, aber auch verschiedene andere Maßnahmen (Ressourcen, Autorität, Spielräume) werden die Mitarbeiter/Mitarbeiterinnen zur Prozeßverbesserung befähigt. Das Qualitätsmanagement muß in die Routinearbeit übergehen.

5. Gesucht werden nicht die Fehler und individuellen Verschuldungen, sondern die Wege, wie man Abläufe optimieren kann (z.B. Einführung einer computerunterstützten Dokumentation, wenn sich ausländische Pflegekräfte beim schriftlichen Dokumentieren schwer tun).
6. Zur Verbesserung der Abläufe werden Daten genutzt:
   - Daten, mit denen man die Erwartungen der Klienten erheben und beschreiben und in Qualitätsdimensionen transferieren kann;
   - Routinedaten müssen in der Alltagspraxis erhoben werden;
   - wissenschaftliche Daten sollten systematisch herangezogen werden.
7. Eine Langzeitkooperation mit anderen Einrichtungen, die zu einem früheren oder späteren Zeitpunkt in die Versorgung der gleichen Klienten involviert sind, sollte eingeleitet werden.
8. Die oberste Führungs-/Leitungsspitze des Dienstes/der Trägerorganisation steht nicht im Abseits und ist auch keine Kontrollinstanz, sondern unterstützt aktiv alle Bemühungen.
9. Wichtig ist, positive Beispiele kennenzulernen und mit den Vertretern entsprechender Dienste positive Erfahrungen zu teilen.

Ein Grundstein zu dieser Forderung wurde bereits während dieses Kongresses gelegt. Von hier aus führt der Weg zur Qualitätssicherung der Qualitätssicherung!

Anmerkungen:

[1] Dieses geschieht im Institut für Gesundheitsanalysen vor allem im Projekt „Identifizierung von Potentialen für eine selbständigere Lebensführung" (Forschungsverbund MUG II des BMFuS) für den Bereich „Pflege" und für die Primärversorgung im Projekt „Versorgung alter Menschen durch den niedergelassenen Arzt" im Rahmen des Berliner Forschungsverbundes Public Health.

2 Siehe Anmerkung 1

3 Bei Crosby ist von der „Übereinstimmung mit der Erwartung und den Ansprüchen der Kunden" die Rede (Crosby 1979; 1984), bei Feigenbaum wird von der „Übereinstimmung mit Erwartungen" gesprochen (Feigenbaum 1983). Juran nennt es „fitness for use", d.h. Dienste sind für die Inanspruchnahme geeignet (Juran 1988; 1989). Deming betrachtet Qualität als „in erster Linie – nicht ausschließlich – durch die Klienten definiert" (Deming 1986).

Literatur:

Bergemann, N. & A. L. J. Sourisseaux (1988): Qualitätszirkel als betriebliche Kleingruppen. Heidelberg: Sauer-Verlag, Arbeitshefte Personalwesen 16

Cesta, T. G. (1993): The Link Between Continuous Quality Improvement and Care Management, 23, 6, 55–61, Journal of Nursing Administration

Crosby, P. B. (1979): Quality is Free. The Art of Making Quality Certain. New York, St. Louis, San Francisco usw.: McGraw-Hill

Crosby, P. B. (1979): Quality without Tears. The Art of Hassle-Free Management. New York, St. Louis, San Francisco usw.: McGraw-Hill

Demming, W. E. (1986): Out of Crisis. Cambridge: MIT Center for Advanced Engineering Study

Diamant, J. (1991): From Quality Assurance to Quality Management in Long Term Care. QEB, 207–215

Feigenbaum, a. /1983): Total Quality Control (3rd ed.)
New York: McGraw-Hill

Garms-Homolová, V. (1991a): Entwicklung von Qualitätskriterien für die Arbeit ambulanter Dienste am Beispiel der Hauspflege und hauswirtschaftlichen Versorgung. In: Bosch, E.-M. & Beck, M. (Hg.): Die Qualitätsfrage in der ambulanten Versorgung. Berlin: Paritätisches Bildungswerk und Senatsverwaltung für Soziales, 38–54

Garms-Homolová, V. (1991b): Häusliche Betreuung und Alltagsmanagement. Die Qualitätssicherung der Basishilfen im Schatten von Fachpflege und Therapie. I. und II. Teil, Forum Sozialstation, 15, 55 und 56, 14–23 und 24–27

Greenwood, A. (1994): Erfahrungen mit dem Care-Management im Vereinigten Königreich. Vortrag bei der Fachtagung Qualitätsgeleitetes Planen und Arbeiten in der Altenhilfe am 5./6. Mai 1994 in Bonn

Gustafson, D. H. (1992): Lessons Learned from an Early Attempt to Implement CQI Principles in a Regulatory System. Quality Review Bulletin 18, 10, 333–339

Juran, J. M. (1988): Planning for Quality. New York: Free Press

Juran, J. M. (1989): Juran on Leadership for Quality: An Executive Handbook. New York: Free Press

Kroneberg, P & R. Loeffler (1991): Quality Management Theory: Historical, Context and Future Prospects. Journal of Management Science & Policy Analysis 8, 203–221

Martin, L. L. (1993): Total Quality Management in Human Service Organizations. Newbury Park, London, New Delhi: Sage, SHSG 67

Morris, J. N.; Hawes, C.; Fries, B. E. et al. (1990): Designing the National Resident Assessment Instrument for Nursing Homes. The Gerontologist 30, 3, 293–307

Steppe, H. (1994): Caritas oder öffentliche Ordnung? – Zur historischen Entwicklung der Pflege. In: Schaeffer, D.; Moers, M.; Rosenbrock, R. (Hrsg.): Public Health und Pflege. Zwei neue Gesundheitswissenschaftliche Disziplinen. Berlin: Ed. Sigma, 43–54

Vereinbarkeit von Erwerbstätigkeit und Hilfe/Pflege für ältere Angehörige: Arbeitsplatzbezogene Belastungen und Bewältigungsstrategien

Monika Reichert

1. Vorbemerkung

Die Vereinbarkeit von Erwerbstätigkeit und Hilfe/Pflege für ältere Angehörige hat bislang in der Bundesrepublik sowohl in der wissenschaftlichen Diskussion als auch in der Praxis wenig Beachtung gefunden und dies, obwohl die politische Brisanz dieses Themas auf der Hand liegt: Vor dem Hintergrund des demographischen und sozialstrukturellen Wandels (u.a. Zunahme der Hochaltrigen und damit steigendes Risiko der Pflegebedürftigkeit, Abnahme des familiären Pflegepotentials, zunehmende Erwerbsbeteiligung von Frauen, *Verlängerung der Lebensarbeitszeit)* ist zu erwarten, daß immer mehr Menschen Erwerbstätigkeit und Hilfe/Pflege für ältere Angehörige *gleichzeitig* ausführen müssen und/oder wollen.

Um das im Hinblick auf diese „neue" Variante der Vereinbarkeitsproblematik bestehende Informationsdefizit zu vermindern und um zugleich Hinweise für künftigen sozial- und altenpolitischen Handlungsbedarf aufzuzeigen, wurde – im Auftrag des Bundesministeriums für Familie und Senioren – vom Institut für Gerontologie in Dortmund gemeinsam mit dem Wirtschafts- und Sozialwissenschaftlichen Institut des DGB das Forschungsprojekt „Betriebliche Maßnahmen zur Unterstützung pflegender Arbeitnehmerinnen und Arbeitnehmer" durchgeführt (Beck, Dallinger, Naegele & Reichert, 1994; Bäcker & Stolz-Willig, 1994). Neben der Identifizierung und Darlegung von betrieblichen Möglichkeiten zur Unterstützung einer besseren Vereinbarkeit von Erwerbstätigkeit und Hilfe/Pflege für ältere Angehörige, zielte der vom Institut für Gerontologie zu bearbeitende Untersuchungsbereich auf eine quantitative Bestimmung und qualitative Beschreibung der erwerbstätigen Hilfe-/Pflegeleistenden in der Bundesrepublik sowie auf die Gewinnung von Erkenntnissen über ihren beruflichen, familiären und pflegerischen Alltag. Besonderes Augenmerk wurde dabei auch auf die von ihnen erlebten Belastungen gerichtet. Zur Umsetzung dieser Zielsetzungen wurden a) die Daten der repräsentativen Studie „Möglichkeiten und Grenzen der selbständigen Lebensführung“ (Infratest Sozialforschung, 1994) einer Sekundäranalyse bezüglich der hier interessierenden Aspekte unterzogen, b) die internationale Literatur zum Thema gesichtet und c) 20 Fallstudien mit hilfe-/pflegeleistenden Arbeitnehmerinnen und Arbeitnehmern durchgeführt.

Da die häusliche und pflegerische Situation von pflegenden Angehörigen allgemein in der deutschsprachigen Literatur gut dokumentiert ist (Bracker, Dallinger, Karden, Tegethoff, 1988; Halsig & Zimmermann, 1993, Kruse, 1994) sollen im Rahmen dieses Beitrages die von erwerbstätigen Hilfe-/Pflegeleistenden *erlebten Auswirkungen bzw. Belastungen am Arbeitsplatz* im Mittelpunkt der Betrachtung stehen. Dabei wird folgende Vorgehensweise gewählt: Zur Beschreibung des quantitativen Ausmaßes der Vereinbarkeit von Erwerbstätigkeit und Hilfe/Pflege für ältere Angehörige und zur Einführung in die Thematik wird in einem ersten Schritt auf einige Resultate der Sekundäranalyse rekurriert. Hieran schließt sich in einem zweiten Schritt eine Darstellung wichtiger Ergebnisse der Literaturanalyse und der Fallstudien an, die illustrieren, welche arbeitsplatzbezogenen Belastungen bzw. Auswirkungen mit einer Vereinbarkeit von Erwerbs- und Pflegetätigkeit einhergehen können und welche Strategien die Betroffenen verwenden, um diesen Belastungen zu begegnen. In einem dritten Schritt werden schließlich thesenartig einige Empfehlungen zur Verbesserung der Situation erwerbstätiger Hilfe- und Pflegeleistender zur Diskussion gestellt.

2. Quantitative Aspekte der Vereinbarkeit von Erwerbstätigkeit und Hilfe/-Pflege

In der Bundesrepublik sind zur Zeit 852 000 Personen, die ältere Menschen über 65 Jahre versorgen, im erwerbsfähigen Alter. 45 Prozent dieses Personenkreises – dies entspricht 380 000 Personen – sind in das Erwerbsleben integriert, d.h. sie vereinbaren Erwerbs- und Hilfe-/Pflegetätigkeit (vgl. Abb. 1). Bezüglich des quantitativen Ausmaßes dieser Problematik muß jedoch beachtet werden, daß es sich hier a) um eine Querschnittsbetrachtung handelt und b) eine relativ enge Definition von „erwerbstätige Hilfe-/Pflegeleistende“ zugrundegelegt wurde (z.B. wurden nur die Hauptpflegepersonen einbezogen). Berücksichtigt man zudem die steigende Frauenerwerbstätigkeit, so ist anzunehmen, daß der prozentuale Anteil hilfe- und pflegeleistender Arbeitnehmer an der gesamten erwerbstätigen Bevölkerung – dieser Anteil wird derzeit für die USA auf sieben bis zwölf Prozent geschätzt (Gorey, Rice & Brice, 1992) – sich sehr bald erhöhen wird.

Bezüglich der Charakteristika von erwerbstätigen Hilfe- und Pflegeleistenden bestätigen die Daten der Sekundäranalyse die vorliegenden amerika-

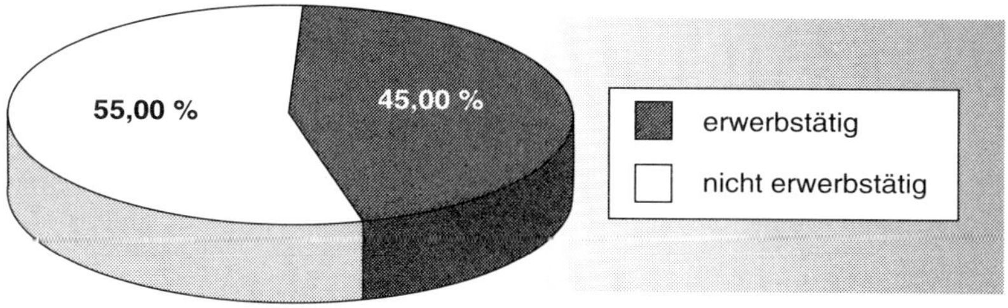

Abb. 1: Anteil der erwerbstätigen Hilfe-/Pflegeleistenden an der Gesamtzahl der Pflegenden im erwerbsfähigen Alter (16 bis 64 Jahre)

nischen Untersuchungsergebnisse, nach denen typische hilfe- und pflegeleistende Arbeitnehmer *weiblich, verheiratet und im Alter zwischen 40 und 50 Jahren sind* (vgl. auch Gorey, Rice & Brice, 1992; Lechner, 1991; Martin Matthews & Rosenthal, 1993), wenngleich auch Männer zunehmend in die häusliche Versorgung älterer Menschen involviert sind. Desweiteren üben die von der Vereinbarkeitsproblematik Betroffenen häufiger eine *höher qualifizierte Tätigkeit* aus, d.h. sie sind zumeist als Angestellte, Beamte oder Selbständige beschäftigt.

Das *Ausmaß der Erwerbstätigkeit* ist erwartungsgemäß vom Schweregrad der Hilfe- und Pflegebedürftigkeit sowie von der Art der zu leistenden Unterstützung abhängig: Pflegende von Personen, die ständiger Unterstützung bedürfen, sind zu neun Prozent, von täglich Pflegebedürftigen zu zehn Prozent und von mehrfach wöchentlich Pflegebedürftigen bereits zu 31 Prozent vollzeit erwerbstätig. Bei Betreuungspersonen von „nur" hilfebedürftigen älteren Menschen beträgt der entsprechende Prozentsatz 34 Prozent. Wie aus Tabelle 1 zu entnehmen ist, erhöht sich mit steigendem Hilfe- und Pflegebedarf auch der Anteil derjenigen, die nicht (mehr) im Erwerbsleben stehen.

	Hilfebedarf	Pflegebedarf *mehrfach wöchentlich*	Pflegebedarf *täglich*	Pflegebedarf *ständig*
Vollzeit erwerbstätig	33,5	30,7	10,4	8,9
Teilzeit/geringfügig erwerbstätig	16,2	17,2	21,3	11,6
nicht erwerbstätig	50,2	52,1	68,3	79,5

Tab. 1: Umfang der Erwerbsbeteiligung von Pflegepersonen nach Unterstützungsbedarf des Hilfe-/Pflegebedürftigen (in Prozent)

Der zeitliche Umfang, der von Erwerbstätigen für die Hilfe und Pflege von Angehörigen aufgewandt wird, variiert beträchtlich und ist abhängig davon, welche Arten von Unterstützung sie erbringen. Gemäß den von Infratest Sozialforschung erhobenen Daten stehen 20 Prozent der Erwerbstätigen rund um die Uhr für die Unterstützung der älteren Angehörigen zur Verfügung, 48 Prozent helfen mehrere Stunden pro Tag, 20 Prozent mehrere Male in der Woche, neun Prozent einmal wöchentlich und ein Prozent zweimal monatlich. 70 Prozent der Erwerbstätigen mit Hilfe-/Pflegeverpflichtungen wenden damit einen Großteil ihrer Zeit für die Unterstützung älterer Menschen auf.

Daß die zu bewältigenden Anforderungen in den Bereichen Beruf, Familie und Pflege mit zum Teil erheblichen Belastungen einhergehen, verdeutlichen auch die vorliegenden Ergebnisse der Sekundäranalyse. Wie aus Abbildung 2 zu entnehmen ist, fühlen sich 19 Prozent der erwerbstätigen Pflegenden sehr stark, 39 Prozent eher stark, 36 Prozent eher wenig und fünf Prozent gar nicht belastet. Insgesamt erleben also annähernd 60 Prozent aller Pflegenden, die gleichzeitig berufstätig sind, ein hohes Maß an Belastungen.

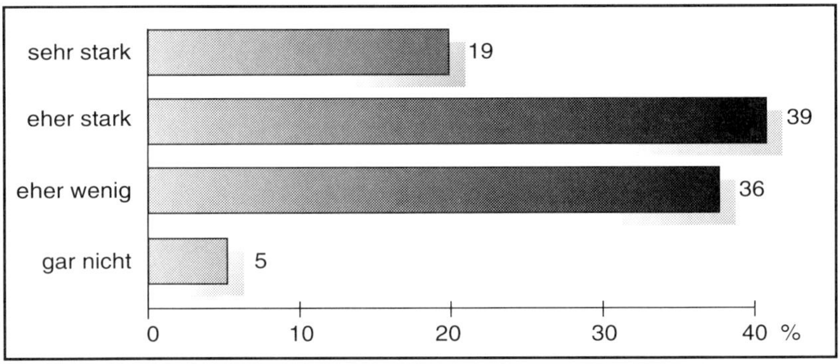

Abb. 2: Ausmaß der erlebten Belastungen von erwerbstätigen Hilfe-/Pflegeleistenden (in Prozent)

Dabei ist von einer Kumulation unterschiedlicher Belastungsarten auszugehen, die sich u.a. aus der Hilfe- und Pflegesituation selbst, aus familiären Konflikten sowie nicht zuletzt auch aus dem steten Bemühen, den Arbeitsanforderungen dennoch zu genügen und keine Nachteile am Arbeitsplatz zu erleiden, ergeben. Auf diesen letztgenannten Aspekt bzw. auf die arbeitsplatzbezogenen Auswirkungen bei dem Versuch Erwerbs- und Hilfe-/Pflegetätigkeit zu vereinbaren, konzentrieren sich die weiteren Ausführungen.

3. Auswirkungen der Vereinbarkeit von Erwerbstätigkeit und Hilfe/Pflege auf den Arbeitsplatz

Gemäß den Ergebnissen der Literaturanalyse und der im Rahmen dieses Projektes durchgeführten Fallstudien berichten erwerbstätige Hilfe-/Pflegeleistende – wenn sie überhaupt ihre Verpflichtungen gegenüber älteren Menschen ohne Angst vor Nachteilen eingestehen – bezogen auf den Arbeitsplatz insbesondere über folgende Auswirkungen:

1. Versäumen von Arbeitszeit
2. Beeinträchtigung des Leistungsvermögens, Konzentrationsschwierigkeiten und fehlende Energie für die Bewältigung der Aufgaben am Arbeitsplatz,
3. mangelndes Verständnis von Vorgesetzen und Kollegen,
4. verminderte Chancen für Karriere- und/oder Weiterbildung sowie
5. Einkommenseinbußen.

Zu 1: Versäumen von Arbeitszeit

Eines der größten Probleme von erwerbstätigen Hilfe- und Pflegeleistenden ist der Zeitdruck, denn die zur Verfügung stehende Zeit muß für die Anforderungen in Familie, Pflege und Beruf genau eingeteilt werden. Kommt es zu unvorhergesehenen Zwischenfällen bzw. Krisensituationen (z.B. plötzliche Krankheit des Hilfe-/Pflegebedürftigen) oder ist es unmöglich, Termine außerhalb der regulären Arbeitszeit wahrzunehmen (z.B. Arztbesuche mit dem Hilfe-/Pflegebedürftigen), gerät die oft mühsam und auf die Minute geplante Organisation ins Wanken, sind Absentismus, verspätetes Eintreffen am Arbeitsplatz bzw. früheres Verlassen und/oder Arbeitsunterbrechungen die Folge.

Diese augenscheinlichsten Auswirkungen der Hilfe- bzw. Pflegetätigkeit auf die Erwerbstätigkeit werden in verschiedenen US-amerikanischen Untersuchungen bestätigt: Scharlach und Boyd (1989) stellten fest, daß sich 33 Prozent der von ihnen befragten Hilfe-/Pflegeleistenden in den letzten zwei Monaten mindestens einen Tag frei genommen hatten, um älteren Verwandten zu helfen. Weitere 33 Prozent mußten aufgrund der Hilfe-/Pflegeverpflichtungen den Arbeitsplatz eher verlassen und ca. 15 Prozent kamen deshalb zu spät zur Arbeit und/oder mußten ihre Mittagspause überziehen. Auch Brody, Kleban, Johnsen, Hoffmann und Schoonover (1987) berichten, daß 58 Prozent der von ihnen befragten hilfe-/pflegeleistenden Arbeitnehmerinnen schon einmal gezwungen waren, sich unerwartet einen Tag frei zu nehmen, und 47 Prozent haben erlebt, daß sie ihren Arbeitsplatz zur Erledigung dringender Angelegenheiten vorzeitig verlassen mußten. In einer Untersuchung von Enright und Friss (1987) sind es ca. 55 Prozent der vollzeitbeschäftigten Arbeitnehmer mit Hilfe- und Pflegeverpflichtungen, die Arbeitszeit aufgrund eben dieser Verpflichtungen versäumt haben.

Arbeitsunterbrechungen sind für viele Erwerbstätige mit Hilfe-/Pflegeverpflichtungen ebenfalls nicht ungewöhnlich (vgl. auch Brody & Schoonover, 1986, Creedon, 1987; Scharlach & Boyd, 1989; Stone, Cafferata & Sangl, 1987). Sie können u.a. dadurch verursacht sein, daß die hilfe- bzw. pflegebedürftige Person zu Arztterminen begleitet werden muß – gemäß den Ergebnissen unserer Fallstudien ist dies einer der wesentlichsten Gründe für Arbeitsunterbrechungen. Zum anderen erfolgen Unterbrechungen des Arbeitsablaufs, aber auch bedingt durch Telefonate, die der Arbeitnehmer erhält bzw. führen muß und die im Zusammenhang mit der Hilfe-/Pflegetätigkeit stehen (z.B. sich erkundigen, ob es dem Pflegebedürftigen gut geht und/oder um Dienste und Dinge zu organisieren, die der Hilfe- und Pflegebedürftige benötigt). So telefoniert die im Rahmen der Fallstudien befragte Frau L. mehrmals täglich mit ihrer pflegebedürftigen Mutter, um sich zu vergewissern, daß ihr nichts zugestoßen ist; und „zwischendurch muß ich sie auch erinnern, daß sie ihre Tabletten nimmt".

Arbeitnehmer, die Arbeitszeit – bedingt durch Hilfe-/Pflegeverpflichtungen – versäumen, versuchen im allgemeinen, den dadurch gestiegenen Arbeitsdruck und die verlorene Zeit zu kompensieren, indem sie Überstunden machen, Arbeit mit nach Hause nehmen und/oder in der verbliebenen Zeit mehr oder schneller arbeiten. Erwartungsgemäß erweist sich dies als um so schwieriger, je mehr familiäre und pflegerische Verpflichtungen der Arbeitnehmer hat, je weniger die berufsbezogene Tätigkeit außerhalb der normalen Arbeitszeit ausgeübt werden kann oder je rigider die Arbeitszeiten sind. Die verlorene Arbeitszeit wieder auszugleichen, ist daher für jene Arbeitnehmer besonders problematisch, deren Tätigkeit eine Vielzahl unaufschiebbarer Termine beinhaltet oder die wenig Kontrolle über die individuelle Arbeitsgeschwindigkeit haben (Orodenker, 1990).

Zu 2: Beeinträchtigung des Leistungsvermögens, Konzentrationsschwierigkeiten und fehlende Energie für die Bewältigung der Aufgaben am Arbeitsplatz

Die Hilfe-/Pflegeverpflichtungen können jedoch nicht nur das Ausmaß der verlorenen Arbeitszeit beeinflussen, sondern auch die Leistungsfähigkeit und damit die Qualität der Arbeit. In einigen Untersuchungen wird daher auch darauf hingewiesen, daß ein Teil der erwerbstätigen Hilfe-/Pflegeleistenden – insbesondere in Krisensituationen – mangelndes Leistungsvermögen, Konzentrationsschwäche und eine allgemein geringere Belastbarkeit beklagt (Gibeau & Anastas, 1989; Enright & Friss, 1987; Scharlach & Boyd, 1989).

Eine Reduzierung des Leistungsvermögens erleben dabei insbesondere jene Arbeitnehmer, die ein großes Ausmaß an intensiver persönlicher Pflege für ihre Angehörigen leisten (Scharlach, Sobel & Roberts, 1991; Stueve & O'Donnell, 1989), denn diese Aufgaben erfordern in der Regel sehr viel physische und psychische Energie. Andererseits haben erwerbstätige Hilfe- und Pflegeleistende aufgrund ihrer vielfältigen Verpflichtungen aber häufig nur wenig freie Zeit, um sich zu erholen und zu entspannen, d.h. die Betroffenen beginnen den Arbeitstag u.U. schon kraftlos und emotional erschöpft und haben dennoch einen vollen Arbeitstag vor sich. Hierzu Frau L., die ihre 84jährige pflegebedürftige Mutter versorgt:

> „Ich gebe ganz ehrlich zu, im Beruf müßte ich manchmal mehr tun. Man gibt sich Mühe, und man versucht, das Beste zu geben. Aber es gelingt nicht immer. Weil man oft so müde und so abgespannt ist, daß man selbst beim besten Willen nicht kann, weil irgendwo die Tatkraft fehlt."

Selbst ihren Urlaub oder die Wochenenden können viele Betroffene nicht zur Erholung nutzen. Im Gegenteil, häufig werden freie Tage dazu genutzt, um sich intensiver um den Hilfe-/Pflegebedürftigen zu kümmern bzw. um Termine, die im Zusammenhang mit den Hilfe-/Pflegeverpflichtungen stehen, wahrzunehmen (Creedon, in Druck; Neal, Chapman, Ingersoll-Dayton & Emlen, 1993).

Häufig sind es aber auch Gedanken und Sorgen, die um den Hilfe-/Pflegebedürftigen kreisen – z.B. hervorgerufen durch beunruhigende Telefonate – die eine Konzentration auf die zu bewältigende Arbeit erschweren, vielfach verbunden mit Angst, während der eigenen Abwesenheit könnte etwas geschehen sein. Eine der im Rahmen der Fallstudien befragten Personen drückte dies wie folgt aus:

> „Wenn's dem Vater morgens schon dreckig geht, ... dann denk' ich dauernd, gleich kriegst du einen Anruf und irgendwas ist passiert (Frau K.)."

Die Besorgnis bzw. das schlechte Gewissen, den beruflichen Anforderungen nicht mehr genügend und zufriedenstellend entsprechen zu können, trägt schließlich ebenfalls zur Beeinträchtigung des Leistungsvermögens und der Produktivität bei (Scharlach & Boyd, 1989), so daß ein „Teufelskreis" entstehen kann, dem die ohnehin stark belasteten Personen kaum entrinnen können:

> „Ich habe Gewissensbisse, weil ich jetzt mehr Fehler mache. Da ist jetzt eine Belastung aufgetreten, die vorher keine war" (Frau F.)."

Zu 3: Mangelndes Verständnis von Vorgesetzten und Kollegen

Die Aussagen der im Rahmen dieser Studie befragten hilfe- und pflegeleistenden Arbeitnehmer machen deutlich, daß sowohl Vorgesetzten als auch Kollegen eine besondere Rolle zukommt, wenn es darum geht, Erwerbstätigkeit und Hilfe/Pflege zu vereinbaren. In bezug auf Vorgesetzte wird allerdings häufig ein mangelndes Verständnis und wenig Einfühlungsvermögen beklagt. Dies gilt vor allem dann, wenn Vorgesetzte feststellen, daß die von der Vereinbarkeit Betroffenen ein geringeres Maß an Flexibilität – z.B. in bezug auf Überstunden und/oder Produktivität bzw. Belastbarkeit zeigen und/ oder wenn die Inanspruchnahme vorhandener betrieblicher Maßnahmen (z.B. Teilzeitbeschäftigung oder Freistellung) in Erwägung gezogen wird. Das daraus resultierende, häufig negative Verhalten der Vorgesetzten wird in einigen Fällen als so belastend erlebt, daß wiederum Demotivation, „innere Kündigung" oder sogar der Arbeitsplatzwechsel die Folge sind. Frau B. beschreibt ihre Erfahrungen folgendermaßen:

> „Ich habe also die Erfahrung gemacht, ich war völlig allein gelassen, ich wurde meinem Schicksal überlassen, und da ging meine Motivation flöten."

Aber auch Arbeitskollegen reagieren nicht immer mit Mitgefühl und Einsicht auf die besondere Situation, in der sich erwerbstätige Hilfe- und Pflegeleistende befinden. So haben einige erwerbstätige Hilfe-/Pflegeleistende den Eindruck, daß die Kollegen ihnen unterstellen, die Arbeitszeit nicht aufgrund der Verpflichtungen gegenüber dem älteren Angehörigen, sondern aus einem Bedürfnis nach mehr Freizeit reduziert zu haben. Andere dagegen beschreiben einen allmählichen Rückzug selbst anfänglich verständnisvoller Kollegen, da diese offensichtlich nicht länger mit den Belastungen und Problemen der Betroffenen konfrontiert werden wollen. Die Verschlechterung des „Betriebsklimas" bzw. der Beziehung zu den Kollegen ist daher häufig von dem Gefühl des Ausgeschlossenseins und der mangelnden Akzeptanz begleitet, so daß in einigen Fällen die Gefahr einer immer stärkeren sozialen Isolierung nicht nur im Privatleben, sondern auch am Arbeitsplatz gegeben ist.

Andererseits berichten erwerbstätige Hilfe-/Pflegeleistende auch von verständnisvollen und aufmerksamen Vorgesetzten und Kollegen, aber dennoch fehlt es häufig an konkreter Hilfe. Eine der Befragten drückt dies wie folgt aus: „Alle haben Verständnis, aber keiner hilft" (Frau N.).

Zu 4: Verminderte Chancen für Karriere und Weiterbildung

Ein weiterer Belastungsmoment kann sich für Erwerbstätige mit Hilfe-/ Pflegeverpflichtungen auch daraus ergeben, daß sie – bedingt durch Zeitmangel und/oder aber aufgrund fehlender physischer und psychischer Ressourcen – selten oder gar nicht die Möglichkeit haben, an notwendigen betrieblichen Fort- und Weiterbildungsmaßnahmen teilzunehmen, wenn diese außerhalb der Arbeitszeit liegen. So versäumen gemäß Wagner, Neal, Gibeau, Scharlach & Anastas (1988) 10 bis 30 Prozent der Betroffenen entsprechende

Veranstaltungen ihres Arbeitgebers. Aber auch private Fort- und Weiterbildungsaktivitäten können aufgrund der vielfältigen außerberuflichen Aufgaben nur selten realisiert werden.

Die eingeschränkte bzw. fehlende Gelegenheit zur Fort- und Weiterbildung führt häufig nicht nur zu dem Gefühl, von der beruflichen Entwicklung ausgeschlossen zu sein, sondern sie kann auch ganz konkret eine Verminderung der Chancen auf eine Beförderung bzw. einen Karriereaufstieg zur Folge haben. Insbesondere höher qualifizierte erwerbstätige Hilfe-/Pflegeleistende bzw. jene, die ihrer beruflichen Tätigkeit einen hohen Stellenwert einräumen und an einem beruflichen Weiterkommen interessiert sind – erleben dies als eine große Beeinträchtigung bzw. Benachteiligung, die wiederum demotivierend auf ihr allgemeines berufliches Engagement und damit auf ihre Leistungsfähigkeit wirkt (Gibeau & Anastas, 1987; Stephens & Christianson, 1986). Herr R., seit mehreren Jahren die Hauptpflegeperson seiner psychisch kranken Frau, schildert in diesem Zusammenhang seine berufliche Situation wie folgt:

> „Obwohl ich mich ganz massiv dafür eingesetzt habe, und alle schon offiziell zu mir gekommen sind, ... aber mir ist diese Chance nicht gegeben worden, diese Stelle zu bekommen, wo ich seit sieben Jahren die Arbeit mache."

Zu 5: Einkommenseinbußen

Mit den „verpaßten" Karrierechancen, der Arbeitszeitreduzierung und insbesondere mit der Berufsaufgabe (vgl. Gliederungspunkt 3) sind für die betroffenen Arbeitnehmer auch wesentliche Einkommenseinbußen verbunden, die ebenfalls einen erheblichen Belastungsaspekt für Erwerbstätige mit Hilfe-/Pflegeverpflichtungen darstellen können (Creedon, in Druck; Enright & Friss, 1987). Dies gilt in besonderem Maße für alleinstehende Personen sowie für jene, die aufgrund ihrer niedrigen beruflichen Qualifikation über ein geringes Einkommen verfügen, denn eine Kompensation der Einkommensverluste durch Zuwendung des Pflegebedürftigen oder durch Pflegegeld findet selten statt. Beachtet werden muß außerdem, daß sich neben den Einbußen im aktuellen Einkommen zusätzliche irreversible Einbußen im Lebenseinkommen ergeben, bis hin zu der Gefahr, daß nur unzureichende eigenständige Rentenansprüche aufgebaut werden können. Einige im Rahmen der Fallstudien untersuchten Personen gaben darüber hinaus an, nicht nur keine finanzielle Gegenleistung für ihre Unterstützungsleistungen zu bekommen, sondern zusätzlich noch für die Pflegebedürftigen „dazubuttern" zu müssen, z.B. indem sie die Kosten für Pflegehilfsmittel aus dem eigenen Einkommen zahlen.

4. Arbeitsplatzbezogene Bewältigungsstrategien: Arbeitszeitreduzierung und Aufgabe der Erwerbstätigkeit

Ist bei der gegebenen Arbeitszeit ein Management der vielfältigen beruflichen, pflegerischen und familiären Aufgaben nicht mehr möglich, können unterschiedliche arbeitsplatzbezogene Bewältigungsstrategien der betroffenen Erwerbstätigen beobachtet werden – zu nennen sind hier insbesondere die Reduzierung der Arbeitszeit, der Arbeitsplatzwechsel und die Aufgabe der Erwerbstätigkeit. Wie sehr manche Arbeitnehmer ihre Erwerbstätigkeit den familiären und pflegerischen Anforderungen unterordnen (müssen), wird in einer Untersuchung von Gibeau und Anastas (1989) deutlich, nach der für 10 Prozent der unterstützenden Arbeitnehmer die Arbeitsplatzwahl signifikant von den Pflegeverpflichtungen bestimmt war. So müssen einige hilfe-/pflegeleistende Arbeitnehmer eine bestimmte Tätigkeit annehmen, weil sie den „richtigen" Stundenumfang hat, flexible Arbeitszeiten ermöglicht oder in der Nähe der Wohnung des Hilfe-/Pflegebedürftigen liegt.

Arbeitsplatzbezogene Maßnahmen werden zumeist erst dann ergriffen, wenn im privaten Bereich alle Möglichkeiten der Zeitersparnis ausgeschöpft worden sind und/oder wenn ein hohes Maß an Belastungen – insbesondere im gesundheitlichen Bereich – wahrgenommen wird. Allerdings berichten einige Betroffene, die ihre Arbeitszeit reduziert haben, um ihrer Verantwortung hinsichtlich der Versorgung von Angehörigen eher gerecht werden zu können, daß diese Reduzierung oft keine Verminderung der zu bewältigenden Aufgaben am Arbeitsplatz nach sich gezogen hat. Im Gegenteil, es wird nun ein noch höheres Maß an Leistungs- und Arbeitsdruck erlebt.

Als vielleicht gravierendste arbeitsplatzbezogene Auswirkung der Hilfe/Pflege für ältere Angehörige kann die Beendigung der Erwerbstätigkeit bezeichnet werden. Sie wird vollzogen, wenn eine Vereinbarkeit nicht mehr bewältigt werden kann und sich die betroffene Person für eine Fortführung der Hilfe-/Pflegetätigkeit entscheidet. Eine Aufgabe der Erwerbstätigkeit wird vor allem dann wahrscheinlich, wenn der Versuch einer Bewältigung beider Bereiche zu massiven negativen Effekten am Arbeitsplatz führt (z.B. Probleme mit Vorgesetzten aufgrund von häufigem Absentismus) und/oder wenn das Ausmaß der Hilfe-/Pflegebedürftigkeit des älteren Angehörigen zunimmt. Daß die Berufsaufgabe für einen Teil der erwerbstätigen Hilfe-/Pflegeleistenden als ein Ausweg zur Verminderung der Mehrfachbelastung gesehen wird, belegen auch die Daten der Sekundäranalyse: Danach haben ca. 16 Prozent der weiblichen und 8 Prozent der männlichen Hilfe- und Pflegepersonen ihre Erwerbstätigkeit aufgegeben, um sich intensiver der Versorgung ihrer Angehörigen widmen zu können. Ihre Erwerbstätigkeit eingeschränkt haben weitere 18 Prozent der weiblichen und etwa 7 Prozent der männlichen Hilfe-/

Pflegepersonen. Faßt man die Kategorien „Aufgabe“ und „Einschränkung“ zusammen, dann hatte die Versorgung von unterstützungsbedürftigen Älteren für ein Drittel der Frauen und für 15 Prozent der Männer, die Hilfe und Pflege leisten, einschneidende Konsequenzen für ihr Erwerbsleben (vgl. auch Gibeau & Anastas, 1989; Scharlach & Boyd, 1989).

Im Zusammenhang mit der Beendigung der Erwerbstätigkeit muß andererseits aber auch beachtet werden, daß diese Entscheidung und die daraus resultierenden Konsequenzen ebenfalls eine große Belastung für die Betroffenen bedeuten kann. Brody et al. (1987) beispielsweise betonen, daß jene weiblichen Pflegenden, die ihre Erwerbstätigkeit bedingt durch die Hilfe-/Pflegeverpflichtungen beendet hatten, über mehr Probleme und Belastungen berichteten als diejenigen, die weiterhin ihrem Beruf nachgingen. Zwar wird berücksichtigt, daß die ehemaligen Arbeitnehmerinnen im Vergleich zu den noch Erwerbstätigen eher Hilfe-/Pflegebedürftige betreuten, die stärker eingeschränkt waren, die Autoren gehen aber dennoch davon aus, daß ein großer Teil der erlebten Belastungen auch direkt auf den Umstand der Berufsaufgabe zurückzuführen ist, weil z.B. erworbene berufliche Fähigkeiten und Kenntnisse nun ungenutzt bleiben, weil die Arbeitskollegen vermißt werden und/oder weil berufliche Pläne aufgegeben werden müssen.

Die positiven Aspekte der Erwerbstätigkeit bzw. ihre entlastende Funktion für Personen mit Hilfe-/Pflegeverpflichtungen dürfen – trotz der geschilderten negativen Auswirkungen, die aufgrund eben dieser Verpflichtungen am Arbeitsplatz erfahren werden können – nicht außer acht bleiben. Dies wird auch von einigen Untersuchungsergebnissen bestätigt, die darauf verweisen, daß die Aufrechterhaltung der Erwerbstätigkeit trotz vorhandener Hilfe-/Pflegeverpflichtungen auch deshalb einen positiven Effekt haben kann, weil die Hilfe-/Pflegeleistenden

- das Gefühl haben, ihre Lebensumstände noch kontrollieren zu können,
- ihre beruflichen Ziele weiter verfolgen können,
- soziale Unterstützung durch Kollegen erfahren,
- über ein höheres Familieneinkommen verfügen, das es wiederum ermöglicht, professionelle Dienstleistungen in Anspruch zu nehmen und
- ein höheres Ausmaß an Hilfe durch andere Familienangehörige erhalten (vgl. auch Brody et al., 1987; Giele, Mutschler & Orodenker 1987; Scharlach, 1989; Stone & Short, 1990; Stoller & Pugliesi, 1989).

Auch in unseren Fallstudien fanden wir Hinweise auf die streßreduzierende Wirkung der Erwerbstätigkeit. Mehrere Personen schilderten, daß sie ihren Arbeitsplatz als Refugium erleben, einen Ort, an dem man sich für eine gewisse Zeit von den familiären Verpflichtungen zurückziehen, an dem man eine „Pause“ von der Hilfe/Pflege machen kann. Hierzu Frau U.:

„Wenn ich denke, ich würde da zu Hause im Gefängnis hängen. da hat sich der Stellenwert der Arbeit wieder verschoben. Ich habe meine Arbeit hier immer gerne gemacht... Aber jetzt ist es für mich 'ne Art Pause von den Aufgaben zu Hause... Sie (die Aufgaben) fordern mich nicht psychisch, und es ist für mich jetzt 'ne Art Zurückziehen von der Verantwortung zu Hause..."

Andere betonten die entlastende Wirkung der Aussprache mit Kollegen. Schließlich wird auch die Tätigkeit am Arbeitsplatz an sich als bereichernd empfunden, da sie entweder vielseitig und abwechslungsreich ist, geistige Anforderungen stellt und/oder Ablenkung von den häuslichen Sorgen bietet. Die Erwerbstätigkeit kann somit ein „Gegengewicht" zu der emotional und psychisch belastenden Pflege zu Hause bilden.

Betont werden sollte schließlich noch, daß das Ausmaß und die Art der von Arbeitnehmern mit Hilfe-/Pflegeverpflichtungen erlebten Belastungen von einer Vielzahl von Faktoren abhängig ist. Die Ergebnisse der Literaturanalyse (vgl. Archbold, 1983; Enright & Friss, 1987; Lechner, 1991; Neal, et al., 1993; Scharlach, 1987) als auch der Fallstudien verweisen darauf, daß eine erfolgreiche Vereinbarkeit von Erwerbstätigkeit und Hilfe-/Pflegeverpflichtungen dann eher wahrscheinlich ist, wenn eine oder mehrere der folgenden Bedingungen erfüllt sind:

- Geringer Grad der Hilfe-/Pflegebedürftigkeit des Angehörigen
- höheres berufliches Qualifikationsniveau des Hilfe-/Pflegeleistenden, das es ihm ermöglicht, seine Arbeitszeit und Arbeitsgeschwindigkeit flexibel zu gestalten,
- günstige ökonomische Lage des Hilfe-/Pflegeleistenden und
- Verfügbarkeit von Hilfe und Unterstützung durch Dritte.

5. Einige Empfehlungen zur Verbesserung der Situation von erwerbstätigen Hilfe-/Pflegeleistenden

Die bisherigen Ausführungen zusammenfassend läßt sich in bezug auf die arbeitsbezogenen Konsequenzen der Hilfe/Pflege für ältere Angehörige festhalten, daß die Ergebnisse des hier vorgestellten Forschungsprojektes eindrucksvolle Belege dafür liefern, daß ein Teil der Arbeitnehmer erhebliche und vielfältige Belastungen am Arbeitsplatz verspürt, wenn keine, an ihre besondere Situation angepaßten Hilfen oder Unterstützungsangebote vorhanden sind. Notwendig sind daher Maßnahmen, die die Vereinbarkeit von Erwerbstätigkeit und Hilfe/Pflege für ältere Menschen erleichtern. Diese Maßnahmen, die nicht nur der Entlastung von Hilfe-/Pflegeleistenden dienen, sondern indirekt auch die Lebenssituation der Hilfe-/Pflegebedürftigen verbessern können, müssen auf verschiedenen Ebenen ansetzen. Zu nennen sind hier vor allem:

1. **Die Ebene der Betriebe:** Die Arbeitswelt muß ihren spezifischen Beitrag zur Problembewältigung leisten, d.h. betriebliche Bedingungen und Maßnahmen (z.B. Arbeitszeitmodelle, Informations- und Beratungsangebote) sind mit der Zielrichtung einer besseren Vereinbarkeit von Erwerbstätigkeit und Hilfe/Pflege einzuführen bzw. zu überprüfen und zu verändern – daß dies möglich ist, zeigen Beispiele aus anderen Ländern. Effektive Maßnahmen unterstützen dabei nicht nur die betroffenen Arbeitnehmer, sondern sie sind auch für die Unternehmen selbst von großem Vorteil: Die auf einer mangelnden Vereinbarkeit beruhenden hohen betrieblichen Folgekosten – z.B. bedingt durch Absentismus, Absinken der Produktivität und/oder Arbeitszeitreduzierung – können so vermieden werden.

2. **Die Ebene der Dienste und Einrichtungen:** Durch Verbesserung und Ausbau des ambulanten und teilstationären Versorgungsnetzes einerseits und durch Berücksichtigung der besonderen Bedürfnisse und zeitlichen Interessen der erwerbstätigen Hilfe-/Pflegeleistenden andererseits können auch Dienste und Einrichtungen eine Vereinbarkeit von Erwerbs- und Pflegetätigkeit unterstützen.

3. **Ebene des Gesetzgebers:** Schließlich ist auch der Gesetzgeber gefordert. Durch eine gezielte Informations- und Bewußtseinsarbeit kann er zum einen auf diese „neue“ Variante der Vereinbarkeitsproblematik aufmerksam machen. Zum anderen kann der Gesetzgeber durch steuerliche Anreize die Einführung von betrieblichen Maßnahmen zur Erleichterung einer Balance von Erwerbstätigkeit und Hilfe/Pflege forcieren.

Abschließend bleibt einerseits festzustellen, daß Erwerbstätige mit Hilfe-/Pflegeverpflichtungen die an sie gestellten beruflichen, pflegerischen und familialen Anforderungen häufig nur unter Einsatz aller physischen und psychischen Kräfte bewältigen können und ein hohes Maß an Belastungen erfahren. Andererseits wird aus den vorliegenden Forschungsergebnissen auch deutlich, daß die Mehrzahl der Betroffenen – und dies gilt auch für die im Rahmen der Fallstudien befragten Personen – sich nicht zwischen Erwerbstätigkeit und Pflege entscheiden möchten, d.h. sie wollen sowohl ihre älteren Angehörigen unterstützen und pflegen als auch ihrer Erwerbstätigkeit nachgehen. Eine sozialpolitische Aufgabe der Zukunft wird es daher sein, die Vereinbarkeit von Erwerbstätigkeit und familiärer Pflegetätigkeit zu ermöglichen und dafür die entsprechenden Rahmenbedingungen zu schaffen.

Literatur:

Archbold, P. G. (1983): Impact of parent-caring on women. Family relations, 32, 39–45.

Bäcker, G. & Stolz-Willig, B. (1994): Zwischen Pflege und Beruf. Betriebliche Maßnahmen zur Unterstützung pflegerischer Arbeitnehmerinnen und Arbeitnehmer. Forschungsbericht des Wirtschafts- und Sozialwissenschaftlichen Instituts des DGB vorgelegt dem Bundesministerium für Familie und Senioren. Düsseldorf.

Beck, B., Dallinger, U., Naegele, G. & Reichert, M. (1994): Betriebliche Maßnahmen zur Unterstützung pflegerischer Arbeitnehmerinnen und Arbeitnehmer. Forschungsbericht des Instituts für Gerontologie vorgelegt dem Bundesministerium für Familie und Senioren. Dortmund.

Bracker, M., Dallinger, U., Karden, G. & Tegethoff, U (1988): Die Pflegebereitschaft der Töchter. Zwischen Pflichterfüllung und eigenen Ansprüchen. Die Bevollmächtigte der hessischen Landesregierung für Frauenangelegenheiten. Wiesbaden.

Brody, E. M. & Schoonover, C. B. (1986): Patterns of parent-care when adult daughters work and when they do not. The Gerontologist, 26, 372–381.

Brody, E, M., Kleban, M. H., Johnsen, P. T., Hoffman, Ch. & Schoonover, C. B. (1987): Work status and parent care: A comparison of four groups of women. The Gerontologist, 27, 201–208.

Creedon, M. A. (1991): Employers and eldercare: A growing workplace concern. HR Horizons, 106, S. 31–36.

Creedon, M. A. (in Druck): Eldercare research in the United States. In J. Phillips (Hrsg.) Working careers – A feminist perspective.

Enright, R. B. Jr. & Friss, L. (1987): Employed caregivers of brain-impaired adults: An assessment of the dual role. Final report submitted to the Gerontological Society of America. San Francisco: Family Survival Project.

Gibeau, J. L. & anastas, J. W. (1989): Breadwinners and caregivers: Interviews with working women. Journal of Gerontological Social Work, 14, 19–40.

Giele, J. Z., Mutschler, P. H., Orodenker, S. Z. (1987): Stress and burdens of caregiving for the frail elderly. Working paper No. 36, Heller School, Brandeis University, Waltham, Mass.

Gorey, K. M., Rice, R. W. & Brice, G. C. (1992): The prevalence of elder care responsibilities among the work force population. Response bias among a group of cross-sectional surveys. Research on Aging, 3, 399–418.

Halsig, N., Zimmermann, P. (1993): Die Situation der Hauptpflegeperson. In E. Olbrich, N. Halsig, A. Kruse & D. Roether (Hrsg.): Möglichkeiten und Grenzen der selbständigen Lebensführung. Zweiter Zwischenbericht. Bundesministerium für Familie und Senioren, S. 333–358.

Infratest Sozialforschung (1993): Hilfe- und Pflegebedürftige mit Hauptpflegepersonen. Tabellarische Sonderauswertung der Repräsentativerhebung „Möglichkeiten und Grenzen der selbständigen Lebensführung". München.

Kruse, A. (1994): Die psychische und soziale Situation pflegender Frauen – Beiträge aus empirischen Untersuchungen. Zeitschrift für Gerontologie, 27, 42–51.

Lechner, V. M. (1991): Predicting future commitment to care for frail parents employed caregivers. Journal of Gerontological Social Work, 18, 69–84.

Martin Matthews, A. & Rosenthal, C. J. (1993): Balancing work and family in an aging society: The Canadian experience. In George L. Maddox & M. Powell Lawton (Hrsg.). Annual review of Gerontology and Geriatrics: Focus on Kinship, Aging, and Social Change, 13, S. 96–119. New York.

Neal, M. B., Chapman, N. J., Ingersoll-Dayton, B., Emlen, A. C. (1993): Balancing work and caregiving for children, adults and elders. Newbury Park, CA: Sage.

Orodenker, S. Z. (1990): Family caregiving in a changing society: The effects of employment on caregiver stress. Family & Community Healt, 12, 58–70.

Scharlach, A. E. (1987): Role strain in mother-daughter relationship in later life. The Gerontologist, 27, 627–631.

Scharlach, A. E. & Boyd, S. (1989): Caregiving and employment: Results of an employee survey. The Gerontologist, 29, 382–387.

Scharlach, A. E., Sobel, E. L. & Roberts R. E. L. (1991): Employment and caregiver strain: An integrative model. The Gerontologist, 31, 778–787.

Stephens, S. A. & Christianson, J. B. (1986): Informal care of the elderly. Lexington, M. A.: Lexington Books.

Stoller, E. P. & Pugliesi, K. L. (1989): Other roles of caregivers: Competing responsibilities or supportive ressources, Journal of Gerontology, 44, S. 231–238.

Stone, R. S., Cafferata, G. L. & Sangl, J. (1987): Caregivers of the frail elderly: A national profile. The Gerontologist, 27, 616–626.

Stone, R. S. & P. F. (1990): The competing demands of employment and informal caregiving to disabled elders. Medical Care, 28, 513–526.

Stueve, A. & O'Donnell, L. (1989): Interactions between women and their elderly parents. Constraints of daughters' employment. Research on Aging, 11, 331–353.

Wagner, D, L., Neal, M. B., Gibeau, J. L., Scharlach, A. E. & Anastas, J. W. (1988): Eldercare and the working caregiver: An analysis of current research. Unpublished manuscript. (Available from Donna Wagner, Center for the Study of Aging, University of Bridgeport, Bridgeport, CT 06601).

Neuere Aspekte der Pensionierungsforschung

Philipp Mayring

Erleben und Verarbeiten des Übergangs in den Ruhestand ist einem ständigen Wandel unterworfen (Markides & Cooper, 1987). Der Beitrag möchte auf dem Hintergrund eines eben angelaufenen Längsschnittprojektes (Schneider, Dobler & Mayring, 1992) einen Überblick über aktuelle Aspekte der Pensionierungsforschung geben.

Die verstärkt in der Nachkriegszeit einsetzende Pensionierungsforschung begann dabei zunächst unter negativen Vorzeichen (Pensionierungskrise, Pensionierungsbankrott, Pensionierungstod als Schlagworte). Es zeigte sich jedoch in neueren Untersuchungen ein positiveres Bild. Sowohl großangelegte Längsschnittuntersuchungen in den USA in den 70er und 80er Jahren (vgl. z.B. Palmore, Burchett, Fillenbaum, George & Wallmann, 1985) als auch neuere europäische Studien (z.B. Atthias-Donfut, 1984; Opaschowski & Neubauer, 1984; Brückner & Mayer, 1987; Markides & Cooper, 1987; Niederfranke, 1988) belegen, daß nur etwa ein Drittel der Betroffenen Probleme mit dem Übergang in den Ruhestand hat, zwei Drittel dagegen die Pensionierung positiv erleben.

Die Aufgabe der aktuellen Forschung ist nun, genauer zu differenzieren, bei welchen Personen unter welchen Bedingungen es zu positiven oder negativen Verläufen kommt. Dabei werden verschiedene Differenzierungsebenen unterschieden (vgl. auch Mayring, 1990; Saup & Mayring, 1995):

Bereichsspezifische Unterschiede

Auch heute bedeutet die Pensionierung im Durchschnitt für den finanziellen Lebensbereich Verluste, wenn auch für manche die Einbußen gering erscheinen, für andere aber (vor allem alleinstehende Frauen) den Schritt unter die Armutsgrenze bedeuten. Der gesundheitliche Bereich dagegen ist eher von positiven Auswirkungen gekennzeichnet, wenn gleich der kausale Zusammenhang zur Pensionierung nicht immer einfach herzustellen ist. Im Bereich der sozialen Beziehungen kann man global weder von Gewinnen noch von Verlusten, eher von Umstrukturierungen sprechen. KollegInnenkontakte werden oft schwächer, Familienkontakte intensivieren sich eher. Pensionierung zieht heute also in verschiedenen Lebensbereichen unterschiedliche Auswirkungen nach sich.

Analyse von Moderatorvariablen des Pensionierungserlebens

Solche Untersuchungen lassen sich systematisieren und nach beruflichen, individuellen und familiären Bedingungen ordnen, von denen das Pensionierungserleben abhängt (vgl. zum Überblick Kasl, 1980; Lehr & Niederfranke, 1990; vgl. Abb. 1).

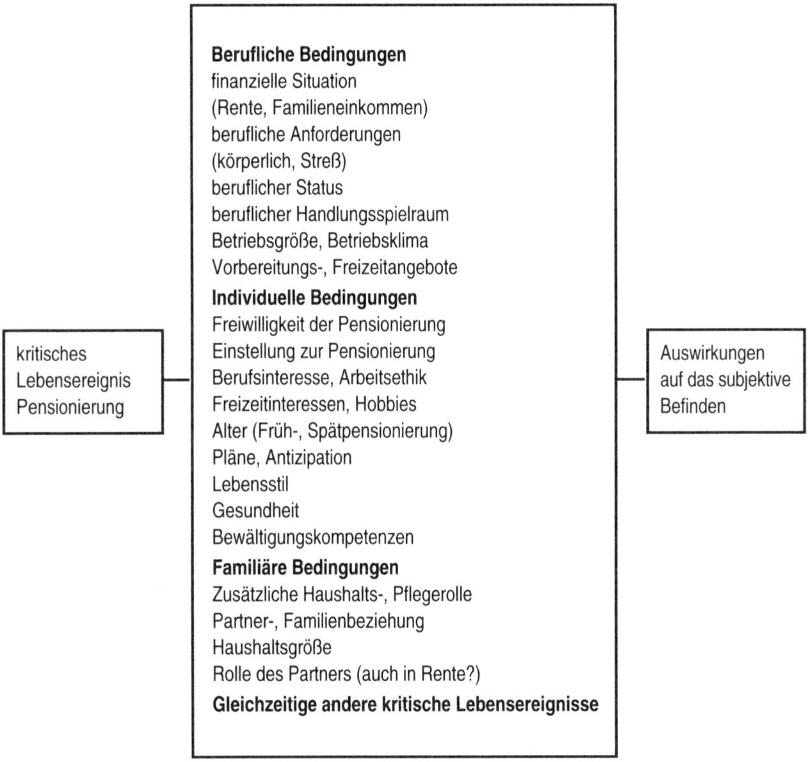

Abb. 1: Moderatoren der Pensionierungsverarbeitung

Einbettung in die langfristige biographische Entwicklung

Eine weitere Differenzierungsebene ist die Zeitachse. Schon Atchley (1976) hat verschiedene Phasen des Pensionierungserlebens postuliert, die einen Wellenverlauf zugrundelegen (vgl. Abb. 2). Dieser Verlauf ähnelt im groben dem Verlauf der Verarbeitung anderer kritischer Lebensereignisse wie Arbeitslosigkeit oder Verwitwung und könnte zur Spekulation Anlaß geben, daß ein gemeinsames Grundmuster dahinterstehe (vgl. Welzer, 1993.

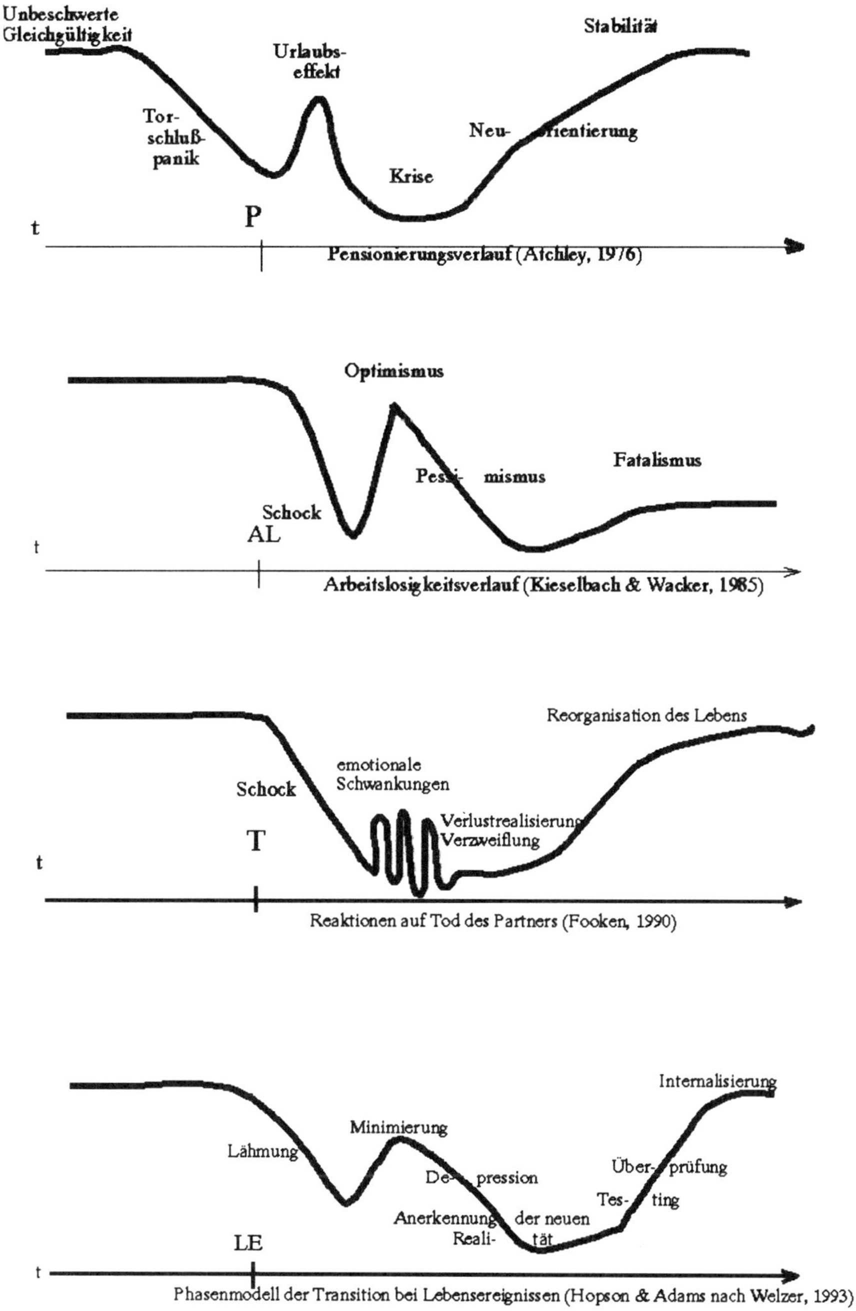

Abb. 2: Phasenmodelle kritischer Übergänge im Lebenslauf

Einbettung in die historischen gesellschaftlichen Bedingungen

Sowohl die jeweiligen staatlichen Pensionierungsmodalitäten als auch das subjektive Erleben des Übergangs in das dritte Lebensalter unterliegen starken historischen Veränderungen. Unter dem Stichwort der Kohorteneffekte sind solche Differenzierungen gerade in der Gerontologie zentral (vgl. Abb. 3).

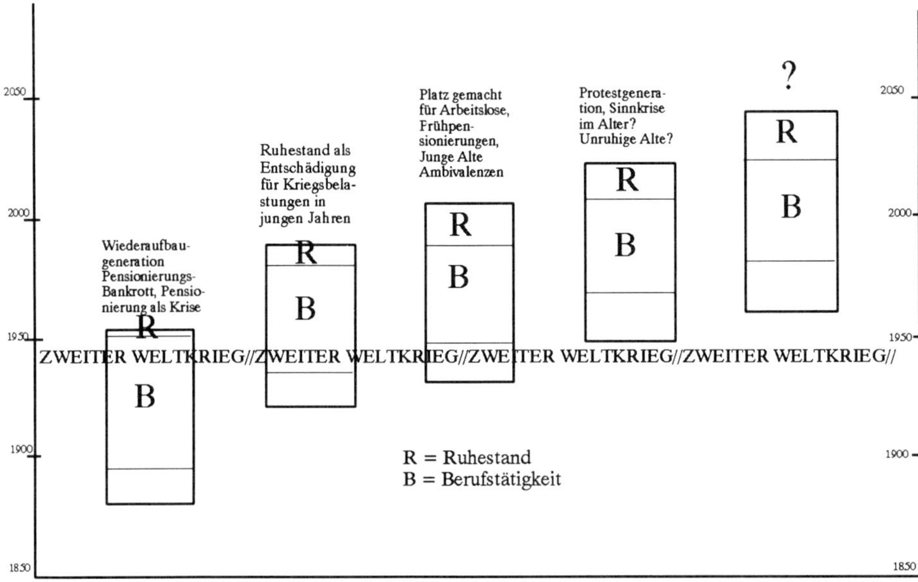

Abb. 3: Mögliche Kohortenunterschiede im Pensionierungserleben

So könnte man vermuten, daß die Ergebnisse negativer Pensionierungsverarbeitung in der Nachkriegszeit an die historischen Bedingungen dieser Generation gebunden waren (Aufwachsen unter starker Arbeitsethik; Beteiligung am Wiederaufbau in den letzten Berufsjahren unter großen Entbehrungen; Pensionierung als Verlust wegen der starken Arbeitsorientierung). Die spätere Generation der um 1920 Geborenen hingegen erlebte die Pensionierung als Entschädigung für die Belastungen durch den 2. Weltkrieg im frühen Erwachsenenalter und für die Strapazen des Wiederaufbaus (vgl. Brückner & Mayer, 1987). Auch für folgende Ruhestandsgenerationen könnte man kohortenspezifische Faktoren vermuten (vgl. Abb. 3).

Aus solchen Ergebnissen der differenzierten Analyse der Auswirkungen von Pensionierung lassen sich nun Risikogruppen negativer Verarbeitung ableiten (vgl. auch Lansley & Pearson, 1989):

- Personen mit finanziellen Problemen im Ruhestand (z.B. alleinstehende Frauen, Ausländer)
- Personen mit sozialen Defiziten, die den Wegfall von KollegInnenkontakten nicht kompensieren können,
- Personen in benachteiligten Regionen mit schlechter sozialer und kultureller Versorgung (Land),
- Personen mit überstarker Arbeitsorientierung, ohne entwickelte Freizeitinteressen (z.B. Bauern).

Auf diesem Hintergrund kann man auch, im Sinne des Rahmenthemas dieses Kongresses, Forderungen an die Politik ableiten:

1. Anpassung der Pensionierungsmodalitäten an die individuellen Wünsche und Bedürfnisse;
2. Spezielle Maßnahmen zur Unterstützung der Risikogruppen (s. o.).

Längsschnittstudie „Übergänge in den Ruhestand"

Um diesen Ergebnissen neuerer Pensionierungsforschung näher nachzugehen, wurde 1993 ein Längsschnittprojekt begonnen (vgl. Schneider, Dobler & Mayring, 1992), das einerseits mit einer großen Stichprobe deutschsprachiger SchweizerInnen (ca. 700 Personen,davon ca. 200 mit Ehepartnerinterview vor der Pensionierung) ein halbes Jahr nach der Pensionierung und 1,5 Jahre nach der Pensionierung Interviews durchführt. Andererseits werden bei ca. 20 SchweizerInnen und 20 Deutschen über denselben Zeitraum offene, halbstrukturierte Tagebucheintragungen erhoben und qualitativ ausgewertet. Die nächsten Beiträge berichten über erste Ergebnisse.

Literatur:

Atchley, R. C. (1976): The sociology of retirement. New York: Wiley.

Attias-Donfut, C. (1988): Die neuen Freizeitgenerationen. In L. Rosenmayr & F. Kolland (Hrsg.), Arbeit, Freizeit, Lebenszeit (S. 57–73). Opladen: Westdeutscher Verlag.

Brückner, E. & Mayer, K. U. (1987): Lebensgeschichte und Austritt aus der Erwerbstätigkeit im Alter – am Beispiel der Geburtsjahrgänge 1919– 1921. Zeitschrift für Sozialisationsforschung und Erziehungspsychologie, 7, 101–116.

Kasl, S. V. (1980): The impact of retirement. In C. L. Cooper & R. Payne (Eds.), Current concerns in occupational stress (S. 137–186). Chichester, NY: Wiley.

Lansley, J. & Pearson, M. (1989): Vorbereitung auf den Ruhestand in den Mitgliedstaaten der Europäischen Gemeinschaft. Luxemburg: Kommission der EG.

Lehr, U. & Niederfranke, A. (1990): Pensionierung. In W. D. Oswald, W. M. Herrmann, S. Kanowski, U. Lehr & H. Thomae (Hrsg.), Gerontologie (2. Auflage) (S. 377–388). Stuttgart: Kohlhammer.

Markides, K. S. & Cooper, C. L. (Eds.) (1987). Retirement in industrialized societies. Social, psychological and health factors. Chichester:Wiley.

Mayring, Ph. (1990): Pensionierung. In Mayring, Ph. & Saup. W. (Hrsg.), Entwicklungsprozesse im Alter (S. 37–56). Stuttgart: Kohlhammer.

Niederfranke, A. (1988). Die „Altersgrenze“: Erleben und Formen der Auseinandersetzung. In A. Kruse, U. Lehr, F. Oswald & C. Rott (Hrsg.), Gerontologie (S. 172–196). München: Bayerischer Monatsspiegelverlag.

Opaschowski, H. W. & Neubauer, U. (1984): Freizeit im Ruhestand. Was Pensionäre erwartet und wie die Wirklichkeit aussieht. Hamburg: BAT Freizeitforschungsinstitut.

Palmore, E. B., Burchett, B. M., Fillenbaum, G. G., George, K. L. & Wallmann, L. M. (1985): Retirement: Causes and consequences. New York: Springer.

Saup, W. & Mayring, Ph. (1995): Pensionierung. In R. Oerter & L. Montada (Hrsg.), Entwicklungspsychologie (im Druck). Weinheim: Psychologie Verlags Union.

Schneider, H.-D., Dobler, S. & Mayring, Ph. (1992): Übergänge in den Ruhestand. Projektantrag an den Nationalen Forschungsfond. Fribourg: Psychologisches Institut der Universität.

Welzer, H. (1993): Transitionen. Zur Sozialpsychologie biographischer Wandlungsprozesse. Tübingen: edition discord.

Wohlbefinden und Biographie

Eine Untersuchung zum Übergang in den Ruhestand am Beispiel von Vorruheständlern

Adelheid Kuhlmey und Heiko Lehmann

Problem und Fragestellung

Zufriedenheit, Wohlbefinden oder Glück sind heikle Begriffe. Sigmund Freud meinte, man könne dann „von Glück sprechen, wenn das Schicksal nicht all seine Drohungen auf einmal" wahrmache. Ostdeutsche Vorruheständler waren zumindest der Drohung ausgesetzt, zu einer Zeit in die berufslose Lebensphase zu gehen, in der sich zugleich ein historischer Übergangsprozeß eines politischen Systems in ein anderes vollzog.

Unsere Studie[1] widmet sich der Frage, wie Vorruheständler in dieser Situation Orientierung finden. Sie zieht ihre Legitimation aus der bislang schmalen Forschungsbasis zur vermuteten „anderen Qualität" des Vorruhestands in den neuen Bundesländern. Wir erfaßten dazu bis März 1994 ganze sieben Abhandlungen und Studien, in deren Mittelpunkt Analysen der sozialen Lage, subjektive Stimmungsbilder und Typisierungen von Bewältigungsstilen stehen. Über die Konstruktion solcher Handlungsmuster, z.B. aus biographischer, alltagskultureller oder milieuspezifischer Sicht, erfährt man wenig.

Konzept der Untersuchung

Wir orientierten uns deshalb bei der Untersuchung am Begriff des subjektiven Wohlbefindens von Hurrelmann (1988).[2] Wohlbefinden beschreibt danach einen ständigen Prozeß des In-Einklang-Bringens eigener Möglichkeiten und Ziele mit sich wandelnden äußeren Lebensbedingungen. Diese Balance muß zu jedem lebensgeschichtlichen Zeitpunkt neu hergestellt werden, auch im Alter. Wir verbinden deshalb dieses Modell mit dem Ansatz der *Biographie* und erforschen es an einem konkreten lebensgeschichtlichen Einschnitt – am Übergang in den Vorruhestand – unter den Bedingungen der Transformation. *Erstens* kann davon ausgegangen werden, das Streben nach Wohlbefinden ein universeller Anspruch an das Leben ist. Wir gehen *zweitens* davon aus, daß sich dieser Anspruch individuell-biographisch reproduziert und handlungsleitende Funktionen ausübt. *Drittens* verbindet sich schließlich mit dem Hurrelmannschen Ansatz a priori die Annahme: Menschen haben Ressourcen zur Auseinandersetzung mit einem Lebenseinschnitt, die sie befähigen, Zustände von subjektivem Wohlbefinden zu erreichen.

Erhebung und Auswertung

Wir führten 15 leitfadenorientierte biographische Interviews durch. Die Probanden waren für uns Biographen ihres eigenen Lebens und Experten ihres Alltags. Die Gespräche nahmen wir mit einem Tonband auf, die anschließend niedergeschrieben wurden. Zunächst rekonstruierten wir für jeden Fall die *biographischen Rahmendaten* und erstellten in der Diskussion eine Strukturhypothese zum Lebensverlauf. Danach überprüften wir diese Hypothese am erzählten Text und modifizierten sie. Schwerpunkt war, den Einfluß des *biographischen Verlaufs* auf die Übergangsphase argumentativ nachzuvollziehen. Im Anschluß bildeten wir *Typen,* indem die Fallhypothese Schritt für Schritt in Hinblick auf die Forschungsfrage verglichen wurde. Wir ermittelten aus der Vielfalt der Wirklichkeit *allgemeingültige Muster* der Balanceherstellung in der neuen Lebensphase. Wir suchten viertens nach Typen, die für uns ein Raster von alternativen Handlungsmöglichkeiten ergaben. Im Prozeß der Abstraktion fanden wir sechs mehr oder weniger gegeneinander abgrenzbare idealtypische Handlungsmuster des Umgangs mit der Statuspassage.

Kurzdarstellung der Ergebnisse

Welche typischen Verlaufsmuster beim Übergang in den Ruhestand konnten wir entwickeln und gegeneinander abgrenzen? Als erstes identifizierten wir ein Handlungsmuster, das wir *Verzögerung (Somatisierung)* nannten. Der Repräsentant dieses Typus arbeitete in einem großen Berliner Betrieb und war 1990 bei Einführung der Vorruhestandsregelung 57 Jahre – also anspruchsberechtigt. Dennoch konnte der Abschied vom Arbeitsleben zunächst übergangen werden, war eine Weiterbeschäftigung möglich. Wir nennen diesen Typ Verzögerung, weil erst ein weiteres äußeres Lebensereignis – eine körperliche Erkrankung – zum Vorruhestand führte. So macht dieses Muster deutlich, wie der Vorruhestand, seine Auslegung und Bewältigung mit anderen Lebensereignissen dieser Altersphase verbunden ist.

Davon abgrenzen läßt sich ein Muster, das wir mit dem Begriff *Übertragung* veranschaulichen wollen. Übertragung bedeutet in unserer Auslegung, daß es diesem Typ gelingt, Aktivitäten und Engagement der beruflichen Welt auf die nachberufliche Periode zu übertragen. Im Fallbeispiel wird die Vorruhestandsregelung zum bewußten Abbruch bisheriger Erwerbstätigkeit genutzt und ein biographisch aufgebautes Aktivitätsmuster in nachberufliches Tätigsein verlängert. *Temporäre Aktivität (Umwege)* nannten wir ein Muster, für das wesentlich ist, daß die gesellschaftliche Wende eine sehr frühe Entlassung aus der alten Erwerbsbeziehung nach sich zog. Die Repräsentanten dieses Typs gingen nach der ersten Entlassung aus dem ehemaligen Betrieb zeitlich begrenzten Arbeiten nach. Diese Zeit ist die mentale und materielle Vorbereitung für den Übergang in den Ruhestand; Erfahrungen z.B. mit unsicheren Erwerbssituationen werden in der Weise relevant, daß der Vorruhestand zum „sozialen Ankerpunkt“ wird.

Ein Handlungsmuster anderer Gewichtung ist der Typ *Rückzug und Privatisierung.* Hier erhält die bisherige politisch-berufliche Sozialisation eine stärker handlungsleitende Dimension. Der Übergang in den Ruhestand ist charakterisiert durch den radikalen Abschluß einer beruflich und/oder politisch engagierten Lebensphase in der DDR und mündet in einer bewußten Hervorhebung privater Sinnbezüge.

Das Muster *Isolation und Einkehr* steht für eine Ausgrenzung anderer Lebensbereiche zugunsten der beruflichen Entwicklung im Lebensverlauf. Die Biographie ist auch hier stark durch die politische und berufliche Sozialisation in der DDR überformt. Mit dem Verlust des Arbeitsplatzes nimmt die Isolation konkrete Gestalt an. Die Handlungen in der neuen Lebensphase werden vom Rückbezug auf Erfahrungen früherer familiärer Sozialisation strukturiert.

Begreifen wir die entwickelten Typen als ein Kontinuum biographischer Übergangsmuster, dann läßt sich dem Typus Übertragung, ausgestattet mit einem hohen Grad an autonomer Handlungsposition, am anderen Ende der Skala das Muster *Hinnahme,* gegenüberstellen. Hinnahme bedeutet, daß die Dominanz der Außensteuerung während und nach der Übergangsphase noch nicht ausgeglichen werden konnte. Betrachtet man die Zukunft, entwickeln die Repräsentanten diesen Typs allenfalls Suchstrategien. Die Zukunft erscheint offen und unstrukturiert. Die Handlungspositionierung des Subjekts wechselt hier zu überwiegender Außensteuerung. So bleiben die Betroffenen Suchende, diejenigen, deren vorausgedachter Lebensplan mit der DDR unterging.

Zusammenfassung und Interpretation unserer Ergebnisse

Unsere Ergebnisse bieten Hinweise, daß es eine Vielzahl realer und möglicher Handlungstypen zur Herstellung einer Balance beim Übergang und am Beginn der neuen Lebensphase gibt. Unser Vorgehen zielte darauf, die Vielfalt individueller Handlungen in idealtypischen Mustern abzubilden. Die Muster, die wir anhand des empirischen Materials aufspürten, sind stark durch den Sozialisationsprozeß in der DDR gesteuert. In mindestens dreierlei Hinsicht waren die Erwartungen der Probanden mit dem Einschnitt Vorruhestand zerstört worden: a) hinsichtlich des vorausgedachten Zeitpunkts der Berufsaufgabe, b) hinsichtlich der öffentlichen Wertschätzung eigener Lebensleistung, c) hinsichtlich des Stellenwerts ihrer Erfahrungen beim Umbau der Gesellschaft. In den Biographien dieser Generation hinterließen der gesellschaftliche Stagnationsprozeß der DDR der 80er Jahre Wirkungen, die zu einer hohen Erwartung an den Umbauprozeß 1989 und ihrer Rolle dabei führten. Dem entgegen steht die kollektive Entberuflichung, die diese Altersgruppe von der Umgestaltung abschnitt. So kann es nicht verwundern, daß in der Präsentation der Lebensgeschichten die Rechtfertigung des eigenen Lebensverlaufs ein Übergewicht hatte. Wir konnten feststellen, daß diese Art und Weise der Auseinandersetzung mit der eigenen Verangenheit handlungsleitend für den Übergang in den Ruhestand wurde. Das Interview nutzten die Gesprächspartner, um der eigenen Lebensgeschichte – entgegen der öffentlichen Abwertung – Berechtigung zu verleihen. Dies geschah beispielsweise durch das Ansprechen von Themenfeldern, in denen es um die „guten Seiten“ der DDR ging oder betraf die eigenen Anteile am Aufbau sozialistischer Verhältnisse. Es wird ein hoher Aufwand zur Verteidigung des Vergangenen geleistet. Die Gegenwart wird relativ kompliziert erlebt. Betrachtet man etwa die materielle Lage, so werden reale oder vermeintliche Defizite als Bedrohung empfunden und wiederum handlungsleitend. Zum Beispiel werden Ansprüche heruntergeschraubt oder der Umzug in kleinere Wohnungen als Vorsichtsmaßnahme vollzogen. Hier finden sich Erfahrungen dieser Generation mit Notlagen der Nachkriegszeit wieder. Die Strategien verweisen aber auch auf die Unerfahrenheit im Umgang mit den neuen gesellschaftlichen Strukturen. Dieses Wechselverhältnis scheint auch eine Erklärung dafür zu sein, daß von der Zukunft wenig erwartet wird.

Hinsichtlich *geschlechtsspezifischer Verlaufsmuster* wird zunächst deutlich, daß Frauen aus der DDR vor der Aufgabe standen, die Balance zwischen beruflichem und familialem Lebensbereich auszutarieren. Für den Ruhestand könnte dadurch ein größeres Handlungsfeld erschlossen sein. Diese These ist bekannt. Die Ergebnisse zeigen aber auch, daß sich etwa durch die Veränderung der Beziehung zum Ehepartner, Auszug der Kinder oder Verlust- und Scheidungserfahrungen gerade für Frauen diesen Alters familiale Anschlußmöglichkeiten verschließen.

Geschlechtsspezifische Sozialisation nach dem Muster der DDR bedeutet in solcher Konstellation, daß aus der Doppelbelastung der jungen und mittleren Lebensjahre später ein doppelter Verlust resultiert und Neuorientierungen notwendig werden, für die das Selbstverständnis fehlt und es bisher keine Vorbilder gibt.

Der Veränderungsdruck, der auf der gesamten ostdeutschen Bevölkerung liegt, hat alltagsweltliche Dimensionen. Im Tagtäglichen werden Verluste von bisher selbstverständlichen Gewißheiten und Werten erlebt, Unsicherheit und Angst bei notwendigen Umorientierungen erfahren und die Erfolge gemessen. Die Brücken in die neue Gesellschaft und in eine neue Lebensphase sind dann tragfähig, wenn es gelingt, die gelebte Biographie und aufgeschichtete Erfahrung zu benutzen, um eigene Ansprüche und die neuen Verhältnisse aufeinander abzustimmen. Unsere Untersuchung zeigt Muster, wie diese Brücken gebaut werden.

Anmerkungen:

[1] Die Studie unter dem Titel „Wohlbefinden und Biographie. Eine Untersuchung zum Übergang in den Vorruhestand in den neuen Bundesländern" konnte dank der Unterstützung der Kommission zur Erforschung des sozialen und politischen Wandels in den neuen Bundesländern erstellt werden.

[2] Hurrelmann, K. (1988): Sozialisation und Gesundheit. Somatische, psychische und soziale Risikofaktoren im Lebenslauf. Weinheim und München, Juventa

Zur psychosozialen Situation älterer Arbeitsloser in den neuen Bundesländern – Ergebnisse einer Pilotstudie

Eric Schmitt, Greifswald

Der Übergang von der Plan- zur Marktwirtschaft in den neuen Bundesländern brachte soziale Umbrüche mit sich, die vor allem auf dem Arbeitsmarkt sichtbar wurden. Viele Menschen verloren ihren Arbeitsplatz. Zwischen 1989 und 1993 verminderte sich die Zahl der Erwerbstätigen um 40 Prozent. Aufgrund der sehr hohen Erwerbsbeteiligung in der ehemaligen DDR (1989 waren 86 Prozent aller erwerbsfähigen Menschen erwerbstätig) war die Bevölkerung auch nach dem Einbruch auf dem Arbeitsmarkt sozial relativ gut abgesichert: Es bestanden Ansprüche auf Lohnersatzleistungen oder auf Rente. Doch nach dem Auslaufen bestimmter Sonderregelungen für die neuen Länder nahm gerade in den letzten 12 bis 18 Monaten die Anzahl jener Menschen deutlich zu, die keinen Anspruch auf Lohnersatzleistungen mehr haben.

Im Jahre 1992 bezogen 220 000 Haushalte in den neuen Bundesländern Sozialhilfe. Der Anteilswert in den neuen Bundesländern ist nahezu doppelt so hoch wie in den alten Bundesländern. Arbeitslosigkeit ist mit Abstand die Hauptursache für die Inanspruchnahme von Sozialhilfe. In den neuen Bundesländern muß die Sozialhilfe noch häufig in Vorleistung treten, bis Anträge auf Arbeitslosenunterstützung bewilligt worden sind. Zu den bereits bestehenden Diskriminierungen von Arbeitslosen kommt damit noch eine weitere.

Fragestellungen

Im Vergleich mit der Situation in den alten Bundesländern ist festzustellen, daß die durch Arbeitslosigkeit hervorgerufenen Veränderungen in der persönlichen Lebenssituation in den neuen Bundesländern im allgemeinen weit weniger antizipiert werden konnten. Zum einen gab es Arbeitslosigkeit in dieser Form in der ehemaligen DDR nicht, zum anderen wurde von den meisten Personen mit der Wiedervereinigung eine rasche Verbesserung der materiellen Situation und ein wachsender Lebensstandard erwartet. Stattdessen kam es durch die Veränderungen des wirtschaftlichen Systems zu einer in dieser

Form vorher nicht dagewesenen sozialen Differenzierung der Bevölkerung in den neuen Bundesländern. Während sich die Lebenssituation jener Personen, die im Erwerbsleben stehen, zum Teil deutlich verbessert hat, hat sich die Lebenssituation jener Personen, die keine Arbeit mehr haben, deutlich verschlechtert. Der vorliegende Beitrag beschäftigt sich zunächst mit der Frage, inwieweit sich die Prozesse sozialer Differenzierung auf die sozialen Beziehungen älterer Arbeitsloser ausgewirkt und zu einer Segregation und Diskriminierung älterer Arbeitsloser – als den Verlierern der Wende – geführt haben. Arbeitslosigkeit kann sich prinzipiell in zweierlei Hinsicht negativ auf die sozialen Beziehungen der Personen auswirken: Zum einen ist es denkbar, daß sich Personen, die Arbeit haben, von Arbeitslosen zurückziehen, zum anderen ist es denkbar, daß Arbeitslose Kontakte mit erwerbstätigen Personen reduzieren, weil sie fürchten, von diesen wegen ihrer Arbeitslosigkeit diskriminiert zu werden.

Aufgrund der allgemeinen Arbeitsmarktlage in den neuen Bundesländern und den für Personen ab 50 Jahren generell verminderten Chancen, wieder Arbeit zu finden, bedeutet Arbeitslosigkeit für diesen Personenkreis in aller Regel den endgültigen Wegfall der Berufsrolle. Der vorliegende Beitrag stellt deshalb die Frage, inwieweit es den Personen gelungen ist, sich innerhalb der Gesellschaft neu zu orientieren und eine tragfähige Zukunftsperspektive zu entwickeln.

Ein weiterer Unterschied zwischen neuen und alten Bundesländern besteht darin, daß für arbeitslose Menschen – ebenso wie für Rentner und Vorruheständler – in den neuen Bundesländern Probleme aus der mangelnden gesellschaftlichen Anerkennung ihrer früheren beruflichen Leistungen entstehen. Hinzu kommt, daß der Wert der in der DDR geleisteten Arbeit in der gesellschaftlichen Diskussion allgemein eher gering geschätzt wird, schließlich ist das sozialistische Wirtschaftssystem ja gescheitert und führte in den Bankrott des Staates. Auf dem Hintergrund dieser Problematik wird die Frage gestellt, inwieweit sich Enttäuschungen im wirtschaftlichen Bereich und empfundene gesellschaftliche Geringschätzung und Benachteiligung dahingehend auswirken, daß das Vertrauen gegenüber demokratischen Parteien abnimmt und Sympathien für radikale Parteien, die eher einfache Erklärungsmuster und Rezepte anbieten, wachsen.

Stichprobe

Die Stichprobe umfaßt 50 Personen, 24 Frauen und 26 Männer, im Alter zwischen 50 und 60 Jahren. 29 Personen sind zwischen 50 und 55 Jahren alt, 21 Personen zwischen 55 und 60 Jahren, 36 Personen sind verheiratet, acht Personen sind geschieden, sechs Personen sind ledig. In einer ehelichen oder nicht-ehelichen Partnerschaft leben 41 Personen. Acht Personen waren zum

Zeitpunkt des Gesprächs zwischen drei und sechs Monaten arbeitslos, 15 Personen zwischen sechs und zwölf Monaten, 18 Personen zwischen einem und zwei Jahren, neun Personen seit über zwei Jahren. Bei den 41 Personen, die in einer festen Partnerschaft leben, war in 13 Fällen der Partner erwerbstätig. In 18 Familien waren beide Partner arbeitslos.

Methode

Mit den Untersuchungsteilnehmern wurden halbstrukturierte Explorationen durchgeführt, die im Durchschnitt etwa zwei Stunden dauerten. Der Interviewleitfaden umfaßte die folgenden Bereiche: Berufliche Qualifikation und Erwerbsbiographie, Interessen, Freizeitgestaltung, Tageslauf, inner- und außerfamiliäre Beziehungen, Engagement in Gruppen und Vereinen, politische Einstellungen und Überzeugungen, körperliches und psychisches Befinden, Zukunftsperspektive und Gesundheitsverhalten. Zusätzlich wurden die folgenden fünf Fragebögen eingesetzt: Freiburger Persönlichkeitsinventar (FPI-R) von Fahrenberg, Hampel und Selg, Fragebogen zur direktiven Einstellung von Bastine, Fragebogen zur Erfassung allgemeiner Kontrollüberzeugungen von Krampen, Speyerer Werterfassungsinstrumentarium von Klages und Skalen zur Erfassung der Gegenwarts- und Zukunftsperspektive von Riegel und Riegel. Außerdem gehörten Skalen zur Erfassung der Interessen und der Wohnqualität zum Erhebungsinstrument.

Ergebnisse

1. Soziale Beziehungen

Bei der Erfassung inner- und außerfamiliärer Beziehungen wurden folgende fünf Bereiche unterschieden: Beziehungen zu den Kindern, Beziehungen zum (Ehe-)Partner, Beziehungen zu Freunden und Bekannten, Beziehungen zur Nachbarschaft, Beziehungen zu ehemaligen Arbeitskollegen. Jeder dieser Bereiche wurde in der Exploration ausführlich thematisiert. Die Untersuchungsteilnehmer wurden gebeten, neben der aktuellen Situation auch auf den Zeitraum vor dem Eintritt der Arbeitslosigkeit einzugehen. Für jeden der Bereiche wurden Aktivität, Zufriedenheit und Belastungen zum gegenwärtigen Zeitpunkt und vor dem Eintreten der Arbeitslosigkeit auf einer fünfstufigen Rating-Skala eingeschätzt (Tab. 1; 1 = sehr gering, 5 = sehr hoch).

Der Vergleich zwischen der gegenwärtigen Situation und dem Zeitraum vor dem Eintritt der Arbeitslosigkeit zeigt, daß mit Ausnahme der Beziehung zum Partner die Aktivität in allen unterschiedlichen Bereichen inner- und außerfamiliärer Beziehungen zurückgegangen ist. Der deutlichste Rückgang findet sich in den Beziehungen zu ehemaligen Arbeitskollegen. Die Personen berichteten eine deutliche Zunahme der Belastungen in allen fünf unterschiedlichen Bereichen sozialer Beziehungen.

	gegenwärtige Situation			vor Eintritt der Arbeitslosigkeit		
	Aktivität	Zufriedenheit	Belastungen	Aktivität	Zufriedenheit	Belastungen
Beziehungen zu Kindern	2,4	2,5	4,1	3,0	4,0	3,0
Beziehung zum Partner	3,6	2,7	3,8	3,2	4,1	2,8
Beziehungen zu Freunden/ Bekannten	2,0	2,7	3,7	2,4	3,4	1,8
Beziehungen zu Personen in der Nachbarschaft	1,6	2,4	2,8	2,0	3,0	2,0
Beziehungen zu ehemaligen Arbeitskollegen	1,7	2,0	3,2	3,3	4,2	2,1

Tab. 1

Die Zufriedenheit mit den sozialen Beziehungen ging in allen unterschiedlichen Bereichen zurück. Der Rückgang in der Aktivität in sozialen Beziehungen spricht für eine gewisse Segregationstendenz. Die Personen beschränkten ihre sozialen Kontakte weitgehend auf solche Personen, die ebenfalls arbeitslos waren. Dagegen wurden Kontakte zu Menschen, die (noch) im Erwerbsleben stehen, vermieden. Als Begründung für diese „Rückzugstendenz“ wurde die Sorge angeführt als „arbeitslos“ diskriminiert zu werden. Die stärkeren Belastungen in inner- und außerfamiliären Beziehungen bezogen sich zum größten Teil auf die Erwartung von Diskriminierung.

2. Zukunftsperspektiven

Bei der Erfassung der Zukunftsperspektiven unterschieden wir zwischen der erlebten Gestaltbarkeit der Zukunft, der emotionalen Bewertung der erwarteten Zukunft und der Einschätzung der beruflichen Zukunft. Die Einschätzung erfolgte jeweils auf einer fünfstufigen Skala. Nachdem die einzelnen Bereiche der Zukunftsperspektive thematisiert worden waren („Was erwarten Sie von Ihrer persönlichen Zukunft?“, „Was wird Ihnen diese bringen?“, „Welche Pläne haben Sie für die Zukunft?“, „Werden sich diese erfüllen lassen?“ „Was erwarten Sie von Ihrer beruflichen Zukunft?“), wurden die Personen um eine Selbsteinstufung auf den Skalen gebeten (Tab. 2).

Die emotionale Bewertung der erwarteten Zukunft und die erlebte Gestaltbarkeit der Zukunft fallen deutlich positiver aus als die Einschätzung der beruflichen Zukunft. Sowohl in der emotionalen Bewertung der erwarteten Zukunft als auch in der erlebten Gestaltbarkeit der Zukunft unterscheiden sich die befragten Personen erheblich. Verallgemeinernde Aussagen in diesen beiden Bereichen der Zukunftsperspektive erscheinen deshalb nicht gerechtfertigt. Im Gegensatz dazu wird die berufliche Zukunft insgesamt kritisch oder negativ beurteilt.

	erlebte Gestaltbarkeit der Zukunft	emotionale Bewertung der erwarteten Zukunft	Einschätzung der beruflichen Zukunft
5= sehr hoch / sehr positiv	4	6	-
4 = eher hoch / positiv	9	12	2
3 = weder noch / ambivalent	22	22	14
2 = eher gering / negativ	11	7	20
1 = sehr gering / negativ	4	3	14
Mittelwort	2,96	3,22	2,08

Tab. 2

Die Ergebnisse sprechen dafür, daß es einem Teil der befragten Personen gelungen ist, die für sie ungünstigen Arbeitsmarktbedingungen zu akzeptieren und sich neu zu orientieren. Bei einem weiteren Teil der befragten Personen scheint dagegen eine Neu- oder Umorientierung (noch) nicht gelungen zu sein. Diese Personen beurteilen ihre persönliche Zukunft deutlich stärker aus der Perspektive zukünftiger Aufgaben und Rollen (bzw. aus der Perspektive von Defiziten in diesen Bereichen).

3. Persönlichkeit, Einstellungen, Überzeugungen und Werte

Da eine wichtige Fragestellung unserer Forschung zur sozialen und psychischen Situation älterer Arbeitsloser darin besteht, inwieweit sich aus der veränderten Lebenssituation auch Veränderungen in Persönlichkeitsdimensionen ergeben, war es notwendig, ein veränderungssensitives Persönlichkeitsverfahren einzusetzen. Das Freiburger Persönlichkeitsinventar erfüllt diese Aufgabe in optimaler Weise, wie zahlreiche Interventionsstudien aus dem Bereich der Klinischen Psychologie, Psychosomatik und Psychotherapie gezeigt haben (vgl. Fahrenberg, Hampel, Selg, 1992) (Tab. 3).

Der Vergleich der Arbeitslosen mit der Eichstichprobe des FPI-R zeigt signifikante Unterschiede auf vier der zwölf Persönlichkeitsdimensionen, die unseres Erachtens wie folgt gedeutet werden können:

Die Lebenszufriedenheit ist in unserer Stichprobe deutlich geringer. Gleichzeitig sind die Werte für die Dimension Emotionalität (definiert als emotional labil, empfindlich, ängstlich, viele Probleme und körperliche Beschwerden vs. emotional stabil, gelassen, selbstvertrauend, lebenszufrieden) höher als in der Eichstichprobe.

	Arbeitslose	Normwerte
	M S	M S
Lebenszufriedenheit	5,12 / 3,10**	(7,03 / 3,13)
Soziale Orientierung	6,22 / 2,54	(6,47 / 2,82)
Leistungsorientierung	6,94 / 2,54	(6,47 / 3,08)
Gehemmtheit	6,20 / 2,64*	(5,19 / 3,06)
Erregbarkeit	5,74 / 2,76	(5,48 / 2,98)
Aggressivität	5,38 / 2,38*	(4,17/ 2,84)
Beanspruchung	5,88 / 2,76	(5,66 / 3,54)
Körperliche Beschwerden	4,20 / 2,02	(4,04 / 1,83)
Gesundheitssorgen	6,04 / 33,2	(5,92 / 3,45)
Offenheit	6,22 / 4,12	(5,95 / 7,60)
Extraversion	6,66 / 2,54	(6,87 / 3,57)
Emotionalität	7,78 / 3,28**	(6,18 / 3,55)

M = Mittelwert, S = Standardabweichung, * = signifikant, ** = hochsignifikant

Tab. 3

Die Unterschiede auf diesen beiden Persönlichkeitsdimensionen belegen die hohe psychische Beanspruchung in der untersuchten Stichprobe.

Unsere Stichprobe zeigt höhere Werte für die Dimensionen Aggressivität (definiert als aggressives Verhalten – spontan und reaktiv, sich durchsetzend vs. wenig aggressiv, kontrolliert, zurückhaltend) und Gehemmtheit (definiert als gehemmt, unsicher, kontaktscheu vs. ungezwungen, selbstsicher, kontaktbereit).

Dieser Befund ist unseres Erachtens dahingehend zu deuten, daß ein Teil der befragten Personen die erlebten psychischen Belastungen nicht adäquat ausdrücken kann – dafür sprechen sowohl Gehemmtheit als auch Aggressivität – und dazu tendiert, auf Konflikte und Belastungen (auch) mit aggressiven Techniken zu antworten.

Speyerer Werterfassungsinstrumentarium

Die von uns eingesetzte Version des Speyerer Werterfassungsinstrumentariums (vgl. Klages, 1992) umfaßt elf Wertdimensionen, die jeweils anhand einer siebenstufigen Skala (1 = ganz unwichtig; 7 = sehr wichtig) bewertet werden (Tab. 4)

Die arbeitslosen Untersuchungsteilnehmer zeigten die höchsten Werte auf den Dimensionen Sicherheitsorientierung („nach Sicherheit streben“) und Konventionelle Leistungsethik („fleißig und ehrgeizig sein“). Diese beiden Wertdimensionen werden normalerweise vor allem durch die Berufsrolle verwirklicht. Die Bedeutung von Sicherheitsorientierung und Konventioneller Leistungsethik liefert unseres Erachtens eine Erklärung für die geringe Lebenszufriedenheit, die im FPI-R gefunden wurde.

Die Stichprobe der Arbeitslosen weicht in den Dimensionen politisches Engagement, Gesetzesakzeptanz und Individualismus deutlich von den von

Klages und Mitarbeitern angegebenen Normwerten ab. In dieser Abweichung kommt eine skeptische Haltung gegenüber dem Staat und der Gesellschaft ebenso zum Ausdruck, wie die Überzeugung, „Verlierer der Wende“ zu sein. Die meisten Personen waren der Auffassung, daß ihre Interessen durch die politischen Parteien nur in unzureichendem Maße vertreten würden. Es muß festgestellt werden, daß es offensichtlich keiner der politischen Parteien gelungen ist, glaubwürdige Konzepte zur Bekämpfung der Arbeitslosigkeit in den neuen Bundesländern zu vermitteln. Deshalb sehen sich die Personen zu einem gewissen Egoismus genötigt. Der geringe Wert für Toleranz unterstützt diese Interpretation.

	Arbeitslose		Normwerte
	M	S	M
Gesetzesakzeptanz	4,8	1,5	6,4
Lebensstandard	4,4	2,0	4,8
Macht	3,6	1,7	3,6
Kreativität	4,5	1,9	4,8
Sicherheitsorientierung	6,9	2,9	6,0
Soziale Hilfsbereitschaft	5,0	1,2	4,8
Individualismus	6,2	2,0	4,7
Konventionelle Leistungsethik	6,1	1,5	5,8
Toleranz	3,3	1,8	4,0
Politisches Engagement	2,4	2,5	3,1
Hedonismus	4,9	1,7	5,0

M = Mittelwert, S = Standardabweichung

Tab. 4

Fragebogen zur direktiven Einstellung

Der Fragebogen zur direktiven Einstellung (FDE) erfaßt individuelle Tendenzen zur Lenkung und Kontrolle in sozialen Beziehungen. Die beiden Endpunkte der Skala zur Erfassung der direktiven Einstellung definiert Bastine (1977) wie folgt:

„Als ‚direktive Einstellung‘ wird die Einstellung einer Person bezeichnet, die Handlungen und Erlebnisweisen anderer Personen nach den eigenen Vorstellungen zu lenken und zu kontrollieren. Der Gegenpol der ‚nichtdirektiven Einstellung‘ ist definiert als das Vermeiden von Lenkung und Kontrolle anderer Personen und das Akzeptieren ihrer Handlungs- und Erlebnisweisen.“

In der untersuchten Stichprobe lag der Wert auf der Dimension „Direktive Einstellung“ mit 14.3 (Min. = 40, Max. = 40) im oberen Bereich, das heißt, die Personen zeigen eine gewisse Tendenz zu Lenkung und Kontrolle in sozialen Beziehungen.

Dieser Befund ist konsistent mit den im FPI-R ermittelten Werten für Aggressivität und den im Speyerer Werterfassungsinstrumentarium ermittelten Werten für Individualismus und Toleranz. Unseren Daten zufolge bestehen Zusammenhänge zwischen Arbeitslosigkeit und radikalen bzw. antidemokratischen Einstellungen und Überzeugungen.

Zusammenfassung und Schlußfolgerungen

Abschließend soll noch einmal auf die drei eingangs thematisierten Fragen eingegangen werden: Unsere Daten belegen, daß mit dem Eintritt von Arbeitslosigkeit die erlebten Belastungen in inner- und außerfamiliären Beziehungen zunehmen. Die Personen äußerten die Sorge, in sozialen Beziehungen wegen ihrer Arbeitslosigkeit diskriminiert zu werden. Diese Sorge war dafür ausschlaggebend, daß sich die Personen zum Teil aus sozialen Beziehungen zurückzogen und ihre Kontakte weitgehend auf Personen, die ebenfalls arbeitslos waren, beschränkten. Es zeigte sich eine Segregationstendenz als Reaktion auf die erlebten Belastungen.

Die untersuchten Arbeitslosen unterschieden sich in starkem Maße in ihren Zukunftsperspektiven. Übereinstimmung bestand lediglich in einer kritischen oder negativen Einschätzung der beruflichen Zukunft. Es erscheint nicht zulässig, aus der Arbeitslosigkeit auf eine negative oder pessimistische Einschätzung der persönlichen Zukunft zu schließen. Dies gilt unabhängig von den am Arbeitsmarkt objektiv vorfindbaren Berufschancen. Die Daten unserer Untersuchung belegen, daß es einem Teil der Personen möglich ist, sich neu zu orientieren und als sinnvoll erlebte Rollen und Aufgaben zu finden. Daraus ist unseres Erachtens aber auch die Forderung abzuleiten, daß ältere Arbeitslose bei der Suche nach diesen neuen Aufgaben und Rollen durch psychosoziale Interventionsmaßnahmen in geeigneter Weise unterstützt werden.

Die Stichprobe der Arbeitslosen unterscheidet sich in den mit dem FPI-R ermittelten Persönlichkeitsdimensionen, in der mit dem FDE ermittelten direktiven Einstellung und den mit dem Werterfassungsinstrumentarium von Klages ermittelten Werten und Überzeugungen von den für die einzelnen Verfahren angegebenen Normwerten. Arbeitslose zeigen unter anderem ein höheres Maß an Aggressivität, ein höheres Maß an Individualismus und ein geringeres Maß an Toleranz. Die Werte für Emotionalität und Gehemmtheit im FPI-R sprechen für ein hohes Maß an psychischer Belastung, Lebenszufriedenheit und politisches Engagement sind deutlich geringer als in den Vergleichsgruppen.

Die Unterschiede zu den im einzelnen angegebenen Normwerten belegen, daß die Erfahrung von Arbeitslosigkeit dazu geführt hat, daß das Vertrauen in Gesellschaft und Staat verlorengegangen ist. Es dominiert die Überzeugung, daß die eigenen Interessen von niemandem vertreten werden, daß man eben zu den Verlierern der Wende gehört. Da ihre Interessen von niemandem vertreten werden, sehen sich die Personen zu einem gewissen Individualismus und Egoismus genötigt, die Toleranz gegenüber anderen nimmt ab. Insofern belegen unsere Daten auch eine Radikalisierungstendenz.

Literatur:

Bastine, R. (1977): Fragebogen zur direktiven Einstellung F-D-E. Handanweisung. Göttingen, Hogrefe

Fahrenberg, J., Hampel, R., Selg, H. (1984): Das Freiburger Persönlichkeitsinventar FPI. Revidierte Fassung FPI-R und teilweise geänderte Fassung FPI-A1. Handanweisung. Göttingen, Hogrefe.

Klages, H. (1992): Die gegenwärtige Situation der Wert- und Wertwandelforschung – Probleme und Perspektiven. In H. Klages, H. J. Hippler, W. Herbert (Hrsg.): Werte und Wandel. Ergebnisse einer Forschungstradition, Campus, Frankfurt/Main.

Das SIMA-Projekt: Bedingungen der Erhaltung und Förderung von Selbständigkeit im höheren Lebensalter

Auf dem Symposium wurden Kurzbeiträge von W. D. Oswald, R. Rupprecht, T. Tümena, K. Tritt, K. G. Gaßmann, M. Leye, K. Töpfer und M. Schunk vorgetragen und diskutiert. Im folgenden findet sich eine Kurzfassung. Eine ausführliche Darstellung der ersten Ergebnisse folgt dieser Kurzfassung.

Bei SIMA handelt es sich um ein Interdisziplinäres Forschungsprojekt des Lehrstuhls Psychologie IV zusammen mit Prof. Dr. Lang (Carl-Korth-Institut), Prof. Dr. Baumann (Institut für Sportwissenschaft), Prof. Dr. Schneider, Dr. Steinwachs (Bezirkskrankenhaus), PD Dr. Stosberg (Sozialwissenschaftliches Forschungszentrum) sowie der Interdisziplinären Arbeitsgemeinschaft für angewandte Gerontologie e.V. Das Projekt wird seit 1991 durch das Bundesministerium für Familie und Senioren gefördert (GZ 314–1722-102/13).

Mit dem Forschungsprojekt SIMA wollen Gerontologen, Mediziner, Psychologen, Soziologen und Sportwissenschaftler der Universität Erlangen-Nürnberg die „Bedingungen der Erhaltung und Förderung von **S**elbständigkeit **im** höheren Lebens-**A**lter“ untersuchen. Sie versuchen damit die Frage zu beantworten, ob und wie sich Pflegebedürftigkeit im Rahmen des Alterungsprozesses vermeiden läßt.

Dazu wurde eine repräsentative Gruppe von ca. 400 Senioren aus dem Großraum Nürnberg–Fürth–Erlangen seit 1991 in jährlichen Abständen ausführlich medizinisch und psychologisch untersucht. Die Teilnehmer dieser Studie sind jetzt zwischen 80 und 95 Jahre alt und weitgehend selbständig, d.h., sie führten zu Projektbeginn noch ihren eigenen Haushalt.

Ein Großteil dieser Stichprobe nahm über den Zeitraum von einem Jahr einmal wöchentlich für drei Stunden an unterschiedlichen Trainingsmaßnahmen teil. Dabei wurden

- die Alltagskompetenz,
- die Gedächtnisleistung und
- die Bewegung (Psychomotorik) trainiert.

Die hierzu entwickelten Programme können über den Buchhandel erworben werden (Verlag für Psychologie, Hogrefe, Göttingen 1995). Institutionen können auch eine Sonderauflage beim Bundesministerium für Familie, Senioren, Frauen und Jugend (Bonn, Postfach) abrufen.

Läßt sich mit solchen Trainingsprogrammen dem normalen Alterungsprozeß entgegenwirken?

Die Antwort der Erlanger Forscher um Prof. Dr. Oswald lautet nach drei Jahren, trotz aller wissenschaftlichen Vorsicht, optimistisch „ja".

Während nichtbehandelte Teilnehmer zwischenzeitlich deutliche Defizite aufweisen, konnten die aktiven Teilnehmer nicht nur ihre Alltagskompetenz, ihre Beweglichkeit und ihr Gedächtnis unverändert halten, darüber hinaus sich sogar deutlich verbessern und damit wieder Werte erzielen, die eigentlich denen Jüngere entsprechen.

Die besten Ergebnisse wurden durch eine Kombination aus Gedächtnistraining und Bewegungstraining erzielt, was den Volksspruch bestätigt: „Wer rastet, der rostet!"

Auch nach einer einjährigen Trainingspause konnten diese günstigen Effekte noch nachgewiesen werden. Die Mehrzahl der trainierten SIMA-Teilnehmer erzielte immer noch günstigere Befunde als zwei Jahre vorher.

Parallel hierzu konnte gezeigt werden, daß erste Anzeichen von Hirnleistungsstörungen (Demenzen) zurückgingen, obwohl in dieser Altersgruppe sonst die Zahl der jährlichen Neuerkrankungen stetig ansteigt.

Ein regelmäßiges geistiges Training, verbunden mit einem ebenso regelmäßigen Bewegungstraining, scheint also dem normalen Altern im Hirnleistungsbereich über längere Zeit entgegenzuwirken.

Im Bereich der körperlichen Leistungsfähigkeit, gemessen durch Laufbandergometrie, konnten nach einem Jahr noch keine signifikanten trainingsspezifischen Effekte nachgewiesen werden, jedoch bereits ein spezifischer Trend. Insgesamt handelt es sich bei den SIMA-Teilnehmern um ein in körperlicher Hinsicht überdurchschnittlich leistungsfähiges Probandenkollektiv.

Durch das psychomotorische Training (vor allem in Kombination mit dem Gedächtnistraining) konnten die Anpassungsfähigkeit, die Umstellungsfähigkeit und die Gewandheit der Teilnehmer günstig beeinflußt werden.

Gegenstand der kommenden Untersuchungen wird die Frage sein, ob sich durch das SIMA-Training letztlich auch das Eintreten von Pflegebedürftigkeit vermeiden bzw. hinauszögern läßt. Als Hauptanlaß für die Unterbringung in einem Pflegeheim stellen sich in zunehmendem Maße die Hirnleistungsstörungen (Demenzen) heraus. Wenn sich diese – wie die ersten Ergebnisse nach zwei Jahren vermuten lassen – durch regelmäßiges geistiges und körperliches Training vermeiden, zumindest mildern lassen, wäre ein entscheidender Schritt sowohl zur Erhöhung der Lebensqualität (Erhalt der Selbständigkeit) älterer Menschen als auch zur Lösung der damit verbundenen sozialpolitischen Probleme getan.

W. D. Oswald

Das SIMA-Projekt: Effekte eines einjährigen kognitiven und psychomotorischen Trainings der Hirnleistungsfähigkeit im höheren Lebensalter*

W. D. Oswald, R. Rupprecht, T. Gunzelmann

Zusammenfassung: In einem interdisziplinären Projekt über Bedingungen der Erhaltung und Förderung von Selbständigkeit im höheren Lebensalter wurde a) ein Kompetenztraining, b) ein Gedächtnistraining und c) ein psychomotorisches Training sowie d) ein kombiniertes Kompetenz- und psychomotorisches Training und e) ein kombiniertes Gedächtnis- und psychomotorisches Training über einen Zeitraum von neun Monaten mit 309 Senioren (N = 309) im Alter zwischen 75 und 93 Jahren durchgeführt. Dabei zeigte sich unabhängig von den Treatmentbedingungen nach einem Jahr eine altersbedingte Verschlechterung der Gesundheit und der Befindlichkeit. Die spezifischen Trainingsmaßnahmen führten zu hochsignifikanten spezifischen Verbesserungen der jeweils trainierten Funktionen. Ein günstiger Einfluß des Kompetenztrainings auf die Alltagsbewältigung und damit auf aktive Strategien, selbständig zu bleiben, konnte nachgewiesen werden. Ebenfalls zeigten sich positive Auswirkungen des Gedächtnistrainings auf alle kognitiven Funktionen, insbesondere in bezug auf Gedächtnisleistungen. Während sich global keine Auswirkungen des psychomotorischen Trainings fanden, zeigten sich doch Effekte in spezifischen motorischen Teilbereichen. Das Kombinationstraining aus Psychomotorik und Gedächtnistraining führte darüber

* Diese Publikation entstand im Rahmen des interdisziplinären Forschungsprojekts SIMA (Bedingungen der Erhaltung und Förderung von Selbständigkeit im höheren Lebensalter) des Instituts für Psychologie II – Schwerpunkt Psychogerontologie der Universität Erlangen-Nürnberg, Leitung: Prof. Dr. W. D. Oswald zusammen mit Dr. R. Rupprecht, Prof. Dr. E. Lang (Carl-Korth-Institut), Prof. Dr. H. Baumann (Institut für Sportwissenschaft), PD Dr. M. Stosberg (Sozialwissenschaftliches Forschungszentrum) und Dr. K. C. Steinwachs (Bezirkskrankenhaus Erlangen) sowie der Interdisziplinären Arbeitsgemeinschaft für Angewandte Gerontologie e.V.
Das diesem Bericht zugrundeliegende Vorhaben wurde mit Mitteln des Bundesministers für Forschung und Technologie (13 TA 001) bzw. des Bundesministers für Familie und Senioren (GZ 314-1722-102/13) gefördert. Die Verantwortung für den Inhalt dieser Veröffentlichung liegt bei den Autoren.

hinaus zu einer Verbesserung der Psychomotorik und zu einer Reduzierung dementieller Symptome, obwohl weder das Bewegungstraining noch das Gedächtnistraining alleine zu diesen Effekten führten. Als Erklärung werden u.a. neurophysiologische Veränderungen vermutet, die zu einer Bereitstellung von Hirnleistungsreserven führen.

1. Einführung

Im Rahmen des interdisziplinären SIMA-Forschungsprojektes werden Bedingungen der Erhaltung und Förderung von Selbständigkeit im höheren Lebensalter untersucht. Dieser Bericht gibt einen Überblick über die Auswirkungen einer neunmonatigen Intervention mit unterschiedlichen Treatments (Gedächtnistraining, Kompetenztraining, Psychomotorisches Training). Die konzeptuellen und methodologischen Grundlagen, sowie die Stichprobe des SIMA-Projekts, wurden bereits ausführlich beschrieben (vgl. Oswald et al., 1992; Rupprecht et al., 1993; Gunzelmann et al., 1995; Oswald et al., 1995c und Steinwachs et al., 1994), so daß es ausreichend erscheint, die Interventionsansätze und das methodische Vorgehen (Versuchsplan, Stichprobe, Hypothesen, Durchführung und Evaluation der Interventionen) schematisch darzustellen.

1.1 Die Interventionsansätze

Es wurden drei verschiedene Interventionsansätze entwickelt und in neunmonatiger Gruppenarbeit durchgeführt (vgl. Oswald & Rödel, 1995a; Oswald & Gunzelmann, 1995b; Baumann & Leye, 1995):[1]

- ein Kompetenztraining, das auf die Vermittlung allgemeiner Strategien der Bewältigung von alternsbedingten Veränderungen und Alltagsproblemen im höheren Lebensalter abzielt,
- ein Gedächtnistraining, das auf einem Mehr-Speicher-Modell des Gedächtnisses und der Gedächtnisalterung basiert (Fleischmann, 1989),
- ein psychomotorisches Training zur Förderung der Bewegungskoordination und -sicherheit, das alterskorrelierte psychomotorische Leistungsminderungen berücksichtigt (Baumann, 1988),
- ein kombiniertes Gedächtnis- und psychomotorisches Training.

1.2 Methode

Versuchsplan:

Zur Beurteilung der Interventionsansätze wurde ein Vortest-Nachtest-Design für die fünf verschiedenen Versuchsgruppen und die Kontrollgruppe gewählt.

Nach der Basisuntersuchung der Teilnehmer erfolgte die Aufteilung auf die verschiedenen Interventionsgruppen und die Kontrollgruppe. Die Anzahl der Gruppen und damit der jeweiligen Fallzahlen pro Treatment konnte aus organisatorischen Gründen trotz sorgfältiger Planung nicht gleichgehalten werden. So konnten z.B. etliche Probanden aus medizinischen Gründen nicht an den psychomotorischen Programmen teilnehmen und mußten einer anderen Interventionsart zugeordnet werden. Auch ergab die Durchführung der Trainingsprogramme an zwei verschiedenen Orten (Erlangen und Nürnberg) weitere Restriktionen. Gleichwohl wurde immer dann, wenn mehrere Teilnehmer zur Verfügung standen, eine Zufallszuteilung auf die einzelnen Gruppen vorgenommen. Dies gilt auch für die Zuordnung zur Kontrollgruppe. In den Kernvariablen (Alter, Geschlecht, soziodemographischer Status, Selbständigkeit, Alltagskompetenz, Ernährung, psychopathologischer und kognitiver Status, sowie subjektivem und objektivem Beeinträchtigungsgrad) ließen sich zwischen den Gruppen keine Unterschiede feststellen (vgl. Oswald et al., 1992).

Stichprobe:
Für das Projekt wurden freiwillige Teilnehmer im Alter von mindestens 75 Jahren mit eigenem Haushalt geworben. An der Basisuntersuchung nahmen 375 Teilnehmer teil. Während 272 Teilnehmer den verschiedenen Interventionsgruppen zugeteilt wurden, verblieben 103 Teilnehmer für die Kontrollgruppe. Bei Trainingsbeginn lag das Durchschnittsalter der Teilnehmer bei 79.47 Jahren (s = 3.51) und reichte von 75 bis 93 Jahren.

Durchführung der Interventionen:
Die Interventionsmaßnahmen fanden einmal wöchentlich statt und umfaßten jeweils 30 Sitzungen von zwei bis drei Stunden Dauer. Die einzelnen Interventionen wurden in mehreren Kleingruppen mit je 15 bis 20 Teilnehmern durchgeführt, die jeweils von zwei Gruppenleitern betreut wurden.

Evaluation der Intervention:
Die Trainingsevaluation erfolgte hierarchisch auf der Ebene von **Global-Konstrukten** (z.B. kognitiver Status), Teilkonstrukten (z.B. fluide und kristalline kognitive Leistungen) sowie den Meßparametern (z.B. Informationsverarbeitungsgeschwindigkeit im ZVT-G). Die Einzelheiten sind ausführlich durch Rupprecht et al. (1993) beschrieben (vgl. auch Übersicht 1).

1.3 Statistische Auswertung

In die statistische Analyse gehen die Veränderungswerte zwischen Vortest und Nachtest ein. Eine vorangegangene Prüfung auf Homogenität der Ausgangswerte ergab keine signifikanten Unterschiede zwischen den einzelnen Treatments sowie zur Kontrollgruppe.

Es wurden ausschließlich nonparametrische Tests (Exakte Wahrscheinlichkeiten nach Fisher-Yates, Wilcoxon-Test für Paarvergleiche, Mann-Whitney-Test und Kruskal-Wallis-Rangvarianzanalysen) berechnet. Alle Signifikanzprüfungen erfolgten zweiseitig, da die Richtung der Veränderung nicht im Sinne eines Defizit-Modells vorhersagbar war. Als Signifikanzniveau wurde $2p \leq .05$ festgelegt. Alle Angaben sind gleichwohl entsprechend dem explorativen Charakter dieser Studie nur als Deskription zu verstehen, da weder zu konfirmierende Zielgrößen vorab festgelegt, noch eine Alpha-Adjustierung durchgeführt wurde (vgl. zu dieser Problematik auch Abt, 1987).

Um die unterschiedlich skalierten Einzelvariablen miteinander vergleichen zu können, wurden diese z-transformiert. Als Basis der z-Wert-Berechnungen für jede einzelne Variable wurden der Mittelwert und die Standardabweichung aller Ausgangswerte von allen Teilnehmern (also allen Treatmentteilnehmern und der Kontrollgruppe) herangezogen, für die sowohl Ausgangs- als auch Nachtestwerte vorlagen ($N = 309$). Auch die z-Transformation der Nachtestwerte wurde über die jeweiligen Mittelwerte und Streuungen der Ausgangswerte der einzelnen Variablen (alle Treatmentgruppen und Kontrollgruppe zusammengenommen) berechnet, so daß alle Veränderungen in Streuungseinheiten der Gesamtstichprobe der Ausgangswerte wiedergegeben werden. Eine detaillierte Analyse findet sich bei Oswald et al. (1995d).

2. Ergebnisse

2.1 Gedächtnistraining

Die besten Ergebnisse in allen kognitiven Bereichen erzielten eindeutig die Gedächtnisgruppen (vgl. die Übersicht).

Ein Vergleich zwischen den Gedächtnistrainingsteilnehmern und der Kontrollgruppe bezüglich der Befunde zum **Kognitiven Status** zeigte, daß die trainierten Teilnehmer eine generelle Verbesserung von +.40 z-Werten erzielten, während die Kontrollgruppe ihre Leistungen nicht verbessern konnte (+ .01 z-Werte) ($2p = .000$). Die Gesamtdifferenz beträgt somit + .39 z-Werte, also mehr als ein Drittel der Ausgangsstreuung. Die Bedeutsamkeit dieses Ergebnisses wird unterstrichen durch die Anzahl der Teilnehmer, die positiv auf das Training ansprachen (künftig als „Responder“ bezeichnet): Während in den Gedächtnisgruppen 97,8 Prozent der Teilnehmer ihren Ausgangsbefund verbessern konnten, finden sich in der Kontrollgruppe nur eine halb so hohe Responderrate von 51,5 Prozent ($2p = .000$).

2.2 Kompetenztraining

Da das Kompetenztraining nicht auf Übung und Training kognitiver Funktionen abzielte, waren auch keine signifikanten Veränderungen in diesen Bereichen durch das Training zu erwarten. Die Ergebnisse bestätigen dies. Trainingsspezifische Effekte zeigten sich hingegen im Konstrukt **Alltagsbewältigung.** Obwohl dieses Konstrukt zwischen allen Gruppen noch keine bedeutsamen Unterschiede erkennen ließ (2p = .109), konnten solche für den Vergleich zwischen Kompetenzgruppe und Kontrollgruppe gesichert werden (2p = .036; 65,9 % vs. 52.6 % Responder, 2p = .0952). Berücksichtigt man dabei, daß unser Kompetenztraining so angelegt ist, daß es künftige Kompetenzeinbußen (insbesondere durch Krankheit und Hirnleistungsstörungen) auffangen soll, so lassen diese Tendenzen Hoffnung im gewünschten Sinne einer Vermeidung von Pflegebedürftigkeit aufkommen.

2.3 Psychomotorisches Training

Beim Globalkonstrukt **Psychomotorischer Status** konnten keine signifikanten Unterschiede zwischen der reinen Sport-Trainingsgruppe und der Kontrollgruppe gefunden werden (2p = .1210).

2.4 Kognitives Training und psychomotorisches Training

Es wird häufig behauptet, daß körperliche Bewegung die geistige Beweglichkeit synergistisch zu beeinflussen vermag. Aus diesem Grunde wurde das psychomotorische Training sowohl mit dem Kompetenztraining als auch mit dem Gedächtnistraining kombiniert. Dabei wurde darauf geachtet, daß sowohl die Betreuungszeit als auch der Umfang der Trainingsinhalte zwischen allen Gruppen (also auch dem einfachen Training) vergleichbar blieb. Erreicht wurde dies durch Konstanthalten der Betreuungszeit, wobei bei den einfachen Trainingsbedingungen einer Trainingsphase jeweils eine Unterhaltungsphase folgte, während in den Kombinationsgruppen nur die zwei Trainingsphasen durchgeführt wurden.

Im Globalkonstrukt **Gesundheitsstatus** erzielte keiner der kombinierten Trainingsansätze eine positive Wirkung. Vielmehr traten in allen Gruppen Verschlechterungen ein. Für die **Befindlichkeit** gilt, daß in keiner der Gruppen relevante Veränderungen zu erkennen sind. Bezüglich **Selbständigkeit** ließen sich ebenfalls keine generellen Gruppenunterschiede sichern. Bei der **Alltagsbewältigung,** welche durch das Kompetenztraining allein günstig beeinflußt werden konnte, liegt der Haupteffekt knapp über der Signifikanzgrenze (2p = .0554).

Als erstaunlich erwies sich jedoch, daß das **Psychomotorische Training** sowohl durch Kombination mit dem Gedächtnistraining (Kombination + 30z, 95,5 % Responder: ***; Kontrollgruppe - .06z, 46,7 %: ** 2p =.000 bzw. .003) als auch durch Kombination mit den Kompetenztraining (+.19z,

80,0 %: **; -.06z, 46.7 %: knapp*) zu günstigen Haupteffekten (2p = .000) in bezug auf die psychomotorische Globalzielgröße führte, obwohl das Bewegungstraining allein kaum Auswirkungen auf die motorische Leistungsfähigkeit insgesamt hatte (+ .06z: n.s.; 64,0 % vs. 46,7 %: n.s.). Als eindeutig überlegen gegenüber der Kontrollgruppe erwies sich dabei die Kombination aus Gedächtnistraining und Sport.

Im Bereich der **Kognitiven Leistungsfähigkeit** konnten solch additive Effekte nicht gefunden werden. Die günstigen und hochsignifikanten Effekte des Gedächtnistraining (+ .40z:***; 97,8 %: ***) fanden sich zwar auch in den Kombinationsgruppen aus Gedächtnistraining und Bewegung wieder (+ 44z: ***; 95,8 %: ***), jedoch erwiesen sich die beobachtbaren minimalen Unterschiede zwischen Gedächtnistraining allein und Kombinationstraining (Gedächtnis und Bewegung) als zufällig.

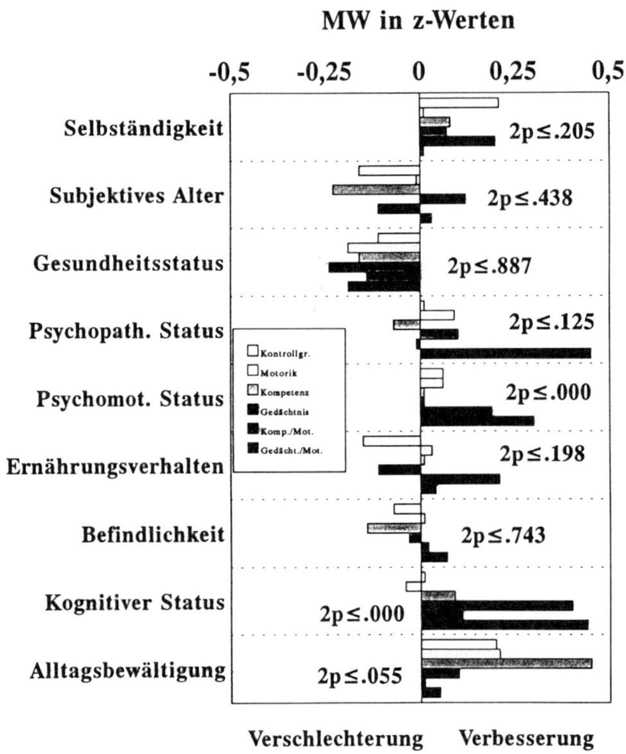

2p≤ Vergleich der Differenzen über sechs Gruppen

Abb. 1: Veränderungen nach einem Jahr (© SIMA 1995 - 1065-5)

Dies gilt sowohl für den erfahrungsabhängigen *kristallinen Bereich,* als auch für den stärker altersabhängigen *fluiden Bereich.* Obwohl gerade im kristallinen Bereich die Kombination ein um +.12z günstigeres Ergebnis erbrachte als das Gedächtnistraining allein (+.35z vs. +.47z), erwies sich auch dieser Unterschied als statistisch noch nicht signifikant.

Bemerkenswert sind die relativ hohen Responderraten mit bis zu 100 Prozent (Kombination Gedächtnis/Sport im fluiden Bereich), die im fluiden Bereich, auf welchen das Gedächtnistraining schwerpunktmäßig abzielte, deutlicher ausfielen als im kristallinen Bereich (bis zu 87,5 %).

Demgegenüber unterschied sich die Kombination aus Kompetenztraining und Sport weder vom Einzeltraining noch von der Kontrollgruppe in bezug auf kognitive Effekte.

Auch kann von Transfer-Effekten berichtet werden. Während weder das Gedächtnistraining noch Sport- und Kompetenztraining allein erwähnenswerte Effekte auf den **Psychopathologischen Status** erzielten, zeigte die Kombination aus Gedächtnis-Training und Psychomotorik hochsignifikante Effekte im Vergleich mit der Kontrollgruppe (Kombination: +45z (**), Einzeltraining: +.10z (n.s.), Kontrolle +.00z. 91,7 Prozent Respondern der Kombination stehen 54,3 Prozent des Gedächtnistrainings allein (**) und 54,6 Prozent in der Kontrollgruppe gegenüber. Diese Befunde resultieren überwiegend aus dem Unterkonstrukt *Demenz-Symptomatik* und nicht aus einer Veränderung der *Depressions-Scores.* Sie finden sich gleichsinnig sowohl in der durch geschulte Untersucher vorgenommenen Fremdbeurteilung, als auch in der Selbstbeschreibung der Teilnehmer. Natürlich muß an dieser Stelle bedacht werden (vgl. SIMA I), daß die Untersuchten im Durchschnitt insgesamt nur leichte Symptome aufwiesen. Eine Verbesserung jedoch um fast eine halbe Streuung gegenüber den unverändert gebliebenen Befunden der Kontrollgruppe (.00z) sowie der Gedächtnisgruppen allein (+.10z), stellt ein Ergebnis dar, welches eine Verlangsamung kognitiver und leichter dementieller Abbauprozesse durch ein Kombinationstraining aus Gedächtnis und Psychomotorik belegt. Eine eingehende Darstellung findet sich bei Steinwachs et al. (1994) und Oswald et al. (1995d).

2.5 Größe der Effekte

Das von uns gewählte Verfahren der Effektdarstellung in z-Werten gilt als konservatives Verfahren, soweit die z-Werte auf die im allgemeinen stärker streuenden Ausgangswerte bezogen werden. Konservativ heißt, daß die Effekte eher unterschätzt werden. Es bietet darüber hinaus jedoch den Vorteil, daß in Längsschnittstudien, wie unserer, sowohl die Verläufe sichtbar gemacht werden können, als auch die Richtung der absoluten Veränderungen der Treatmentgruppen und der Kontrollgruppen abgebildet wird. Diese Vorteile bieten in der Literatur häufig dargestellte „Effektstärken" (Hedges, 1982; Fricke

& Treinies, 1985) oder „Relevanzmaße" (Rahlfs, 1994) nicht, bei denen die Treatmenteffekte als Unterschiede zur Kontrollgruppe angegeben werden. Um unsere Effekte jedoch mit Effektstärken dieser Art vergleichen zu können, wurden die einschlägigen Maße ebenfalls berechnet (vgl. Oswald et al., 1995d). Dabei wurden in der Kombination „Gedächtnis und Psychomotorik" Effektgrößen mit einem e-Wert bis zu .91 (Kognitiver Status) bzw. einem Mann-Whitney-Kennwert bis zu .74 (Psychomotorischer Status) erzielt. Diese können den üblichen Konventionen entsprechend als „große" Effekte bezeichnet werden (vgl. ebenda).

2.6 Abhängigkeit der Effekte von Alter, Geschlecht und Ausgangswert

Eine Alters- und Geschlechtsabhängigkeit dieser Ergebnisse ließ sich nicht finden, jedoch eine eindeutige Abhängigkeit von den Ausgangswerten. Personen mit ungünstigen Ausgangswerten profitierten stärker vom jeweiligen Training.

2.7 Dauer der Effekte

Der einjährigen Trainingsphase folgte eine einjährige Auslaßphase, in welcher kein Training mehr stattfand. Hierüber wird gesondert berichtet werden. Global ergab sich folgendes Bild: Alle aufgezeigten Effekte konnten auch noch nach diesem trainingsfreien Jahr nachgewiesen werden, obwohl generell – bedingt durch Alterungseffekte – alle Leistungen nachließen. Deutlich

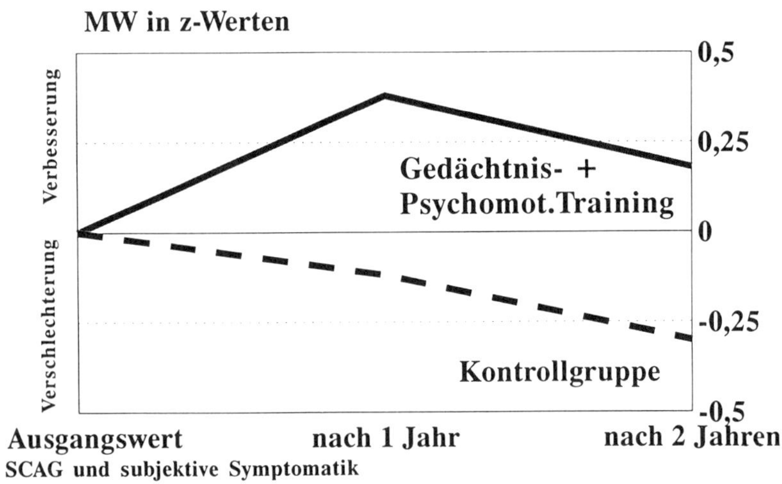

Abb. 2: Demenz-Symptomatik nach einem Jahr Training sowie nach einem weiteren Jahr ohne Training (© SIMA 1995 - 1066-1)

wird dies in Abbildung 2. Wie man unschwer erkennen kann, verschlechtern sich die günstigen Effekte bezüglich der Demenzsymptomatik parallel zu den weiteren Abbauerscheinungen in der Kontrollgruppe. Der durch das Training bewirkte Abstand und damit der Trainingseffekt als solcher auf die Demenzsymptomatik, blieb jedoch konstant.

3. Zusammenfassung und Diskussion

Die Ergebnisse zeigen, daß durch Training generell, im Vergleich zu einer Kontrollgruppe ohne Training, Verbesserungen oder zumindest eine Konservierung in Funktionsbereichen erzielt werden konnten, die einem alterskorrelierten Abbau unterliegen. Dies gilt insbesondere für den Bereich der kognitiven Leistungen. Darüber hinaus konnten Strategien vermittelt werden, die die Bewältigung von Alltagsproblemen sowie die Erhaltung von Selbständigkeit begünstigen.

Die gefundenen Effekte sind dabei als spezifische Effekte zu betrachten. So verbesserte das Gedächtnistraining jene spezifischen Gedächtnisleistungen, die gezielt trainiert wurden und das Kompetenztraining Strategien zur Alltagsbewältigung, wie sie Inhalt des Trainings waren.

Im psychomotorischen Bereich konnten die stärksten Effekte durch die Kombination von Gedächtnis- mit psychomotorischem Training erzielt werden. Da das psychomotorische Training alleine keine globalen spezifischen Effekte bewirkte und in anderen Bereichen erst in der Kombination mit dem Gedächtnistraining, ist anzunehmen,

- daß das Gedächtnistraining deshalb zu einer Effektsteigerung im psychomotorischen Leistungsbereich führte, weil es das Behalten von Bewegungssequenzen förderte (Gedächtnis-Bewegungshypothese),
- daß den Teilnehmern der Kombinationsgruppen aus Gedächtnis- und psychomotorischem Training insgesamt ein vielfältigeres und reichhaltigeres Programm geboten wurde. Dieses könnte motivationsfördernd gewirkt haben. Verstärkte Motivation führt zu regelmäßigerem Training und damit zu erhöhter Aktivierung (Motivationshypothese),
- daß ein höheres Maß an gemeinsamen Aktivitäten nicht nur die Gruppenkohäsion günstig beeinflußt, sondern auch Lerneffekte und Einstellungseffekte. Es wäre also denkbar, daß durch diese gruppendynamischen Aspekte die Teilnehmer stärker beeinflußt wurden, aktiv teilzunehmen, als in den anderen Treatments (Gruppendynamische Hypothese).

Die deutlichste Effektsteigerung durch eine Kombination aus Gedächtnistraining und psychomotorischem Training wurde jedoch im Bereich der Demenzsymptomatik erzielt. Während die Einzeltrainings, also das Gedächtnistraining, das Kompetenztraining oder das Bewegungstraining allein, in diesem Bereich keine relevanten Effekte zur Folge hatten, erwies sich die genannte Kombination als hoch effektiv bei leichter Symptomatik. Wir vermuten, daß sich dieser, auch noch nach einem trainingsfreien Jahr nachweisbare Effekt, aus einem hirnphysiologischen Ansatz heraus erklären lassen könnte. So ließe sich denken, daß durch die allgemeine Aktivierung durch das psychomotorische Training auch neurophysiologisch günstige Bedingungen geschaffen wurden, die zusammen mit der intensiven Gedächtnisförderung den Hirnstoffwechsel günstig beeinflußten (Hirnleistungs-Aktivierungs-Hypothese). Auf solche Wechselwirkungen wurde schon von Hebb (vgl. 1967) verwiesen. Auch in der neueren Literatur findet man immer wieder entsprechende Hinweise auf solchermaßen induzierte günstige Behandlungserfolge bei dementiellen Veränderungen (Rahmann & Rahmann, 1988; Fleischmann, 1993). Eine detaillierte Analyse der hierzu erhobenen biochemischen Parameter steht noch aus.

Ein direkter Vergleich zwischen experimentellen Gedächtnistrainings (vgl. Klauer, 1993; Fleischmann, 1993) und dem SIMA-Training ist wegen der größeren Komplexität unseres Ansatzes nicht möglich. Gleichwohl stehen unsere Befunde in voller Übereinstimmung mit den dort berichteten spezifischen Effekten (Gedächtnistraining verbessert Gedächtnisfunktionen; vgl. z. B. Verhaeghen et al. 1992).

Zu dem im SIMA-Projekt ermittelten effektsteigernden Zusammenspiel von Gedächtnis- und psychomotorischem Training finden sich nach unseren Recherchen in der Literatur keine unmittelbar vergleichbaren Befunde bzw. Studien. Unseres Erachtens wird damit erstmalig der Nachweis an über 90jährigen erbracht, daß eine leichte dementielle Symptomatik für zwei Jahre durch ein kombiniertes Gedächtnis- und Psychomotorik-Training günstig beeinflußt werden kann. Welche langfristigen präventiven und sozial-politischen Effekte dies für eine selbständige Lebensführung hat, dies zu klären bleibt künftigen SIMA-Berichten vorbehalten.

Anmerkung:

[1] Die einzelnen Trainingsbände (Gedächtnis, Kompetenz und Psychomotorik) mit allen Materialien wurden im Verlag für Psychologie (Göttingen, 1995) veröffentlicht und können über den Buchhandel bezogen werden.

SELBSTÄNDIGKEIT													
	Ausgangswert (1)		nach einem Jahr (2)		Differenz (1-2)			verschlechtert oder gleich		verbessert			Insg.
	MW	s	MW	s	MW	s	2p[1]	abs.	in %	abs.	in %	2p[2]	
Kontrollgruppe	**-.08**	.74	**.13**	.78	**.21**	.69		29	**29.9**	68	**70.1**		97
Psychomotorik	**.05**	.77	**.05**	.87	**.01**	.73		16	**55.2**	13	**44.8**	*	29
Kompetenz	**-.08**	.65	**-.01**	.68	**.08**	.57		41	**48.2**	44	**51.8**	*	85
Gedächtnis	**.05**	.67	**.13**	67	**07**	.63		21	**45.7**	25	**54.3**		16
Kompetenz & Psychomotorik	**.17**	.54	**.38**	.53	**.20**	.55		12	**42.9**	16	**57.1**		28
Gedächtnis & Psychomotorik	**.28**	.40	**.29**	.55	**.01**	.41		14	**58.3**	10	**41.7**	*	24

SUBJEKTIVES ALTER													
	Ausgangswert (1)		nach einem Jahr (2)		Differenz (1-2)			verschlechtert oder gleich		verbessert			Insg.
	MW	s	MW	s	MW	s	2p[1]	abs.	in %	abs.	in %	2p[2]	
Kontrollgruppe	**-.05**	.90	**-.21**	.87	**-.16**	.86		60	**61.9**	37	**38.1**		97
Psychomotorik	**-.20**	.83	**-.21**	.97	**-.01**	.78		16	**55.2**	13	**44.8**		29
Kompetenz	**-.07**	1.09	**-.30**	.90	**-.23**	1.15		51	**60.0**	34	**40.0**		85
Gedächtnis	**-.02**	.83	**.10**	.84	**.12**	.90		21	**45.7**	25	**54.3**		46
Kompetenz & Psychomotorik	**.61**	1.32	**.50**	1.11	**-.11**	1.40		16	**57.1**	12	**42.9**		28
Gedächtnis & Psychomotorik	**.05**	.95	**.08**	.88	**.03**	.98		10	**41.7**	14	**58.3**		24

GESUNDHEITSSTATUS													
	Ausgangswert (1)		nach einem Jahr (2)		Differenz (1-2)			verschlechtert oder gleich		verbessert			Insg.
	MW	s	MW	s	MW	s	2p[1]	abs.	in %	abs.	in %	2p[2]	
Kontrollgruppe	**-.09**	.74	**-.20**	.89	**-.11**	.51		57	**58.8**	40	**41.2**		97
Psychomotorik	**.17**	.63	**-.01**	.69	**-.19**	.51		18	**62.1**	11	**37.9**		29
Kompetenz	**-.14**	.77	**-.30**	.82	**-.16**	.55		51	**60.0**	34	**40.0**		85
Gedächtnis	**-.06**	.93	**-.30**	.99	**-.24**	.55		33	**71.7**	13	**28.3**		46
Kompetenz & Psychomotorik	**.28**	.80	**.14**	.57	**-.14**	.52		18	**64.3**	10	**35.7**		28
Gedächtnis & Psychomotorik	**.47**	.48	**.28**	.57	**-.19**	.58		12	**50.0**	12	**50.0**		24

PSYCHOPATHOLOGISCHER STATUS													
	Ausgangswert (1)		nach einem Jahr (2)		Differenz (1-2)			verschlechtert oder gleich		verbessert			Insg.
	MW	s	MW	s	MW	s	2p[1]	abs.	in %	abs.	in %	2p[2]	
Kontrollgruppe	**-.03**	.69	**-.04**	.83	**.00**	.76		44	**45.4**	53	**54.6**		97
Psychomotorik	**-.07**	.91	**.02**	1.03	**.09**	.62		10	**34.5**	19	**65.5**		29
Kompetenz	**-.01**	.64	**-.08**	1.04	**-.07**	.83		39	**45.9**	46	**54.1**		85
Gedächtnis	**-.02**	.64	**.07**	.80	**.10**	.70		21	**45.7**	25	**54.3**		46
Kompetenz & Psychomotorik	**.18**	.55	**.17**	.74	**-.01**	.60		16	**57.1**	12	**42.9**		28
Gedächtnis & Psychomotorik	**.11**	.73	**.56**	.47	**.45**	.59	**	2	**8.3**	22	**91.7**	**	24

Übersicht: Trainingseffekte der unterschiedlichen Treatments und der Kontrollgruppe

2p = Vergleich der Differenzen über 6 Gruppen ([1] Kruskal-Wallis-Rangvarianzanalyse; [2] Exakte Wahrscheinlichkeit nach Fisher & Yates)

2p = Differenzen im Vergleich zur Kontrollgruppe ([1] Mann-Whitney-Test; [2] Exakte Wahrscheinlichkeit nach Fisher & Yates)

* 2p ≤ 5%; ** 2p ≤ 1%; *** 2p ≤ 0,1%; Differenzen im Vergleich zur Kontrollgruppe ([1] *Mann-Whitney-Test;* [2] Exakte Wahrscheinlichkeit s.o.)

PSYCHOMOTORISCHER STATUS													
	Ausgangswert (1)		nach einem Jahr (2)		Differenz (1-2)			verschlechtert oder gleich		verbessert			Insg.
	MW	s	MW	s	MW	s	2p[1]	abs.	in %	abs.	in %	2p[2]	
Kontrollgruppe	**.00**	.53	**.14**	.56	**.14**	.28	.000	23	**26,4**	64	**73.6**	.005	87
Psychomotorik	**.12**	.48	**.06**	.48	**-.06**	.24		8	**53.3**	7	**46.7**		15
Kompetenz	**-.02**	.53	**.15**	.58	**.18**	.27	*.002*	15	**20.8**	57	**79.2**	*.023*	72
Gedächtnis	**-.13**	.55	**-.07**	.62	**.06**	.23		9	**36.0**	16	**64.0**		25
Kompetenz & Psychomotorik	**-.08**	.60	**.11**	.59	**.19**	.28	**	5	**20.0**	20	**80.0**		25
Gedächtnis & Psychomotorik	**.16**	.38	**.46**	.38	**.30**	.24	***	1	**4.5**	21	**95.5**	**	22

ERNÄHRUNGSVERHALTEN													
	Ausgangswert (1)		nach einem Jahr (2)		Differenz (1-2)			verschlechtert oder gleich		verbessert			Insg.
	MW	s	MW	s	MW	s	2p[1]	abs.	in %	abs.	in %	2p[2]	
Kontrollgruppe	**.04**	.75	**-.12**	.69	**-.15**	.66		83	**85.6**	14	**14.4**		97
Psychomotorik	**-.08**	.75	**-.04**	.69	**.03**	.65		23	**79.3**	6	**20.7**		29
Kompetenz	**-.09**	.73	**-.08**	.78	**.01**	.74		69	**81.2**	16	**18.8**		85
Gedächtnis	**.30**	.72	**.19**	.76	**-.11**	.59		40	**87.0**	6	**13.0**		46
Kompetenz & Psychomotorik	-.16	.77	**.04**	.59	**.21**	.62	*	21	**75.0**	7	**25.0**		28
Gedächtnis & Psychomotorik	**-.11**	.96	**-.07**	.90	**.04**	.65		19	**79.2**	5	**20.8**		24

BEFINDLICHKEIT													
	Ausgangswert (1)		nach einem Jahr (2)		Differenz (1-2)			verschlechtert oder gleich		verbessert			Insg.
	MW	s	MW	s	MW	s	2p[1]	abs.	in %	abs.	in %	2p[2]	
Kontrollgruppe	**-.15**	.76	**-.22**	.81	**-.07**	.55		53	**54.6**	44	**45.4**		97
Psychomotorik	**.13**	.72	**.12**	.70	**.00**	.40		17	**58.6**	12	**41.4**		29
Kompetenz	**-.05**	.77	**-.19**	.89	**-.14**	.59		43	**50.6**	42	**49.4**		85
Gedächtnis	**-.07**	.79	**-.10**	.69	**-.03**	.49		22	**47.8**	24	**52.2**		46
Kompetenz & Psychomotorik	**.28**	.65	**.30**	.61	**.02**	.66		13	**46.4**	15	**53.6**		28
Gedächtnis & Psychomotorik	**.46**	.64	**.53**	.57	**.07**	.47		9	**37.5**	15	**62.5**		24

KOGNITIVER STATUS													
	Ausgangswert (1)		nach einem Jahr (2)		Differenz (1-2)			verschlechtert oder gleich		verbessert			Insg.
	MW	s	MW	s	MW	s	2p[1]	abs.	in %	abs.	in %	2p[2]	
Kontrollgruppe	**.02**	.50	**.03**	.49	**.01**	.29		47	**48.5**	50	**51.5**		97
Psychomotorik	**-.11**	.66	**-.15**	.71	**-.04**	.25		14	**48.3**	15	**51.7**		29
Kompetenz	**-.01**	.51	**.07**	.55	**.09**	.25		30	**35.3**	55	**64.7**		85
Gedächtnis	**.12**	.56	**.52**	.49	**.40**	.30	***	1	**2.2**	45	**97.8**	***	46
Kompetenz & Psychomotorik	**.01**	.62	**.12**	.63	**.11**	.34	*	6	**21.4**	22	**78.6**	*	28
Gedächtnis & Psychomotorik	**.19**	.44	**.63**	.43	**.44**	.20	***	1	**4.2**	23	**95.8**	***	24

Übersicht: Fortsetzung

2p = Vergleich der Differenzen über 6 Gruppen ([1] Kruskal-Wallis-Rangvarianzanalyse; [2] Exakte Wahrscheinlichkeit nach Fisher & Yates)

2p = Differenzen im Vergleich zur Kontrollgruppe ([1] Mann-Whitney-Test; [2] Exakte Wahrscheinlichkeit nach Fisher & Yates)

* 2p ≤ 5%; ** 2p ≤ 1%; *** 2p ≤ 0,1%; Differenzen im Vergleich zur Kontrollgruppe ([1] *Mann-Whitney-Test;* [2] Exakte Wahrscheinlichkeit s.o.)

ALLTAGSBEWÄLTIGUNG													
	Ausgangswert (1)		nach einem Jahr (2)		Differenz (1-2)			verschlechtert oder gleich		verbessert			Insg.
	MW	s	MW	s	MW	s	2p[1]	abs.	in %	abs.	in %	2p[2]	
Kontrollgruppe	**-.07**	.61	**.12**	.71	**.20**	.80		46	**47.4**	51	**52.6**		97
Psychomotorik	**.07**	.54	**.28**	.63	**.21**	.77		11	**37.9**	18	**62.1**		29
Kompetenz	**-.12**	.64	**.33**	.51	**.45**	.75	*	29	**34.1**	56	**65.9**		85
Gedächtnis	**.10**	.65	**.20**	.63	**.10**	.85		21	**45.7**	25	**54.3**		46
Kompetenz & Psychomotorik	**.22**	.63	**.22**	.35	**.00**	.64		16	**57.1**	12	**42.9**		28
Gedächtnis & Psychomotorik	**.23**	.50	**.28**	.62	**.05**	.83		13	**54.2**	11	**45.8**		24

Übersicht: Fortsetzung

2p = Vergleich der Differenzen über 6 Gruppen ([1] Kruskal-Wallis-Rangvarianzanalyse; [2] Exakte Wahrscheinlichkeit nach Fisher & Yates)

2p = Differenzen im Vergleich zur Kontrollgruppe ([1] Mann-Whitney-Test; [2] Exakte Wahrscheinlichkeit nach Fisher & Yates)

* 2p ≤ 5%; ** 2p ≤ 1%; *** 2p ≤ 0,1%; Differenzen im Vergleich zur Kontrollgruppe (*[1] Mann-Whitney-Test; [2]* Exakte Wahrscheinlichkeit s.o.)

Literatur:

Abt, K. (1987): Descriptive data analysis: A concept between confirmatory and exploratory data analysis. Method of Information in Medicine, 26, 77–88.

Baumann, H. (1988) (Hrsg.): Älter werden – fit bleiben. Ahrensburg: Czwalina.

Baumann, H. & Leye, M. (Hrsg.) (1995): Das SIMA-Projekt: Psychomotorisches Training – Ein Programm für Seniorengruppen. Göttingen: Hogrefe.

Clarkson-Smith, L. and Hartley, A. A. (1989): Relationship between physical exercise and cognitive abilities in older adults. Psychology and Aging, 4, 183–189.

Fleischmann, U. M. (1989): Gedächtnis und Alter. Bern: Huber.

Fleischmann, U. M. (1985): Gedächtnisbezogene Förderung im hohen Lebensalter. Rehabilitation, 24, 36–38.

Fleischmann, U. M. (1993): Kognitives Training im höheren Lebensalter unter besonderer Berücksichtigung von Gedächtnisleistungen. In: Klauer, K. J.: Kognitives Training. 343–359.

Fricke, R. & Treinies, G. (1985): Einführung in die Metaanalyse. Bern: Huber

Gunzelmann, T., Oswald, W. D., Rupprecht, R. & Tritt, K. Bedingungen der Erhaltung und Förderung von Selbständigkeit im höheren Alter (SIMA) – Teil III: zur Repräsentativität der SIMA-Ergebnisse. Zeitschrift für Gerontopsychologie und -psychiatrie, 8 (1995) (im Druck).

Hebb, B. O. (1967): Einführung in die moderne Psychologie. Weinheim: Beltz.

Hedges, L. V. (1982): Estimation of effect size from a series of independent experiments. Psychological Bulletin, 92, 490–499.

Klauer, K. J. (Hrsg.) (1993): Kognitives Training. Göttingen. Hogrefe.

Oswald, W. D., Gunzelmann, T., Rupprecht, R., Lang, E., Baumann, H. & Stosberg, M. (1992): Bedingungen der Erhaltung und Förderung von Selbständigkeit im höheren Lebens-Alter (SIMA) – Teil I: Konzepte, Hypothesen und Stichprobe eines interdisziplinären Forschungsprojektes. Zeitschrift für Gerontopsychologie und -psychiatrie, 5, 205–221.

Oswald, W. D. & Rödel, G., (Hrsg.) (1995a): Das SIMA-Projekt: Gedächtnistraining – Ein Programm für Seniorengruppen. Göttingen: Hogrefe.

Oswald, W. D. & Gunzelmann, T. M. (Hrsg.) (1995b): Das SIMA-Projekt: Kompetenztraining – Ein Programm für Seniorengruppen. Göttingen: Hogrefe.

Oswald, W. D., Rupprecht, R. & Gunzelmann, T. M. (Hrsg.) (1995c): Das SIMA-Projekt: Erhebungsinstrumentarium. Göttingen: Hogrefe.

Oswald, W. D., Gunzelmann, T., Rupprecht, R., Lang, E., Baumann, H. & Stosberg, M.: Bedingungen der Erhaltung und Förderung von Selbständigkeit im höheren Lebens-Alter (SIMA) – Teil IV: Erste Ergebnisse nach der einjährigen Interventionsphase. Zeitschrift für Gerontopsychologie & -psychiatrie, 8, (1995d) (im Druck).

Rahlfs, V. W. (1994): Relevanzmaße. Neue Biometrie nach GCP. Gauting: idv.

Rahmann, H. & Rahmann, M. (1988): Das Gedächtnis. Neurobiologische Grundlagen. Berlin: Springer.

Rupprecht, R., Gunzelmann, T., Oswald, W. D., Lang, E., Baumann, H. & Stosberg, M. (1993): Bedingungen der Erhaltung und Förderung von Selbständigkeit im höheren Lebens-Alter (SIMA) – Teil II: Methoden der Bedingungsanalyse und Trainingsevaluation. Zeitschrift für Gerontopsychologie und -psychiatrie, 6, 217–228.

Steinwachs, K. C., Schneider, H. K., Rupprecht, R. & Oswald, W. D.: Bedingungen der Erhaltung und Förderung von Selbständigkeit im höheren Lebensalter (SIMA) – Teil V: Bedeutung des „Psychopathologischen Status" – Effekte einer neunmonatigen Interventionsphase auf Depressivität und dementielle Symptomatik. Zeitschrift für Gerontopsychologie und -psychiatrie, 7, (1994) (im Druck).

Verhaeghen, P., Marcoen, A. & Goosens, L. (1992): Improving memory performance in the aged through memnonic training: A meta-analytic study. Psychology and Aging, 7, 242–251.

Umgang mit sensorischen Einschränkungen im Alter
Zusammenfassung des Symposiums

Clemens Tesch-Römer und Hans-Werner Wahl

Sensorische Verluste gehören zu jenen Alterserscheinungen, die eine hohe Prävalenz aufweisen und für die betroffenen Menschen äußerst negative Konsequenzen haben können. Die Sinnesmodalitäten Hören und Sehen sind dabei für den Menschen von besonderer Bedeutung, da sie die Voraussetzung für die Kommunikation mit der sozialen Mitwelt und für die Orientierung in der räumlichen Umwelt darstellen. Sensorische Einbußen im Alter werden in der gerontologischen Forschung und Praxis häufig vernachlässigt (vgl. jedoch Hinchcliffe, 1983; Orr, 1992). Dies trifft in besonderem Maß auf die Gerontologie und Geriatrie im deutschen Sprachraum zu. Ziel des interdisziplinären Symposiums „Umgang mit sensorischen Einschränkungen im Alter" war es, Forscher aus verschiedenen Disziplinen zusammenzuführen, die sich mit diesem Thema beschäftigen. In der vorliegenden Zusammenfassung des Symposiums wird eine Einführung in die Thematik gegeben, es werden die Beiträge des Symposiums referiert, und es wird ein Resümee des Symposiums gezogen.

1. Einführung

Höreinbußen im Alter:

Höreinbußen gehören zu den häufigsten Einschränkungen, die mit dem Alter verknüpft sind. Die Prävalenz von Altersschwerhörigkeit kann auf mindestens ein Drittel aller über 65jährigen Menschen geschätzt werden (Davis, 1983; Davis & Thornton, 1990, Grünes Kreuz, 1985). Insbesondere bei institutionalisierten älteren Menschen ist die Prävalenz von Presbyakusis sehr hoch. Es wird geschätzt, daß 45–75 Prozent der Heimbewohner einen mittleren bis schweren Hörverlust aufweisen (Garahan, Waller, Houghton, Tisdale & Runge, 1992). Altersschwerhörigkeit ist ein schleichender Prozeß. Dabei setzt der Hörverlust ganz allmählich ein, oft schon ab dem fünften Lebensjahrzehnt und häufig ohne von der betroffenen Person bemerkt oder ernst genommen zu werden. Wahrscheinlich am gravierendsten sind die Folgen der Höreinbußen für die Kommunikationsfähigkeit. Ältere schwerhörige Menschen berichten häufig davon, einen Gesprächspartner zu hören, aber nicht zu verstehen: Die Äußerungen der Mitmenschen werden als zu leise, undeutlich, nuschelnd beschrieben. Nichtverstehen bei Hörproblemen kann zu Kommunikationsproblemen und damit zu sozialer Isolation und Einsamkeit führen (Weinstein & Ventry, 1982). Darüber hinaus finden sich negative Korrelationen zwischen Hörfähigkeit und Wohlbefinden (Herbst, 1983) sowie kognitiver Leistungsfähigkeit (Lindenberger & Baltes, 1994). Da medizinische wirksame Therapien gegen die Altersschwerhörigkeit zur Zeit nicht bekannt sind, ist die Anpassung von Hörgeräten das Mittel der Wahl. Allerdings ist nur ein kleiner Teil der älteren schwerhörigen Menschen mit Hörgeräten versorgt: Der Versorgungsgrad wird auf nur etwa 25 Prozent geschätzt (Mulrow et al., 1990). Trotz enormer technischer Fortschritte in den letzten Jahren können Hörgeräte jedoch nicht das gesunde Ohr ersetzen. Hörgeräte sind „problematische Prothesen“: Viele ältere Hörgerätebesitzer benutzen ihr Gerät kaum oder gar nicht (Hermann, 1990).

Schwerhörigkeit im Alter stellt sich also als ein Geschehen dar, das unmerklich einsetzend einen chronisch progredienten Verlauf nimmt und kaum durch präventive oder medizinische Maßnahmen beeinflußt werden kann. Aufgrund der Hörprobleme erlebt ein älterer Mensch Kommunikationsprobleme, die zu Einsamkeit und Gefühlen der Niedergeschlagenheit führen können. Zusammenfassend läßt sich sagen, daß Höreinbußen im Alter häufig auftreten und dabei leider nicht die Aufmerksamkeit erfahren, die sie aufgrund ihrer Häufigkeit und der Schwere ihrer sekundären Folgen verdienen.

Seheinbußen im Alter:

Sehstörungen gehören zu den häufigsten subjektiven Beschwerden, die alte Menschen gegenüber ihren behandelnden Ärzten berichten (z.B. White, Cartwright, Cornoni-Huntley & Brock, 1986). Dabei zeigen „normale“ Veränderungen des Sehens – je nach Indikator – über die Lebensspanne hinweg betrachtet prototypische, aber unterschiedliche Verläufe. So stellt sich schon sehr früh (etwa ab dem 30. Lebensjahr) ein allmählicher Rückgang in der Visusleistung ein, während Gesichtsfeldverluste erst spät im Lebensablauf (etwa ab dem 70. Lebensjahr) deutlicher zu Buche schlagen (Corso, 1987). Diese Veränderungen sind allerdings in der Regel sehr gut zu kompensieren. Dies gilt in nurmehr begrenztem Maße für pathologische Veränderungen des Auges und die damit verbundenen funktionalen Sehausfälle. Die Größenordnung des Problems ergibt sich dabei zum einen aus sozialstatistischen Erhebungen, die zeigen, daß etwa 70 Prozent jener Personen, die unter schweren Sehstörungen leiden, älter als 60 Jahre sind, wobei wiederum die meisten dieser Personen, ca. 90 Prozent, als späterblindet bzw. als spätsehbehindert zu bezeichnen sind (Statistisches Bundesamt, 1991). Die Rate der über 65jährigen Personen, deren Visusleistung auf 0,1 und weniger abgesunken ist, dürfte nach den vorliegenden epidemiologischen Erhebungen bei etwa 3–5 Prozent liegen (z.B. Salive et al., 1992). Diese Personen können in der Regel auch bei bestangepaßter Brille nicht mehr lesen oder einige Meter entfernte Personen erkennen. Ähnlich wie bei Höreinbußen zeigen viele der typischen Augenerkrankungen des Alters einen allmählichen, aber progredienten Verlauf, so daß häufig zunächst das eigene Alter verantwortlich gemacht wird und damit unter Umständen therapeutische Maßnahmen zu spät eingeleitet werden (z.B. bei Glaukomerkrankungen). Auf der Verhaltensebene führen schwere Seheinschränkungen, neben dem Verlust bzw. der extremen Erschwerung der Lesefähigkeit, auch zu einem eingeschränkten Aktionsradius. So besteht eine der zentralen Herausforderungen an den sehbeeinträchtigten Menschen darin, sein bisheriges Freizeitverhalten neu zu organisieren und entstandene „Löcher“ (z.B. durch den Leseverlust) zu kompensieren. Auf der Erlebnisebene können Sehbeeinträchtigungen bei den betroffenen Personen Niedergeschlagenheit und Verzweiflung auslösen. Für beide Sinnesmodalitäten läßt sich sagen, daß die Einschränkung sensorischer Fähigkeiten im Alter häufig einen irreversiblen Verlust darstellt und von den betroffenen Personen und ihrer Umwelt akzeptiert und bewältigt werden muß. Zu fragen ist also auch, welche Handlungsmöglichkeiten dem älterwerdenden Menschen und seiner Umwelt offenstehen, um den negativen Folgen sensorischer Einbußen im Alter zu begegnen.

2. Die Beiträge des Symposiums*

Das Symposium gliederte sich in drei Teile: Im ersten Teil wurden die Korrelate sensorischer Einbußen im Alter vorgestellt (Lindenberger & Marsiske, Rott), im zweiten Abschnitt ging es um den Bereich des Sehens und der Seheinbußen im Alter (Blankenagel; Wahl & Oswald) und im dritten Abschnitt stand die nachlassende Hörfähigkeit älterer Menschen im Mittelpunkt der Betrachtungen (Plinkert, von Wedel; Tesch-Römer, Nitze, Frogosa-Steudel & Nowak). Das Symposium wurde mit resümierenden Kommentaren abgeschlossen (Kruse).

Ulman Lindenberger und *Michael Marsiske* (Berlin) stellten einen Beitrag mit dem Titel „Die Bedeutung sensorischer Einbußen für verschiedene Funktionsbereiche: Daten aus der Berliner Altersstudie“ vor. In der Intensiverhebung der Berliner Altersstudie (N = 516, Altersbereich 70 bis 103 Jahre, Durchschnittsalter = 85 Jahre) wurden Zusammenhänge zwischen sensorischen Leistungen, Alter und einer Reihe von Funktionsbereichen untersucht. In ihrem Beitrag berichteten Lindenberger und Marsiske zunächst über die Altersverläufe für Sehschärfe und Hörschwelle. Nach Maßgabe klinischer

* Die Darstellung der einzelnen Beiträge lehnt sich eng an die Abstracts der Autoren an.

Kriterien sind deutliche Einschränkungen in beiden Bereichen insbesondere bei Hochbetagten sehr verbreitet. Die Analyse der Beziehungen zwischen Sehen, Hören und Gleichgewicht/Motorik zu anderen Funktionsbereichen ergab, daß altersbedingte Unterschiede in kognitiven Fähigkeiten, Basiskompetenz (ADL/IADL) und dem Ausmaß an Freizeitaktivitäten einen sehr hohen Bezug zum sensorischen Leistungsvermögen aufweisen. Nach der Interpretation von Lindenberger und Marsiske stützen die Ergebnisse die Hypothese, daß Seh- und Hörvermögen im hohen Alter als besonders gute Indikatoren des neurophysiologischen Zustands des alternden Gehirns angesehen werden können.

Der Titel des Beitrages von *Christoph Rott* (Heidelberg) lautete „Formen sensorischer Veränderungen im Alter und deren Auswirkungen auf Erleben und Verhalten im Alltag: Ergebnisse der Bonner Longitudinalstudie". Rott ging von der These aus, daß der größte Teil der Forschung zu sensorischen Funktionen im Alter sich bisher auf sehr starke Einschränkungen (starke Sehstörungen, Blindheit bzw. Taubheit) konzentriert und eine große Forschungslücke über die Auswirkungen *normaler* sensorischer Veränderungen im Alter und deren Auswirkungen im Alltag besteht. Rott zog in seinen Analysen Daten der bislang einzigen deutschen gerontologischen Längsschnittstudie, der Bonner Longitudinal-Studie (BOLSA), heran, in der über einen Zeitraum von 15 Jahren die Seh- und Hörfähigkeit der Teilnehmer von Ärzten beurteilt wurden. In die Analysen Rotts wurden nur jene BOLSA-Teilnehmer aufgenommen, die mindestens an drei Meßzeitpunkten teilgenommen hatten (N = 157). Die Analysen konnten sich auf insgesamt 729 Beobachtungen dieser Personen stützen und deckten einen Altersbereich von 62 bis 83 Jahren ab. Rott berichtete über vier etwa gleich häufig vorkommende Formen sensorischer Veränderungen: (1) Nachlassende Seh- und nachlassende Hörfähigkeit, (2) stabile Seh- und stabile Hörfähigkeit (nicht mehr im hohen Alter zu finden), (3) nachlassende Sehfähigkeit und stabile Hörfähigkeit und (4) stabile Sehfähigkeit und nachlassende Hörfähigkeit. In den Alltagsaktivitäten, sozialen Rollenaktivitäten, anderen nichtsozialen Aktivitäten, Reaktionstechniken nach Thomae und der Intelligenz konnten signifikante Interaktionen zwischen Gruppenzugehörigkeit und Altern gefunden werden. Rott verwies in seinen Schlußfolgerungen darauf, daß sensorische Verluste im Alter zu Veränderungen im Alltagsverhalten und psychischen Anpassungsprozessen führen können.

Anita Blankenagel (Heidelberg) befaßte sich mit ihrem Beitrag mit „Sehstörungen im Alter aus ophthalmologischer Sicht". Blankenagel betonte, daß sich Sehstörungen sehr belastend für ältere Menschen auswirken. Die Selbständigkeit und damit die Lebensqualität wird häufig stark eingeschränkt. Ursachen von Seheinbußen im Alter sind – nach Häufigkeit geordnet – Katarakte, altersabhängige Maculadegenerationen, Glaukome und diabetische Retinopathien. Katarakte sind operabel: Die Versorgung mit Intraocularlinsen kann das Sehvermögen vollständig wiederherstellen. Bei den anderen Augenerkrankungen besteht meist eine Einschränkung der Mobilität; die betroffene Person ist daher auf eine Begleitperson angewiesen. Aufgrund der Sehstörungen ist die tägliche Arbeit im Haushalt erschwert, Hobbys können nicht mehr ausgeübt werden, das Fernsehen ist nur noch schlecht, das Lesen von Zeitung, Post, persönlichen Unterlagen und Büchern gar nicht mehr möglich. Zwar gibt es seit 20 Jahren eine ständig wachsende Vielfalt von optisch und elektronisch vergrößernden Sehhilfen, aber Blankenagel verwies auf die Notwendigkeit eines Umlernprozesses, der mit zunehmendem Alter immer schwieriger werde. Die Hilfsmittel müssen individuell angepaßt, aber von den Betroffenen auch angenommen werden: Selbstdisziplin und ein hohes Maß an Motivation werden dabei von den Sehbehinderten gefordert.

Hans-Werner Wahl und *Frank Oswald* (Heidelberg) beschäftigten sich in ihrem Beitrag mit „Bewältigung von Sehbehinderung und Blindheit im Alter". Der Eintritt einer schweren und irreversiblen Sehbeeinträchtigung im höheren Lebensalter ist laut Wahl und Oswald auf der einen Seite als kritisches Lebensereignis zu bewerten, das negative Folgen im Erlebens- und Verhaltensbereich wahrscheinlich werden läßt. Auf der anderen Seite ist zu erwarten, daß unterschiedlich ausgeprägte ko-existierende Person- und Umweltbedingungen den Ausgang von Bewältigungsversuchen beeinflussen. Beispiele hierfür sind zusätzlich zur Sehbeeinträchtigung existierende Krankheiten (Ko-Morbidität), ökologische Faktoren (insbesondere die Anbindung der Wohnung an wichtige Umweltressourcen wie etwa Lebensmittelgeschäfte und Haltestellen des ÖPNV) oder Formen der Auseinandersetzung mit und subjektive Bewertungen der Sehbeeinträchtigung. Wahl und Oswald stellten eine Studie vor, in die vier Gruppen von älteren Menschen einbezogen wurden: (1) Sehbehinderte alte Menschen, (2) blinde alte Menschen, (3) eine Kontrollgruppe von nicht sehbeeinträchtigten alten Menschen und (4) eine Vergleichsgruppe von gehbeeinträchtigten alten Menschen (M = 75–78 Jahre, je 30 Frauen und zwölf Männer in Privathaushalten, Eintritt des Seh- bzw. Gehverlusts jenseits des 55. Lebensjahrs; Stichprobengewinnung auf der Basis ophthalmologischer bzw. allgemeinärztlicher Expertise). Die Ergebnisse zeigten einerseits, daß sehbeeinträchtigte alte Menschen ein geringeres subjektives Wohlbefinden, eine höhere Depressivität sowie eine reduzierte Kompetenz in Alltagsfertigkeiten, speziell im Bereich der „instrumentellen" ADLs aufweisen. Andererseits moderieren Personvariablen wie zusätzliche bestehende Krankheiten, subjektiv erlebte Veränderungen, die Zukunftsperspektive sowie Umweltvariablen wie das Ausmaß bestehender Gefährdungen der Person-Umwelt-Passung in und außerhalb der Wohnung den Anpassungserfolg. Wahl und Oswald zogen aus diesen Ergebnissen den Schluß, daß

Adaptationsprozesse im Falle von schweren Sehbeeinträchtigungen im Alter individuell höchst verschiedene Ausgänge zeitigen, die nur verstanden werden können, wenn weitere Person- und Umweltvariablen Berücksichtigung finden. Diese Variablen sind auch unter Präventions- und Interventionsgesichtspunkten besonders bedeutsam, da sie Voraussagen darüber erlauben, in welchen Fällen negative Entwicklungen infolge einer Sehbeeinträchtigung (z.B. eine klinisch bedeutsame Depressivität) wahrscheinlich sind.

Peter Plinkert (Tübingen) stellte in seinem Beitrag „Höreinbußen im Alter aus audiologischer Sicht" dar. Nach Plinkert gewinnen Hörstörungen im Alter zunehmend an Bedeutung, da die Lebenserwartung und die Zahl älterer Menschen stetig ansteigt. Entsprechend dem Hauptschädigungsort können vier Grundtypen der Presbyakusis unterschieden werden, wobei pathologisch-anatomisch eine Degeneration (1) der äußeren und inneren Haarzellen, (2) der Ganglienzellen, (3) der Stria vascularis und (4) der Nervenfasern vorliegen kann. Eine eindeutige Zuordnung zu einem dieser Grundtypen ist laut Plinkert nur selten möglich, da meistens Mischformen angetroffen werden. Es kommt jedoch, entsprechend des jeweiligen Grundtyps der Presbyakusis, direkt und/oder indirekt zu einer Haarzellschädigung. Das Verständnis der hieraus resultierenden Folgen setzt eingehende Kenntnisse der physiologischen Schalltransduktion voraus. Die Schallverarbeitung des Innenohres wird heute nicht mehr als rein passives Geschehen angesehen. Vielmehr werden vulnerable, energieverbrauchende Verstärkungsmechanismen postuliert, welche ihr morphologisches Korrelat in den äußeren Haarzellen finden. Die äußeren Haarzellen übernehmen eine Doppelfunktion, indem sie sowohl zur Schallperzeption wie auch durch ihre motilen Eigenschaften zur Modulation der Basilarmembranauslenkung befähigt sind. Nach der aktiven Vibrationsverstärkung durch die äußeren Haarzellen erfolgt die eigentliche Schalltransduktion in den inneren Haarzellen, die das prozessierte Signal nach zentral weiterleiten. Eine Haarzellschädigung durch chronische Lärmbelastung oder durch Alterungsvorgänge geht mit einer Störung dieser aktiven kochleären Verstärkungsmechanismen einher, welche die Voraussetzung für die hohe Frequenzelektivität und Sensitivität des Ohres, sowie die Aussendung von otoakustischen Emissionen bilden.

Das Thema des Beitrags von *Hasso von Wedel* (Köln) lautete „Audiologische Aspekte zur Hörgeräteversorgung im Alter". Von Wedel erläuterte zu Beginn seines Referats morphologische und audiologische Aspekte zur Hörgeräteversorgung im Alter. Anschließend wurden die notwendigen Voraussetzungen zur Hörgeräteauswahl und -anpassung vorgestellt. Die unterschiedlichen Hörgerätetypen (Hinter-dem-Ohr-Hörgerät, Im-Ohr-Hörgerät) wurden von von Wedel hinsichtlich ihrer Feineinstellung und Effektivitätskontrolle sowie im Blick auf ein begleitendes Hörtraining diskutiert. Inwieweit moderne Technologie, die zur Zeit verstärkt für Hörgeräte verfügbar ist, und in Form von programmierbaren Hörgeräten, Fernbedienungen, automatischen Verstärkungssystemen, Geräuschunterdrückungssystemen usw. gerade für den älteren Patienten einen Vorteil bieten kann, beleuchtete von Wedel kritisch. Besonders wurde auf die Notwendigkeit hingewiesen, dem älteren hörgestörten Patienten die Nutzung anderer technischer Hilfsmittel wie Telefonverstärker, drahtlose Anlagen zur Nutzung von Rundfunk- und Fernsehgeräten, Verstärkungsanlagen für Telefonklingel, Wecker usw. zu ermöglichen. Von Wedel unterstrich in seinem Vortrag, daß bereits bei leicht- bis mittelgradigen Hörstörungen eine Hörgeräteversorgung möglichst früh und beidohrig erfolgen muß, um zentrale Kompensation, Akzeptanz, psychologische Dynamik, private und soziale Aktivitäten, sowie die größere Motivation zum Hörgerät optimal zu nutzen.

Im letzten Referat der Arbeitsgruppe befaßten sich *Clemens Tesch-Römer* (Greifswald), *Hans R. Nitze, Anely Frogosa-Steudel* und *Marion Nowak* (Berlin) mit dem Thema „Gewöhnung an ein Hörgerät im Alter". Ausgangspunkt dieses Referats war die bereits zu Anfang dieses Beitrags hervorgehobene Tatsache, daß Altersschwerhörigkeit mindestens 30 Prozent der über 65jährigen Menschen betrifft und mit Problemen in der alltäglichen Kommunikation und im sozialen Kontaktverhalten einhergeht. Das Mittel der Wahl bei Altersschwerhörigkeit ist die Verordnung eines Hörgeräts. Viele ältere Hörgerätebesitzer haben jedoch Probleme mit ihrem Hörgerät und tragen es kaum oder gar nicht. Es wurden Daten aus einer sechsmonatigen Längsschnittstudie berichtet, an der 67 Schwerhörige mit Hörgerät sowie als Vergleichsgruppen 32 Schwerhörige ohne Hörgerät und 25 Normalhörige im Alter zwischen 54 und 86 Jahren teilnahmen. Die Untersuchungsteilnehmer wurden hinsichtlich Hörfähigkeit, Sozialverhalten, psychischem Wohlbefinden und kognitiver Leistungsfähigkeit zu Beginn der Studie und sechs Monate später untersucht. Zusätzlich führten die Untersuchungsteilnehmer zwei Monate lang täglich ein „Hörtagebuch". Die Ergebnisse der Analysen wurden von Tesch-Römer et al. folgendermaßen zusammengefaßt:

(1) Das Hörgerät hat einen positiven Interventionseffekt in den Bereichen Kommunikationsprobleme und Einsamkeit. (2) Es zeigt sich kein Effekt des Hörgeräts in den Bereichen Depressivität, körperliche Symptome und kognitive Leistungsfähigkeit. (3) Die Hörgeräte-Nutzung (gemessen als tägliche Tragedauer) wird beeinflußt von der anfänglichen Intention zur Benutzung des Geräts sowie dem assimilativen, problemorientierten Bewältigungsverhalten. (4) Die Zufriedenheit mit dem Hörgerät korreliert negativ mit anfänglichen Handlungsproblemen sowie mit der Intelligenz der Person. Tesch-Römer et al. zogen aus diesen Ergebnissen den Schluß, daß Hörgeräte positive Effekte in jenen Bereichen zeitigten, die eng an das Kommunikationsverhalten geknüpft sind, und daß vorherige Entschlußsetzung sowie

problemorientierte Bewältigungsstrategien hilfreich bei der Gewöhnung an ein Hörgerät sind.

In seinen abschließenden Kommentaren verwies *Andreas Kruse* (Greifswald) auf die existentielle Bedeutung der Sinnesmodalitäten Hören und Sehen. Das Hören ermöglicht die Kommunikation mit anderen Menschen, das Sehen ist notwendig für die Orientierung in der Welt. Einbußen oder sogar ein gänzlicher Ausfall dieser sensorischen Systeme führt den alten Menschen in Grenzsituationen, die zu verarbeiten und bewältigen nur schwer möglich sei. Allerdings verwies Kruse darauf, daß das Alter an sich eine Grenzsituation ist, die den alten Menschen mit einer Reihe von belastenden Ereignissen und Verlusten konfrontiert: Einschränkung der Mobilität, chronische Leiden und der Tod von Angehörigen stellen ebenfalls Grenzsituationen des Alters dar. In diesem Zusammenhang sind Hör- und Seheinbußen aggravierende Faktoren, zumal wenn sie kombiniert auftreten und damit um so weniger kompensierbar sind. Diese Ausgangslage war für Kruse Anlaß, vermehrte Anstrengungen in der gerontologischen Forschung und Praxis zu fordern, um bessere Kenntnisse über Alternsverlauf und Bewältigungsprozesse bei sensorischen Verlusten zu erlangen und für angemessenere Interventionsstrategien zum Wohle hör- und sehbehinderter älterer Menschen zu sorgen.

3. Resümee

Das Symposium „Umgang mit sensorischen Einbußen im Alter" verfolgte zwei Zielgruppen. Zum einen wurde eine Bestandsaufnahme der Forschung vorgenommen: Forscher aus den Disziplinen Medizin, Psychologie und Rehabilitationswissenschaften stellten eigene Forschungsergebnisse vor. Hier zeigte sich, daß es erste hoffnungsvolle Ansätze von – auch interdisziplinären – Forschungsarbeiten in Deutschland gibt. Die zweite Zielrichtung des Symposiums war es, gerontologische und geriatrische Praktiker über die grundlegende Problematik der sensorischen Einbußen im Alter zu informieren und Interventionsmöglichkeiten vorzustellen. Hier bleibt zu hoffen, daß die verschiedenen medizinischen und psychosozialen Berufsgruppen, die in der Altenpflege tätig sind, sich verstärkt dem Thema der sensorischen Einbußen zuwenden. Zwei Beispiele sollen dies verdeutlichen: (1) Aufgrund der Prävalenzraten ist zu schätzen, daß mindestens ein Drittel der über 65jährigen Patienten einer allgemeinmedizinischen Praxis gravierende Hörprobleme aufweisen, von denen etwa nur ein Viertel rehabilitativ betreut wird. Routinemäßige Hörscreenings könnten dabei helfen, daß ältere Menschen so früh wie möglich auf einen etwaigen Hörverlust aufmerksam gemacht und mit Hörgeräten versorgt werden. (2) Umfassend angelegte rehabilitative Bemühungen bezüglich sehbeeinträchtigter älterer Menschen sind bislang noch nicht in genügendem Maße zu verzeichnen; notwendig ist hier eine auch „zugehende" Altenarbeit, in der unterschiedliche Berufsgruppen wie beispielsweise Augenärzte, Allgemeinpraktiker, klinische Psychologen, Ergotherapeuten und Mobilitätstrainer zusammenarbeiten müssen.

Literatur:

Corso, J. F. (1987): Sensory-perceptual processes and aging. Annual Review of Gerontology and Geriatrics, 7, 29–55.

Davis, A. (1983): The epidemiology of hearing disorders. In R. Hinchcliffe (Ed.), Hearing and balance in the elderly (pp. 1–43). Edinburgh: Churchill Livingstone.

Davis, A. & Thornton, R. (1990): The impact of age on hearing impairment. Some epidemiological evidence. In J. H. Jensen (Ed.) Presbyacusis and other age related aspects. 14th Danavox Symposium, September 25 th–28 th 1990. (pp. 69–89). København: Danavox.

Garahan, M. B., Waller, J. A., Houghton, M., Tisdale, W. & Rune, C. F. (1992): Hearing loss prevalence and management in nursing home residents. Journal of the American Geriatrics Society, 40, 130–134.

Grünes Kreuz (1985): Hörtest 1985. München: Infratest Gesundheitsforschung.

Herbst, K. G. (1983): Psycho-social consequences of disorders of hearing in the elderly. In R. Hinchcliffe (Ed.), Hearing and balance in the elderly (pp. 174–200). Edinburgh: Churchill Livingstone.

Hermann, R. M. (1990): Hörgeräte-Gebrauchsdauer begrenzende Faktoren: Stellenwert für die Mindestgebrauchszeit. Berlin: Quorum.

Hinchcliffe, R. (Ed.) (1983): Hearing and balance in the elderly. Edinburgh: Churchill Livingstone.

Lindenberger, U. & Baltes, P. B. (1994): Sensory acuity and intelligence in old age: A strong connection. Psychology and aging.

Mulrow, C., Aguilar, C., Endicott, J. E., Tuley, M. R., Velez, R., Charlip, W. S., Rhodes, M. C., Hill, J. a. & DeNino, L. A. (1990): Quality-of-life changes and hearing impairment. Annals of Internal Medicine, 113, 188–194.

Orr, A. (Hrsg.) (1992): Vision and aging. Crossroads for service delivery. New York: American Foundation for the Blind.

Salive, M. E., Guralnik, J., Christen, W., Glynn, R. J., Colsher, P. & Ostfeld, A. M. (1992): Functional blindness and visual impairment in older adults from three communities. Ophthalmology, 99, 1840–1847.

Statistisches Bundesamt (Hrsg.) (1991): Fachserie 13. Sozialleistungen. Reihe 5.1. Schwerbehinderte 1989. Stuttgart: Metzler-Poeschel.

Weinstein, B. E. & Ventry, I. M. (1982): Hearing impairment and social isolation in the elderly. Journal of Speech and Hearing Research, 25, 593–599.

White, L. R., Cartwright, W. S., Cornoni-Huntley, J. & Brock, D. B. (1986): Geriatric epidemiology. Annual Review of Gerontology and Geriatrics, 6, 215–311.

Danksagung

Die Herausgeber danken den folgenden Firmen und Institutionen für die Unterstützung des 2 Kongresses der Deutschen Gesellschaft für Gerontologie und Geriatrie, der im September 1994 in Freiburg stattgefunden hat. Die Referate des Kongresses sind in diesem Band zusammengefaßt.

Kuratorium Deutsche Altershilfe, Köln

B. Braun Melsungen AG, Melsungen

Bundesministerium für Familie und Senioren, Bonn

Paul Hartmann AG, Heidenheim

Ministerium für Arbeit, Gesundheit und Sozialordnung,
Baden-Württemberg, Stuttgart

Mölnlycke GmbH, Hilden

Stadt Freiburg i. Br.

Südwestfunk Baden-Baden

Wüstenrot Stiftung, Ludwigsburg

Verzeichnis der Verfasser

Dr. Horst Bickel, Zentralinstitut für Seelische Gesundheit, Abt. Epidemiologische Psychiatrie, Postfach 12 21 20, D-68072 Mannheim

Roland Borosch, Regierungsdirektor im Ministerium für Arbeit, Gesundheit und Soziales des Landes Nordrhein-Westfalen, Horionsplatz 1, D-40190 Düsseldorf

Prof Dr. Peter Borscheid, Fachbereich Geschichtswissenschaften, Wilhelm-Röpke-Straße 6 c, D-35032 Harburg

Dr. Jens Bruder, Leiter der Ärztlichen Abteilung „Pflegen & Wohnen", Landesbetrieb der Behörde für Arbeit, Gesundheit und Soziales, Averhoffstraße 7, 22085 Hamburg, Leiter der Ärztlichen Beratungsstelle für ältere Bürger und ihre Angehörigen, Rüsternweg 26 a, D-22846 Norderstedt

Prof. Dr. Adalbert Evers, Fachbereich 19, Bismarckstraße 37, D-35390 Gießen

Dr. Vjenka Garms-Homolová, Institut für Gesundheitsanalysen und Soziale Konzepte e.V. (IGK e.V.), Spessartstraße 12/IV, D-14197 Berlin

Dr. Peter Gitschmann, Landessozialamt/BAGS, Hamburger Straße 47, D-22083 Hamburg

Susanne Hasenfuss, Niedersächsische Akademie für Fachberufe des Gesundheitswesens e.V., Herrenteichstraße 1, D-49074 Osnabrück

Dr. Rolf Hoberg, Ministerialrat im Ministerium für Arbeit, Gesundheit und Sozialordnung, Leiter des Referates „Pflege und Altenhilfe, Schellingstraße 15, D-70174 Stuttgart

Dr. Konrad Hummel, Geschäftsstelle bürgerschaftliches Engagement und Seniorengenossenschaften im Ministerium für Arbeit, Gesundheit und Sozialordnung Baden-Württemberg, Schellingstraße 15, D-70174 Stuttgart.

Prof. Dr. Thomas Klie, Evangelische Fachhochschule Freiburg, Bugginger Straße 38, D-79114 Freiburg

Dipl. Soz. Petra Knörr, Institut für Volkswirtschaftslehre, Universität Augsburg, D-86135 Augsburg

Prof. Dr. Walter Krämer, Universität Dortmund, Fachbereich Statistik, Vogelpothsweg 87, D-44221 Dortmund

Dr. Adelheid Kuhlmey, Universitätsklinikum Charité, Institut für Medizinische Soziologie, Tucholskystraße 2, D-10098 Berlin

Heiko Lehmann, Universitätsklinikum Charité, Institut für Medizinische Soziologie, Tucholskystraße 2, D-10098 Berlin

Prof. Dr. Philipp Mayring, Pädagogische Psychologie, Pädagogische Hochschule Ludwigsburg, Froschbergstraße 49, D-74354 Besigheim

Prof. Dr. Wolf D. Oswald, Universität Erlangen–Nürnberg, Institut für Psychologie II, Nägelsbachstraße 25, D-91052 Erlangen

Prof. Dr. Anita B. Pfaff, Institut für Volkswirtschaftslehre, Universität Augsburg, D-86135 Augsburg

Ass. Prof. Univ. Doz. Dr. Walter J. Pfeil, Institut für Arbeitsrecht und Sozialrecht, Universität Salzburg, Churfürststraße 1, A-5020 Salzburg

Dr. Monika Reichert, Institut für Gerontologie, Schwanenwall 31–35, D-44145 Dortmund

Dipl.-Stat. Christian Rindsfüßer, Internationales Institut für Empirische Sozialökonomie (INIFES), Haldenweg 23, D-86391 Stadtbergen

C. Romijn, Instituut voor Toegepaste Sociale wetenschappen (ITS) Postbus 9048, NL-6500 KJ Nijmegen

Dr. Peter Rosenberg, Abteilungsleiter im Bundesministerium für Arbeit und Sozialordnung, Rochusstraße 1, 53123 Bonn

Dr. Eric Schmitt, Universität Greifswald, Franz-Mehring-Straße 47, D-17487 Greifswald

Prof. Dr. Rudolf-M. Schütz, Medizinische Universität Lübeck, Ratzeburger Allee 160, D-23538 Lübeck

Prof. Dr. Peter Sloterdijk, Karlsruhe

Hilde Steppe, Referatsleiterin im Gesundheitswesen, Ministerium für Jugend, Familie und Gesundheit Hessen, Dostojewskistraße 4, D-65187 Wiesbaden

Dr. Clemens Tesch-Römer, Universität Greifswald, Franz-Mehring-Straße 47, D-17487 Greifswald

Dr. Hans Peter Tews, Stiftung Rehabilitation Heidelberg, Bonhoefferstraße, D-69123 Heidelberg

Dr. Hans-Werner Wahl, Institut für Gerontologie, Ruprecht-Karls-Universität Heidelberg, Bergheimer Straße 20, D-69115 Heidelberg